清史论丛

中国社会科学院
历史研究所清史研究室　编

二〇一七年　第二辑

总第辑

社会科学文献出版社
SOCIAL SCIENCES ACADEMIC PRESS (CHINA)

《清史论丛》编委会

卷 首 语

  《清史论丛》是由中国社会科学院历史研究所清史研究室主办的专业集刊，创刊于1979年，是国内清史学界历史最为悠久的学术刊物。在历任主编杨向奎、王戎笙、张捷夫等先生的主持下，我们走过了艰辛的历程，即使在学术著作出版困难的岁月里也从未放弃。其间，得到海内外学术界的支持和保护，得以基本保持每年出版一辑，主要探讨清代政治、经济、社会、文化、思想、学术、中外关系等问题，每辑篇幅约30万字，努力展示历代学人潜心治学的成果，因而在海内外清史学界具有良好影响，也为欧、美、日、韩、东南亚及我国港、台许多大学的图书馆和研究所收藏。不看作者出身，只重论文质量；同时注重培养青年人，一直是本刊坚守的两大原则。不少清史学者的代表作和成名作均在这里发表，他们用辛勤的汗水浇灌了这个园地。为了适应学术发展需要，本刊从2015年起改由社会科学文献出版社出版，一年两辑，面向海内外一切清史研究及爱好者，栏目有专题研究、学术争鸣、读史札记、书评综述等。文章千古事，得失寸心间。让我们一起走过岁月，沉潜沉醉，沙里拾金。

目 录

CONTENTS

人物评价

读史札记

CONTENTS

Feature Article

Research Articles

Historical Figures

Research Notes

本刊特稿

中国首任驻旧金山总领事陈树棠
与美国排华运动

〔加〕 施吉瑞（Jerry D. Schmidt） 撰　刘　倩 译

谨以此文纪念我的第一位古典中国诗歌

老师于大成（1934－2001）教授

摘　要： 本文梳理了中国驻旧金山首任总领事陈树棠（1828－1888）在任期间（1878－1882）的相关材料和事迹，重点关注他如何应对加州排华运动问题。作者目前正在撰写关于第二任中国驻旧金山总领事（1882－1885），著名外交官、改革家、诗人黄遵宪（1848－1905）的系列文章，本文可视为这些文章的引子。

关键词： 傅列秘　陈兰彬　陈树棠　中国驻旧金山领事馆　排华　黄遵宪

一　旧金山领事馆的成立，以及陈树棠在任的第一年

1. 加利福尼亚与不列颠哥伦比亚

尽管对当代人来说，黄遵宪（1848－1905，1882－1885 年间任总领事）是名气最大的中国驻旧金山总领事①，但为了更好地理解 1882 年黄遵

---

① 感谢加拿大社会科学和人文科学研究委员会（SSHRC, Social Sciences and Humanities Research Council）对本文写作提供资助。感谢王立对本文的宝贵建议，感谢刘倩教授对本文及其中所引艰涩文献材料的精准、生动的翻译。研究黄遵宪的中文学术论著数量众多，西方论著也有不少。关于黄遵宪传记，参见〔加〕施吉瑞《人境庐内：黄遵宪其人其诗考》（*Within the Human Realm, The Poetry of Huang Zunxian, 1848－1905*），Cambridge：Cambridge University Press，1994，第 3－44 页；中译本，见孙洛丹译，上海古籍出版社，2010。迄今为止黄遵宪最全面的生平传记，见郑海麟《黄遵宪传》，中华书局，2006。郑海麟教授告诉我他目前正在编撰更为详细的黄遵宪年谱。

宪初到金山时遇到的阻力，有必要先谈谈中国领事馆的开设、首任领事和首任总领事的活动。实际上，甚至有必要回溯更远，从北美西岸华人的早期历史讲起。①

1848 年 2 月 2 日，《瓜达卢佩 – 伊达戈条约》使现在的加州并入美国，结束了美、墨之间两年的战争。九天前（1 月 24 日），萨特堡（Sutter's Fort）以东六十英里的科隆纳（Colonna）发现纯金矿，当消息见诸旧金山报端，加州掀起了淘金热。世界各地的淘金者蜂拥而来，推动了加州，特别是它最大的城市旧金山的经济的快速发展，但是加州的突然崛起以及它在 1850 年宣布成为自由州，让许多蓄奴州的人们忧心忡忡，因为自由加州推选的新国会议员有可能打破蓄奴州和自由州之间的微妙平衡——这个问题很快演变为席卷美国的血腥内战（1861 – 1865）。

淘金热的消息很快传到了中国，没多久，华工就涌入加州，正如多年后黄遵宪在诗中所写：

> 金山蟹堁高，伸手左右攫。② 欢呼满载归，群夸国极乐。
>
> 招邀尽室行，后脚踵前脚。短衣结椎髻，担簦蹑草屩。

---

① 本文是笔者目前正在撰写的新著《金山三年苦》（*Three Hard Years on the Golden Hill*，暂名）的第一部分，内容是 1882 – 1885 年间黄遵宪在旧金山的经历。关于书中所利用的资料，见施吉瑞著《金山三年苦——黄遵宪使美研究的新材料》，孙洛丹译，《中山大学学报》（社会科学版）2016 年第 1 期，第 48 – 63 页。

② 亚历山大·麦克劳德（Alexander McLeod）《辫子和金砂：加州早期华人生活概貌》（*Pigtails and Gold Dust: A Panorama of Chinese Life in Early California*, Caldwell, Idaho: Caxton Printers, 1947）对彼时华人参与淘金潮及其在唐人街生活的记述至今仍很有价值。对在美华人移民更为全面的研究，见科琳·霍克斯特（Corinne K. Hoexter）《从广州到加州：华人移民史诗》（*From Canton to California: the Epic of Chinese Immigration*），New York: Four Winds Press, 1976，特别是第 1 – 132 页；Thomas W. Chinn、麦礼谦（Him Mark Lai）、Philip A. Choy《加州华人史略》（*A History of the Chinese in California: a Syllabus*），San Francisco: Chinese Historical Society of America, 1969；潘翎（Lynn Pan）《炎黄子孙：海外华人的故事》（*Sons of the Yellow Emperor: the Story of the Overseas Chinese*），London: Secker and Warburg, 1990。西方代表性的晚清史著作，见费正清（John K. Fairbank）主编《剑桥中国史》第 10 卷《晚清：1800 – 1911》上卷，Cambridge and New York, Cambridge University Press, 1978；费正清、刘广京（Kwang-Ching Liu）主编《剑桥中国史》第 11 卷《晚清：1800 – 1911》下卷，Cambridge and New York: Cambridge University Press, 1980。中文重要的清史著作，可参见萧一山《清代通史》全四册，台北：台湾商务印书馆，1962 – 1963。

酒人率庖人，执针偕执研。抵掌齐入秦，诸毛纷绕涿。[①]

北美的英属西海岸不像加州那样发展迅猛，如今的加拿大不列颠哥伦比亚省的第一座城市是由哈德逊湾公司（Hudson's Bay Company）修建于1843年的、用以作为其太平洋地区总部的维多利亚堡（Fort Victoria），即现在的维多利亚市。[②]温哥华岛于1849年正式成为英国殖民地，不列颠哥伦比亚大陆地区于1858年也获得同样地位，这两个殖民地于1866年联合成为不列颠哥伦比亚殖民地。1858年兴起的弗雷泽河（Fraser River）淘金热，以及随后开筑加拿大太平洋铁路（加拿大首条横贯大陆的交通路线），吸引了中国劳工、商人来到温哥华岛和不列颠哥伦比亚。1871年，不列颠哥伦比亚联合殖民地加入四年前成立的加拿大自治领（Dominion of Canada），并很快开始选举在渥太华国会的议员。那时还没有温哥华市，在本文所涉的时段内，维多利亚是不列颠哥伦比亚的政治经济中心，城中有加拿大最大、北美第二大的唐人街。

2. 加州华人

1848年发现金矿后不久，华人大量涌入加州。一开始，因为开采金矿、修筑铁路需要重劳力，华人还能被接纳。不过，华人并不是当时唯一的新移民。1848年以来，受欧洲革命镇压和爱尔兰爆发的大饥荒（1845－1849）的影响，数百万欧洲人背井离乡，其中很多人最后定居加州。勤劳的中国矿工、农民和商人很快就与本地白人，尤其是这些贫穷的欧洲新移民形成了竞争，反华情绪逐渐滋生。[③]

1853年3月30日，加州州议会对以华人为主的"外国矿工"征收执

---

① 黄遵宪：《逐客》，见钱仲联笺注《人境庐诗草笺注》卷4，上海古籍出版社，1981，第353页。全诗英译，见〔加〕施吉瑞《人境庐内》，第242－247页。

② 关于不列颠哥伦比亚史领域颇具价值的新材料，见德里克·海耶斯（Derek Hayes）《不列颠哥伦比亚：新历史地图集》（*British Columbia, a New Historical Atlas*），Vancouver, Toronto, and Berkeley：D & M Publishers Inc., 2012。

③ Kevin Scott Wong《排外时期美籍华人的身份建构》（*Claiming America: Constructing Chinese American Identities During the Exclusion Era*, Philadelphia: Temple University Press, 1998，第1－40页）清楚地介绍了排华运动的兴起及华人的反应。加州驱逐华人，详见琼·菲尔泽（Jean Pfaelzer）《驱逐：被遗忘的美国排华战争》（*Driven Out: The Forgotten War Against Chinese Americans*），New York：Random House, 2007；中译本，见何道宽译，广州花城出版社，2016。此书的价值尤在于充分利用了当时的文献，特别是报纸。

照税。1855 年 4 月 28 日颁布了加州移民税，按照每运送一名外国人征收船主 50 美元。最终发展到 1858 年 4 月 26 日，禁止华人移民加州。1854 年和 1871 年，加州法院裁决华人不能为反对白人的案件做证。1854 年裁决的法律基础是美国印第安人不能做证反对白人，因为 1492 年哥伦布发现美洲时以为自己发现了中国，所以华人可以被视为印第安人！最后，1880 年，雇佣华工成了犯罪行为。①

1878 年加州参议院关于华人移民的报告是这一时期来势汹汹的反华种族主义的典型：

> 他们（华人移民）的住所特别肮脏，想要清理达到干净的标准根本不可能，除非彻底捣毁。但是那时，我们的环境卫生、我们的城市人口却早已因此饱受瘟疫之害……这些数量巨大的原始部落人，其中的基督徒不超过四百人……可以说，从好的方面看，因为很多异教徒②出现在这个海岸，我们可以拯救其中一个人的灵魂，但他们的污染却让我们失去了一百个白人……很多人已经意识到这些移民赤手空拳入侵我们家园的危险性质和程度。二十年来不断增长的华人移民将占领整个太平洋海岸，挤走白人。我们很多人相信整个海岸只是还未变成中国殖民地而已。③

尽管加州采取了诸多司法手段对抗"东方威胁"，针对华人移民的州法律却无法阻止华人从加州以外的港口涌入，州内反华集团开始要求在全国范围内禁止华人移民。1882 年通过的《排华法案》（*Chinese Exclusion*

---

① 《矿工法案》、《移民税法案》以及禁止华人进入加州法的法案，见吴承祖（Cheng-tsu Wu）《"中国佬！"：美国反华歧视相关历史文献》（*"Chink!"：A Documentary History of Anti-Chinese Prejudice in America*），New York：World Publishing，1972，第 20 – 25、31、32 – 33 页。关于法院裁决及雇佣华工被视为犯罪，见此书第 36 – 43、69 页。

② 当时常以种族歧视的"异教徒"（heathen）一词指称中国人，可能因为只有少数华人是基督徒。

③ 加州参议院华人移民特别委员会：《华人移民的社会、道德和政治影响》（*Chinese Immigration：its Social，Moral，and Political Effect*），Sacramento：1878，San Francisco：R and E Research Associates repr.，1970，第 35、37 – 38、55 页。该报告全文在线查阅：https：//archive. org/details/chineseimmigrati00cali.

Act）就是这一骚动的顶峰。

3. 华人移民联合委员会

加州排华运动甚嚣尘上，引起了美国国会的注意。1876 年 7 月，国会投票决定派出一个由三名众议员、三名参议员组成的联合委员会前往西海岸搜集华人"问题"的相关信息。委员会听取了 130 人的证词，并于 1877 年公布了 1200 多页的长篇报告。① 绝大多数证词非常负面，喋喋不休的都是前文提到过的对华人移民的指控，但其中也有一些证词比较正面，在捍卫华人利益方面最突出的是六公司（六大会馆，Six Companies）的律师傅列秘（Frederick A. Bee，1825 – 1892）。② 傅列秘因淘金热从纽约来到加州后，很快便投入矿业和修筑铁路中，在生意中，他接触到因诚实、勤奋而赢得他好感和尊敬的华人移民。联合委员会来旧金山调查时，没有本地律师愿意代表华人。委员会主席、印第安纳州参议员奥利弗·莫顿（Oliver Morton，1823 – 1877，共和党人，1867 – 1877 年间担任参议员）找到傅列秘，后者同意出面代表华人。③ 傅列秘对华人的百般维护让他树敌颇多，甚至招致生命危险，但如下所述，中国政府特别感激他的辛勤付出。

4. 陈兰彬使团

中国驻旧金山总领事馆的正式设立，与中国驻美公使陈兰彬（1816 –

---

① 《1877 年 2 月 27 日特别联合委员会关于华人移民的调查报告》（*Report of the Joint Special Committee to Investigate Chinese Immigration*，*February 27*，*1877*，以下简称《报告》），Washington：Government Printing Office，1877。该《报告》可在线查阅：https://archive.org/stream/reportofjointspe00unit#page/12/mode/2up。

② 傅列秘代表华人的陈述，见《报告》，第 34 – 50 页。他对其他证人的质疑，以及他对委员会所提问题的回答，限于篇幅，这里不能一一列举。安东尼·厄特尔（Anthony Oertel）创办的出色网站"傅列秘历史研究"（Frederick Bee History Project，http://frederickbee.com/index.html）上有很多傅列秘生平的重要信息。还可参考安东尼·厄特尔为维基百科（https://en.wikipedia.org/wiki/Frederick_Bee）和《大英百科全书》（Encyclopedia Britannica，www.britannica.com/biography/Frederick-Bee）撰写的传记条目。非常感谢安东尼·厄特尔回答了笔者在撰写本文时遇到的关于傅列秘的很多问题。六公司（六大会馆）是旧金山早前成立的六家帮助本地华人的慈善团体。尽管他们在对抗排华运动中多有合作，但在加入黄遵宪提议并于 1882 年成立的中华会馆（Chinese Benevolent Association）后，他们的活动更有成效。六公司分别是三邑会馆、阳和会馆、冈州会馆、宁阳会馆、合和会馆、人和会馆，会馆按成员的原籍命名。参见麦礼谦《中国会馆发展史》（*Historical Development of the Chinese Consolidated Benevolent Association/Huiguan System*），收入麦礼谦《成为美籍华人：社团和机构的历史》（*Being Chinese American*，*a History of Communities and Institutions*），Walnut Creek，California：Alta Mira Press，2004，第 41 – 45 页。

③ 见安东尼·厄特尔为维基百科撰写的傅列秘传记。

1895，字荔秋，1853 年进士）直接相关。1878 年 9 月 19 日，陈兰彬进驻华盛顿特区。[①] 这不是他第一次来美。1872 年，他负责中国留美幼童计划，带领 120 名中国学童来康涅狄格州哈特福德（Hartford）学习西方科技。[②] 1875 年，陈兰彬和副委员容闳（1828 – 1912，海外更熟悉他姓名的广东话发音 Yung Wing）被任命为驻美联合公使，但当时他们并未留驻华盛顿特区。直到三年后的 1878 年 9 月 28 日，陈兰彬、容闳在美国首都提呈国书，中国驻美公使馆才正式开放。[③]

对于如何培育这批留学生，陈兰彬和容闳的态度时有冲突。陈兰彬主张研读儒家经典，而容闳作为毕业于美国大学（耶鲁大学，1854 年）的第一个中国人，则主张广泛了解美国的思想和社会风俗。陈兰彬就这些分歧和其他事务回国请示上级，所以 1878 年返回华盛顿时就必须途经旧金山。[④] 他即将来访的消息，使旧金山华人非常激动，但同时引发了反华浪潮。1878 年 7 月 28 日，《旧金山纪事报》（San Francisco Chronicle，以下简称为《纪事报》）报道陈兰彬来访：

---

① 陈兰彬在美期间的活动，主要参见查尔斯·迪斯诺耶斯（Charles A. Desnoyers）《自强于新世界：中国公使旅美经历》（Self-Strengthening in the New World：a Chinese Envoy's Travels in America），《太平洋历史评论》（Pacific Historical Review）卷 60，1991 年第 2 期，第 195 – 219 页。陈兰彬生平事迹研究，见梁碧莹《陈兰彬与晚清外交》，广东人民出版社，2011。

② 中国幼童留美计划及其终结，黄遵宪有长诗《罢美国留学生感赋》纪其事，见《人境庐诗草笺注》卷 3，第 304 页。对这首诗的研究，见洪业（William Hung）《黄遵宪的罢美国留学生感赋》（Huang Tsun-Hsien's Poem "The Closure of the Educational Mission in America"），《哈佛亚洲研究》（Harvard Journal of Asiatic Studies）18. 1/2 (1955)，第 50 – 73 页。

③ 容闳传略，见恒慕义（Arthur W. Hummel）《清代名人》（Eminent Chinese of the Qing Period），Washington, D. C.：United States Government Printing Office，1943，第 402 – 405 页。容闳生平事迹，见容闳《我在中国和美国的日子》（My Life in China and America），再版，香港：China Economic Review Publications，2007。中国幼童留美计划也是后世学术研究的一大题目，见路康乐（Edward J. M. Rhoads）《走向世界：中国幼童留美计划，1872 – 1881》（Stepping Forth into the World，the Chinese Educational Mission to the United States，1872 – 1881），香港：Hong Kong University Press，2011；莱尔·里伯维茨（LielLeibovitz）、马修·米勒（Matthew I. Miller）《幸运之子：120 名中国留美幼童与一个古代文明的革命》（Fortunate Sons：The 120 Chinese Boys Who Came to America，Went to School, and Revolutionized an Ancient Civilization），New York：N. W. Norton，2011。英文研究论著，常将容闳姓名拼写为广东话发音的 Yung Wing。在线网站"容闳研究"（Yung Wing Project，YWProject. com.）上也有大量资料。

④ 陈兰彬回到美国及其在华盛顿的职务，见梁碧莹《陈兰彬与晚清外交》，第 283 – 351 页。

蒙古阁下①热烈欢迎中国使团

首席外交官速写——Ming Cook 领事谈华人移民问题

昨天上午十点至十一点，皇宫酒店②的旗杆上升起了象征着中华帝国的旗帜，飘拂的红色飘带意味着蓝龙守卫、朝廷的尊贵人物的入住。可见，延误已久的搭载中国使团的东京号汽轮已经到达，将它尊贵的货物安全运抵。该轮船于周四晚间抵港，昨天一大早宣布的抵达消息将几天来盘桓于华人街区的焦虑之情一扫而空。立即就开始了骚动和欢腾。中国旗在寺庙、餐馆、会馆总部③和各店铺前乱舞着，令人目眩的红色、蓝色和杂色的龙旗在风中鼓动，昭示出这是一场癫狂、庞杂的嘉年华。他们耗费了大量的钱物、焚烧红色字纸，以感谢原始的神灵保佑使团平安。与此同时，批评否定指向了中国算卦者。在过去几天，受人尊敬的 Li Bung 预言一场巨大的灾难降临了火轮、使团已经遇难，加重了人们的担忧。实际上，如果一些过分激动的异教徒开始喊着"找麻绳"的话，那就说明 Bung 可能要遭遇不幸了。④ 当他们刚知道东京号喷着蒸汽驶入港湾时，华商、官员、政要们早已身着只有国家庆典时才穿的盛装，准备好迎接。大约四十辆马车才把他们送到太平洋邮政码头，皇宫酒店派出十八辆马车听候贵宾差遣。很多平民百姓则走路、坐车前去欢迎首次光临他们常驻地的帝国使团。轮船一到码头，中国人的接待委员会就登船慰问——前去欢迎这些尊贵外宾的唯一的本地代表则是海关官员和《纪事报》记者。使团集中在轮船主厅，很高兴结束了长途旅行，终于可以离船上岸了。在完成了一套非常正式的见面礼仪后，使团登陆，其中一些蒙古女士率先走上跳板，这是异教徒礼仪的一个优雅改变。陈兰彬阁下

---

① 当时，"蒙古""蒙古人"这些词常用作对华人种族歧视的称谓。

② 皇宫酒店（Palace Hotel）是当时旧金山最豪华的酒店，可惜 1906 年毁于旧金山大地震。后来按照原样重建的皇宫酒店，至今仍是旧金山市场街最醒目的建筑之一。

③ 即六公司。

④ 笔者不太明白这句话的意思。"大麻"（hemp）一词，可能相当于今天的"谎言"（humbug）。这句话也有可能是暗示算命先生预测吉凶前抽多了大麻。

现身时，人群诚惶诚恐。他朝分派给他的马车走去，所经之处，商人们都对他行鞠躬礼。气氛被嘲弄的喧闹声和抱怨与呻吟声扰乱了，码头上一群年轻肇事者制造了喧嚣，但警方很快就制止了这一羞辱性的行为。阁下大人也许觉得示威是发自心底或发自喉音的对他的欢迎。使团约四十五人，还有六十四马；陈兰彬独享一辆，以示尊贵。他身着绸缎，精美而不俗艳，头戴伞菌形草帽，帽顶的红纽代表他的官衔。欢迎队伍中很多商人在他们自己的国家中也有官职在身，其头顶装饰的纽扣和羽毛，等级低于在场的那位大人物。车队经过布兰南街、第三街、蒙哥马利街，来到皇宫酒店，后面跟着一大群步行的中国人①，特别引人注目。行李车殿后，看起来蔚为壮观，使团行李重约六十吨。酒店的二十间套房，位于二三层楼，主要面朝市场街，是专供使团使用的。②

　　陈兰彬造访旧金山，对生活在金山的华人来说是个大事件。显然，他们中很多人希望华盛顿特区和本市中国政府的官方代表能够帮忙缓解日益高涨的反华情绪。③ 特别是当地华商，他们急于表现自己对政府的忠诚，可能既出于爱国情感，也可能是因为希望自己能从与华盛顿公使馆和旧金山领事馆的交往中获取好处。④ 在旧金山华人心中，而且从这份英文报纸

① 当时，Chinaman 还不是侮辱性的种族歧视称谓，华人的朋友以及华人自己，也常用这个词。见稍后傅列秘的评论。笔者猜测这个词是美国华人"洋泾浜英语"的产物，是对汉语"中国人"的直译。

② 《蒙古阁下》（Mongolian Majesty）、《热烈欢迎中国使团》（Enthusiastic Reception of the Chinese Embassy），《旧金山纪事报》1878 年 7 月 27 日，第 3 版。这篇报道还记录了代表团成员名单，十分珍贵。陈兰彬日记对于抵达旧金山也有简短记载，见其《使美记略》，收入国家清史编纂委员会《晚清文献七种》，齐鲁书社，2014，第 675 页。

③ 这一时期中国政府对海外华人的保护，见艾文博（Robert L. Irick）《清政府对于苦力输出的相关政策：1847－1878》（Ch'ing Policy toward the Coolie Trade 1847－1878），台北：Chinese Materials Center，1982；颜清湟：《苦力和满大人：晚清中国对海外华人的保护》（Coolies and Mandarins: China's Protection of Overseas Chinese during the Late Ch'ing Period），新加坡：Singapore University Press，1985；蔡石山（Shih-shan Henry Tsai）：《中国和在美华人：1868－1911》（China and the Overseas Chinese in the United States, 1868－1911），Fayetteville: University of Arkansas Press，1983。

④ 关于旧金山中国领事馆的设立，见梁碧莹《陈兰彬与晚清外交》，第 324－329 页。

的报道看，商人的社会地位类似于中国的绅士，黄遵宪就常常把他们称为
"绅商"（gentry merchants）。① 他们对陈兰彬的热烈欢迎，与本地白人政要
的缺席形成了鲜明对比。美国政府在场的唯一代表是海关官员，他们"迎
接"所有来到这个城市的中国人。比本地政要缺席更为严重的侮辱，则是
那些肆意嘲笑陈兰彬及其随从的示威者。好在警方扫清了路障，中国外交
官们安全坐上了等候他们的马车。

5. Sit Ming Cook 在任期间

报道陈兰彬来访的那位《纪事报》记者，也获准采访新任中国驻旧金
山领事 Sit Ming Cook。② 记者首先问了一个关于在华盛顿开设中国公使馆的
简单问题：

> 记者：阁下大人（即陈兰彬）担任何职？
>
> Ming Cook：他是正公使。容闳是驻华盛顿副公使，阁下大人负责
> 所有驻美国、古巴、秘鲁三国领事馆。

对中国公使馆这一非同寻常的新机构的好奇心得到满足后，记者立刻
就切入大多数加州人最为关心的问题：

> 记者：你在中国听说过我们国家反对无限制输入苦力这件事吗？

---

① 例如，黄遵宪在写给加拿大维多利亚中华会馆（Victoria Benevolent Society）的信中称其馆
长为"绅董"（gentry directors），见《文献与专载》，《加拿大维多利亚中华会馆成立七十
五年周年纪念特刊》，Victoria：中华会馆，1959，第 18 页。此书又名《加拿大域多利华
侨学校成立六十周年纪念特刊》。

② 据陈兰彬日记，笔者怀疑 Sit Ming Cook 和薛树辉是同一个人，因为只有他的姓在广东话
中读为 Sit。陈兰彬第一次提及薛树辉时，说他是领馆翻译（见《使美纪略》，第 677
页）。在《申报》列出的陈兰彬使团名单中，薛树辉字明谷，"明谷"在广东话中读为
Ming Cook，这证实了笔者的猜测。见《钦使出洋续闻》，《申报》1878 年 7 月 1 日，第 2
版。据《旧金山纪事报》，Sit 毕业于哈佛大学，但目前笔者还没能在哈佛毕业生名单中
找到他。见《中国新年》（Chinese New Year）、《节日开始——访问中国领事馆》（The
Festivities Begin—a Visit to the Chinese Consul），《旧金山纪事报》1879 年 1 月 22 日，第 3
版。据前引《申报》，陈兰彬出使时薛树辉为"通判卫监生"，英译作 Assistant Prefect by
Purchase，见贺凯（Charles O. Hucker）：《中华帝国职官辞典》（A Dictionary of Official Ti-
tles in Imperial China），台北：Southern Materials Center，1986，第 555 页。

　　Ming Cook：是的，经常听说，但我们不相信政府会让我们的同胞受到任何严重虐待。美国国力和文明程度优于我们，我们期待贵国在履行条约义务时树立人道和正直的榜样。

　　关于加州排华运动，Sit Ming Cook 肯定听说过不少，但他聪明地将问题推回给记者，他首先通过赞扬美国不仅军事、经济实力"优于"中国，其"文明"也更先进，也就是说，更自由、更有同情心来唤起记者的爱国心理。对于美国的这种看法，旧金山众多华人恐怕不会同意，Sit 也一样，他明褒暗贬，批评美国政府未能有效处理反华问题。记者可能没有听懂，也可能故意不加理会，他很想知道中国政府能否提出一个解决华人"问题"的简单方案。

　　　　记者：你们有没有考虑过限制国民移民出境？
　　　　Ming Cook：还没有官方态度。如果不是为了工作和待遇，我们的政府也不愿意自己的国民来这里。如果来的人多了，我们必须遣返他们。
　　　　记者：会不会废除《蒲安臣条约》（Burlingame Treaty）？
　　　　Ming Cook：我想不会。我们的政府一直恪守条约条款，以后也一样。在华美国人的权利也总是得到尊重。我国人民在这里受到虐待，美国政府应该负责。这里如果不是有工作，没人会来。

　　这里，记者希望在美国政府被迫采取行动之前中国政府能主动限制移民出境。如果在美华工受到虐待、如果找不到工作，中国政府愿意把他们遣返回国，记者大概很高兴听到这种说法。既然存在这种可能性，记者进而希望废除《蒲安臣条约》，但 Sit 并不这样认为，而是再次把问题推给记者，指出中国信守条约，美国政府却未能保护在美华人。
　　过去几年来，《蒲安臣条约》频繁见诸新闻，尤其是加州的出版物。该条约 1868 年 7 月 28 日在华盛顿签署，次年由北京批准。主持签约谈判的美国律师（后为国会议员）蒲安臣（Anson Burlingame，1820 - 1870），1861 年 6 月 14 日被总统林肯（1809 - 1865，共和党人，1861 - 1865 年间任总统）任命为驻华公使。① 中国人也非常信任蒲安臣，1867 年 11 月 16 日委任他为全权使节，率领中国外交使团出访美国和欧洲各国。蒲安臣在美国发表演说，竭力主张中美友好，欢迎华人移民来美。他的这些观点如今在加州反华势力中很难受到欢迎。除促进中美友好外，《蒲安臣条约》还规定应该保护在本国居住的对方国家的公民。② 加州反对排华运动的人都明白这条规定与彼时充斥社会的禁止、限制华人移民的思想潮流相抵触。

听说中国政府无意废除《蒲安臣条约》，记者可能不太高兴，他迅速改变话题，开始问及使团和旧金山领事馆的人员构成：

> 记者：使团成员一般是何身份？
>
> Ming Cook：他们都受过高等教育，除阁下大人（陈兰彬）外，他们都没有爵位。
>
> 记者：驻本市领事馆人员配置如何？
>
> Ming Cook：我有六个助手，包括一个秘书，几个办事员等。
>
> 记者：馆址选在哪里？
>
> Ming Cook：现在还不知道。去华盛顿前，我会尽力找到合适的街区。如果找不到，那就回来再说。
>
> 这时，记者微微领身双手合十告别了阁下大人，缓解了那些焦躁不安地等着大人训话的蒙古人的焦虑。

和大多数旧金山白人一样，这个记者反对在城中开设中国领事馆，听到新领馆有六名工作人员他可能也会很不高兴。这整篇报道以及报道的结尾，记者用具有种族歧视意味的"蒙古人"指代中国人，用"herd"（兽

---

① 关于蒲安臣，见费正清、刘广京主编《剑桥中国史》卷 11《晚清：1800－1911》下卷，第 73－75 页；石约翰（John Schrecker）：《为了人人平等，为了国与国平等：蒲安臣与 1868 年中国第一个出使美国的使团，1868》（"For the Equality of Men—for the Equality of Nations"：Anson Burlingame and China's First Embassy to the United States, 1868），《美国东亚关系》（Journal of American-East Asian Relations）卷 17，2010 年第 1 期，第 9－34 页。

② 蒲安臣及《蒲安臣条约》，见石约翰《为了人人平等，为了国与国平等：蒲安臣与 1868 年中国第一个出使美国的使团，1868》。

群、乌合之众）形容中国人多，用印度英语"salam"（双手合十）嘲笑向尊长鞠躬行礼的中国习俗，还笑话陈兰彬将示威者的嘲弄误认为表达敬意。虽然这篇报道提供了很多有用信息，但他对反华集团的立场的认可是显而易见的。

6. 他们为何而来？

很多市民对旧金山开设中国领事馆心存疑虑，这一点从《纪事报》第二天刊登的一篇文章可以明显看出：

> 瑞斯丽·苏厄德小姐在谈到苏厄德先生游览中国和东印度群岛的经历时说，他们行至汉口时，一些中国流氓朝这位恐华人士乘坐的轿子扔石头，一块石头擦破了他的头皮。① 周五早晨东京号抵达时那些码头上的旧金山流氓可收敛多了，他们不过是在中国公使坐上为他准备的马车时嘘了他而已。汉口流氓并未受到警方追究，我们的警察却在场立即制止了嘘声。希望这个故事足以取消今天亨普希尔牧师②和其他神职人员的布道活动中对旧金山人举止失礼的批评，应该考虑到这些嘘声很大程度上是因为这里的中国人太多了，他们让我们的年轻人几乎无所事事（换句话说，他们失业，是因为竞争不过廉价华工）。
>
> 这个使团的到来相当出人意料、令人疑惑：他们为何而来？每个人都想问这个问题。若不是擅长外交辞令的 CHIN MOOK③ 接受《纪事报》采访，我们没法给出纸面上的答案。他说他们将取代六公司，

---

① （奥莉芙）瑞斯丽·苏厄德（［Olive］Risley Seward）是 1876－1880 年间美国驻华公使乔治·弗雷德里克·苏厄德（George Frederick Seward，1840－1910）之女。乔治·苏厄德，中文名熙华德，传略见"保险业巨头乔治·苏厄德去世"（Geo. F. Seward Dead, Insurance Head），《纽约时报》1910 年 11 月 29 日，第 11 版。苏厄德的保险事业始于卸任外交官后。苏厄德的女儿撰书讲述了父亲的旅游经历，见威廉·苏厄德（William H Seward）、奥莉芙·瑞斯丽·苏厄德《威廉·苏厄德周游世界》（*William H. Seward's Travels around the World*），New York：D. Appleton and Company，1873。汉口袭击，见此书第 222 页。不过，《纪事报》记者把故事弄错了，因为据此书记载，石头没有打中苏厄德，而且事件发生在河对面的武昌。

② 约翰·亨普希尔（John Hemphill），旧金山加略山教会牧师（Pastor of the Calvary Presbyterian Church of San Francisco），见《兰利旧金山名录：始于 1881 年 4 月 1 日》（*Langley's San Francisco Directory for the Year Commencing April 1，1881*，以下简称为《1881 年旧金山名录》），San Francisco：Francis，Valentine & Co.，1882，第 457 页。

③ 笔者目前尚不能确认 Chin Mook 的身份。

开设领事馆，保护在古巴、秘鲁和美国的国民的权益，总部设在华盛顿。这些说法可能都是真的，但还是不能满意地回答我们的问题：他们为何而来？《蒲安臣条约》已经实施了十多年。这期间，中华帝国政府从没想过在华盛顿派驻公使或是在旧金山派驻领事，虽然八年前两国间的贸易也像今天一样活跃；一直以来，中国人从条约中得到了很多好处。所以，我们觉得大张旗鼓派出这个使团是六公司及其美国帮办一手推动的，目的是为了对抗我国工人对输入更多苦力普遍高涨的反感情绪。船运公司的代理人和香港英国码头苦力贸易的英国代理人秘密参与其中也不是不可能的，因为在非洲奴隶贩卖生意火红的年代中，做什么也没有卖奴隶那样有利可图，所以今天如果手中有点小钱，最赚钱的行当莫过于贩卖亚洲苦力。涉事者总是或多或少地否认苦力输入的性质，但众所周知，他们是利益相关方，他们的否认不足取信。公使或领事一定会产生诸多影响，特别是东部，那里的资本金需要廉价劳动力，他们既深恶痛绝各种奴隶制，又强烈希望把工人工资压低到奴工水平，并把他们隔绝在难以逾越的社会高墙外。中国的达官贵人和美国的粗鄙贵族短期内有望达成秘密谅解。据说银两（taels）和舍客勒（shekels，希伯来银币）有可能左右国会，但对此我们不太相信。中华帝国政府把所有余钱都用在向河南等受灾省份的饥民分发食物上了。为了更好理解这个使团的使命，我们还需要时间观察。他们肯定不会自动放弃从条约中获得的任何好处。①

这篇文章一开始就提醒读者说，尽管根据《蒲安臣条约》，在中国的美国人应该受到保护，但在中国仍然发生多起针对美国人及其他外国人的暴力行为；和发生在中国的事件相比，旧金山对中国使团到来的抗议是非暴力的，而且很快受到本地警方的控制。因此，那些批评反华运动的人，其中很多是神职人员，将反华势力视为违背了"博爱"这一基督教教义的种族主义者是不公正的。文章接着谈到中国政府在华盛顿设立公使馆、在旧金山设立领事馆的动机，结论是为了便于继续输入中国劳工，这门生意就像美国内战前贩卖黑人奴隶一样有利可图，美国资本家也可以把白人的

_____

① 《他们为何而来？》（Why Have They Come?），《旧金山纪事报》1878年7月28日，第4版。

工资压得和奴隶一样低。记者不相信公使馆贿赂美国国会的说法，但很多反华势力对此深信不疑。

旧金山媒体密切关注中国使团的活动，说"大批访客"前往他们下榻的皇宫酒店。[①] 不过，最有意思的还是《纪事报》上的一篇报道，调查了本地华人对陈兰彬一行来访的反应：

> 在本市设立中国领事馆，被蒙古居民视为能够极大保障他们在我国的财产和大幅度增长的特权和优势的转折性事件。中国商人和有识之士非常清楚领事的职能，但又都对 Ming Cook 大人的权力寄予了不切实际的厚望。《纪事报》记者就这个问题走访了这些外国人，了解了一些商界领袖的看法。如资深进口批发经销商 Sing Mook[②] 就认为，在华盛顿设立使领馆能够及时保障华人的权利和自由不受美国政府的侵犯，并防止各地颁布、实施干涉华人风俗习惯或本地生活的法律法规。这类麻烦事很快就会成为外交磋商的主题，也会要求联邦政府恪守《蒲安臣条约》以充分保护华人不受地方日益增长的偏见的压迫、歧视。政府将要承担全部责任。对华人因非法行为遭受的各种损失，或无论在哪里受到的排挤，或被禁止从事他们想要从事的行业，政府都要承担责任。这些欺侮会引起 Ming Cook 的注意，并上报华盛顿公使馆。华人苦力阶层尤为乐于夸大 Ming Cook 的权力以及开设领事馆的好处。最期待的莫过于彻底改变这个城市对华人的管理制度了，他们希望不受本地法律法规的约束和惩罚。这些看法源于外国驻中国领事馆的制度和司法权限。在中国触犯法律的美国人、英国人和其他外国人，不会受到中国法庭的审判和惩罚，而是移送本国驻中国领事，领事享有完整司法权，依照文明的法律模式加以处置。自然而然，中国人觉得这种互惠待遇受《蒲安臣条约》保护，他们希望 Ming Cook 行使劳德巴克法官[③]和高级法院的权力，有权审理各类罪犯，甚至是杀人犯。从此摆脱本地政府对其国民的任何令他们不快的限制。为了

---

① 《中国使团》（The Chinese Embassy），《旧金山纪事报》1878 年 8 月 1 日，第 3 版。

② 可惜目前尚不能确定 Sing Mook 的中文姓名。

③ 大卫·劳德巴克（David Louderback），律师、警察法庭法官。他对联合委员会的证词，见《报告》，第 187、190、196 页。其名不见于《1881 年旧金山名录》。

实现这个计划，中国人觉得 Ming Cook 领事将立即着手成立官署、开设华人监狱，采取各种必要手段将他自己推上君王的位置。这些激进的改革措施将会减轻本地警察和律师的沉重负担，大大简化唐人街的司法体系。那些杀人动机出于私心而非为任何公理正义的民愤极大的杀人犯，只需要一次听证会和一把砍肉刀就可以轻松解决。抢劫犯和小偷立即归还赃物并被处罚以没收财产和强制奴役即可，仿佛 Ming Cook 以他的聪明才智和独断专权就足以裁决这些案件。总的说来，中国人都为即将到手的解脱感到高兴。但是，从某种程度上说他们的希望注定要落空，因为本地政府有可能继续维持目前对唐人街的保护模式，而且，为了保护本地民众的健康，市政府最后可能会明白要采取某些措施消除社会大公害的必要性。Ming Cook 预计本月中旬从华盛顿返回后走马上任。领事馆共有六名工作人员，馆址位于市中心某处。①

这篇报道显然是记者亲自采访众多本地华人的结果，其中最重要的受访者是进口批发经销商 Sing Mook，他希望华盛顿公使馆和旧金山领事馆能够保护本地华人免受州政府、市政府已经批准的排华法规的侵害。此外，就像中国人袭击外国人时中国政府被迫所做的那样，中国外交官也应该会迫使美国政府对华人受到暴行侵犯的损失作出赔偿。还有，很多旧金山华人认为这个城市应该成为上海那样的条约口岸，在上海的外国人不受中国法律约束，只在外国政府控制的法庭上接受审判。他们期望 Sit Ming Cook 在任内审判华人罪犯，设立关押华人罪犯的监狱，甚至用《纪事报》记者想象的那种"中国"法律处死重刑犯。

就算 Sing Mook 和其他旧金山华人真心相信这个城市在 Sit Ming Cook 的仁慈影响下能够变成条约口岸，这种希望也会很快破灭，因为 Sit 的任期尚未开始便结束了。10 月 17 日，《纪事报》称傅列秘（如前所述，他是亲华派）、Sit Ming Cook 作为中国驻旧金山新领事前往华盛顿接受中国公使馆的指示。11 月 15 日，总统海斯（Rutherford B. Hayes，1822 – 1893，共

---

① 《陈兰彬到访》（Chun Lan Pin's Visit）、《中国人期望的结果》（Results that the Chinese Expect from it），《旧金山纪事报》1978 年 8 月 6 日，第 1 版。

和党人，1877－1881 年间任美国总统）正式任命傅列秘为领事，跟随陈兰彬来到旧金山的陈树棠（1828－1888）为总领事，Sit 则降为副领事。[①] Sit 的迅速"降职"，不免让人怀疑陈兰彬在抵美之前原本就是打算让陈树棠担任领事一职的。1882 年，黄遵宪接任时陈树棠卸任离职，而傅列秘则长期担任领事一职直到 1892 年去世，他为几任中国总领事工作过——他们的任期一般为三年。

7. 傅列秘和爱尔兰人

傅列秘身在华盛顿，却在加州引发了轩然大波，因为接受华盛顿《邮报》采访时他说加州反对华人移民的大多是社会最底层。《纪事报》对这一"侮辱"作出了激烈回应：

> 律师为客户辩护理应受到事实的约束，这是一个微妙的法律伦理问题，一般说来也有较大的讨论余地。但傅列秘上校[②]，本市华人会

---

① 《中国领事》（The Chinese Consul），他因国事前往华盛顿（He Departs to Washington on Business of State），《旧金山纪事报》1878 年 10 月 17 日，第 3 版。报道称傅列秘的年薪为 10000 美元。傅列秘和陈树棠的任命，见《华盛顿》（Washington）、《他的天朝委任状》（His Celestial Credentials），《旧金山纪事报》1878 年 11 月 14 日，第 3 版。7 月 27 日的报道中将陈树棠的名字用罗马字母拼写为 Chin Shu Ting，见《蒙古阁下》、《热烈欢迎中国使团》，《旧金山纪事报》1878 年 7 月 27 日，第 3 版。陈兰彬日记也说前往华盛顿特区时陈树棠是他留在旧金山的使团成员之一，见《使美纪略》，第 677 页。麦克莱恩（McClain）说陈树棠是陈兰彬的亲戚，虽然任命自己的亲戚担任领事在当时也比较常见，但笔者认为他们不是亲戚，因为籍贯不同，陈兰彬是广东吴川人，陈树棠出生于广东香山（即今中山），这一点详见后文。见查尔斯·麦克莱恩（Charles J. McClain）《谋求平等：中国人反抗十九世纪美国的歧视》（In Search of Equality：The Chinese Struggle Against Discrimination in Nineteenth-Century America），Berkeley：University of California Press，1994，第 86 页。我没有在中文文献中发现陈树棠的生卒年，这里标注的生卒年依据的是两份英文材料，一份是《纪事报》关于他在旧金山庆祝生日的报道（详见下），一份是他去世时《字林西报》于 1888 年 11 月 16 日刊登的讣告，讣告称他"上周日"亦即 11 月 11 日在上海去世。这份讣告讲述他生平时还说城里的西方人更熟悉他的名字是："Chun Pak-nam"，陈树棠字荩南，这是他姓字的广东话读音。他去世时六十岁。关于陈树棠的中文文献很有限，几乎都集中于他出使朝鲜的外交活动。迄今为止最全面的两份研究，一是权赫秀《陈树棠在朝鲜的商务领事活动与近代中朝关系》，《社会科学研究》2006 年第 1 期，第 155－161 页；一是李德征、李劲军《从旧韩国外交文书看陈树棠对中朝贸易的作用》，《韩国学论文集》2007 年第 1 期，第 48－56 页。感谢北京中国社会科学院文学研究所张剑教授帮笔者找到第二篇文章。笔者相信还有不少韩国论文研究过陈树棠的使朝事迹，遗憾的是我不懂韩语。

② 傅列秘领事经常被人称为"上校"，似乎只是一种尊称，至少据笔者所知他没有军队背景。

馆的有偿律师，越过了事实和得体的范围，他觉得自己是对华盛顿《邮报》记者谈论旧金山市民对中国移民的态度的适合人选。他说只有社会最底层才反对中国移民，大错特错。说很大一部分加州人喜欢中国移民也不对。两者都是悍然歪曲不难想象的众所周知的事实。傅上校知道得很清楚，除少数资本家觉得奴工是压低白人工资的有效武器外，这个海岸的所有人，全都反对中国移民，认为他们是不折不扣的邪恶存在。[1]

傅列秘的言论尤其冒犯了加州爱尔兰人，因为他们怀疑他说的"社会最底层"指的就是爱尔兰人。大饥荒时，两百万爱尔兰人背井离乡，其中很多人在加州沦为贫苦工人，有些人成为排华运动领袖。《纪事报》记述了本地爱尔兰人对傅列秘言论的愤怒：

> 昨天晚上爱尔兰人在联合大厅举行了愤怒的群众集会。足有2000人到场。丹尼尔·西恩[2]宣布集会开始，他说："同胞们，今晚我们聚集在这里抗议傅列秘对爱尔兰人的侮辱，他竟敢把我们比作臭名昭著的中国人。傅列秘如今人在华盛顿，希望他回来时，我们送他一件夹克，一半是黑色的、一半是白色的，这是对这个中国走狗和骗子的最好欢迎。（欢呼声）他说的话，是对我们这个民族的诽谤，也是对美国其他种族的侮辱。"

集会场面一度失控，因为有人想取代西恩的主持地位。警察恢复秩序后，西恩请约瑟夫·坎贝尔[3]发言：

> 先生们，今晚你们在这里只有一个目的——一致同声谴责本市的亚洲部落走狗在华盛顿所说的那些狠毒恶劣的诽谤。我不想重复那些

---

① 《当代孟乔森》（A Modern Munchausen），《旧金山纪事报》1878年10月27日，第4版。
② 丹尼尔·西恩（Daniel Sheehan）的名字在《1881年旧金山名录》出现过三次，一次是铁贩子，第二次是油漆工，第三次是工头。见《1881年旧金山名录》，第853页。
③ 《1881年旧金山名录》上有四个约瑟夫·坎贝尔（Joseph Campbell），其中一个是关税员。见《1881年旧金山名录》，第207页。

诽谤。你们都知道，你们都读过，你们的谴责和我的一样严厉。你们都反对他说爱尔兰人不比中国人更好。哦，上帝！那些为了美国的自由而战死沙场的人却受到一个美国人的诽谤，他不是真正意义上的美国人，虽然是土生土长的美国人，情感上却是亚洲人。

集会结束时，愤怒的爱尔兰人通过了以下决议：

> 我们认为，这个恶意中伤的低等生物，公然违背明确无误的公众情感，声称只有我们爱尔兰裔美国人才反对中国人，这个人是我们加州智慧的诽谤者、真相的扭曲者、自由的诋毁者、共和体制潜在的破坏者。①

傅列秘的生命显然受到威胁，他返回旧金山就任新职需要相当大的勇气。

当然，并非每个人都将傅列秘视为"邪恶的"中国人的卑鄙代理：

诋毁一个好撒玛利亚人

傅"上校"，北美蒙古人权利的坚定捍卫者，多年来都是加州普莱斯维尔（Placerville）的居民。笔者至今记得，1862 年和 1863 年（内战期间），他出名主要是因为他那狂热的联邦主义，还有他不辞辛劳筹钱购买火药庆祝北军胜利。实际上，他在这方面表现出来的投入和热情，就像他目前为被凌辱的异教徒所作的牺牲一样，都受到相当刻薄的批评，他的动机有时也受到敌人的责难。的确，他甚至听到忠诚的普莱斯维尔人都经常暗示他在火药买卖上没做过亏本买卖。最值得称道的行为总会招来最严厉的批评。②

很多加州反华人士认为傅列秘为中国人辩护是出于物质动机，但从他

---

① 《愤怒的爱尔兰人》（Indignant Irishmen），《旧金山纪事报》1878 年 11 月 2 日，第 3 版。

② 《诋毁一个好撒玛利亚人》（Slandering a Good Samaritan），《旧金山纪事报》1878 年 11 月 27 日，第 3 版。这篇文章转载自内华达州塔斯卡罗拉（Tuscarora）的《时报评论》（*Times-Review*）。

的遗嘱来看，这个中国驻旧金山领事身后只有42000美元的财产，可见事实不是那些批评他的人所暗示的那样，这篇文章将傅列秘称为好撒玛利亚人更接近真相。① 看起来，只有中国政府才欣赏傅列秘的所作所为，美国国务院颁发领事证书承认他的职务时，《纪事报》也说"这是中国政府首次任命一个外国人担任领事"②。

12月4日，傅列秘回到旧金山，回城不久就在晚间接受了《纪事报》记者的采访。记者问起那些所谓的反爱尔兰言论，傅列秘回答说：

> "从这里传出来的电报，"领事回答说，"大错特错，对我也很不公平。我从没说过美联社报道的那些话。华盛顿《邮报》派记者采访我，他们后来才告诉我说那个人是新手，国会会议期间雇他做外勤工作。他采访了我，我对他说的话见报后前言不搭后语，歪曲得不成样子，读得我仰身放声大笑。这已经够糟糕了，而美联社又从那篇采访里摘出两三处揉在一起，然后把不实之词电告全国，我很生气，打算去纽约投诉他们……（原文模糊不清）。他回复说他会调查这件事，这是我最后听到的说法。"③

当记者问到"你对记者说了什么"，傅列秘给出了自己的版本：

> 我说旧金山排华的全部纷扰都是由一部分人引发的，排华这件事，如果让财产超过200美元以上的人投票，都会说应该解决的是那部分人，而不是中国人。认为我的意思是机械师和其他（工人）等才是真正靠劳动为生的，真是荒唐。我的意思很清楚，每个公平正直的人都能明白，而且从常识判断，也知道我说的那部分人指的是那些在街头打骂中国人的流氓，你、我，还有每个正派的公民一年来都抨击过他们。我还说，这部分人中有85%是由最底层的爱尔兰天主教徒。

---

① 傅列秘遗嘱，见《傅列秘领事的遗赠》（Consul Bee's Bequests），《旧金山之声》（San Francisco Call）1892年6月4日，Volume 72，Number 4，第7版。

② 《华盛顿》、《他的天朝委任状》，《旧金山纪事报》1878年11月14日，第3版。

③ 《中国领事》（The Chinese Consul）、《专访新官傅列秘》（An Interview with F. A. Bee, the New Official），《旧金山纪事报》1878年12月5日，第1版。

我指的是人口中的流氓比例而不是其他，你也可以看出我是如何被人误解的了。①

不知道旧金山的爱尔兰裔美国人对这一"澄清"是否觉得满意，但记者肯定很同情傅列秘。他很快转换话题，问了每个人都想问的一个问题：

"作为领事，你未来的计划是什么？"

"目前我还没准备好谈论这个问题。几天内我们会进入领事馆开展工作，但当然了，所有的法律问题都由华盛顿公使馆处理②。是的，总领事（陈树棠）和我一起去的。他管理的范围遍及全国，时机一到，他就会在需要的领域任命其他领事，或是商业代理。我的职权也不限于本市。我负责从不列颠哥伦比亚到下加州的整个太平洋海岸。我不知道我们将来有何计划，所以无法回答你这个问题。我有一套很详尽的指令，是翻译过的副本，但还没来得及阅读，完全不知道内容。没有，旅途中我没有受到任何侮辱，特别是回到这里时也没有。晚安。"③

傅列秘显然不想多谈新领馆的计划，因为他不愿意向反华势力透露日后的活动。从华盛顿到旧金山的长途火车之旅也足以让他读完那"一套很详尽的指令"。相当让人惊讶的是，并没有愤怒的爱尔兰人守在火车站等他，但无论如何，他应当格外小心。④

8. 领事馆的开放

本地媒体继续以煽动恐华的报道和社论为主，其中一些言论的散布者明显是在混淆视听（他们应该更了解真相）。例如，中国驻旧金山领事馆正式开放前的 12 月 7 日，《纪事报》就刊登了这样一篇文章，是对前美国

---

① 《中国领事》《专访新官傅列秘》，《旧金山纪事报》1878 年 12 月 5 日，第 1 版。
② 原文此处是"as Washington"，不是"in Washington"。
③ 《中国领事》《专访新官傅列秘》，《旧金山纪事报》1878 年 12 月 5 日，第 1 版。
④ 令人惊讶的是，媒体报道了傅列秘的抵达日期，痛恨他的爱尔兰人应该能在火车站"欢迎"他。见《陆路乘客》（Overland Passengers）、《短讯》（Brevities），《上加州日报》（Daily Alta California）1878 年 11 月 4 日，Volume 30，Number 10463，第 1 版。

驻上海领事马辉（Robert C. Murphy，1827－1888，1853－1857 年间任驻上海领事）① 的采访。马辉说：

> 毫无疑问，如果中国政府为其民众指明一条平等进步的道路，再加上军事战线上的辉煌成就，要不了多少年，他们就能对亚洲，包括（英属）印度发号施令了。

中国有 5 亿人口，如果她"有雄心勃勃的领导人，势必很难遏制其力量"。② 加州华人在与贫穷爱尔兰移民竞争工作机会时正在占据优势，不久他们就可能主宰亚洲，甚至威胁美国。

1887 年 12 月 12 日，人们悬望已久的中国领事馆正式开放。

中国皇帝陛下的
中国领事馆于昨日开放

中华帝国皇帝陛下的领事馆于昨日开始办公。办公处所是位于克莱街 915 号和 917 号的联排砖房，过去是巴伦地产的财产。中国政府买下后加盖了一层楼，还在隔墙上开了几扇门，把两栋房子连在一起。一共有二十六个房间。楼下靠前的房间，分别是总领事陈树棠、领事傅列秘、副领事 Sit Ming Cook 和译员的房间，还有几间接待美国人和中国人的客房。房间全都装饰精美，设施齐全。《纪事报》记者采访傅上校时获知了一些有趣的细节，这些细节既与现状有关，也与中国政府在本市设立领事馆的最终目的有关。他们打算在这里开办外交学校，目前已有五个年轻人，都是中国士绅的儿子，他们来这里学习美国风俗习惯，以便日后成为外交官。眼下他们是公使馆的秘书。

---

① 马辉，未见于《1881 年旧金山名录》，他可能只是造访该地。马辉是领取美国政府薪俸的首任驻上海领事（此前历任领事均为美国商人），内战期间为军官，其生平小传见埃里克·波利策（Eric Politzer）《马辉：美国驻上海领事、旅长、国家的替罪羊》（Robert Creighton Murphy: U. S. Consul at Shanghai, Brigade Commander, National Scapegoat），《国会公墓保护协会通讯》（Newsletter of the Association for the Preservation of Historic Congressional Cemetery），2002 年秋，第 4 页。

② 《家门口的蒙古人》（Mongolians at Home）、《马辉总领事的看法》（The Observations of Consul General Murphy），《旧金山纪事报》1878 年 12 月 7 日，第 4 版。

陈树棠，皇帝陛下的总领事，二十多年来一直是上海著名商人，也是中国轮船招商局的经理。他被皇帝选中出任驻本市总领事一职，因为他熟谙商务，有能力处理华人与美国政府之间的诸多敏感问题。张贴在领事馆门前的告示是中国皇帝对其本海岸臣民的谕旨。这也是那些被宣谕对象昨天高度关心的一个话题。该谕旨告诫天朝子民严格遵守移居国法律，不管这些法律显得对他们如何严苛，他们都应该明白，不是服从管理的人，而是那些制定不公正法律的人，日后一定会付出代价。这份告示是用官话写的，和广东话很不一样，暂时还没有准确翻译，但昨天看到这份告示的中国人似乎都能明白其主要内容。①

遗憾的是，领事馆旧址毁于 1906 年旧金山大地震。但即使文章中这段简单的描述，也可以使人知道中国政府愿意花钱为自己的外交人员提供舒适的居住条件和办公场所。我们惊讶地发现，中国原本希望这家领事馆能够成为培养外交官的学校。不知道首批这五个学生后来情况如何，可惜这篇报道没有列出他们的姓名。

从领事馆门前张贴的皇帝谕旨可以看出开设领事馆对于中国政府的重要性。但记者不明白普通中国百姓读谕旨时遇到的困难，不是因为它是用与他们大多数说的广东话不同的官话写的，而是因为它是文言文。文言文在旧金山比过去想象的要更普及，中文报纸用的是文言文，很多人对写古体诗兴趣浓厚也可以证明这一点，但绝大多数华工可能是文盲，或是只认得几个字，大多数时候官方公文所用的这种既精练又博奥的语言，他们几乎不可能读懂。② 不过，谕旨传达的信息是明确的：无论排华的法律法规看起来多么严苛、不合理，旧金山华人都应该遵守美国法律。读完这段谕旨，很多希望中国驻旧金山领馆的职能能像中国口岸那些不平等条约下的管理机构一样的华人一定非常失望，但谕旨也告诉他们，他们（以

---

① 《中国领事馆于昨日开放》（The Opening of the Chinese Consulate Yesterday），《旧金山纪事报》1878 年 12 月 13 日，第 4 版。

② 尚有一部古诗联句选集保存至今，这次联句活动是由黄遵宪主持的，见老星辉主编《金山联玉》，Vancouver: Kai Sun Book Shop 启新书林，民国 13 年（1924）序。笔者所见的这本《金山联玉》里有中文批注称老星辉（可能是编者字号）是清朝秀才，广东省台山县斜南村人。

及中国政府）占据了道德优势，因为有一天那些不公正法律的制定者要对此负责。

9. 陈树棠的早年经历

这篇报道最让人兴奋的信息大概是中国首任驻旧金山总领事、黄遵宪的前任陈树棠的简介。是时候把这条材料和陈树棠的其他相关资料整合在一起了。遗憾的是，迄今为止，对陈树棠的研究不多，中国刊登的两条他的生平材料称他离开美国后代表中国政府首次与朝鲜签署了正式贸易协定。[①] 研究陈树棠使朝经历的学者知道他曾在美国任职，但对他的这段经历不甚了了，也不清楚他的原籍。[②] 我们对陈树棠的早年经历知之甚少，一个主要原因是笔者发现的唯一一条传记材料见于广东香山（今中山）地方志的一个稀见版本，他的名字被写成了"陈召棠"：

> 陈召棠，茶园人，号菱南，以奏派创办七省轮船招商局，劳积加分省缺、即补道、驻美总领官，钦命出使朝鲜国总理[③]，交涉通商事宜。[④]

可以说，这条材料提供的信息相当单薄，但至少让我们知道了他是哪里人，以及陈召棠、陈树棠是同一个人。"树棠"也许是另一个字号，也许不

---

① 《字林西报》1888年11月16日所刊陈树棠讣告称其曾任驻汉城总理朝鲜商务，1885年《字林西报》有报道称他任满离朝，正在回国途中。见《朝鲜半岛》（Corea）、《记者报道》（From a Correspondent），《字林西报》1885年12月9日。陈树棠出使朝鲜的更多信息，见权赫秀《陈树棠在朝鲜》，李德征、李劲军《从旧韩国外交文书看陈树棠对中朝贸易的作用》。遗憾的是，迄今为止笔者还没有发现陈树棠的诗文集。但他的确与住在上海的著名诗人有过来往，例如，在动身前往旧金山时，19世纪著名文人金和（1818－1885）就曾为他写过两首赠别诗。见金和《送陈荩南方伯之米利坚》，《秋蟪吟馆诗钞》卷7，上海古籍出版社，2012，第313页。金和赠别诗第一首第一联耐人寻味，"地岂分中外？由来海限之"，说明金和、陈树棠已经摒弃了以中国为世界中心的传统观点。感谢罗马大学的毕柏安娜·克里帕（Bibiana Crippa）提醒笔者注意这些诗作。

② 如见权赫秀《陈树棠在朝鲜》，第156－157页。

③ 陈树棠出使朝鲜的职位是"总办朝鲜各口交涉商务委员"（Special Delegate to Administer Commercial Affairs for Negotiations at All Korean Ports）。

④ 汪文炳、张丕基：《香山县志续编》卷9"选举科附仕宦"，n. p.，1923，收入《新修方志丛刊》，《广东方志》，1975年再版，第19页ab。直到去世，陈树棠一直都在轮船招商局担任要职，1888年的财务报告就是他签署的，职位是"帮办"。见《轮船招商局第十四年年度报告》（Fourteenth Annual Report of the China Merchants' S. N. Co.），《字林西报》1888年4月13日。当时签署这份财务报告的会办是著名实业家盛宣怀（1849－1916）。

知道出于什么原因他改了名，这在 19 世纪末 20 世纪初的中国并不罕见。①

中国常规史料缺少陈树棠的相关资料，一种解释是他显然没有参加过科举考试，这是包括黄遵宪在内的大多数外交官职业生涯的起点。② 从《纪事报》的这篇报道可知，陈树棠活跃于商界，在上海经管轮船招商局二十多年。③ 对外交官来说，这个背景不常见，但《纪事报》告诉我们说，陈树棠获任总领事一职，正是因为中国政府需要一个商业经验丰富、有能力斡旋旧金山各方事态的人。大多数加州人不喜欢华人移民，但他们很乐意从对华贸易中发家致富。对华贸易，对于加州经济而言不仅已经相当广泛，而且至关重要。中国也能从中获利，所以政府起用陈树棠这样背景的人也是很可以理解的。他在上海这个西方"飞地"的丰富经验，也意味着比起那些主攻儒家经典的科举出身的人来，他与地方政府官员打交道更有胜算。

10. 陈树棠魅力攻势的开始

12 月 20 日，州长威廉·厄文（William Irwin，1827 – 1886，民主党人，1875 – 1880 年间任加州州长）得知总统海斯承认陈树棠为中国驻旧金山总领事、傅列秘为领事。④ 第二天，《纪事报》称总领事陈树棠（原文拼

---

① 例如，鲁迅（1881 – 1936）就有多个名字，见包华德（Howard L. Boorman）《民国名人传记辞典》（*Biographical Dictionary of Republican China*），New York：Columbia University Press，1967，Vol. 1，第 416 – 424 页。

② 和陈兰彬一道出使时，陈树棠为"候选道"（Expectant Circuit Intendant），意思是他有资格随时就任道台一职。黄遵宪，1876 年举人，后前往东京在中国首任驻日公使何如璋（1838 – 1891）手下担任参赞官。黄遵宪在日本的经历，见蒲地典子《中国的改革：黄遵宪与日本模式》（*Reform in China：Huang Tsun-hsien and the Japanese Model*），Cambridge，Massachusetts：Harvard University Press，1981；孙洛丹：《汉文知识圈重构中的书写政治：黄遵宪日本题材诗文研究》，未刊博士学位论文，清华大学，2013。

③ 在容闳的建议和李鸿章的大力支持下，轮船招商局于 1873 年成立。轮船招商局成立以前，在中国行驶的几乎所有船舶都由西方国家控制。轮船招商局的历史，见张后诠主编《招商局史：近代部分》，中国社会科学出版社，2007。李鸿章及其将西方技术引入中国的贡献，见朱昌峻（Samuel C. Chu）、刘广京《李鸿章与中国的早期现代化》（*Li Hung-chang and China's Early Modernization*），Armonk，New York and London：M. E. Sharpe，1994。李鸿章支持创办武器制造局，见此书第 57 – 58 页；提及黄遵宪的相关段落，见第 156 – 157、178 页；陈树棠，见第 182 页。

④ 见《萨克拉门托新闻》（Sacramento Items），《上加州日报》1878 年 12 月 20 日，Volume 30，Number 10479，第 1 版。这篇报道称 12 月 19 日海斯总统承认陈树棠为总领事、傅列秘为领事、Sit Muy 为副领事。不清楚 Sit Muy 是谁，笔者怀疑这是印刷错误，应作 Sit Ming Cook，如前所述，陈树棠取代他成为总领事后，他任副领事一职。

作 Chun Shu Sang!）、领事傅列秘、副领事 Sit Ming Cook "于本周二正式知会州长厄文他们已于本月 12 日开始履行职责"，这条消息是以中英两种语言同时刊发的。①

陈树棠似乎深受众多旧金山本地白人的喜爱。《纪事报》记者形容他说：

> （总）领事身材富态，体重 205 磅，在中国是三品官，48 岁，胃口好，懂常识，有幽默感。他非常富有，财产和银行账户共计 100 万美元。② 他还持有上海中国轮船招商局的股份，该公司名下有船舶三十二艘。③

这个中国人，不像大多数加州人熟悉的那种苦工，他天生是好胃口的美食家，有幽默感，很有钱，还喜欢现代科技。

陈树棠显然知道自己所经营的形象很受上海的西方人欢迎，他很快也在旧金山白人精英中展开魅力攻势以获得支持，旧金山媒体留下了不少关于他上任初期活动的记录。船业背景使他对这个城市的海运业务充满了兴趣，他最早的公开活动之一便是参观瓦莱约（Vallejo）附近的马尔岛海军造船厂，这是美国第一个太平洋海军基地，造船业务始于 1854 年。陈树棠受到礼炮和海军仪仗队的欢迎。看到雷明顿来复枪时，陈树棠和 Sit Ming Cook 都说："我们也在中国制造它们。"看到据说是中国造的回转炮（因为上面有很多汉字）时，他们说其实是朝鲜造的！现代造船设施给陈树棠、Sit Ming Cook 留下了相当深刻的印象。④

到目前为止，与中国新领馆有关的最受欢迎的活动，是总领事陈树棠举办的中国新年派对：

> 这一天，《纪事报》记者走访了中国领事馆。在沙地吸收了不少

---

① 《中国领事馆》（The Chinese Consulate），《旧金山纪事报》1878 年 12 月 21 日，第 3 版。

② 据陈树棠讣告，1888 年去世时他留下了 70 万两银子（约 93.3 万盎司），财产约 100 万美元。见《字林西报》1888 年 11 月 16 日。

③ 《陈树棠》（CHEN SHU TANG），《旧金山纪事报》1878 年 12 月 28 日，第 3 版。

④ 《陈树棠》、《中国总领事参观马尔岛》（The Chinese Consul-General Visits Mare Island），《旧金山纪事报》1878 年 12 月 28 日，第 3 版。

对细吊眼的东方人的蔑视后，① 他不禁惊讶地发现这里的人并未拿着双管猎枪守在窗口准备抵御进攻，相反的是，总领事、领事、副领事分别在不同的房间里接受旧金山白人名流的致意，来宾名单简直能让丹尼斯·科尔尼②大吃一惊。记者首先见到的是傅列秘上校。上校谈话的内容是说中美关系被美国媒体恶意歪曲了。韦伯斯特字典曾告诉过他外国人入侵的定义，但华人移民人数最多的时候，也从未达到过入侵这个定义的要求。过去十年来，在美华人人数明显减少，而且持续走低。整个太平洋岸华人总共不到 60000 人，北美不到 95000 人，比十年前减少了 10%。去中国的美国人，比来美国的中国人还要多，说到入侵，是美国人入侵中国才对。上校严厉批评警方以涉嫌违背"立方空间法"为由拘捕华人，他奇怪执法人员为什么不带着斧头、警棍搜查皇宫酒店和鲍德温酒店是否滥用了空间。③

记者随后被领进了总领事和副领事的房间。总领事陈树棠体态肥胖，留着胡须，皮肤橄榄色，年龄大概在 45 – 50 岁之间。他的英语相当好，外交才能则表现为不就任何重要事情发表实质性意见，除了预测一下骤雨天气。副领事 Sit Ming Cook，哈佛毕业生，比发明盎格鲁－撒克逊语的绅士们更了解这种语言。中国领事馆最难能可贵的是，那里没有人请来宾喝点什么。如果多灌了几杯的粗俗白人去了那里，只要待得足够久，他一定会清醒得无法忍受。他们也不请人吃东西。④

虽然记者抱怨酒食供应不足，还是有很多人出席了招待会，旧金山精

---

① 沙地（sand lots），旧金山的无主空地，排华人士的集会场所。这位记者"吸收"的"蔑视"，指的是他在沙地集会上听到的反华言论。

② 丹尼斯·科尔尼（Denis Kearney，1847 – 1907）是加州华人最凶猛的敌人，可能也是加州名声最大的排华运动领导者。关于他的讨论详见下文。据《1881 年旧金山名录》第 520 页，科尔尼是货运马车的车夫。他的经历见麦克莱尔《追求平等》，第 79 – 80、84 页；菲尔泽《驱逐》，第 77 – 80、119 页。

③ 根据这个所谓的"立方空间法"（Cubic Air Ordinance），如果居住空间不足一定数量立方英尺，即可视为非法。该条令被频繁地用于欺负旧金山贫困的华人移民，迫使他们向市政府支付巨额罚款。见菲尔泽《驱逐》，第 74 – 75 页；麦克莱尔《追求平等》，第 65 – 67 页；施吉瑞《人境庐内》，第 27 页。

④ 《中国新年》《节日开始——访问中国领事》，《旧金山纪事报》1879 年 1 月 22 日，第 3 版。

英人士显然也更愿意听傅列秘、陈树棠讲述旧金山华人遭受的不公正待遇，而不是丹尼斯·科尔尼这样的煽动家在沙地的胡言乱语。①

第二天，另一位《纪事报》记者刊登了另一篇关于领事馆招待会的报道，提供了与会嘉宾的详细名单，其中有很多富人、美国军官、英德等部分国家驻旧金山领事。和前一篇报道不同，这篇报道称招待会供应了酒水，每位嘉宾"都用香槟祝酒干杯，真诚祝愿中国人佳节快乐"。② 特别引人瞩目的是那些新教神职人员，其中的托马斯·加德（Thomas Guard）牧师还作了关于欧洲文明真谛的讲演。加德希望中国人学习现代欧洲，能皈依基督教最好，但他也高度评价了中国文明，甚至还说孔子本人也受过基督教上帝的启发。陈树棠不同意这些看法是可以理解的，但他肯定很高兴听到这位善良的牧师严厉批评沙地那些人"大多出生于国外，接受的是外国文化，不是美国出生的，不接受新教文化和信仰"。③

加德牧师对旧金山天主教徒的含蓄批评可能不会让旧金山爱尔兰人高兴，但陈树棠显然很高兴，他用流利的英语回答说：

> 我代表本领馆成员感谢你，谢谢你的友善言辞和光临到场。恐怕让我们的领事傅列秘上校代替我来致感谢词可能会更好。我很难在英语中找到合适字眼以表达对你美好致辞的感激之情。先生们，我敢说，今天到场展现你们深情厚谊的，不仅有神职人员，还有极受人尊敬、富有影响力的公民。虽然来到本市的时间尚短，但已使我们体会到了不同群体的情感也相当不同。我要高兴地说，很幸运美国上层人

---

① 此前一年，科尔尼出版了他的政治宣言。见丹尼斯·科尔尼《加州工党：兴起发展概貌》（*The Workingmen's Party of California: An Epitome of its Rise and Progress*），San Francisco：Bacon，1878。他希望此书能在美国东部为他赢得名望和政治前途。

② 《中国人》（The Chinese）、《昨日克莱街领事馆招待会》（Reception at the Clay Street Consulate Yesterday），《旧金山纪事报》1879 年 1 月 23 日，第 2 版。

③ 得克萨斯大学奥斯汀校区的路康乐（Edward Rhoads）教授，2016 年 7 月 18 日在写给笔者的电子邮件中提供了以下材料：留美幼童、著名记者、香港定例局（即立法局）非官守议员黄胜（Wong Shing，1827 – 1902），曾致信约瑟夫·推切尔（Joseph Twichell，1838 – 1918）牧师，后者是哈特福德留美幼童的好友。这封信共三页，黄胜表示自己欣慰地得知驻旧金山总领事陈树棠是支持包容基督教的"自由"人士，信中还提到丹尼斯·科尔尼造访了领事馆！见黄胜致推切尔牧师的信，1879 年 12 月 1 日；推切尔日记，1879 年 12 月。感谢路康乐教授让笔者注意到这条材料。

士总是与我们同在。这让我们希望能够借此增进我们两国人民的感情。再次感谢你的友好祝辞。①

显然，陈树棠很高兴看到加德牧师试图找出中国文明和西方文明（尤其是基督教新教）的共同点。尽管无意于皈依加德信奉的宗教，他也意识到基督教神职人员和旧金山富人阶层可以成为日后抵制排华运动的得力的盟友。实际上，陈树棠后来的所作所为都是为了建立和强化这种同盟关系。②

前进道路上总会有障碍，几天后，反华势力就迫不及待挑明了这一点，一些文章开始谈论中国轮船招商局可能与美国公司形成竞争：

> 东岸船主越来越担心中国在航海和船运方面的进展。纽约来电称英美的船长和商人都在议论中国自运营的轮船从中国开往英美的可能性，还有观点直接指出，如果海运货物不断增加，将让船主获利丰厚，所以我们应把中国人视为运输业，尤其是太平洋海域的竞争对手。
>
> 这些看法不是空穴来风。驻本市的中国总领事，据说才智过人，商业经验丰富，曾是上海某大型轮船公司的执行经理，该公司的前身是美国旗昌公司（RUSSELL & Co.）。③ 他被任命为总领事，是因为他精通商业和海上业务。可以肯定的是，派驻旧金山期间，他绝不会错过任何机会增加自己的相关知识。
>
> 几天前，有人暗示总领事说他的人民很快就会拥有本市和中国之间的航线，他微笑着回答说："哦，等航线能赚钱再说。"这个答复，像这位官员刚才就这个话题所作的长篇大论一样意味深长。④

中国的"朋友们"总是敦促中国人学习现代西方的科学技术和政治体

---

① 《中国人》《昨日克莱街领事馆招待会》，《旧金山纪事报》1879年1月23日，第2版。
② 陈树棠讲话中没有提及他的军中"友人"，但在旧金山沙地武装排华事件中他们迟早能派上用场。
③ 中国轮船招商局由李鸿章一手创办，与美国公司无关。旗昌公司是19世纪对华贸易的重要参与者。
④ 《中国的海上竞争》（Chinese Maritime Competition），《旧金山纪事报》1879年1月26日，第4版。

制，但很多西方人又担心日后中国在经济、军事领域与自己形成竞争，这种顾虑使得美国富人和那些陈树棠所关注的本地华人结盟的困难超过了陈树棠的预测，特别是人们还担心陈树棠积累的"知识"会促进中国接管泛太平洋航运。

11. 《十五乘客法案》

显然，很难找到有利于在美华人的任何解决方案，因为 1879 年 1 月 29 日众议院以四分之三的多数优势通过了所谓《十五乘客法案》（*Fifteen Passenger Bill*），规定任何船只每次运到美国的华人人数不得超过十五人。《纪事报》和其他反华报纸对这个结果欢欣鼓舞，因为"它是联邦立法机构辩论通过的第一条限制华人移民的措施"。[①] 七十二张反对票，只有一票是共和党人投的。唯一一位站出来发表演说反对该法案的是马丁·汤森德（Martin I. Townsend，1810 – 1903）[②]，纽约共和党众议员（1875 – 1879）。该法案是由内华达州的托马斯·雷恩（Thomas Wren，1826 – 1904，共和党人，1877 – 1879 年间任众议员）提议的，后来负责的是肯塔基州的阿尔伯特·威利斯（Albert S. Willis，1843 – 1897，民主党人，1877 – 1887 年间任众议员）。威利斯的发言或许代表了投票赞成该法案的大多数人的看法：

> 过去，国会曾经两次被要求做出如何应对其他种族的决定。第一次是红种人。花费数百万，牺牲数千人，试图使印第安人臣服或者同意成为公民。至今他们也还是早期殖民时期那个心怀不满的外族野蛮人。第二次我们面对的是黑人。难道要我回顾整个过程中经历的痛苦仇恨、局部冲突和政治宗教纷争吗？政治天才也无法解决这些问题，最后只能以武力仲裁收场（即美国内战）。如今，这些灾难尚未彻底结束，我们又卷入了另一场甚至更为棘手的考验，这次是与黄种人打

---

① 《排亚》（Anti-Asiatic）、《国会就重大问题采取行动》（Action by Congress on a Great Issue）、《众议院果断表决》（An Emphatic Vote in the Lower House）、《绝大多数人反对中国佬》（A Large Majority Against theMoon-Eyed Monsters），《旧金山纪事报》1879 年 1 月 29 日，第 3 版。法案文本见该报道末尾。《排华法案》及其前身的信息和相关图表，见施泰纳（Steiner）博士创办的网站"《排华法案》：亚裔美国人和法律"（The Chinese Exclusion Acts：Asian Americans and the Law，www. stcl. edu/faculty_pages/faculty_folders/steiner/aalexclusion/exclusion. ppt. ）。

② 前引报道将其名字误拼为 Martin J. Townsend。

交道。如果说面对非洲人、印第安人时我们失败了，就算成功也很可疑，那么，面对蒙古人我们又能期待什么呢？他们既不像非洲人那样温顺谦卑，也不像印第安人那样对自己的低劣文明有自知之明。如今，摆在议会面前的这个法案，终结了外族人带来的第三次考验。

两个问题在这个法案的通过中还被涉及到：我们是否有颁布这条法律的权利？如果有这样的权利，我们又该如何行使权利？关于第一个问题，刚才宣读的报告决议已经给予了答案。根据宪法，法律比条约更神圣、更有约束力。因此，如果国会通过该法案，与其条款相冲突的《蒲安臣条约》就会失效。既然承认有这样的权利，那么，更切实的问题就是要不要行使这个权利？我提请议会注意的第一个事实是，不管中国人走到哪里，对他们的谴责都是众口一词的。如今，委员会有四个州议会的联合决议，有几天前毫无异议通过的加州制宪会议备忘录，还有无数社会组织、宗教团体、劳工会议的活动，以及十多万普通公民的请愿，都从不同立场陈述了中国移民的弊害，敦促国会有必要及时采取有效措施予以纾解。如果真的如纽约绅士（汤森德先生）声称的那样，华人是有用的公民和有价值的社会成员，那么，为什么众口同声，一致同意摆脱他们呢？因为这是众多不同社会团体的自由的、公正的看法，不是哪一个人，而是各阶层的共识，无疑值得我们深思熟虑和反复权衡。尤其是，刚才发布演说的先生，有中国人落脚的世界上每一个国家，都证实了这一点，因此更应予以重视。诚如我尊敬的加州朋友（戴维斯先生）① 所言，爪哇、暹罗、新加坡、菲律宾群岛和澳大利亚殖民地早就出现过我们今天在太平洋沿岸所见的同样的反对声浪，早就意识到同样的后果了。②

威利斯将加州华人移民比作"野蛮的"美国印第安人和非洲黑人——他们不久前才在这个国家摆脱被奴役的命运——还暗示说华人很有可能成为战争导火索，就像美国白人与美国原住民发生冲突、北方反对南方奴隶制引爆美国内战一样。每个国家都不欢迎中国人，频发的南亚和澳大利亚

---

① 荷瑞斯·戴维斯（Horace Davis，1831－1916），共和党人，1877－1881 年间任众议员。
② 见《排亚》，《旧金山纪事报》1879 年 1 月 29 日，第 3 版。

反华暴力事件便可作为见证。① 面对威利斯及其支持者，即使是体态肥胖、讲究吃喝享受的陈树棠的巨大魅力也不起作用，显然需要新策略。威利斯似乎毫不担心新法案与《蒲安臣条约》冲突，但这个问题很快就提上了日程。

可以说，公众对于这个法案的态度存在严重分歧，《纪事报》挖苦说"中国领事馆与沙地看法一致"，"科尔尼和傅列秘领事意见相同"。科尔尼接受《纪事报》采访说：

> 首先，这个法案没有政治家风度。虽然其目的是想真正解决华人问题，但完全达不到预期效果。就算议员们是为了良好的目的，而人人都知道他们不是，在这件事上他们所做的也不该得到任何表扬。不过是他们的职责而已。事情很简单，人民公仆不尽责，就不该得到表扬，这次他们做的只是个例外。会见海斯总统时，我说我们要我们的权利——不是请他或者请其他任何人帮个忙，如果我们的权利没有保障，我们就要自己争取。问题是，如今到处都是贪污腐败，世风日下，国家公仆履行了一下职责，全国人民就都站出来感谢他们。做自己该做的事，我不觉得有什么可表扬的。现在我也不觉得众议院在通过这个法案时履行了职责。这只是为了下届选举争取加州选票的政治伎俩而已。当然，它达不到预期目的，本州工党打算投票给第三个总统。②

---

① 华人在澳大利亚，见珍·吉廷斯（Jean Gittins）《中国来的淘金者》（*The Diggers from China: The Story of Chinese on the Goldfields*），Melbourne: Quartet Books, 1981；艾瑞克·罗斯（Eric Rolls）《寄居者：鲜花和大洋》（*Sojourners: Flowers and the Wide Sea*），Melbourne: University of Queensland Press, 1992。

② 见《民意》（Vox Populi）、《民众对华人法案的看法》（Opinions of the People on the Chinese Bill）、《中国领事馆与沙地看法一致》（The Chinese Consulate and the Sand Lot in Accord）、《科尔尼和傅列秘领事意见相同》（Kearney and Consul Bee Agree in Their Opinions），《旧金山纪事报》1879年1月30日，第2版。加州工党由科尔尼创建，是排华运动的先锋。见科尔尼《加州工党》。政党史研究，见尼尔·拉里·舒姆斯基（Neil Larry Shumsky）《政治抗议的演进与加州工党》（*The Evolution of Political Protest and the Workingmen's Party of California*），Columbus: Ohio State University Press, 1992。科尔尼希望自己成为"第三个"总统候选人，也就是民主党、共和党两党制外的第三个总统候选人。注意，加州工党不是美国工党，美国工党以东部各州为基础，提倡社会主义，反对种族主义，见菲利普·福纳（Philip S. Foner）主编《美国工党的形成：1876年7月19-22日费城举办的工会会议》（*The Formation of the Workingmen's Party of the United States: Proceedings of the Union Congress, held at Philadelphia, July 19-22, 1876*），New York: AIMS, 1976，种族主义问题，见此书第86-87页；另见菲利普·德雷（Philip Dray）《联合起来有力量》（*There is Power in A Union*），New York: Doubleday, 2010，第128页。

科尔尼希望借助排华运动入主白宫，况且就算部分赞同新法案，他也不能明说。

《纪事报》记者就新法案采访科尔尼的主要对手傅列秘领事，他回答说：

> 迄今为止，我对这个结果一点也不意外。如果这个法案能够成为法律，对今天已经身在美国的华人来说，再好不过。大家就更能体会到他们存在的好处和必要性了。切断供应，需求增加。①

当记者问及新措施对重要的美中贸易的影响时，他回答说：

> 中止一方，另一方也会受到致命打击。不过，现在讨论《十五乘客法案》通过后带来的问题毫无意义。它没有道理。按照它的条款，少数政治野心家轻易就抹去了杰斐逊、卡尔霍恩和亚当斯兄弟时期取得的国际法成就。②

简言之，新法案对于目前身在美国的华人来说其实是有利的，因为如果不补充新华工，对其劳动和技术的需求只会有增无减。新法案还会危及美中关系和两国贸易，也迫使美国违背了根据《蒲安臣条约》所应尽的国际义务。

尽管这是对政治局势的一种理解，但反华集团则有不同看法，他们认为禁止华人移民的唯一障碍就是《蒲安臣条约》本身。所以毫不意外，对这个条约的攻击很快就开始了。《纪事报》有文章称"中国炮制这个条约只有一个目的，即促进和保护华人移民加州，在这个海岸建立中国殖民地"③，还记述条约签订经过如下：

---

① 《民意》，《旧金山纪事报》1879 年 1 月 30 日，第 2 版。
② 《民意》，《旧金山纪事报》1879 年 1 月 30 日，第 2 版。托马斯·杰斐逊（Thomas Jefferson，1743 – 1826），1797 – 1801 年任副总统，民主共和党人，1801 – 1809 年任总统；约翰·卡尔霍恩（John C. Calhoun，1782 – 1850），1825 – 1832 年间任副总统；塞缪尔·亚当斯（Samuel Adams，1722 – 1803），美国元老之一；约翰·亚当斯（John Adams，1735 – 1826），1789 – 1797 年间任副总统，联邦党人，1797 – 1801 年间任总统。
③ 《蒲安臣条约骗局》（The Burlingame Treaty Swindle），《旧金山纪事报》1879 年 1 月 31 日，第 2 版。

《里德条约》① 签订后不久，对中国的英法联军之役（第二次鸦片战争，1857－1860）以占领北京而结束，烧毁圆明园，英法获得更多新权利，包括公使进驻北京。② 这些权利也扩大到包括美国在内的其他国家。1862 年，蒲安臣先生作为美国公使抵达北京，很快就成为中国首相（按：指总理衙门大臣）恭亲王的心腹顾问。③ 他们共同操纵蒲安臣使团，表面上是为了让中国摆脱古老的孤立制度、成为文明国家大家庭中的平等一员，其真实目的则是为中国在加州、澳大利亚、英属海峡殖民地（新加坡和马来西亚）和法属交趾支那（越南）开辟殖民地敞开大门，确保他们的殖民者得到缔约国的保护，为日后侵占这些国家领土获得稳固的立足点。

蒲安臣在美国开始修约谈判，他凭借个人在华盛顿的影响力，成功蒙蔽约翰逊政府④和美国人民同意并批准了续增的八项条款，这些条款全都符合中国的利益、违背美国的利益。（随后摘录了条约前六条）

这就是包括了补充条约在内的、大肆吹嘘的《蒲安臣条约》的全部内容。为了这次谈判，中国派出了声势浩大的使团，花费了成千上万。根据该条约第三、五、六条，中国获得了输出群氓占领美国并派驻领事保护他们的权利。除去这三条，再没有别的了……使团和条约的唯一目的，就是从中国利益出发谈妥第三、五、六条。

美国从这个条约中得到什么了呢？没有，什么都没有。我们只有少数公民，总共不到 300 人，暂时居留中国，还只能待在某个通商口岸。（随后描述了外国人在通商口岸外旅行所受的限制）

这就是《蒲安臣条约》下美国公民在中国的待遇——这个条约包藏叛国祸心，以欺骗的方式谈成，并被偏执无知、自私贪婪所维护。⑤

---

① 《里德条约》（*Reed Treaty*），1858 年由美国历史学教授、美国公使威廉·里德（William B. Reed，1806－1876，1857－1858 年间任公使）签署。
② 战后，中国被迫同意外国使团进驻北京。
③ 恭亲王奕䜣（1833－1898），咸丰皇帝（1851－1861 年间在位）的兄弟。可能"外务首相"这个头衔更能体现他在清政府中所任的职务，他在这一动荡时期主持了众多棘手的外事谈判。
④ 该条约是在总统安德鲁·约翰逊（1808－1875，共和党人，1865－1869 年任总统）任期内签订的。
⑤ 《蒲安臣条约骗局》，《旧金山纪事报》1879 年 1 月 31 日，第 2 版。

　　这篇文章是当时众多排华言论偏执妄想、肆意歪曲事实的典型代表。没有任何证据表明蒲安臣想过让华人"入侵"或是在美国建立殖民地的问题，中国当时正疲于应付西方列强的步步紧逼。而且，从理论上说，1893 年以前，中国人移民出境其实是非法的；在签订《蒲安臣条约》的 1860 年代，中国政府对移民出境方面的问题考虑得不多。[①]　直到加州等地华人开始抱怨遭受当地人施以的不公正待遇时，中国才开始考虑在美国开设使领馆。也就是说，从 1868 年美国批准《蒲安臣条约》到中国在旧金山开设领事馆，中间拖了十年时间。如果恭亲王真想入侵美国，为什么中国政府在美国批准条约一年后才批准该条约，然后又过了九年才向美国领土派驻中国"代表"呢？就算对于编造这个故事的记者，这些胡乱捏造的不实之处也是显而易见的。

　　现在，国会两院通过了《十五乘客法案》，为了向海斯总统施加压力，旧金山举行了大型排华示威游行，向总统显示出加州民众需要他尽快签署协议的迫切：

　　　　昨天下午两点开始的民众集会，以普拉特大厅为中心会场，目的是表达民情民意，促使总统签署限制华人移民的法案。这是迄今为止本市最让人印象深刻、最激动人心，同时又是最和谐的一次示威活动。众多批发商和不少零售商放假半天以便于参加者出席活动。早在集会开始前一小时，人群就涌向松树街和灌木街之间的蒙哥马利街，人们密集到如果一个人想要缓解一下拥挤的不适，就会让他周围一百码内的人潮像风吹过禾谷一样伏倒。民众来自四面八方，身份各异，不同阶级和不同政治立场的人结成一体，良好的幽默感鼓舞着精神。为防止示威活动脱离无党派集会的预订计划，出动了大量警力，但街上秩序井然，无需暴力维持。[②]

---

① 见颜清湟《苦力和满大人》，第 72－95 页。
② 《雷霆之声》(Thunder Tones)、《加州民众心声》(The Voice of the People of California)、《旧金山大型排华示威游行》(San Francisco's Monster Anti-Chinese Demonstration)、《呼吁总统拯救太平洋岸》(The President Called Upon to Save the Pacific Coast)、《各阶级各宗教团结一致》(Every Class and all Creeds in Harmonious Accord)、《激动人心的讲演表达民众情绪》(Popular Sentiment Expressed in Stirring Speeches)、《采纳商会决议》(Adoption of the Chamber of Commerce Resolutions)，《旧金山纪事报》1879 年 2 月 28 日，第 2 版。

显然，警方担心示威游行衍变为打砸商铺、袭击华人的沙地暴乱，所以尽管集会号称无党派，加州工党却不在邀请名单上，工党主席丹尼斯·科尔尼也明显的缺席。当地政府不希望海斯总统看到太多加州排华运动的真面目。

所谓无党派的一面，也被加州副州长詹姆斯·约翰逊（James A. Johnson，1829－1896，民主党人，1875－1880 年间任副州长）的到场戳穿了。他说：

> 他想做的不只是参加集会，还要通过参加集会表明，作为加州一员，他对这个问题十分关注，对请求总统签署法案投赞成票。这个法案关乎加州命运。自本州成为联邦一员以来，还没有其他哪个问题像这次等待总统签署法案更令加州居民焦虑的事情了。群情激愤至极——几乎让人无法承受。不仅劳工阶级的福利取决于此，整个社会都与之有关。尽一切努力敦促总统签署该法案后，所有离开这个大厅的人都应决心让这祭坛之火燃烧不熄，以示对该法案、对支持该法案的国会议员的赞同。让我们喊出"中国人必须离开"的口号，并一直喊下去。①

马库斯·博鲁克（Marcus D. Boruck，？－1895）②，旧金山著名编辑、政治家，呼吁集会采纳旧金山商会决议，声称这是自己"一生中最值得骄傲的行动"：

> 在 2 月 24 号周一召开的旧金山商会会议上，市长和各级主管决定召集旧金山民众集会，以表达对限制华人移民法案的态度，继而，响应这一号召的群众集会如期举行，因此，我们赞同商会采取如下行动：
> 我们充分理解国会通过的限制华人移民法案的范围、对象和目的……。该法案已提交总统签署，为了美国本土的利益、美国劳工、美国商人、美国家庭慈善事业，美国所保护的太平洋沿岸最有价值的社会价值，并在最广泛的基础上及时明智地捍卫现代文明和基督教文明在美

---

① 《雷霆之声》，《旧金山纪事报》1879 年 2 月 28 日，第 2 版。

② 博鲁克讣告，配有据照片绘制的肖像，见《马库斯·博鲁克去世》（Marcus D. Boruck Dead）、《著名编辑、政治家在家中去世》（The Well-Known Editor and Politician Expires at his Home），《旧金山之声》（*San Francisco Call*）1895 年 6 月 26 日，第 7 版。

国的土地上免受人数众多、不可救药的古老的、野蛮族群的侵袭，我
们热忱、冷静、慎重地建议批准该法案。我们的用语是简洁的。我们
尽量用一句话概括，当我们说"为了美国劳工的利益而批准法案"，
我们指的是避免这个阶级坠入贫穷匮乏；当我们说美国和平，我们指
的是避免不可能同化、不存在社会共情的种族偏见带来的灾难和种族
战争。在这个问题上，西部的态度是强硬的，应被东部视为定论。我
们在现场，知道自己说的是什么。

会议决定。恳请州长将这份序言和决议电告合众国总统。①

大规模游行集会后，报纸记者涌向中国领事馆，至少有一名记者询问
傅列秘领事对事态的看法：

《纪事报》记者昨天走访了傅上校，想听听这位绅士对于排华示
威游行有何看法。记者解释此行的目的时，傅上校从他的眼镜片后面
看过来，对这个沉重的笑话报以发自内心的大笑。"哈，哈，"他笑
道，"什么，在这件事上我没有什么新的话要说，绝对没有。我今天
忙得顾不上关心这件事。我没有时间和中国商人在一起，所以也不知
道他们是怎么想的。不过，我的确认为普拉特大厅的委员会没有对科
尔尼投桃报李，否则他们就让他当集会主席了。如果不是因为他，他
们绝不会有勇气搞这个集会，绝对不会。现在，我觉得整件事非常滑
稽，认为很可笑。但我对此事没有什么新的见解。哈，哈！"傅上校
坐进椅子里，嘲笑局面的滑稽。②

显然，商会决议及其陈腐的排华指控，并没有给傅上校留下深刻印
象。让他觉得可笑的是，活动组织者一方面千方百计撇清与科尔尼那些煽
动性言辞的关系，另一方面采纳了几乎和他一模一样的决议。这种做法不
过是为了缓解海斯总统的疑虑、蒙蔽反对排华法案的东部自由派人士而
已，虽然不值得评论，但的确非常可笑。

---

① 《雷霆之声》，《旧金山纪事报》1879 年 2 月 28 日，第 2 版。
② 《雷霆之声》，《旧金山纪事报》1879 年 2 月 28 日，第 2 版。

尽管加州施加各种压力，亲华集团，其中可能包括被陈树棠魅力所打动的旧金山权贵，却也自有门路。3 月 1 日海斯总统否决了《十五乘客法案》，众议院当天没有获得足够票数推翻总统决议，该法案被彻底抹去。[1] 在否决咨文中，海斯认为该法案与《蒲安臣条约》冲突，但也留下了美国借助重修条约通过类似法案的可能性。[2] 毕竟，加州选举人票足以影响下一届总统选举。

12. 加州宪法，麻风病人，更多华人来到加州

那些反对华人移民的人，从国家层面来说暂时无计可施。尽管旧金山媒体继续刊登无数排华文章，重点却转向了即将举行的新加州宪法投票。反华集团支持新宪法，因为其中有禁止企业雇用华工等排华条款。[3] 虽然加州华人不能投票，但六公司可能也得到了领事馆的支持，开始为反对新宪法筹集宣传资金。这一举措，被反华集团视为另一个"蒙古人的阴谋"：

> 据本县（圣何塞［San Jose］）雇佣华工的某位绅士的可靠消息，为了反对新宪法，他农场中的每个华人雇工都摊派了 2 美元。这是反对派施展的最低劣的伎俩之一。想想看，加州 15 万华人苦工每人出资 2 美元以反对新宪法！筹集 30 万美元资金购买选票以反对新宪法，这是经得起检验的事实，我们不怕旧金山六公司否定。有鉴于此，到了人们要求新宪法的时候了；如果华人会馆、基顺[4]和傅上校执意要向他们的苦工每人摊派 2 美元以挑战民意的话，最诚实的加州公民们就

---

① 《否决：海斯拒绝批准排华法案，大赞蒲安臣条约》（The Veto：Hayes Refuses to Approve the Anti-Chinese Bill, A Fulsome Laudation of the Burlingame Treaty），《旧金山纪事报》1879 年 3 月 2 日，第 8 版。

② 《旧金山纪事报》1879 年 3 月 2 日，第 8 版。

③ 这一时期的反华文章，见《苦力移民》（Coolie Immigration）、《前美国驻厦门领事的证词》（Testimony of a Former American Consul at Amoy），《旧金山纪事报》1879 年 3 月 31 日，第 3 版；以及该报同版刊登的"华人问题"（The Chinese Problem）。

④ 基顺（Otis Gibson, 1826－1889），牧师、医生，卫理公会传教士，最初在中国传教，后来继续在旧金山华人社区传教。他为在美华人辩护，反驳反华集团的攻击，最后还撰写了《唐人在金山》（The Chinese in America），Cincinnati：Hitchcock and Walden，1877。另见埃尔斯沃思·卡尔森（Ellsworth C. Carlson）《1847－1880 年的福州传教士》（The Foochow Missionaries 1847－1880），Cambridge，Massachusetts：East Asian Research Center，Harvard University，1974，第 53、61、67、115 页。

应该在投票箱上给他们一个永生难忘的教训。①

我们不太清楚六公司的集资行动有何效果，但5月7日新宪法的确只以微弱优势通过。

鉴于《十五乘客法案》不过是一纸空文，海斯总统似乎也不急于采取任何相关措施，反华媒体开始注意其他问题，其中最耸人听闻的就是旧金山出现了中国麻风病人。对于19世纪的美国人而言，麻风病是一种特别可怕的折磨，很多人是读《圣经》长大的，其中不少故事都说感染这种疾病是对邪恶的罪人的罪孽之惩罚。此外，人们也不太同情麻风病人，病人不仅耗费公帑，还有可能感染别人。中国领事馆的做法是把感染麻风病的华人遣送回国。6月2日，傅上校称自己刚刚送走了十七人，这十七个病人是"城里所能发现的全部"，他为他们提供了"服装等等，好在返程途中舒适一些"。②

但媒体并不满意：

> 日前，一艘轮船把十七名中国麻风病人遣送回国，这是加州历史上划时代的一刻。一直以来的习惯做法是，华国（中国）想要摆脱的任何贱民都会被直接派送到这个宜人的海岸来，直到动不了的时候才准他们的骨头回去。③看来，计划发生了改变。正在腐烂的晚期麻风病人再也不允许在旧金山拥挤的人流中推来挤去，也不允许乘坐我们的轮船和街车回家。他们得回到中国去。一般说来，他们一贫如洗，否则诉诸本地司法权毫无疑问是合乎程序的。经查证，太平洋岸的最高法律，从理论上说即《蒲安臣条约》，声称中国人和其他最惠国国民一样在这里享有权利；这一条款无疑包括麻风病人和其他渣滓，而把这些不受欢迎的人货送回原籍也就大大破坏了美国的理想。④

---

① 《一路向前》（Rolling Along）、《普及新宪法》（Increasing Popularity of the New Constitution）、《蒙古人的钱》（Mongolian Money）、《中国人摊派集资反对新宪法》（Chinamen Assessed to Help Defeat the New Constitution），《旧金山纪事报》1879年4月22日，第3版。

② 《遣送中国麻风病人》（Chinese Lepers Sent away），《旧金山纪事报》1879年6月3日，第3版。

③ 这是对在美华人将遗骨葬回中国的习惯做法的讽刺影射。这种习俗也常被用作在美华人对新家园毫无情感的证据。

④ 《不洁净的货物》（An Unclean Cargo），《旧金山纪事报》1879年6月4日，第2版。

这篇文章的作者诱使读者将身体健康的华人移民等同于麻风病人，并抨击《蒲安臣条约》，视之为《十五乘客法案》的主要绊脚石。

当地媒体还关注华人继续涌入加州，特别是 6 月下旬将有 1000 多名华人乘坐东京号轮船抵达。傅上校将这一波移民潮解释为反应过度，称这批美国华人之所以急于返回美国，是担心即将通过《十五乘客法案》。他还对媒体说，澳大利亚和夏威夷独立王国对华工的需求越来越大。① 但反华媒体不想听傅列秘的"塞壬的歌声"：

> 傅副领事（原文如此）称日前涌入本市的大多数华人只是在前往火奴鲁鲁途中暂时路过而已。如果这是真的，倒是一个好消息。不幸的是，有很多理由让人相信他们会留下来不走。他们喜欢我们的海岸，喜欢我们的气候，喜欢我们的猪肉，喜欢我们的钱。开往萨克拉门托河谷的每列火车的车厢里装的都是新来的天朝人②，本州其他地区也有类似报告。把一千个中国人分散在加州的任务很快就完成了。很多地方不少白人男女被挤了出来，新来的苦力被塞了进去。他们被"安置"，开始努力偿还悬在他们头顶的买船票借的钱，有时还要为他们同族那些更贪婪的劳工腾地方。这些事情进行的同时，傅领事选择的好策略是宣称华人问题将通过这些外族人会自愿前往三明治群岛（夏威夷）而很快得到解决。九月选举会就这个问题进行投票，公众情绪越是密切关注，人民的声音就越有可能被清楚听到。我们向傅领事摆出这个事实，认为也许是在未来几个月阻缓东方人入侵的方法。州政府只有把权利移交给新宪党③，拯救加州才会有更加积极有效的办法。④

---

① 《他们为何而来》（Why They Are Coming）、《对日前大批华人涌入的解释》（Explanation of the Recent Influx of Chinese），《旧金山纪事报》1879 年 6 月 30 日，第 3 版。

② "天朝人"（Celestial）常用作对中国人种族歧视的称谓，因为当时中国被称作"天朝"（Celestial Empire）。

③ 这里指的是 1879 年加州宪法修正案，其中包含排华条款。宪法全文在线网址：http://codes.findlaw.com/ca/constitution-of-the-state-of-california-1879/.

④ 《塞壬的歌声》（A Siren Song），《旧金山纪事报》1879 年 7 月 6 日，第 4 版。

13. 生日，新年庆典

陈树棠的魅力攻势对总统否决《十五乘客法案》的影响可能超出了我们的想象。无论如何，陈树棠不觉得有调整策略的需要，特别是他还指望通过自己的生日庆典影响州选举。结果，这成为旧金山很长时间以来最盛大的宴会之一。

中国宴会
庆祝总领事生日

每十年庆寿，是中国达官贵人的习俗。皇家中国戏院①在周二和周三晚上，举办了本国华人社交圈中最大的一场活动，是一场庆祝中国总领事陈树棠五十一岁生日的规模盛大的宴会。② 总领事生日是上周日，按照他们的习俗，当时所有前去致意的人都受邀出席周二的庆典。除300名华商及其家人外，出席宴会的还有美国海军准将科尔霍恩（Colhoun）及其家人、前人口普查专员约瑟夫·肯尼迪③及其家人、哈斯丁法学院波默罗伊教授④及其家人、中国领事傅列秘上校及其家人、内政部弗伦奇先生及其家人、默特先生及其家人。剧院前排座位和包厢都铺上了平坦的地板，装饰精美的黑胡桃餐桌，还有包裹着昂贵、精美的丝绸的雅致的雕花黑胡桃木椅子和同样材料的高凳。包厢供女士专用，前面悬挂的薄纱把她们遮住了大半。舞台左上方挂着十四幅大型卷轴，宽十四英寸，高约八英尺，上面用汉字写满了领事的事迹和德行，其中提到他个人认捐6万多美元赈济近日中国的饥民。这些卷轴是领事在故土的敬仰者赠送的。剧场上空还四处张挂了很多绣有精美图文的丝质横幅，是本市友人送给领事的。这一天从早

---

① 皇家中国戏院（Royal Chinese Theatre）是当时旧金山主要的粤剧表演场所。

② 这里，不清楚陈树棠的年龄是按照中国习俗还是西方习俗计算的，中国算法他是五十一岁，西方算法是五十岁。该报道将陈树棠姓名拼为 Chen Shu Tong 可能是有意为之，模仿广东话发音。

③ 约瑟夫·肯尼迪（Joseph C. G. Kennedy, 1813－1887），主持1850年、1860年美国人口普查，其生平事迹见詹姆斯·怀特（James Terry White）《美国名人传记百科全书》（*The National Cyclopaedia of American Biography*），New York：J. T. White Company, 1967, Vol. 16, 第444页。

④ 约翰·波默罗伊（John N. Pomeroy），见《1881年旧金山名录》，第768页。

到晚，皇家中国戏院上演的是关于中国宫廷生活的戏剧。

傍晚五点左右，午餐后的水果、坚果和果仁儿被端走后，宴会开始了。菜单上共有二十道菜。每道菜都配有烟酒，随时有茶水。第一道菜是鲍鱼炖老鸭，上等的鲍鱼只有中国本土才有；第二道菜，新鲜的水生蔬菜沙拉，看起来很像苔藓；第三道菜，燕窝炖鸡；第四道菜，菌类，把菌、火腿、鸡蛋等等混在一起；第五道菜，鸭肉火腿炖鱼翅；第六道菜，海参燕窝汤（海参，原文误作 pach de Mar）；第七道菜，鱼肚；第八道菜，粉条、火腿和鱼肉的混合；第九道菜，茶、果冻、蛋糕等甜点，然后休息半个小时。第十道菜，烧乳鸽；第十一道菜，鱼翅和鸡肉；第十二道菜，鱼骨、火腿和竹笋炖汤；第十三道菜，火腿和鸡肉；第十四道菜，烤猪、火腿和鸡肉。①

读者需要不少时间才能"消化"陈树棠生日宴会的细节，这势必刺激那些不太反感旧金山华人的人多多留意领事馆好的一面，希望自己下次也能出现在嘉宾名单上。新闻记者也想尝到甜头，值得注意的是，在 10 月份剩下的日子里，《纪事报》没有刊登陈树棠或中国领事馆的任何负面报道，当另一份报纸刊登耸人听闻的报道谈到陈树棠的另一个老板"中国轮船招商局"对美国船运业的威胁时，《纪事报》还站出来为他和他的公司辩护：

正如昨天《纪事报》所说，引人注意的关于中国轮船招商局即将开设中国至火奴鲁鲁、中国至旧金山的固定航线的报道是由凯撒·塞尔索·莫雷诺②船长讲述、被某晨报添油加醋以惊人标题发布的，不过是愚蠢的谎言而已。③ 中国总领事被政府任命为驻美总领事这一高级职位时担任中国轮船招商局的总经理。他目前仍是公司股东，熟悉

① 《中国宴会》（A Chinese Banquet）、《庆祝总领事生日》（Celebration of the Consul-General's Birthday），《旧金山纪事报》1879 年 10 月 2 日，第 4 版。

② 莫雷诺（Caesar Celso Moreno，原文 Celso 误拼为 Celse）撰有《夏威夷条约》（*The Hawaiian Treaty*，Washington：1886）一书。见其讣告，《雇佣兵之死》（A Soldier of Fortune Dead）、《凯撒·莫雷诺曾任夏威夷驻美国欧洲各国特使》（Caesar C. Moreno Was at One Time Hawaiian Minister to America and Every European Court），《纽约时报》1901 年 3 月 13 日，第 9 版。

③ 见《中国远洋轮船》（Chinese Ocean Steamers），《旧金山纪事报》1879 年 10 月 29 日，第 2 版。

公司运作，充分了解日后计划。为了获得中国航海公司以后计划的可靠信息，《纪事报》记者昨日走访了领事馆，采访了傅上校，他告诉记者说这个谣言的唯一原因可能是有轮船从广州出发开往三明治群岛，很多中国人正等待运输。①

我们不必征引这篇文章对招商局的详细描述，除了注意它提到的关于这个重要机构的有价值的信息外，但更重要的是，大多数旧金山媒体对于中国的报道都非常负面，这篇文章是个罕见的例外，至少从侧面说明陈树棠的魅力攻势取得了一定成效。当然，《纪事报》也利用这个故事来打压竞争对手，但起码它愿意派出记者前往领事馆从傅领事及其上司那里获得具体细节。

此后好几个月，报纸都没有提及领事馆，下一条相关的大新闻是中国新年招待会。

中国领事的招待会

周二中国领事在克莱街领事馆举行了新年招待会，接待了约300名旧金山公民及其家人的来访。总领事陈树棠在副领事黄达权（Hwang TahKuen）②和傅列秘上校的协助下接待来宾，来宾中海军军官最引人注目。总领事夫人下午也举行了一次招待会，约有150名女士和绅士出席，他们对自己受到的款待表示非常满意。③

这次中国新年招待会的规模甚至比上年还要大，每个人都印象深刻，以至于第二天报纸刊登了更多细节：

---

① 《愚蠢的谣言》（A Stupid Canard）、《中国航线的真实故事》（The True Story of the Chinese Steamship Line），《旧金山纪事报》1879 年 10 月 30 日，第 3 版。
② 据 1878 年 7 月 1 日《申报》文章，黄达权，字平甫。黄达权，副领事，见《1881 年旧金山名录》，第 25 页；国家档案记录处（National Archives and Records Service）：《1806 – 1906 年间中国驻美公使馆和美国国务院记录》（Notes from the Chinese Legation in the United States to the Department of State 1806 – 1906），Roll 1，RG – 60，1868 – 1906，M – 98，称其为"翻译"。
③ 《中国领事的招待会》（The Chinese Consul's Reception），《旧金山纪事报》1880 年 2 月 12 日，第 1 版。

中国人热情好客
中国领事馆新年招待会
旧金山精英与中国贵族相互致意

本周，斯托克顿上面的克莱街中国领事馆举行了一场盛大的新年招待会。总领事陈树棠、领事傅列秘和副领事黄达权接待了数百位来宾，包括我们最杰出的公民和众多陆海军代表。不少东部名流也借此机会结识中国上层人士。中国人热情好客表现在招待会的盛大程度上，我们贵族过新年时很少达到这样的规模。会议室摆了张大桌子，上面满是珍馐美味和各种酒水。总领事陈树棠的夫人也热情款待了由绅士陪同的约150位女士。协助陈树棠夫人招待来宾的是傅列秘夫人和美国陆军上校赫尔的女儿赫尔小姐们。另一位招待会女主人是某著名华商的夫人，她还在陈树棠夫人和来宾之间担任翻译。去年傅领事曾提议总领事让陈夫人出面主持招待会，当时这个建议遭到了反对，虽然最后还是被接受了，今年再无反对声音，女宾招待会成了当天最愉快的亮点。副领事黄达权，在 Sit Ming Cook 辞职后接任该职。他是《望厦条约》① 签署后的1846 年来美的，曾在阿姆赫斯特学院接受教育②；他有三个儿子，两个在新英格兰读大学，一个在欧洲读大学。他在劝说中国富人将孩子送到我国接受教育方面起了很大作用，目前这些孩子大多就读于安多弗中学。③

---

① 《望厦条约》（*Cushing Treaty*），中美第一个条约，第一次鸦片战争后的 1844 年由美国外交官、国会议员顾盛（Caleb Cushing，1800–1879，1843–1845 年间任使华专使）主持签订。该条约主要是贸易协定，美国获得了与英国从中国攫取的同等权利。

② 阿姆赫斯特学院（Amherst College），今日尚存，位于马萨诸塞州阿姆赫斯特市，创办于1821 年。

③ 安多弗中学（Andover Academy），今日尚存，名为菲利普斯安多弗中学（Phillips Academy Andover），是位于马萨诸塞州安多弗市的贵族中学，创办于 1778 年。见《中国人热情好客》（Chinese Hospitality）、《中国领事馆新年招待会》（A New Year's Reception at the Chinese Consulate），《旧金山纪事报》1880 年 2 月 14 日，第 3 版。除长串嘉宾名单外，这篇报道还提供了领馆工作人员的重要讯息，报道称："中国驻本市使领馆工作人员名单如下：陈树棠先生，总领事；傅列秘上校，领事；黄达权先生，副领事、翻译官；五名中国秘书或学生；十名仆人。尚有五位驻秘鲁专员等待秘鲁和智利停止敌对状态，中国政府向秘鲁派出了最好的使团。目前已向五个国家派驻外交使团，分别是英国、法国、西班牙、秘鲁和美国，都是缔约国。必要时才向俄罗斯派驻时节。"这次招待会显然还在加州以外引起了极大兴趣，因为这篇报道曾被上海的英文报纸《字林西报》大幅转载。见《中国领事馆新年招待会》（New Year's Reception at a Chinese Consulate），《字林西报》1880 年 4 月 10 日。

这段话后是一长串旧金山名流名单，包括很多海陆军军官、夏威夷和英国领事，以及美国东部的众多来宾。陈树棠和傅列秘显然汲取了上年新年招待会的教训，因为这次没有人抱怨酒食供应不足，还邀请了女宾出席。

女性出席这样的活动，在当时的中国是无法想象的。看来，傅领事说服陈树棠让其夫人出面招待女宾颇费了一番唇舌。我们不太清楚陈树棠对于女性出席这些场合的态度，但就算他赞同，他可能也清楚其他中国外交官如郭嵩焘（1818－1891）让他们的妻妾抛头露面所受的责难。① 当时的美国女性虽然没有投票权，但对自己丈夫投票影响很大，举办女宾招待会既能表现中国领事馆与时俱进，还能取得不错的宣传效果。

二 陈树棠在任的第二年，以及对唐人街的攻击

1. 唐人街：社会公害

尽管陈树棠在旧金山精英中交到了一些朋友，政客却清楚大多数选民的想法。陈树棠的邀请名单上没有市、州政府官员，因为这些官员知道，只要表态支持华人就意味着政治生涯的快速终结。海斯总统否决《十五乘客法案》后，排华运动一度偃旗息鼓，但旧金山政府突然投出了"炸弹"。2月21日，卫生局宣布唐人街为社会公害，三天后四处张贴告示，限唐人街居民三十日内搬离。② 傅上校对此非常愤怒，很快于2月23日致信卫生局局长米尔斯医生③，措辞严厉：

> 先生：本月20日的晚间公告，你署名公布了某个午夜对本市特定地段如唐人街的调查结果。我不会就这封公开信道歉，因为每个公民都有权批评公职人员。一开始你说你"只有一个明确目的——如实呈

---

① 例如，有人"指控"郭嵩焘派驻伦敦时让小妾走在自己前面去买票看戏。其实，这是明智的做法，因为小妾年纪轻，很快就学会了英语，但这不符合中国国内女性一般只能待在闺中不出门的做法。见曾永玲《郭嵩焘大传：中国清代第一位驻外公使》，辽宁人民出版社，1989，第265－267页。

② 见麦克莱恩《追求平等》，第86页。

③ 约翰·米尔斯（John L. Meares），见《1881年旧金山名录》，第658页。

现唐人街目前的环境卫生状况"，转眼你就说"最保守估计""最少有30000人"（多谢你的坦承）①"生活在这个有限的空间里"等等。好吧，医生，如果问过中国领事馆的话，你会发现全国也只有 22500 个中国人，方圆十英里内的渔夫都算在内。人口普查结束后，又有 2000 多人离开。就"如实呈现"而言，你会高兴地发现你不是一个人，国会议员（人名模糊不清）也曾致信海斯总统说有 30000 中国妓女在这里揽客。总统收到信后不到二十四小时，我就发表了一份海关记录可以查实的声明，过去三十年来，来我国的中国女性不到 6000 人。医生，你还说你看到的事情是我们文明的耻辱。作为本市健康的守护者，如果你不把情形公之于众，就有玩忽职守之嫌。于是，你继续详细描述你的所见。因为你没有提及街道门牌，陌生人可能会立即得出结论说你的调查涵盖了所有华人街区，但问过为你开路的警方后，我才发现你调查的是"保留地段"（让东部客人参观的也是同一路线）。你把这条老路线描述得如此生动，说什么"委员会走访的第一个地方需要往下走两段长长的楼梯才能到达"。关于那处房子的全面描述，读者可参考 1870 年加州参议会报告、1877 年华盛顿国会莫顿委员会报告②、1879 年华盛顿国会赖特劳动委员会报告③。所有这些报告都给出了和你相同的描述，也都准确指出地板裂缝中泛上来的"烂泥"，你还巨细不遗地详加描述，并称这是多么令人愤怒，故而……

医生，两年前，我们还一起讨论过你认为应该通过的一项法律，能让身为卫生局长的你有充分的、不受限制的权力判定任何处所不适合人类居住。你认为有了这条法律，你就能消除任何地方存在的任何

---

① 反华集团通常夸大在旧金山生活的华人人数，所以傅上校这里讽刺地"感谢"米尔斯引用更为准确的人口统计数据。
② 莫顿委员会，即前文所述的 1877 年联合委员会。米尔斯博士在委员会前的证词，见施吉瑞《人境庐内》，第 126－143 页。
③ 这是亨德里克·赖特（Hendrick B. Wright，民主党人和绿背党人，1853－1855 年、1861－1863 年、1877－1881 年间宾州众议员，1808－1881）担任"劳动商业萧条问题众议院特别委员会"主席时提交的报告。见亨德里克·赖特《劳动商业大萧条原因：华人移民》（*Causes of General Depression in Labor and Business. Chinese Immigration.*），Washington D. C. : Government Printing Office，1879。

公害，我同意你的看法。当时我给很多人写信，在这件事上尽可能协助你。法律如愿通过，过去两年也成为了地方法。法律赋予你独断专行的权力。过去两年来及现在，你可以签名限令拆毁任何被你描述为低等的住所。这是你的职责所在。最初几个月你工作出色。我让华人了解该法律以及你的执法权。我多次向你和副手科埃①提供服务，你也没有遇到反对。你发现华人愿意协助你。你非常成功。你看到了他们粉刷自己店铺和居所的外部、内部和底部。我们深受鼓舞，但是，瞧，你却停止了执法。为了表明赋予你这种权力的法律是普遍性的、不是只针对华人的，你限令拆毁了克拉门托和斯托克顿街角的"古堡"，从那天起我们就再也听不到"大众居住法"了。当时我曾多次与你会面，敦促你做好工作。没有哪一次你不说唐人街的状况令人乐观，没有任何传染病，外面有些地方还不如这里。这些会面让人印象深刻，我以为我的职责就是通报华盛顿公使馆卫生改革取得了巨大成就。于是我提交了一份公函给你，日期是 1878 年 12 月 28 日，请你也在公函上签名。你从未回复该公函，这也是我唯一一封没有得到回复的公函。"玩忽职守"的是你，也只有你应该为你所发现的那个有"两段楼梯"情况恶劣的"住所"没有限令拆毁负责任。几个月后我见到你，请你留意那个地方，也反复提请副手科埃注意，竭尽全力纠正各处弊端的是他，而不是局长，局长什么都没做。几个星期后这位优秀的官员被调离职位，因为要为韦洛克②的亲戚腾位置。我在街上碰到你，对你说不该调走科埃，他是个好官，熟悉华人街区的每个角落，换人后需要好几年才能熟悉这一切。你说你感到遗憾，但卡洛驰③坚持调动，这是出于对他意愿的尊重。还有，医生，你把你看到的所有弊端全都归咎于华人，而你调查报告三分之二的篇幅讲的却是排污系统不足、下水道堵塞等问题。这又该怪谁呢？怪你和你的属下们，也许还有警方，因为每个警员都是前卫生检查员。原谅我，医生，

---

① 副手爱德华·科埃（Edward H. Coe），卫生督查，见《1881 年旧金山名录》，第 236 页。

② 《1881 年旧金山名录》上只有一个韦洛克，即威廉·韦洛克（William Wellock），鞋匠，见第 964 页。

③ 即伊萨克·史密斯·卡洛驰（Isaac Smith Kalloch，1832 - 1887），1879 - 1881 年任旧金山市长。

现在我要请你注意你本人在莫顿委员会前的宣誓证词（第 140 页）：

问：排污系统不足，是谁的责任？

答：谁的责任都不是。这是一座新城。已经建了不少排污系统，有些正在建。如果要将城市适当的排污系统考虑在内，那么两年内大多数房地产恐怕都一钱不值。城市地形导致排污系统耗资高昂。二十五年来我们已经解决了这座城市的很多问题。眼下也仍在解决。

问：那么，排污的问题不能责怪华人？

答：绝对不能。

如果这份证词是真的，（你）为什么不在你的报告中坦白说"绝对不能"责怪华人呢？还有，医生，你又将过去的关于"我们的年轻人"的谣言提出来了，你说托兰医生①是在 1877 - 1878 届州参议会指派的特别委员会前作此证词的。你又错了。这个委员会是 4 月 3 日指派的，应为 1875 - 1876 届。医生，没有人比你更清楚，所谓"我们的年轻人"被华人妓女诱往妓院的传言并非事实。四年前，这类猜测也许还有一定由头，但你知道，警方对此非常警惕，也进行了打击整治。不过，还是引用你本人的证词吧，对于所有"我们的年轻人"背负的如此恶名，你当时辩护说：

莫顿参议员问（第 141 页）：身为卫生局长，你是否清楚本地华人妓女的基本规模和她们带来的后果？

答：在这个问题上，我知道的不比其他医务工作者知道的更多。当然，我们都把中国女人看成妓女。一般来说，她们就是。这是我的看法，也是本市大多数人的看法。但我不觉得这有什么值得大惊小怪的，因为除了中国人，卖淫的还很多。这里只有少数中国女人。据我的经验，再多些中国女人对我们反而是件好事。和所有大城市一样，我们这里有不少偶发疾病的源头，唐人街外也有很多。据我的经验，中国女人卖春的对象仅限于最底层白人。如果走访某些华人街区，例如太平洋大街，可以看到最底层白人、黑人、墨西哥人、印第安人、中国人可怕地混杂在一起。

---

① 休·托兰（Hugh Toland, 1806 - 1880），旧金山著名医生，成功创办该市第一家医学院"托兰医学院"（Toland Medical College）。

你为什么要把工业学校校长①、吉布斯医生②和索伯医生③很多年前的证词翻出来呢？你明知他们提到的那些弊端早就被纠正了，再也看不到了，你自己的证词也说它们不存在了。毫无疑问，你签署了你的报告，很清楚这个报告一定会在法庭上宣誓验证。如果发现一间房子里"住着1000个人"，你会宣誓陈述事实；同样，如果发现男男女女在6×6平方英尺大的房间里"像动物一样滥交"，你还是会宣誓陈述事实。医生，你还说有个医生"泪流满面"。我来问你，医生，如果我理解无误的话，在你们受过这种苦，看过那些肮脏龌龊的地方后，你和你的同事们结伴前往中餐馆，坐下来享用已经准备妥当的中国美食作为晚餐，抽他们备好的雪茄，就像你说的，"可以看到中国人在肮脏的环境中做甜食、做米粉"等，"为我们餐馆洗作为食材的内脏，为我们的女士清洗蕾丝织品"。当然，我的理解是不对的，但我有强有力的证人证言。现在，医生，总结一下，你提到的唐人街存在的这些问题究竟应该怪谁呢？你不能抱怨说法律赋予你的绝对权力是无效的；它是你自己的孩子。我对你和你的下属保证过，中国人从未质疑过它的合法性，他们也不会违背我的意愿。那么，为什么你会玩忽职守呢？再说一次，我曾多次敦促过整顿杜邦街"往下走两段楼梯"那个地方。你做不到，难道不正是因为那是天主教堂和教会的地盘吗？整顿会给他们带来麻烦和花销。你疏于执法，难道不正是为了把自己一手培植的公害公之于众进而要以此为由拆毁整个华人街区吗？医生，你希望大家以为你绝对没有被"种族偏见或阶级仇恨"所控。如果这是真的话，你为什么不限令拆毁本市其他地段呢？毕竟，你常对我说，那些地段同样也应受到限令拆毁的法律的制裁。

傅列秘

2 月 23 日，旧金山④

---

① 大卫·伍兹（David C. Woods），男子工业学校校长，做证称华人妓院伤害了他的学生。见《报告》，第 162－163 页。
② 弗雷德里克·吉布斯（Frederick A. Gibbs），旧金山市县总长、医院委员会主席，其证词谈及华人妓院和其他健康问题。见《报告》，第 199 页。
③ 索伯（J. C. Shorb）医生关于华人妓院危害旧金山青年男子健康的证词，见《报告》，第 14、640 页。
④ 《傅上校致信米尔斯医生》（Colonel Bee to Dr. Meares），《旧金山纪事报》1880 年 2 月 24 日，第 3 版。

傅列秘写给米尔斯医生的这封信，表明中国领事馆突然改变策略，回到了傅列秘就任领事前那种更咄咄逼人的方式。傅列秘毫不手软地揭露了米尔斯自相矛盾、不诚实的一面，还驳斥了反华集团关于唐人街危害旧金山白人身体健康、中国妓女腐蚀白人青年道德观并使他们感染恶疾等断言。陈树棠原本希望自己的魅力攻势能够赢得旧金山上层社会的支持，或者至少不要那么听信反华集团的说辞，但现在看起来，至少市政府不太有兴趣对华人让步，而像米尔斯医生那样的官员——其最初的证言似乎较为公允，也愿意与傅列秘在改进唐人街卫生方面携手合作——但他不是被排华人士收买，就是在卡洛驰市长的压力下放任裙带关系，开始猛烈抨击唐人街了。

傅列秘指责米尔斯医生撤换能干称职的副手，为卡洛驰市长的亲戚腾位置，这个指责如今很难查实，但却完全符合我们对当时旧金山治理水平低下的认识。卡洛驰，浸信会牧师，刚到这个城市时还想布道传教，但很快就踏入政坛。1879 年他开始竞选市长，受到支持另一位候选人的《纪事报》主编查尔斯·德扬[1]的攻击。为尽快淘汰卡洛驰，德扬指控他通奸，但卡洛驰回击，称德扬的母亲经营妓院！德扬怀恨在心，在街头伏击卡洛驰，击中两枪。卡洛驰死里逃生，同情的选票让他赢得市长选举，并任职到1881 年。1880 年 4 月 23 日，卡洛驰的儿子伊萨克·卡洛驰（Isaac Milton Kalloch，1852 – 1930）进入《纪事报》报社枪杀了查尔斯·德扬。德扬在旧金山可能不受人欢迎，因为伊萨克·卡洛驰轻易就开脱了谋杀罪名![2]

傅列秘这封信的结尾，说出了故事最重要的部分。虽然米尔斯医生声称自己没有种族歧视，但种族主义而非公共卫生问题才是市政府行动的主要动机。政府不愿意采取措施限令拆毁唐人街最严重的违规者，即市、州、联邦报告中多次提到的那座有三层楼的建筑，只因其业主是天主教会。城中四处可见同样不卫生的建筑，但也没有被处理，因为它们都是有影响力的白人业主的财产。

面对米尔斯医生对唐人街的抨击，六公司也采取了行动。《纪事报》称

---

① 查尔斯·德扬（Charles De Young，1845 – 1880），见《1881 年旧金山名录》，第 297 页。

② 见欧文·麦基（Irving McKee）《查尔斯·德扬枪击事件》（The Shooting of Charles de Young），《太平洋历史评论》（Pacific Historical Review）卷 16，1947 年第 3 期，第 271 – 284 页。

"华人街区内只有一点点激动"，但六公司印制了中文告示，张贴在唐人街的"大街小巷"：

告旧金山全体华人书

　　市卫生局日前宣布唐人街为本市公害。恳请各位密切关注此事，保持住所清洁，以免任何投诉。今排华情绪高涨，若不谨守官令，恐致群情激愤，有牢狱罚金之祸。恪守上述规定乃我全体同胞之最大利益。此布，

六公司①

　　这时，陈树棠也已意识到领事馆再办一次大派对也无济于事。可能是在傅列秘的督请之下，他写信征询区检察官德洛斯·雷克法官（卒于1882年）②的意见：

　　请允许我向你提交诉讼，关于卫生局旨在正式宣布旧金山市某些区域为公害的某项决议。

　　在这些被宣布为社会公害的区域内有大量中国居民，该报告公然提出让卫生局将中国人逐离本市。

　　您的裁决对于中国居民在上述文件所提及的区域内的居住具有法律效力。此致，

陈树棠③
总领事④

---

① 《唐人街》（Chinatown）、《六公司发布公告》（A Proclamation Issued by the Six Companies），《旧金山纪事报》1880 年 2 月 24 日，第 3 版。

② 德洛斯·雷克（Delos Lake）回忆录，见奥斯卡·沙克（Oscar T. Shuck）《加州的法官和律师》（*History of the Bench and Bar of California*），Los Angeles：The Commercial Printing House，1901，第 383 页。雷克，《1881 年旧金山名录》第 554 页著录其法律事务所 "雷克与麦克库恩"（Lake and McKoon）；其讣告，见 "德洛斯·雷克法官去世"（Death of Judge Delos Lake），《纽约时报》1882 年 8 月 9 日，第 1 版。

③ 这里 "陈树棠" 拼为 CHEN SHU TONG，不知是印刷错误，还是对其名字的广东话音译。

④ 《限令拆毁的地段》（Condemned Territory）、《专访卫生官员米尔斯和吉本斯医生》（Interviews with Health Officers Meares and Dr. Gibbons），《旧金山纪事报》1880 年 3 月 1 日，第 3 版。

雷克法官的答复既迅速又明确：

1880 年 2 月 28 日，旧金山

致总领事陈树棠阁下

先生：

关于日前本市卫生局宣布某些地段为社会公害及对相关地段内中国居民居住的决定，你征求我的裁决。

裁决包括：

第一，本月 22 日左右，由市长①、小吉本斯②、米尔斯签署的卫生局报告，这是卫生局委员会为查明旧金山某些地段是否存在公害而提交的报告；

第二，同一天，即本月 22 日，卫生局采纳该报告并通过决议，宣布该地段为社会公害；

第三，卫生局公告副本：

卫生部办公室

注意：卫生局已宣布旧金山某些地段为"社会公害"，将对此采取相关行动，特此通知生活在该地段及周边的全体民众。本公告自发布之日起三十天内，将采取一切法律手段（我们相信法律的效力是足够的），荡清这一巨大的道德、社会和危害健康的污染库。其污秽和堕落日益蔓延，已波及本市其他洁净地段。这一连串的道德、社会和危害健康的弊害所造成的后果可怕得难以想象，必须不惜一切代价予以避免。

医学博士 J. L. 米尔斯

旧金山市县卫生局长

对上述文件的裁决是不合法，也未经法律授权；他们试图达到的任何预期目的或是其他任何法律目的，都是无效的。据我所知，以这种方式消除公害，不符合本州法律，也不符合其他任何州县法律。

---

① 即市长卡洛驰。

② 小亨利·吉本斯（Henry Gibbons Jr.），医生，见《1881 年旧金山名录》，第 393 页。

卫生局限令拆毁的地段，是位于市中心的大片地区，其范围如下：西边的斯托克顿街，东边的干尼街，南边的加利福尼亚街，北边的百老汇街。该区域内共有十二个街区，占地面积约五十英亩。这一大片地区纵横交叉的街道不少于十二条，被分割为众多不同的地段，却一举被宣布为一种社会公害。

该区域内的建筑各式各样，面积大小各异，豪华与简陋皆有。从卫生局的报告可以明显看出，去调查的绅士们只访查了整个地区内数量相当有限的处所，因为该报告提到存在公害的只有八处住宅。调查范围如此有限，委员会却宣布整个地区为普遍公害！即便裁决其有法可依，但仅此一点就足以使其无效。而从其他方面看，该报告也不够精确。报告没有注明任何具体的地址。没有描述任何一处物业或建筑，以便将他们与其他物业或建筑区分开来。报告没有提及任何业主或住户的姓名。对所到之处的描述，只有"委员会走访的第一个地方需要往下走两段长长的楼梯才能到达"。下一处是"另一间地下室"。下一处是"刚刚提到的那处后面的房间"。下一处是"在杜邦街东边的一条巷子里"，等等，整篇报告都是如此。

没有给出任何标记可以确定究竟是哪些处所。这种散漫任意的做法，不符合采取法律行动之前各种程序所需的确定性，尤其是涉及消除公害可能破坏宝贵财产这种重大问题时。

卫生局委员会报告中提及的八处住宅或其中某些房间所从事的业务可能是一种公害，或者这些场所的现状属于公害。这样的话，就应该提起公诉消除该公害，或由受害人提起民事诉讼，但却绝对无权限令拆毁整个街区的建筑物，更遑论无数个街区了，甚至也无权限令拆毁那些被认为存在公害的整栋建筑……本州法律明文规定了消除公害唯一的法律手段：首先是公诉，其次是民事诉讼，第三是控制（《民法》3490－3495）。1878 年 3 月 9 日颁布的旧金山市县卫生检疫条例也没有免除诉诸《民法》规定的上述步骤的必要性。是否存在公害，这纯粹是个司法问题。只能依据宪法和法律行事。①

---

① 《限令拆毁的地段》，《旧金山纪事报》1880 年 3 月 1 日，第 3 版。

简言之，卫生局和米尔斯医生的行动毫无法律依据。雷克法官没有明说，但可能也很清楚其动机主要还是种族问题。无论如何，卫生局不想立即让步导致颜面扫地。到了三十天宽限期满，最初的狂热已消失大半：

> 昨日，三十天宽限期满，《纪事报》记者走访了卫生局长米尔斯医生，获知卫生局目前的计划。
>
> 米尔斯医生表示，卫生局尚无明确打算，监狱人满为患，如果继续执法，卫生官员每天要逮捕 70 - 100 人，无法在不违背立方空间法的前提下安置他们。他不觉得今天会采取任何行动，卫生局目前正等看市政管理委员会是否采取措施增加监狱容量；但他接着说，他们不会等得太久。①

采访过程中米尔斯医生没有提到雷克法官，但很可能他心中想的不只是监狱容量问题。

尽管手握雷克法官提供的法律意见，陈树棠不愿冒任何风险，这次他不是扮演慷慨好客的主人角色，而是把自己变成了卫生督察员：

> 周二晚间，在警长阿万②和特警加尔布雷斯③的引导下，中国总领事陈树棠、领事傅上校彻底检查了整个华人街区，以期进一步改善此地卫生状况。除少数几处例外，所有地段都进行了翻修改造，证据是白色的墙壁、干净的地板和粉刷过的门面。疏忽之处也显而易见，调查发现，这是白人业主的过错，迄今为止他们只有承诺没有行动。值得注意的是太平洋街东南角和巴特利特巷需要排污系统。还有其他几个地方也应注意排污方式。整改工作正在进行。整个华人街区的巨大进步引人注目。④

---

① 《唐人街》（Chinatown）、《三十天宽限期满——下一步做什么？》（Expiration of the Thirty Days of Grace—What Will Be Done），《旧金山纪事报》1880 年 3 月 25 日，第 1 版。

② 约翰·阿万（John Avan），市政厅警察，见《1881 年旧金山名录》，第 120 页。

③ 塞缪尔·加尔布雷斯（Samuel Galbraith），市政厅警察，见《1881 年旧金山名录》，第 382 页。

④ 《巡视唐人街》（Inspection of Chinatown），《旧金山纪事报》1880 年 3 月 25 日，第 3 版。

极其反讽的是，陈树棠和傅列秘是在警方陪同下巡视唐人街的，而以违反"立方空间法"为由拘捕无数华人、如今还准备听从米尔斯医生建议往监狱塞更多华人的，也是这些警察。但显而易见的是，中国领事馆和六公司比卫生局更能改善唐人街的卫生状况——只要那些缺席的白人业主愿意配合，政府也愿意对排污系统投入更多的话！米尔斯医生的闹剧结束了，唐人街没有被夷为平地，华人也不必迁离，反华集团只能伺机再起。虽然限令拆毁唐人街的阴谋走进了死胡同，但在第十届州医学会年会上：

> 圣何塞的奇普曼医生（Dr. Chipman of San Jose），公共卫生和州医学委员会成员，提交了一份长篇报告，除本地关心的其他问题外，该报告还包括如下内容：
>
> 经过深入调查，我完全认可卫生局委员会关于旧金山唐人街的报告，认为宣布该街区为社会公害的法令是公正明智的。①

奇普曼医生的"长篇报告"似乎没有保存下来，但可以想见的是，这份报告至少像米尔斯的报告一样糟糕，也不符合雷克法官的法律标准。尽管如此，医生们揪住华人不放，他们日后还有层出不穷的言论宣扬华人对美国白人的威胁，详见我的黄遵宪研究的相关部分。

2. 安吉尔使团和新的排华法案

我们还记得，否决《十五乘客法案》后，海斯总统承诺谈判重修《蒲安臣条约》。1880 年 11 月，随着大选来临，他信守了自己的诺言，任命安吉尔（James B. Angell, 1829 – 1916）出任美国驻华特命全权公使，取代前任公使熙华德。② 安吉尔，福蒙特州人，时为安阿伯（Ann Arbor）市密歇

---

① 《医生们》（The Doctors）、《华人街区》（The Chinese Quarter），《旧金山纪事报》1880 年 4 月 22 日，第 3 版。

② 在重修取代《蒲安臣条约》的新约时，中方官员屡屡智胜熙华德（George Frederick Seward），华盛顿对此极为不满。据《纪事报》，"代表中国政府与熙华德谈判的中国公使，谈到自己面对美国'新手'时取得的外交胜利。中方官员喜不自胜，所以他们担心（美国政府）不承认该条约"。见《驻华使团》（A Chinese Commission），《旧金山纪事报》1880 年 3 月 25 日，第 1 版。

根州立大学校长，1880－1881 年间任驻华公使。使团还有另两位特使，一是约翰·斯威夫特（John Franklin Swift，1829－1891），律师、政治家、著名作家，肯塔基人，1852 年定居加州；一是威廉·特雷斯科特（William Henry Trescot，1822－1898），南开罗莱纳州外交官。[①] 加州政客对于驻华公使不是加州人深感失望，因为他们觉得只有加州人才理解华人"问题"，但他们也欢迎组建使团，盼着美国政府重修《蒲安臣条约》。提笔撰写下面这个故事的《纪事报》记者，可谓欢欣鼓舞：

> 据悉，驻华使团的先生们是因为他们特别能够胜任这次极其重要的谈判才得以入选的。安吉尔先生是位成功人士，对他出任公使一职，认识他的人都对他赞不绝口。政治上他是共和党人，斯威夫特先生也一样，后者是加州著名律师，品格高尚，能力出众，熟悉西海岸关注的华人问题的来龙去脉。特雷斯科特先生则是我国经验最丰富的外交家之一，也是著名的政论家，他对外交历史和实践的深入了解使他的工作变得重要而有价值。除了这两方面的考虑，他能够入选，还因为总统和国务卿认为如此重要的一个使团最好能有一位民主党人。据悉，征求过一些著名共和党人的意见，他们和民主党一样接受他的提名，今晚国务卿因知人善任、选出了能胜任与中国重订新约这一重要工作的最好人选而受到各方称赞。[②]

总统海斯和国务卿威廉·埃瓦茨（William M. Evarts，1818－1901）任命使团人选时显然非常慎重，希望借此赢得加州选票。

华盛顿特区政府相信重修新约不日可成，组建安吉尔使团后不到两个星期，众议院就开始讨论限制华人移民的新法案：[③]

---

① 三位特使的生平简介，见《驻华使团》，《旧金山纪事报》1880 年 3 月 25 日，第 1 版。斯威夫特更详细的生平传记，在线网址：https://en. wikipedia. org/wiki/John_Franklin_Swift.
② 《驻华使团》，《旧金山纪事报》1880 年 3 月 25 日，第 1 版。
③ 《排华法案》，见约翰·索尼克森（John Soennichsen）《1882 年〈排华法案〉》（*The Chinese Exclusion Act of 1882*），Santa Barbara：Greenwood Press，2011；安德鲁·格雷（Andrew Gyory）《关闭大门：种族、政治与〈排华法案〉》（*Closing the Gate：Race，Politics，and the Chinese Exclusion Act*），Chapel Hill：University of North Carolina Press，1998。

今天，众议院开始讨论限制华人移民的法案。贝瑞①提议支持管控华人移民的法案，敦促议会及时采取行动。加州对华人移民弊害的看法并无二致。尽管该州人民在其他很多问题上意见纷纭，这个问题上却团结一心。他引用了驻华总领事贝利②关于中国奴隶问题的报告。用船运到我国的正是奴隶阶级，即数百万最底层中国人。他们不知美德为何物。换句话说，他们的风俗、习惯、语言、道德和宗教，其整个体系与我国文明格格不入。二者不能并存，千真万确，"不是被他们征服，就是把他们驱逐"。"中国人必须离开"不只是乱民的呼声，而应视为表达了基督教社群不被异教徒种族取代的坚定决心。③

中国使领馆的任何宴会都不太可能迷住像贝瑞这样的议员，可以肯定的是，陈树棠面临极大压力，必须设法应对正在聚集力量的新的排华法案。

3. 等待暴风雨

看起来，各地的螺丝都在拧紧。到目前为止，针对旧金山排华法规的法律挑战，其所需经费都是六公司从出口费中支付的，这些费用又是华人离开旧金山港时由轮船公司代收的。但是，六公司的财务状况受到禁止收取类似费用的《菲尔顿法案》的沉重打击，该法案在加州立法会通过后，由州长于1880年3月26日签署：

比利时号起航，多年来六公司第一次看见自己的同胞涌入邮政码头登船返回华国（中国）。不仅没有向他们进贡，很多人还留下了未结清的账户。他们对这种情况很不满意，称自己只是慈善机构，今后再也不打算救助那些贫病交加的同胞了。他们说例行收费全都用于慈

---

① 坎贝尔·波尔森·贝瑞（Campbell Polson Berry，1834－1901），民主党人，两届加州州议员，1879－1883年间加州联邦众议员。

② 上届总统格兰特（Ulysses S. Grant，1822－1885，共和党人，1869－1877年美国总统）卸任后于1879年访问上海时，大卫·贝利（David H. Bailey）为美国驻上海总领事。见1879年6月2日大卫·贝利写给国务卿第三助理查尔斯·佩森（Charles Payson）的信，《格兰特书信集》（*Papers of Ulysses S. Grant*），Carbondale：Southern Illinois University Press，2008，Vol. 29，第136页。

③ 《华人移民》（Chinese Immigration），《旧金山纪事报》1880年4月5日，第3版。

善，现在则打算把这个担子移交给市政当局。①

《菲尔顿法案》旨在削弱六公司的财力，防止他们捍卫华人权利。虽然六公司采取报复措施，把照顾穷人病患的责任转交市政府，该法案依然重创了他们，也对领事馆施加了更多压力。

尽管限令拆毁中国城的活动以失败告终，媒体还是继续制造恐惧，声称华人是公共健康的威胁。只要从中国抵埠的船上有患病乘客，就有无数故事谈及如何应对传染病威胁：

> 把北京号统舱乘客和船员转移到科罗拉多号、宪法号的工作已于昨日完成。住宿条件比较简单，一切安排妥当后，除行动受限外，被隔离人群可以过得比较舒服，至少不比他们在中国城常见的蜂箱中过得差。至于白人船员和领馆工作人员，过渡时期较为艰难，虽然为他们提供了科罗拉多号的特等舱②，尽可能让他们过得舒适。昨天上午傅列秘领事和 Wong 副领事③检查了营舍，现已离船登岸。至于北京号上被扣留的客舱乘客，尽管恼人的延误让他们焦躁不安，鉴于目前这种情形倒也过得不错，因为所有舒适的物质条件都是由公司提供的。④

担心天花和其他严重传染病传播影响健康问题，固然有一定的合理性，但这些报纸文章却允许记者抨击所谓中国城卫生状况恶劣，还不断提醒公众注意华人"危险"。陈树棠及其属下经常忙于调查这类事件，确保旧金山海关合理处置各种问题，傅领事和其他官员也亲临现场，有时甚至冒着被隔离的风险。

领事馆竭力向公众呈现一个更积极的形象，除协助这类医疗活动外，还试图努力扮演"好公民"角色。例如，1880 年人口普查时，领事馆强烈敦促当地华人配合美国官员准确统计旧金山华人人数：

---

① 《中国人走开》（The Chinese Can Go）、"《菲尔顿法案》重创六公司"（How the Six Companies Are Crippled by the Felton Bill），《旧金山纪事报》1880 年 4 月 21 日，第 1 版。

② 中国领事馆的一些员工也与乘客一起被隔离，显然是因为他们接触过北京号上的传染病。

③ 目前还不能确定这位新任副领事的中文姓名。

④ 《被隔离的轮船》（The Quarantined Steamer），《旧金山纪事报》1880 年 4 月 23 日，第 3 版。

应人口普查专员兰利①请求，中国总领馆昨日发布以下告示。在乌莱②的指导下，该告示张贴在中国城内的显眼地段、六公司会堂、萨克拉门托街上的戏院、餐馆和寺庙③。可以看到华人民众兴味盎然地阅读官方告示。该告示及时发布，无疑有助于在天朝人中展开人口普查：

大清帝国，加州总领馆，陈：奉合众国政府令，人口普查官兰利欲会计十年人口数，本领馆特告全体华人上下人等，望切实应答，违者处置，不得隐瞒。各宜凛遵，勿违特示。

光绪六年四月二十一日④

这类公告提高了领事馆在当地华人中的声望，也表明与美国政府的合作态度。人口普查信息对领事馆也颇有用处，可以证明来到加州的华人人数不像反华集团所说的那样"洪水泛滥"，反而是不断减少的。

4. 中国，笑话还是威胁？

中国领事馆努力扮演好公民角色，反华记者却很高兴刊登任何与中国或中国人有关的负面消息。这一次，比较有意思的一篇报道与拆除中国第一条铁路吴淞线有关。清政府反对在其领土上修筑铁路，位于上海的怡和洋行（Jardine Matheson Company）却设法修筑了从吴淞口深水泊至上海的一小段铁路。他们向地方政府申请修"路"，但却不说喷火铁龙会在这条"路"上来回驰骋。⑤ 这条新铁路深受商人欢迎，与商务无涉的普通地方民

---

① 《1881年旧金山名录》中的亨利·兰利（Henry G. Langley），就是出版该《名录》的印刷商，但不确定此人是否与人口普查有关。

② 乌莱（H. D. Woolie），不见于《1881年旧金山名录》，但《纪事报》另有文章称他"曾为中国政府服务多年"，具体职务不详。见《安吉尔大使》（Minister Angell）、《会见中国总领事》（He is Visited by the Chinese Consul-General），《旧金山纪事报》1880年6月18日，第2版。

③ 寺庙，原文为joss house，当时被用来指中国寺庙，特别是供奉民间神道的寺庙。

④ 这里，中国皇帝年号误拼为KWANG S'x。韦氏拼音作Kuang-hsü。光绪六年四月二十一日，即1880年5月29日。见"第十次人口普查"（The Tenth Census）、"华人人口普查"（The Chinese Census），《旧金山纪事报》1880年5月29日，第3版。

⑤ 关于这条铁路，见彼得·克拉什（Peter Crush）《吴淞线：中国第一条铁路》（*Woosung Road, the Story of China's First Railway*），香港：The Railway Tavern，1999。另可参阅美国当时最流行的杂志《哈帕斯》（*Harper's*）上的一篇文章，即奥古斯都·艾伦·海耶斯（Augustus Allen Hayes）《中国第一条铁路》（The First Railroad in China），1878年12月，第131－135页。

众也喜欢乘坐火车的新鲜体验，但清政府被激怒了。外国人最终被迫以成本价把铁路卖给中国，不久后政府就下令全面拆除。这一消息很快传到了旧金山：

据悉，台伯河号轮船正从上海返程，3月29日离开上海时装载了400吨铁轨，是中国唯一一条铁路的残余部分。昨天，福格公司（H. Fogg and Co.）的托姆雷（J. F. Twomley）[1]，一位在中国生活多年的老商人说：那些铁轨从上海运回这里，让人觉得奇怪。政府毁路后，它们被运去了福尔摩沙（即台湾），至少也运到了福尔摩沙对岸的福州沿岸，我想在那里可以把它们铺起来连接煤矿和海岸。所以，我不太明白为什么又运回上海，再从上海运到这里来。当然，那个国家有时候尽做些怪事，这次可能也一样。我记得吧，1873年，本市的查尔斯·霍尔[2]先生、白拉福[3]先生和另外几位美国绅士得到许可修一条从上海到吴淞的"马路"，长约十六英里。吴淞只是个渔村，一点儿也不重要，是吴淞江和扬子江（即长江）的汇合处。路权是从上海地方官道台那里拿到的。[4] 不久，某些英国绅士也对这件事感兴趣，改改就成了英国公司，他们说，按照修建"马路"的许可，他们有权铺设、运营蒸汽火车的窄轨铁路。帝国中央和地方政府激烈反对，普通老百姓也强烈反对这个计划。

"几年前，有个胆大的外国人很想推广电报。得不到授权，他就不要授权，自己只管埋头干，竖起电杆，扯起电线。老百姓也应对有素。他们推倒电杆，要领事馆让那位革新者支付巨额赔偿。他们说，不是因为电杆挡了路，占了很多地，对庄稼产生了坏影响，而是因为这个东西冒犯了天地神灵，神灵很生气，把不满降临在百姓身上。一

---

[1] 位于市场街的托姆雷运输公司（Twomley Transportation Company），见《1881年旧金山名录》，第932页。

[2] 查尔斯·霍尔（Charles E. Hill），不见于《1881年旧金山名录》。

[3] 白拉福（O. B. Bradford），不见于《1881年旧金山名录》，或是人已去世，或是搬离了旧金山。拟修吴淞铁路并购买修路用地时，他担任美国驻上海副领事。由于修建铁路时涉嫌欺诈和贪污，差点被众议院司法委员会弹劾。见《对驻上海副总领事白拉福的弹劾书》（Impeachment of Oliver B. Bradford, Late Vice-Consul General at Shanghai），华盛顿特区，1878。

[4] 苏松泰道，行政中心位于上海，所以又名上海道。

个人死了,第二个人病了,第三个孩子也病了,这些事情全都直接源
于邪恶电报的不良影响。反对铁路时,也有这些迷信。铁路也让神灵
愤怒,老百姓激烈反对,有一次还差点杀了霍尔先生。上级官员倒是
不太强调神灵不满,他们反对铁路很有法律依据。帝国政府声称,作
为主权国家,只有她才有权修建这种横跨水陆的铁路。这条铁路所经
之处,都是低平的冲积滩,比河面只高几英尺;那里陆路、水路交错
纵横,既有当地菜农推着独轮车经过的小路,也有他们划船通行的狭
窄运河。这条铁路不顾现有的水陆通道,它显然没有权利这样做,当
地道台也没有资格处理这种事。的确,他断然否定,还说许可中没有
哪一处表明他同意修筑铁路,就算是供马行走的道路也没有。① 他甚
至还说,想在路上开火车,先得从他身上开过去。当然,修路各方照
样只管自己埋头干,完成它,铺好铁轨,开动它——最后也没有从道
台身上碾过去嘛。但政府的反对没有停止。大概就是那个时候,有个
英国人想弄清楚能否从西北省份②开通一条到印度的商路,在勘察这
些省份时不幸被人杀了。他到那些地方旅行是有政府许可的,尽管如
此,据说他是被官府杀害的,或者是在官府知情默许的情况下被人杀
害的,因为他们怕他侵犯自己的保守传统。这个人被杀,引发了外交
关系上的严重问题。英国首相扬言断交,中英战争一触即发。还好,
所有麻烦都解决了,但是,在解决麻烦的过程中,这条铁路成了一个
难题——当时还没有解决,英国首相很想为本国公司争取利益。最
后,经过英国首相的努力,谈妥把铁路卖给中国政府,售价足以让所
有投入都回本。政府拿到所有权后,就开始拆除铁轨、运走所有相关
部件,尽快安抚神灵,只保留了一些价值不大的小路、小桥。我不记
得这条线路运营了多久,最多只有几个月。它没赚到钱,当然,永远
也赚不到钱。也没想过赚钱,只是把铁路引入中国的楔子而已。这就
是修路的目的,没有别的。但他们不会有铁路了。"③

---

① 托姆雷先生似乎误解了"马路"这个词,把它解释为供马行走之路。
② 如果这里说的是中国的"省份"的话,此处的"西北"应作"西南"。
③ 《一条中国铁路》(A Chinese Railroad),《旧金山纪事报》1880 年 6 月 11 日,第 3 版。这
篇文章至少有部分信息源于前文所引的《哈帕斯》杂志文章。

对于我们理解清政府拆毁首条铁路这一 19 世纪末中国现代技术史上的重大事件来说，这篇文章提供了很有价值的信息。但遗憾的是，它也错误百出。首先，尽管有民众以破坏风水、干扰当地运输为由反对铁路，但这似乎并不是地方上的最大担忧，直到 1876 年六月十四日（8 月 3 日）有行人被蒸汽机车撞死。① 实际上，这条铁路在上海人中很受欢迎，它以便宜、快捷的方式将吴淞口停泊的深海轮船的货物运到上海的工厂商店，还转运了数千乘客，乘客们也很享受乘坐现代交通工具的新鲜体验，这种速度是过去难以想象的。虽然朝中保守派出于各种原因反对修筑铁路，但这次他们首先反对的是英国公司非法修路行为本身，这涉及国家主权问题，他们还担心修筑类似铁路会造成社会不安定，肩挑货物的苦力可能因此失业，以及铁路可能被西方列强用来加快侵略中国的步伐。

尽管存在这些错误，吴淞线问题是 1875 年马嘉理事件（Margary Affair）后中英复杂外交关系的一部分，关于这一点，这篇文章倒是说对了。当时，英国外交官、探险家马嘉理（Augustus Raymond Margary，1846 – 1875）在云南勘探中国西南地区与缅甸之间的陆路贸易路线时被人杀害。英国人一开始以战争相威胁，但幸运的是，冷静占了上风，次年李鸿章（1823 – 1901）在烟台就此事赔偿英国进行谈判，签订了《烟台条约》。中方可在英国等国常设使领馆，包括陈树棠的旧金山领事馆，就是该条约的结果。黄遵宪也深受马嘉理事件的影响，因为陪同父亲游历烟台期间，黄遵宪拜访了李鸿章，这次经历可能激发了他立志从事外交。黄遵宪也有组诗《大狱四首》论马嘉理事件，诗中抛弃了传统的"大中华"观，承认中国是国际大家庭的一员。②

当然，《纪事报》采访托姆雷先生的主要目的不是为了探讨中英外交的复杂性，而是为了展示"异教徒"中国人的迷信落后。蒸汽火车和电报是现代技术世界的主要标志，但中国人顽固抗拒让他们成为基督徒的各种努力，顽固坚持他们对风水和邪神的"落后"信仰，不愿接受电报和铁路

---

① 见彼得·克拉什《吴淞线》，第 52 – 58 页。
② 对组诗中某一首诗的翻译和简要讨论，见施吉瑞《人境庐内》，第 18 – 19 页。

的好处。① 托姆雷对记者所说的话，有些是事实，很多人，包括士大夫，可能赞成清政府拆毁铁路，但也有很多人不赞成。《纪事报》没有就这件事采访陈树棠，但是，如果陈树棠能畅所欲言的话，可以想见，像他这样的商人，深知船运新技术的发展，一定会对清政府拆除吴淞线感到失望，因为他很明白这能降低港口和上海之间的船运成本。甚至那些更"传统"的士大夫也对政府此举感到失望。黎庶蕃（1829－1886），著名诗人郑珍（1806－1864）的表亲、弟子，吴淞线运行时客居上海，就曾写过一首引人注目的诗，诗中描写了自己乘坐火车的兴奋经历，表达了对它被"非英雄"拆毁的失望之情。② 遗憾的是，迄今为止，笔者还没有发现当时居住在上海的其他士大夫表达过类似感伤，但至少陈树棠（和黄遵宪）想必会同意黎庶蕃的看法。

特别反讽的是，《纪事报》关于中国人无力接受现代技术的报道刊登后不久，不少旧金山报纸就对中国轮船武昌号即将靠港表达了担忧，因为这标志着中国航运公司最终接管了泛太平洋航线。《纪事报》对这种"模糊的预言和讨厌的预测"深感忧虑，派记者采访了麦克德雷公司的麦肯德雷③。麦肯德雷说：

> 报纸和外交讨论的基础首先是谣言，称中国政府采取了某些重要

---

① 中国政府对铁路的反对一直持续到 1881 年第二条中国铁路建成。至于电报，反对的声音很快消失，1881 年成立大清帝国电报局（Imperial Telegraph Administration），政府最终垄断了电报线路的建设和运营。见艾力克·哈维特（Eric Harwit）：《中国的电信革命》（China's Telecommunications Revolution），Oxford：Oxford University Press，2008，第 27－28 页；Masashi Chiba：《晚清中国电报业的国有化》（The Nationalization of the Chinese Telegraph Industry in the Late Qing Period），《社会经济史学会会刊》（Socio-Economic History Society）卷 63，1997 年第 6 期，第 29－57 页。

② 黎庶蕃：《火轮车》，见氏著《椒园诗钞》卷 5，第 24b－25a 页，收入黎庶昌编：《黎氏家集》卷 7－8，东京：日本使署，1888－1889。这首诗的翻译和讨论，见施吉瑞：《十九世纪中国古典诗歌中的现代科技》，收入 Hsiang Family Lecture on Chinese Poetry Series，2016，McGill University，Montreal，即出。郑珍及其"现代性"，见施吉瑞：《诗人郑珍与中国现代性的崛起》（The Poet Zheng Zhen and the Rise of Chinese Modernity），Leiden：Brill Press，2013；此书中译本，见王立译，河南大学出版社，2016。目前我正在撰写一篇文章，内容是郑珍身后其朋友和弟子的活动，他们很多人都是外交官，对中国现代性的发展有着巨大贡献。

③ 麦肯德雷公司（MaCondray & Co.），见《1881 年旧金山名录》，第 600 页。旧金山今天还有一条街道名为麦肯德雷道（MaCondray Lane）。

措施，如开放港口，承包铁路、电报、铁等等。事实恰恰相反，没有发布通告，没有采取措施，武昌号只是从黄埔出发，装了一船苦力，把他们送上岸，然后再从这里装载些货物返航，可能是从火奴鲁鲁运些糖。华盛顿相关部门没有接到任何通知。听说这条船要来，我们已向本地领事馆申请免税单，以便减免这艘船额外的从价税。①

当记者问到麦肯德雷对于"担心中国人最终控制太平洋商船"的看法时，他回答说：

我觉得你我都看不到。中国商人精明上进，但作为一个阶级，他们不太愿意把钱花在船上。我不知道原因，大概是因为普遍缺乏信息、不了解其他国家的海洋法而不喜欢冒险吧。他们最终可能会这么做，因为他们有资本、有人力，也有全部设施。但目前还看不到任何迹象。②

傅领事接受相关事件的采访，

他略微讽刺地谈起"武昌号走红"，这是他的原话，说如果太平洋邮政公司的所有轮船都搁浅在佩塔卢马溪③，美国的生意全没有了，而那些船上有六十五桶中国麻风病人，也不会招来这么多不必要的奇谈怪论。④

傅列秘对武昌号事件的诙谐回应可能对反华集团毫无影响，因为后者一方面相信中国决心统治世界，另一方面又嘲笑这个国家不能采纳最新技术。

---

① 《"武昌号"走红》（The "Wo Chung" Boom），《旧金山纪事报》1880 年 8 月 20 日，第 4 版。
② 《"武昌号"走红》，《旧金山纪事报》1880 年 8 月 20 日，第 4 版。
③ 佩塔卢马溪（Petaluma Creek），今名佩塔卢马河（Petaluma River），流经索罗玛（Sonoma）、马林（Marin），汇入大洋前变成了盐沼地。
④ 《"武昌号"走红》，《旧金山纪事报》1880 年 8 月 20 日，第 4 版。

5. 安吉尔使团在旧金山和日本

6 月 18 日，前往中国的安吉尔使团途经旧金山。使团成员出发前很可能接触过华盛顿特区的中国官员，但他们还是会见了陈树棠及其下属：

> 昨天上午 11 点，在领事傅列秘上校、副领事 Wong 的陪同下，中国总领事陈树棠①前往皇宫酒店拜访了安吉尔先生和使团成员。他们受到了公使先生的亲切接见，被领往会客室。这次会见持续了将近一个小时。总领事谈到了州法院近日的各项决议，以及针对华民的各项法令。傅上校也谈到了华人在本市下层社会中所受的对待。曾为中国政府服务多年的乌莱，以及前美国驻镇江副领事索尔特②，在领事的引荐下也与公使进行了交谈。乌莱先生说，据他调查，他认为本市华人中存在一些危险分子，这些人主要是 1862－1864 年间太平天国叛乱时离开中国的，或因犯罪而逃亡，他们吸收了我国下层社会的所有观点，中国政府和联邦政府最好能授权把他们驱逐出境。他主张设立一个混合法庭，由州政府指派一名法官，领事馆派出一名熟悉汉语和华人特性的官员。
>
> 谈到受邀访问华人街区时，安吉尔公使说自己也许会走访中国城，但他认为单纯巡访一下并不会影响他的外交使命。斯威夫特先生，本市人，无疑很清楚这些街区的所有特点。③

陈树棠、傅列秘显然试图引起使团的同情心，告诉他们诸多针对当地华人的不公平的法律法规，这使得加州招来了东部很多负面新闻报道的批评；从后文可知，陈树棠、傅列秘的做法可能起到了一定作用。不难想象，乌莱先生关于仿效上海和其他通商口岸设立混合法庭的建议受到了冷遇，因为这限制了美国主权。对当地华人中的"危险分子"必须采取行动，他们有些人可能是前太平天国叛匪和罪犯，但当地警方似乎已有处置这个问题所需的所有权限。④

---

① 原文拼作 Chin Shu Tong，可能是音译广东话发音。
② 索尔特（A. E. Salter），不见于《1881 年旧金山名录》，可能只是路过该市。
③ 《安吉尔公使》、《会见中国总领事》，《旧金山纪事报》1880 年 6 月 18 日，第 2 版。
④ 黄遵宪在反映排华运动的长诗《逐客》中也曾谈到自己对这个问题的担忧："后有红巾贼，刊章指名捉。遁逃萃渊薮，趋如蛇赴壑。"见《人境庐诗草笺注》上册卷 4，第 356 页。

陈树棠可能向北京政府和东京中国使馆转达了这个使团的相关消息。据梁启超从黄遵宪胞弟黄遵楷（卒于 1917 年）那里获知的信息，使团途经日本时黄遵宪会见了使团成员：

> 三月，美国议院设例禁止华工。先生既以先事防御之之谋告其上而不用，乃尽其力所能及以为捍卫。梁志黄遵楷先兄公度先生事实述略：先是，美国嘉厘宽尼省之埃利士工党疾华工之勤能而值贱，不足与竞，拟设新例以排斥之，政府以外违条约、内背国例阻之。（美开国时，有无论何色人种凡莅美者一律优待之例。）适中美约期届满，美国遣特使三人来华议改约事，道出日本，先兄廉得其情，谓三使者有袒华人，有袒工党，有中立者，揣其用意，不过曲循民情，借以分谤。中国若坚持却之，使袒华人者，得所借口，以中国之不愿，商约不改，则新例自不能行。讵知约既改矣，工党之新例适于先生到美之日而发生其效力。乃苦心焦思，设法挽救。①

这段记载存在很多严重错误和误解，这也是梁启超和黄遵宪家人出版的黄遵宪回忆资料的常见现象。首先，虽然工党向共和党、民主党施压要求解决华人"问题"，但 1882 年《排华法案》不是他们写的，而是国会议员制定的。其次，虽然很多加州爱尔兰人支持排华的加州工党，但这种支持有各种社会因素，把在美爱尔兰人称为"埃利士工党"是荒唐不实之词。更可笑的是认为 1776 年后美国立法平等对待各种族，只要见过乔治·华盛顿（1732–1799，1789–1797 年间担任美国总统）弗农山庄（Mount Vernon）家中奴隶住所的人，都知道这不是真的。② 最后，《排华法案》的生效日期，和黄遵宪到达旧金山不是同一天，这是时间顺序上的小错误，可能是黄遵楷或梁启超为了讲述一个好故事而刻意编造的。

---

① 钱仲联：《黄公度先生年谱》"光绪八年（1882）"，见《人境庐诗草笺注》下册附录二，第 1191 页。

② 为了对梁启超、黄遵楷公平起见，需要指出的是，甚至黄遵宪也认为新近独立的美国是平等对待各种族的，还说乔治·华盛顿颁布过这条法律。见《逐客》诗中关于华盛顿的段落，《人境庐诗草笺注》上册卷 4，第 362 页。

尽管如此，如果这段记载的其他部分准确无误的话，就提供了值得我们深思的重要信息。首先，使团成员的排华者、中立者、亲华者分别是谁？斯威夫特显然最有可能是排华的那一个，如果我们还记得的话，《纪事报》曾经称赞他"熟悉西海岸关注的华人问题的来龙去脉"，也就是说，他完全赞同反华集团的看法。可以作为旁证的还有斯威夫特曾三任加州州议员，也是州长的热门候选人，如果被人怀疑亲华，他是不可能有此成就的。确定特使中谁是中立者、谁是亲华者比较难，但也可以大胆猜测一下，海斯总统不太可能任命亲华派为使团成员，所以较为合理的推断是，安吉尔就是那个中立者。第三位特使特雷斯科特，我们知道他是南开罗莱纳州的外交官，使团中唯一的民主党人，来自不觉得华人有什么"问题"的州，他可能就是那个"祖华者"。当然，这些都不是定论，而且在听取陈树棠总领事和傅领事讲述加州华人所受的不公正待遇后，特雷斯科特和安吉尔的态度很可能发生转变。在笔者的黄遵宪研究著作中，一位加拿大著名政治家不再支持政府的排华政策，转而成为坚定的亲华派，至少就部分归因于他在旧金山与黄遵宪的接触。

无论如何，黄遵楷的这段记载，证明了黄遵宪身为外交家和谋士的才干。支持重修《蒲安臣条约》的呼声很高，但也不是压倒性的，如果清政府能像黄遵宪建议的那样"坚持却之"，国会就很有可能通不过《排华法案》，即便通过了，也会像《十五乘客法案》一样遭到否决。遗憾的是，1880 年 11 月 17 日在北京签订的新约《安吉尔条约》（《中美续修条约》），同意美国政府在合理时段内限制乃至禁止更多华工入境。当然，《排华法案》通过后，中国的商人、学生、游客、传道者依然获准入境，而且根据《安吉尔条约》，已经在美的华工可以继续居留，并受到美国政府的全面保护。[①] 但是，黄遵宪将在旧金山度过三年艰难岁月，长达数十年的苦难将会落在美华人身上。

6. 民之父母

陈树棠尽力影响安吉尔使团，以免国会通过《十五乘客法案》的升级版。与此同时，中国领事馆越来越多插手照管旧金山华人的日常福利：

---

① 1881 年 5 月 5 日参议院批准该条约，四天后总统签署，10 月 5 日发布正式公告。《安吉尔条约》在线文本，见 http://www.fjc.gov/history/home.nsf/page/tu_exclusion_doc_1.html。

中国传奇

Low QuongKow 和 Chun Chogyook 的爱情故事

本月 10 日，中国领事馆惯常的宁静被突然闯入的一位年轻中国姑娘打破了。她刚刚逃脱一群恶棍的控制，前来寻求领事的帮助。她说，一个名叫 Low QuongKow 的年轻中国商人想娶她为妻，她也很想嫁给他，那些恶棍却从中阻扰。领事随后把她送到了萨克拉门托街的长老会使命之家，还调查了 Low QuongKow 的为人。结果让人满意，他完全有能力照顾这个名叫 Chun Chogyook 的姑娘。三天前，领事把他们聚在自己的办公室里，在取得执照后，请来了基顺牧师。[①] 基顺先生应领事之请，把这位男子仔细考察了一番，问他在这里或在中国是否结过婚？有没有能力养活妻子？所有问题的答案都让人满意。又问姑娘愿不愿意嫁给他。她回答说她爱他，希望有人照顾自己。于是，婚礼以真正的基督教方式举行，只不过说的是中国话，在场的有领事馆全体成员和碰巧到访的几位访客。随后，丈夫就将新娘领回了位于斯托克顿街准备迎接她的新家。[②]

这里，中国领事馆扮演的是地方官员传统的"民之父母"角色，以免这位年轻姑娘落入那些可能想逼迫她成为性奴的罪犯之手。我们不清楚中国政府是否赞成在领事馆内举办基督教婚礼，但这可能是当时确保这对年轻夫妇人身安全的最好办法了。

据笔者所知，陈树棠对基督教毫无兴趣，但他和傅领事也经常恳请基顺等富有同情心的基督教牧师帮忙解决问题。例如，长老会使命之家的主管卡伯特森（Culbertson）小姐在会上提到了一位新来的收容者：

她是个年轻中国姑娘，从丈夫身边跑开，坚决不愿意回到他身边，因为他对她不好，上个星期发生的一件小事让她决定离开他一段时间。当时她心血来潮，看中了旧金山淑女的流行发型，于是梳了刘海。丈夫不同意这种粗野做法，想要劝阻她，她就离

① 基顺，即前文提及的曾在中国传教的卫理公会传教士。
② 《中国传奇》（A Chinese Romance），《旧金山纪事报》1880 年 8 月 21 日，第 3 版。

家出走了。很多有名望的中国商人，还有总领事都来看过她，但她就是不听他们的。①

不知道英法驻旧金山领馆是否会介入婚姻纠纷，或帮忙解决发型问题。这里，陈树棠又当了一次"民之父母"，只不过方式比祖国官员灵活得多，他与基督教组织合作，试图说服这位年轻姑娘为了婚姻和睦不要留时髦的西式刘海。而黄遵宪在任期间将面临华人社区更为复杂的问题，他被迫采取祖国官员无法想象的、极具创造性的策略。

7. 1880 年大选

华人良家妇女要不要留刘海这个问题，很快就让位于总统大选热。加州选民特别关心哪个党派更能解决华人"问题"。大选开始前不久的 10 月 31 日，《纪事报》刊登了一篇长文讨论两党立场，其中一个小标题便是"民主党策略杀死了排华法案"，还提到了"东部亲华民主党媒体"，充分说明该报希望读者如何投票。为了争取心存疑虑的选民，《纪事报》记者还说：②

> 对于华人问题，两党立场鲜明。共和党连续两条纲领都反对华人移民，至于民主党，他们没有哪一个字可以理解为保证或承诺。③

两天后的 11 月 2 日，1880 年联邦大选开始，来自俄亥俄州的共和党候选人詹姆斯·加菲尔德（James A. Garfield，1831 – 1881）和纽约政治家切斯特·阿瑟（Chester A. Arthur，1829 – 1886），轻松赢得选举人票，战胜民主党候选人，分别当选总统、副总统。这也是迄今为止美国历史上普选票最为接近的一次，但海斯政府和共和党纲领的排华法案取得了预期效果，因为加州所有主要中心城市全都投给了共和党。民主党的竞选活动从攻击使得共和党候选人海斯入主白宫的 1876 年大选开始，共和党则再次提起内战，大选很快就蜕变为人身攻击，加菲尔德最后胜出，是因为他竞选

---

① 《华人基督徒》（Christian Chinese），《旧金山纪事报》1880 年 10 月 6 日，第 3 版。
② 《记录》（The Record），《旧金山纪事报》1880 年 10 月 31 日，第 1 版。
③ 《记录》（The Record），《旧金山纪事报》1880 年 10 月 31 日，第 1 版。

效率更高、资金更充足。① 这次大选，中国领事馆似乎没有选边站队，因为两党中没有哪位加州候选人敢于公开表态支持华人，陈树棠可能觉得保持低调、静候胜者出招才是最稳妥的做法。

与此同时，领事馆也有要务需要处理。科罗拉多州丹佛市有华人遇袭，陈树棠派傅领事前去调查。关于这次出行，傅领事不愿意对记者透露过多，除了天气特别冷、生意特别好之外。② 掩藏的秘密还包括领事馆的另一次活动，即第二次遣返旧金山"所有"已知的中国麻风病人，12月21日，这14名病人在傅领事的陪同下被送上了比利时号。《纪事报》评论说："几周前运货计划就已部分安排妥当，但并未公之于众。"③

三 陈树棠在任的最后一年，以及黄遵宪到达旧金山

又到中国新年了，节日最后一天（1881年1月31日），陈树棠敞开了领事馆大门。和以往一样，这次也备有豪华大餐，稍有不同的是陈夫人成了大明星。她身着华丽的中国绸袍，亲自欢迎出席派对的名媛，包括其他外国领事馆和旧金山著名商人的妻子在内，嘉宾长名单占据了报道的大半页。④ 共和党承诺采取行动限制华人移民，陈树棠可能希望他的派对或许能对新总统重提排华立法产生一定影响。

① 关于这次大选，详见特德·辛克利（Ted C. Hinckley）《恐华政治：加菲尔德，莫雷的信，以及1880年总统大选》（The Politics of Sinophobia：Garfield, the Morey Letter, and the Presidential Election of 1880），《俄亥俄州历史》（*Ohio History*）卷89（1980年夏），第381 – 399页；艾伦·佩斯金（*Allan Peskin*）《1880年大选》（The Election of 1880），《威尔逊季刊》（*The Wilson Quarterly*）卷4，1880年第2期，第172 – 181页；艾伦·佩斯金《加菲尔德传》（*Garfield：A Biography*），Kent，Ohio：Kent State University Press，1978，特别是第436、483、506、576页；赫伯特·克兰西（Herbert J. Clancy）《1880年总统大选》（*The Presidential Election of 1880*），Chicago，Illinois：Loyola University Press，1958，特别是谈到华人移民问题的第31、79、132、148、161、170 – 171、232 – 233、281、283、286、289页。
② 《科罗拉多的天气和贸易》（Colorado Weather and Trade），《旧金山纪事报》1880年12月6日，第3版。
③ 《不再有麻风病》（No More Leprosy），《旧金山纪事报》1880年12月22日，第4版。显然，这次并没有送走所有的中国麻风病人，因为次年5月，傅领事还试图说服市政府关心一个不愿住院的病人。见《照顾华人病患》（Care of Sick Chinese），《旧金山纪事报》1881年5月17日，第3版。
④ 《中国领事馆》（The Chinese Consulate）、《新年招待会日——来宾》（New Year's Reception Day—The Visitors），《旧金山纪事报》1881年2月1日，第4版。

1. 悲恸时刻

陈夫人在领事馆主持新年大派对后约一个月（1881 年 3 月 4 日），加菲尔德总统宣誓就职。他忙于组建内阁、任命新官，还来不及像共和党纲领承诺的那样处理华人"问题"。旧金山的生活一如既往：华商抱怨政府为了征税而高估自己的财产；[①] 8 月 3 日，案发近两年，一名华人凶手在圣马特奥（San Mateo）被捕；[②] 8 月 8 日，六公司令处在开战边缘的两家公司休战媾和。[③]

1881 年 6 月 15 日，旧金山华人悲伤地得知皇太后[④]薨逝的消息，陈树棠发布了一则简短声明：

> 我有职责遗憾地通知各位，1881 年 4 月 8 日皇太后薨逝于北京紫禁城。期与诸位同哀共悼，悼慰皇帝陛下丧亲之痛。你们顺从的仆人，陈树棠，中国总领事。[⑤]

旧金山所有外国领事馆都降半旗致哀，不太常见地表示与陈树棠休戚与共。

这只是旧金山悲恸的开始。7 月 2 日，在等待火车前往马里兰时，加菲尔德总统被一名心怀不满的求官未遂者击中两枪。不卫生的治疗手段引发了严重感染，9 月 19 日，总统去世，副总统切斯特·阿瑟接任总统。举国震惊。林肯总统遇刺身亡曾让很多美国人悲伤不已，但鉴于内战的暴力语境，当时那种伤痛之情也是很可以理解的。如今太平无事，国家首脑竟遭枪击，而凶手之所以怨怒，只因他没能从支持总统的党派那里得到自己想要的职位。《纪事报》形容公众情绪说：

---

① 《假装贫穷：避免引起收税人注意》（Modest Worth. It Seeks to Avoid the Attention of the Tax Collector），《旧金山纪事报》1881 年 6 月 23 日，第 4 版。

② 《因谋杀而被捕；一名男子因被控杀害一名中国人而被捕》（Arrest for Murder; a Man Charged with Killing a Chinese Apprehended），《旧金山纪事报》1881 年 8 月 3 日，第 4 版。

③ 《敌对的异教徒》（Hostile Heathen）、《六公司正式下令休战》（The Six Companies Officially Order a Truce），《旧金山纪事报》1881 年 8 月 8 日，第 3 版。

④ 去世的这位皇太后，不是晚清史上大名鼎鼎的西太后慈禧（孝钦太后，1835 - 1908），而是东太后慈安（1837 - 1881），咸丰的第一任妻子。两位皇太后的传记，见恒慕义《清代名人》，第 295 - 300 页。

⑤ 《东方的悲恸》（Oriental Grief），《旧金山纪事报》1881 年 6 月 16 日，第 1 版。

昨天和今天的旧金山都是一座悲伤的城市。尽管远离国家政治中心，本地民众对国丧的悲伤之情，其沉痛深切丝毫不逊于被谋杀总统的停灵地。昨天总统突然去世带来的震惊，让位于笼罩全体民众心头的深沉哀伤。美国还没有哪个人的去世让人觉得这般遗憾，恐怕以后也不会再有。每个人，不管境遇如何，都觉得像是自己经历了丧亲之痛。大悲恸的阴影笼罩在民众心头，人们尽可能用各种看得见的外在装饰以示哀悼。有旗杆的建筑，都降下了半旗。但凡买得起几码棉麻纱布的人，都开始以丧仪布置自己的住所。街头人群鸦雀无声，城中弥漫着压抑的丧礼气氛，就像自己身边有人去世一样。①

旧金山华人似乎对加菲尔德总统遇害特别震惊。新移居国的国家首脑竟然被人当街枪杀，这对他们来说太不可思议了：

华商决定哀悼三十天

昨天下午1点，华商在萨克拉门托街745号华商交易所集会哀悼总统之死。几位商界领袖发表讲话，对这一滔天罪行痛心疾首。百余人出席了会议。会议决定，各商行悬挂三十天黑色丧幡以示哀悼。②

加菲尔德遇刺身亡在旧金山华人中引发了普遍担忧，领事馆不得不出面安抚：

昨天，本地很多华人居民在店铺悬挂黑色丧幡、龙旗降半旗哀悼这个国家的损失。大餐馆的白旗和蓝龙旗都降了半旗。阳台上挂出了黑白丧事灯笼，很多批发商店门楣也有同样装饰。中国城众多商店都将响应商会号召在今天悬挂黑色丧幡。华盛顿大街的大剧院经理已暂时关闭剧院。其他剧院也关门歇业以示哀悼。昨天中国城给人的总体印象是总统之死将会引发革命。各界代表纷纷就政治局势问题造访克

---

① 《一种声音》（With One Voice）、《市民表达悲恸》（The People of the City Express their Grief），《旧金山纪事报》1881年9月21日，第3版。

② 《旧金山纪事报》1881年9月21日，第3版。

莱街领事馆的傅副领事（原文如此）。得知新总统已经就职后，他们很想知道究竟需要多少军队才能维持他的统治。他们似乎很难理解不必诉诸军事就能完成统治者的突然更迭。①

并没有爆发让人担忧的革命，生活恢复了"正常"。中国城四名华人试图绑架一名中国女子，可能是想卖作性奴，其中两名绑匪被捕，人质获救。② 总统遇刺身亡，市面依旧繁荣，中国城商人开张了一家医院和一家新的华商交易所。百名商人身着"他们最奢华的服装"出席了开幕式，他们的首席嘉宾、中国领事馆官员同样也盛装出席：

> （交易所）房间布置得富丽堂皇，是真正的东方风格，家具上覆盖着红色锦绣绸缎。墙上挂着画像和横幅，傅领事真人大小的画像悬挂在入口右侧，左侧则是华盛顿的肯尼迪先生③的画像。昨天的大场面是迎接中国皇帝赐给本市华人的两三副大卷轴或牌匾，感谢他们三年前为赈济中国饥民所做的贡献。④

虽然旧金山华商没有收到美国政府的类似礼物，但他们近日的表现说明他们能够成为两个国家的好公民。

新任驻美公使郑藻如（字志翔，号豫轩、玉轩，1851－1894）的到来，只会让他们与祖国的联系更加紧密。郑藻如在船上接见了陈树棠、傅领事和领馆其他当值人员。郑藻如抵埠后不久，《纪事报》记者就采访了他，形容他说：

---

① 《旧金山纪事报》1881 年 9 月 21 日，第 3 版。

② 《绑架四重奏》（A Kidnaping Quartet）、《两名绑匪被捕，人质获救》（Two of Them Caught and the Captive Rescued），《旧金山纪事报》1881 年 10 月 2 日，第 8 版。

③ 约瑟夫·肯尼迪（Joseph C. G. Kennedy），前文提到过他也是领馆嘉宾。据傅领事，他不是反华媒体所说的"六公司在华盛顿的有偿代理人"，而是"六公司的正式代理人，他不收取费用或任何人的酬金，只是痛快大方地接受对方的信任"，见《一张牌》（A Card），《上加州日报》1878 年 1 月 16 日，Volume 30，Number 10142，第 2 版。威廉·博伊德（William H. Boyd）《1881 年博伊德哥伦比亚区名录》（*Boyd's Directory of the District of Columbia 1881*，Washington D. C.：n. p.，1881，第 81 页）著录约瑟夫·肯尼迪为律师。

④ 《华商交易所》（Chinese Merchants' Exchange）、《东华医院和交易所开张》（Opening of the Tung Wah Hospital and Exchange），《旧金山纪事报》1881 年 10 月 20 日，第 1 版。

郑藻如（原文拼作 ChenTsaoJu，韦氏拼法应作 Cheng Tsao-ju），生于广东澳门，曾任上海江南机械制造总局帮办，迁任天津海关道。他体态肥胖，胡子略微花白，和所有中国官员一样，温文尔雅，善于外交辞令。这位新公使是总督李鸿章（原文拼作 Li Hung-chang）的门徒，在中国属于所谓的进步派。供职上海制造局期间，他引进了不少外国机器，比其他中国人更能意识到西方设备的优越性。同行的有郑夫人和他的两个侄子。据说这两个年轻人会说英语，使团首席翻译官 Chin Chi Yeung① 教他们学习这门语言。②

郑藻如被视为当时中国的进步人士，似乎很适合担任这一新职位，他熟悉现代技术，长期供职于中国最大、最先进的军工体上海江南机械制造总局。他体态肥胖、温文尔雅，显然吸引了这位美国记者。不过，记者发现，在与陈树棠总领事会谈前他不愿意多谈国会待决的排华议案。逗留旧金山期间，郑藻如会见了当地华人，与陈树棠商讨了艰难的政治局势，随后乘坐火车前往华盛顿特区。

接受采访时，郑藻如提到新任总领事一个月左右即将抵埠。③ 陈树棠显然清楚自己即将任满离职，他没有在领馆组织任何大型晚宴或是试图再次展示当地华人的好公民形象。反华集团也按兵不动，等待与中国签订新约。可能他们从领馆提供的华人移民最新数据中也得到了不少安慰，数据表明，1881 年抵埠的华人只有 17701 人，离埠的则有 8178 人。④

当时关于华人少数耸人听闻的报道之一是英国轮船苏伊士号爆发"苦力骚乱"，船上 577 名来自香港的华人乘客反对接种天花疫苗。⑤ 作为抗议，傅领事"向卫生局提交了一份十八页的请愿状，指出要求所有来到本市的华人接种疫苗这种做法是非法的，并请求停止这种做法"，状中援引

---

① 可惜无法据广东话发音确定这位翻译的中文姓名。

② 《新特使》（A New Envoy）、《中国公使及其随从抵埠》（Arrival of the Chinese Minister and Suite），《旧金山纪事报》1881 年 11 月 12 日，第 1 版。

③ 《旧金山纪事报》1881 年 11 月 12 日，第 1 版。

④ 《从亚洲流亡》（The Exiles from Asia）、《华人数据表明移民数量很少》（Chinese Statistics Show a Small Immigration），《旧金山纪事报》1881 年 12 月 24 日，第 3 版。

⑤ 《苦力骚乱》（A Coolie Revolt）、《华人大货船反抗接种疫苗》（A Big Cargo of Chinese Resist Vaccination），《旧金山纪事报》1882 年 2 月 14 日，第 3 版。

了《第十四条修正案》、《民权法案》和《中美条约》的第五、六条。但似乎并没有采取任何法律行动，这方面的威胁预示了下任中国总领事黄遵宪的相关活动。与此同时，强制接种疫苗的做法仍在继续。①

另一桩耸人听闻的新闻与所谓中国"美女"抵埠有关，这七名中国女性乘安吉号登岸后被原地拘留，因为怀疑她们是妓女。② 中国输入的性奴是旧金山面临的一大问题，虽然不合法，香港的美国官员和船长却在审查乘客名单时一贯漫不经心，这些女性来到旧金山后引发了复杂的法律纠纷。③ 从笔者关于黄遵宪的研究著作中可以看到，这个棘手问题从未得到彻底解决。

陈树棠在旧金山任职的最后阶段，虽然情况相对平静，但华人社区普遍担忧总统批准国会通过的新法案的可能后果。博列秘领事公布的数据表明 1881 年华人移民数量渐趋平稳，但由于担心美国即将关闭国门，新法案生效前出现了新的移民热潮。《纪事报》刊登的一篇文章显然希望批准新法案，还估算了究竟会有多少华人在 6 月 3 日新法案生效前抵达旧金山。据该文作者估计，自 1881 年 12 月初提起该法案以来，已约有 9400 名华人抵埠，考虑到船只装载容量，新法案生效前还将有另外 9700 名华人抵埠，这些数据令反华集团非常恼怒。④ 但他们无能为力，只能等待阿瑟总统签署法案。陈树棠也只能等待。他在旧金山无力影响总统决定，任期即将结束，他希望离开金山这个是非之地，自己动身回国。

2. 黄遵宪抵埠

《纪事报》刊登上述文章的同一天，即 1882 年 3 月 26 日，黄遵宪抵达旧金山：⑤

---

① 《又是一船货》（Still Another Cargo）、《满载中国人的德文郡号抵埠》（Arrival of the Devonshire Full of Chinese），《旧金山纪事报》1882 年 3 月 22 日，第 1 版。

② 《华人奴隶》（Chinese Chattels）、《七名大脚女人试图登岸》（Attempt to Land Seven Big-Foot Women），《旧金山纪事报》1882 年 3 月 18 日，第 2 版。

③ 这七名"美女"的人身保护法所引发的复杂法律纠纷，见《中国美女》（The Chinese Houris）、《老鸨为释放妓女而忙碌》（Efforts of Their Chaperon to Land Her Charges），《旧金山纪事报》1882 年 3 月 19 日，第 1 版。

④ 《华人蜂拥而至》（Crowding in the Chinese），《旧金山纪事报》1882 年 3 月 26 日，第 1 版。

⑤ 美国对黄遵宪的影响，见蒲池典子《美国对中国改良主义的影响：黄遵宪在加州（1882 - 1885）》（American Influences on Chinese Reform Thought：Huang Tsun-hsien in California 1882 - 1885），《太平洋历史评论》卷 47，1978 年第 2 期，第 239 - 260 页。

中国总领事

旧金山 3 月 26 日讯：新任中国总领事黄遵宪（Wong Jim Him，音译广东话发音）本日乘坐东京号从中国和日本抵达本市。他接替陈树棠（原文拼作 Chum Shu Tang?），后者将随下一班东京号回国。黄遵宪大约 35 岁，看起来聪明过人，说话得体，彬彬有礼，业务娴熟。过去四年，以中国驻日参赞身份派驻横滨。① 他四年前随团驻日后从未回过中国，这次也是从横滨直接出发的。但他明确表示，在他前往本市途中国会两院通过的华人法案并不会令中国政府不快。他说法案是经过中国政府同意的。等华盛顿政府颁发领事证书后他就将履行职责，大概要一周左右。②

这篇文章很可能是记者采访的结果。也就是说，报社记者觉得有必要在黄遵宪离船登岸后尽快采访他。这位记者显然不懂中文，他勇敢地尝试以广东话音译黄遵宪、陈树棠的姓名，似乎不知道美国官方公文都以韦氏拼音将黄遵宪姓名拼为 Huang Tsun-hsien，但他尽力挖掘了黄遵宪驻日期间的一些基本事实。遗憾的是，当时旧金山报纸还没有新闻摄影，这篇文章没有配图，但记者还是为我们描画了年富力强时期的黄遵宪形象：值得信赖、和蔼可亲、很有吸引力，而且毫无当时旧金山记者那种典型的种族主义态度。③ 黄遵宪的这种形象，与年龄更大、体态肥胖的陈树棠形成了惊人对比，聪明的读者或可想象新任总领事将以有异于前任的方式应对旧金山华人问题。读过黄遵宪那些慷慨激昂讲述加州排华运动的诗作的人，看到他对记者担保说中国政府不反对正待阿瑟总统签署生效的新的排华法案

---

① 中国驻日使馆位于东京而不是横滨，这位记者可能混淆了这两座城市。黄遵宪乘坐的轮船是从横滨出发的，横滨也设有中国领馆。

② 《萨克拉门托联合日报》（*Sacramento Daily Record-Union*），又名《联合日报》（*Daily Union*）1882 年 3 月 27 日，第 2 版。

③ 迄今为止，笔者还没有找到黄遵宪驻旧金山期间的任何照片或画像。可能至少有一副油画作品传世，因为很多旧金山画家专攻中国风景；而且据报道，有一幅中国领事（可能是陈树棠）的肖像画曾由美国艺术家弗兰克·帕伯斯（Frank M. Pebbles，1839 – 1928）在萨克拉门托艺术展上展出过。可惜至今笔者还没有亲眼见到这幅画。见《展馆》（At the Pavilion）、《画廊》（The Art Gallery），《萨克拉门托联合日报》1882 年 2 月 25 日，第 1 版。

时，恐怕会惊讶莫名。其实，从黄遵宪上书反对政府重修《蒲安臣条约》可知，这种态度不是他的本意，但身为外交官，必须遵守相关指令。很快我们就会看到他采取激进得多的措施应对旧金山华人"问题"，这个故事留待以后再作讨论。

一周左右美国政府正式承认黄遵宪后，陈树棠就不再是总领事了。不用说，等候期间，黄遵宪与陈树棠（和傅领事）有过多次交谈，可惜没有留下任何相关记录。据前引《纪事报》，东京号再度启程前往中国时陈树棠将随船离开旧金山，这意味着其动身日期是 4 月 4 日。① 没有哪家报纸报道了陈树棠的盛大告别派对，码头上也没有感人的送别场景。

陈树棠在任期间，既有成功也有失败。在傅列秘领事和德洛斯·雷克法官的大力协助下，他挫败了市长卡洛驰及其亲信将唐人街视为公害从而将华人驱离金山的阴谋。他发起了唐人街卫生运动，改善了公共卫生环境，促进了民众的社区意识。他配合人口普查，还在加菲尔德总统遇刺后安抚当地华人相信美国政治体制的稳定性，让他的"子民"们觉得自己属于新的移居国；而哀悼皇太后，说明他们仍然是中国人。

遗憾的是，陈树棠的魅力攻势不太奏效。他可能对海斯总统否决《十五乘客法案》产生过一定影响；对海斯总统的研究表明，当时总统面临美国商人的压力，有些商人希望根据《蒲安臣条约》继续在中国获得好处，有些人则是陈树棠的座上客。眼下阿瑟总统尚未签署《排华法案》，但陈树棠的方式在对抗反华集团时显然没有取得预期效果，是时候做出调整了。卸任回国后，陈树棠在与朝鲜的贸易谈判中表现出色（详见前）。遗憾的是，在旧金山经历的挫折和失望可能让他精疲力竭，离开旧金山后六年他就去世了。在中国外交史、中美关系史上他都是重要人物，今天中国的历史学家却对他知之甚少。

（作者单位：加拿大英属哥伦比亚大学；译者单位：中国社会科学院）

---

① 《中国领事馆》（The Chinese Consulate），《旧金山纪事报》1882 年 4 月 3 日，第 2 版。该短讯称黄遵宪及其助手正式就职，陈树棠和他的三名书记、五名随员将于"明天"乘坐东京号轮船离开。

专题研究

一个无法进入北京的俄国使节团

——嘉庆时期中俄外交礼仪交涉始末

陈维新

摘　要：清朝嘉庆年间，俄国政府为取得在华利益，任命戈洛夫金为全权大臣，率团前往中国，欲与清政府商议双方贸易往来等相关事宜。在俄方看来，这就是两国之间的一次平等的外交往来，但是清政府则视俄国使团为朝贡使团。双方认识上的巨大差距，引起了外交礼仪之争。尽管俄国为了达到自己的目的，告诫戈洛夫金要尽量忍让，但是在俄国使团是否应在库伦行三跪九叩礼的问题上，双方发生了争执。最终清政府以戈洛夫金傲慢无礼，拒绝其进京，将其遣返回国。本文利用中俄两国的原始档案，对这一事件的始末做详细的阐述，从中可看出中俄两国对待此事的真实意图及做法。

关键词：嘉庆时期　俄国使团　礼仪之争　戈洛夫金　蕴端多尔济

嘉庆九年（1804），俄国政府任命戈洛夫金伯爵（Count Golovkin 又译为"葛罗普京"）为全权大臣，率队前往北京，欲与清政府商议商业贸易等相关事务。依照西方传统的国际关系理论，这应是俄中两国之间的一种基于平等的外交往来。但是清府却将戈洛夫金看成俄国政府派来向嘉庆皇帝致敬的朝贡使臣。既是专为朝贡而来，当然须遵照大清礼仪体制行事，所以当戈洛夫金京率队抵达库伦，就因外交礼仪体制观念上的差异，与清政府官员发生争议，双方为外交礼仪行事问题争辩甚久。戈洛夫金坚持不愿照清政府规定行事，最终被遣回俄国。本文即针对这一事件，以相关档案史料为依据，详细论述中俄两国外交礼仪交涉之始末，并加以研析探讨。

一　戈洛夫金使团来华相关档案史料简述

民国 25 年（1936），国立北平故宫博物院文献馆出版由王之相、刘泽荣翻译清季内阁大库所藏中俄两国往来文书（俄国文书原件为手抄古代俄文），题名为《故宫俄文史料——清康、乾间俄国来文原档》。王之相先生于抗战期间又译出 181 件档案，时间从乾隆五年（1740）至道光二十六年（1846）。《历史研究》编辑部于 1964 年将原先出版的《故宫俄文史料——清康、乾间俄国来文原档》译文 23 件，加上新译出的 181 件档案汇集成一册，仍沿用《故宫俄文史料》书名。该书收录有关俄国遣使、边界、商务、逃人问题的珍贵资料甚多，特别是收录了多件有关嘉庆时期中俄两国为争辩外交礼仪体制问题的外交文书。

清史编纂委员会出版的《清史译丛》第六辑，收录一篇《戈洛夫金特使出使中国的谈判方略》，这是当时戈洛夫金使团在进入中国境内前夕，依据俄国沙皇亚历山大一世的训示，结合他对当时的中国情况研究的思考，制定的一份和清政府谈判的指导性文件。后来该委员会又出版《19 世纪俄中关系：资料与文献　第一卷 1803－1807》，共三册（俄文版在 1995 年出版）。本书原由俄国学者米亚斯尼科夫（B. C. Miyasnikov）主编，搜集散藏在中国、俄罗斯和蒙古国的档案文献，共整理出近 170 万字的资料，计 536 篇档案文献。其中包括戈洛夫金的传记材料及当时有关该使团来华的原始档案史料，《19 世纪俄中关系：资料与文献　第一卷 1803－1807》（以下简称为《19 世纪俄中关系》）、《故宫俄文史料》以及上述该份文件可说是研究当时俄国政府对清朝的政策及清代中俄外交关系极为珍贵的档案史料。但《19 世纪俄中关系》与《故宫俄文史料》两书的翻译者对部分档案内容的释文，却有差异及误载的地方，笔者将对有差异或误载之处加以说明。

二　朝贡礼仪概念简述

依照中国传统文化观念，中国是居于世界的中央，视周围四方的外族人为“蛮夷”，“是以声名洋溢乎中国，施及蛮貊”，这种思想与观念影响历代的皇帝及其臣民。直到清朝，此种“天朝上国”居于世界中心的观念意识，依然是根深蒂固。

清政府以自我为中心，按照远近亲疏、地理位置等，制定了一套确认周边属国、藩部与外国在大清国体系的等级与其名分、尊卑地位的体制。在此体制中，大清国的皇帝是处于至尊的帝位，而一切外国则都成了大清国的"属国"，不仅是周边的小国，即便是单纯为通商的国家，派遣使臣前来商议贸易问题，也被清政府认为是"纯心向化"，专为"朝贡"而来。中国皇帝既为天下之共主，统御万国，因此须负起"颁中华正朔，宣敷文教，俾天下生灵，旁达于无外"，[①] 以及抚治华夷，一视同仁，各保境土，协和万邦的责任。而此种传统的文化观念也是朝贡礼仪体制概念的中心思想。

清代前期，清政府设礼部与理藩院处理对外事务。礼部掌理一切有关朝贡事务，如查核朝贡国是否遵照朝贡程序行事，主持或参与对朝贡国的封赏（册封赏赐）活动，接待朝贡使团来京朝觐事宜等。由礼部管辖的朝贡国有朝鲜、琉球、安南、缅甸、暹罗等属国，以及经海道来华的西洋国家。

清政府对于西北、西南的外藩则由理藩院掌管，主要处理蒙古、西藏与新疆回部等边疆地区事务。另外由于俄国紧邻蒙古，且与蒙古早有贸易往来，所以理藩院也被指定处理中俄双方的外交事务，包括协调两国的外交关系，负责两国贸易及管理在北京的俄国人员。[②]

理藩院最主要的工作是负责管辖蒙古等藩部事务，而清政府与蒙古藩部之间，是一种上对下的关系，也是君对臣的关系。所以蒙古各藩部须遵大清礼仪，向大清朝贡，接受大清皇帝册封，奉大清正朔等。而俄国既然与蒙古诸藩部居于同等地位，清政府理所当然地认为，大清国尊为"上国"，视俄国为"下国"。俄国既为"下国"，当然必须遵照大清国朝贡的礼仪，在觐见礼仪、呈献国书程序、国书的称号及礼物的呈送仪式等问题上，均须严格遵守相关规定。俄国对于中国此种不同西方外交传统礼仪的特殊体制感到不解与无法认同，从顺治时期俄国遣使来华开始，在外交礼仪体制上的争议便成为清代各朝处理俄国外交关系上的重要问题。

自清朝入主中原后，在对外关系的处理上，基本上是承袭中国传统的

---

① 万斯同编《明史稿·郑和传》，原稿藏于南京图书馆古籍部。
② 赵云田：《清代治理边陲的枢纽——理藩院》，新疆人民出版社，1995，第62页。

礼仪制度，而清朝政府也参酌这些礼仪制度加以因革损益，创建了一套繁琐的对外关系仪礼定制。基本上，在大清国与周边属国藩部间的关系上，约有下列的规定，要求属国与藩部必须遵循。

如有关朝贡的规定。据台北故宫博物院所藏《礼志·宾礼一·诸国朝贡礼》记载：

> 蒙古部落设理藩院以统之，其余礼部主客清吏司掌朝鲜、琉球、安南、荷兰、西洋、暹罗诸番朝贡接待给赐之事。崇德年间定，凡归顺外国俱颁诰册、授封爵、进奏文移，俱书大清国年号。凡遇圣节、元旦、冬至，具表朝贺，进贡方物。顺治元年定，外国朝贡，以表文方物为凭。该督抚查照的实，方准具题入贡，贡使到京，所贡方物，会同馆呈报礼部……贡物交进内务府……贡船不得超过三只，每船不得超过百人，入京员役不过二十人。①

圣节、元旦、冬至是大清国的三大节日，大清国的属国藩部派遣使臣携带表文及贡物前往北京朝贡，表文须书写大清国年号，是为"奉正朔"。大清国对于朝贡国贡船、人数及进京人员数量有明确的规定。

《大清国修正宾礼志·山海诸国朝贡礼》记载：

> 凡诸国以时修贡，遣陪臣来朝，延纳燕赐，典之礼部。将入境，所在长吏给邮符，遴文武官数人伴送，有司供馆饩，遣兵护之，按途更代，以达京畿。既至，延入宾馆，以时稽其人众，均其饮食。
>
> 翼日，具表文方物，暨从官各服其服，诣部俟阶下，仪制司官，设表案堂中，质明，会同四译馆卿，率贡使至，礼部侍郎一人出，立案左，仪制司官二人分立左右楹，馆卿先升，立左楹西，通事序班各二人，引贡使等升阶，跪，正使举表，馆卿祇受，以授侍郎，陈案上，复位。使臣等行三跪九叩礼，兴，退。馆卿率之出。
>
> 礼部官送表内阁俟命，贡物纳所司，如值大朝、常朝，序班引贡

---

① 《礼志·宾礼一》，文献编号 6000218，台北"故宫博物院"藏。

使等列西班末，听赞行礼如仪。非朝期则礼部先奏，若召见，馆卿豫戒习仪。届日，帝御殿，礼部尚书引贡使入，通事随行，至丹墀西行礼，毕，升自西阶，通事复从之，及殿门外，跪，帝慰问，尚书承传，通事转谕，贡使对辞，通事译言，尚书代奏，毕，退。如示优异，则丹墀行礼毕，即引入殿右门，立右翼大臣末，通事立少后，赐茶赐坐，均随大臣跪叩，饮毕，慰问，传达如初。出朝所，赐尚方饮食，乃退，翼日，赴午门外谢恩，礼部疏请颁赐国王，并燕赉贡使。既得旨，所司陈赐物午门道左，馆卿率贡使等东面立，侍郎西面立，有司咸序，贡使请诣西墀，三跪九叩，主客司官颁赐物，授贡使，贡使跪受，以次颁赐贡使，暨从官从人咸跪受，赞兴叩如仪，退，赐宴礼部。贡使将归国，光禄寺备牲酒果蔬，侍郎就宾馆筵燕，伴送供俟如前，所经省会皆飨之。司道一人主其事，馆饩日给概从周渥焉。[1]

上述山海诸国朝贡礼，主要是规定进表、朝觐、颁赏等礼仪定制。从繁文缛节的朝贡礼仪可知，朝贡礼仪是确立清朝与藩属间政治上的臣属关系。作为臣子的藩属，若不遵朝贡礼仪，则属大逆不道，是对清宗主国地位的挑战。

三 俄国遣使之背景

在探讨此问题前，拟先简述清朝前期中俄两国关系。在十七世纪中期，俄国侵入黑龙江流域的同时，亦曾派遣使臣至中国，欲与清政府进行外交接触及商议贸易问题。在顺治至乾隆时期，俄国多次派遣使臣来华，由于双方对于外交礼仪的认知观点不同，所以发生许多争议，部分俄国使臣甚至被以不遵大清礼仪为由，遣送回国。[2] 而两国亦分别在康熙及雍正时期签订了《尼布楚条约》及《恰克图条约》，清政府借此获得北部边疆

---

① 金兆丰编写《大清国修正宾礼志》，文献编号：6000134，台北故宫博物院藏。
② 清朝初期中俄接触，因外交礼仪问题所产生的许多争议，相关论述甚多，如苏联科学院远东研究所编，《十七世纪俄中关系》，厦门大学外文系译，（商务印书馆，1978）、《清代中俄关系档案史料选编》第一编，中国第一历史档案馆（中华书局，1981）、〔俄〕Bantish-Kamensky（班蒂什 - 卡缅斯基）著《俄中两国外交文献汇编》中国人民大学俄语教研室译，（商务印书馆，1982）等。

的安定，得以全力对付准噶尔的动乱，而俄国获得在中国扩展贸易的权利。乾隆初，又因外交礼仪问题；及俄国一再违反不得容留逃人的规定，引起乾隆皇帝的不快，即对俄国采取强硬的态度，于乾隆二十九年（1764）关闭恰克图的贸易互市，让俄国蒙受重大损失。

俄国亚历山大一世（1801－1825年在位）继承王位后，整饬武备，励精图治，当时虽与法国拿破仑交战，且让法军攻入莫斯科，但亚历山大在撤退前，将整个莫斯科城焚毁，令法军一无所获。继之俄国加入英普奥联军，终在滑铁卢一役击溃拿破仑军队，让俄国之声威在欧洲复振，而国势亦渐强盛。亚历山大极为重视商业贸易的推展，该国商务部建议政府应使用新的办法巩固俄国在东亚的政治与经济地位。商务部提出新计划的重点，就是向中国派出一个负有一整套使命的全权使团。

（一）俄国使团的任务、目的

《19世纪俄中关系》一书所录俄国商务大臣向亚历山大一世的报告，谈到了派使团到中国的目的：一、说服中国官员能让俄国在广州与黄海开市；二、让中国官员允许使团从北京经由西藏至喀布尔，而俄国人民今后也能经由此路自由通行；三、如果中国人同意，俄国不仅可以在布赫塔尔玛河（Bukhtarma R.）流域，而且可以在额尔齐斯河（Irtish R.）防线开市、建立市场、或者建立像恰克图那样的市镇。并争取俄国以边境长官名义派遣商队深入内地，特别是喀什噶尔地区贸易对所有人开放，所以要求中国一方保障俄国公民使用这条道路。①

俄国副外务大臣恰尔托雷斯基（Gzartorysky）亦向亚历山大一世报告派出使团的目的，提出四点作为使团赴中国应达成的任务。

第一，取得阿穆尔河的自由通航权，此一新的航路发现将促使堪察加半岛获得生命，此航权取得，可为扩大同日本与广州的贸易提供更多物资。

第二，中国到俄罗斯的商队可从布赫塔尔玛河上的多棱堡出发，到达科布多城，行程不到十二天，由布赫塔尔玛河可经水路将货物运到托博尔斯克（Tobosk），如果在多棱堡建立仓储，可让中国商人少走500多俄里冤

---

① B. C. 米亚斯尼科夫主编《19世纪俄中关系：资料与文献　第一卷1803－1807》上册，徐昌翰等译，第53号档，广东人民出版社，2012，第125－131页。

枉路。所以若无法说服中国人沿国境全线开辟自由贸易，使团可努力说服中国政府同意经布赫塔尔玛河，同俄国建立贸易关系。

第三，使臣在到达中国国境之前和到达之后，尽力收集一切信息和方案，以促进和发展我国同中国人之间的贸易，综合国家和私人的利益，加以深入思考，把这些信息变成对北京朝廷提出的要求。

第四，由于中国人政策多疑，且装出一副对贸易不屑一顾的样子，要求他们在对我方无所求的情况下，同意我方提出的要求，将有许多困难，所以在给使臣的训令中应有这样的内容：命他运用一切手段，了解对方有哪些取决于我方，但又无损我方利益的不可或缺的利益，可建议以之与对方交换我方希望中政府同意的条款。①

恰尔托雷斯基又说："除了这些重要问题之外，再有就是要决定送到北京给博格德汗（清朝皇帝）本人及权贵们的礼物。中国人对礼物非常贪婪，对此早有耳闻。故有必要运用这种手段使他们的有识之士对我们产生好感，这些礼品应该同目的相吻合。尽管无法确认预见的目的一定能达到……几乎所有的礼品不过是我国工厂的产品，或者是我国毛皮业的产品。"②

据俄国学者 B. C. 米亚斯尼科夫所著《戈洛夫金使团简介》一文所述，俄国商务部所提计划的第一部分，建议该国政府首先指示使团须向清政府争取获得在广州的贸易权，并通知清朝政府，俄国将派遣商船赴广州。俄国政府认为若要在广州开辟贸易，应使俄国的商品能进入中国市场，并应把北美、堪察加及鄂霍茨克海（Sea of Okhotsk）岸的贸易同中国及日本市场结成统一系统。而俄国的船只若能取得自由航行黑龙江的权利，将有助于俄国此一计划的实现。③

计划第二部分，建议政府命令使团向清朝政府提出要求，准许俄国在中国西北边境增辟新的贸易点。这可将俄国与中亚地区的贸易纳入俄中贸易体系之中。不仅如此，使团也应争取清政府允许，让俄国能够从北京派遣考察队，越过喜马拉雅山，到阿富汗及印度等地扩展贸易。另外中国本

---

① 《19 世纪中俄关系：资料与文献　第一卷 1803－1807》上册，第 146－147 页。
② 《19 世纪中俄关系：资料与文献　第一卷 1803－1807》上册，第 56 号档，第 148 页。
③ 〔俄〕B. C. 米亚斯尼科夫：《戈洛夫金使团简介》，《清史译丛　第一集》，中国人民大学出版社，2004，第 148 页。

土人口最稠密、最发达的长江流域地区，也引起俄国政府的注意，使团也应调查评估俄国在此地区拓展贸易的可能性。①

从上述俄国商务大臣及副外务大臣向亚历山大一世报告的内容，以及 B. C. 米亚斯尼科夫的文章所述，俄国政府针对使团所赋予之任务，是希望借由使团能让商业贸易的发展从中国扩展至亚洲、北美地区。

另外，恰尔托雷斯基所说，礼物的赠送与使团目的的达成要发挥一定的作用。俄国政府为派赴中国使团所备办礼品计有：玻璃制品、毛皮、锦缎、丝绸、天鹅绒、纪念章及数学工具等，总价值约 152248 卢布。②

俄国政府同意商务部所提派使团前往中国的计划，并任命戈洛夫金为全权大臣率团前往北京。戈洛夫金 1762 年于瑞士出生，在国外成长接受西欧式教育，回到俄国初期并不懂俄语，他从宫廷侍从做起，后来升任枢密官、商务院院长、宫廷总典礼官。他得到恰尔托雷斯基的赏识与提拔，被任命为出使中国的全权大臣。

米亚斯尼科夫认为俄国政府派戈洛夫金前往中国，与以前派往中国的俄国所有使节团不同之处在于："这个使团与其说是应该解决双边关系问题，倒不如说是为了确立俄国在远东新的政策，这个新政策可以顺理成章的称之为亚洲太平洋新政策。"③ 由此可知，俄国派出使节团的目的，已不再像以前使团是为巩固中俄两国关系，增加俄国在华贸易利益而已。而是俄国想借由戈洛夫金前往北京，与清政府商议，答应俄国所提要求，如此俄国就能拓展其势力至亚洲各地。而俄国政府给戈洛夫金的训令，"要求他必须尽一切可能说服中国政府，每年哪怕允许我国数艘船只通过阿穆尔河（黑龙江），还有在河口建起一座堆放我国货物的货栈"④。

（二）俄国政府给予使团的训令

俄国副外务大臣恰尔托雷斯基为戈洛夫金使团草拟的训令共计 23

---

① 〔俄〕B. C. 米亚斯尼科夫：《戈洛夫金使团简介》，《清史译丛　第一集》，中国人民大学出版社，2004，第 148 页。
② 《19 世纪俄中关系：资料与文献　第一卷 1803 – 1807》上册，第 63 号档，第 167 页。
③ 《戈洛夫金使团简介》，第 148 页。
④ 《戈洛夫金使团简介》，第 150 页。

条，除了商务贸易及传教士在华问题外，有关双方外交方面的训令整理如下。①

1. 关于礼仪：中国自古形成的礼仪一直保存完好，极受尊重。任何偏离均被视为大逆不道，故你（指戈洛夫金）在切入正题之前，应事先同中国大臣就礼仪问题达成协议，其中包括进入北京、抵达博格德汗驻跸之地、廷见和辞行时应遵守的礼仪等等。在我国同中华帝国发生关系的最初阶段，我宫廷派出的官员职衔虽各不相同，但其中人人都得以成功消灭礼仪家之于被接见者的屈辱。朕希望你此次亦要以这些例子为榜样，努力拒绝不体面的礼仪，特别是因为你有崇高的身份。不过你应遵循的唯一原则，就是把帝国的尊严同中国人的礼仪协调起来，不要因为礼仪上或称谓上受到某些贬抑，就牺牲重大的利益。

2. 以条约的形式确定双方的尊号：为了一劳永逸，避免由于双方迄今尚未确定尊号形式而经常产生误会和不满，应以促使中国人接受固定形式的尊号为妥。为此，我方可提出下列尊号，以取代迄今两个宫廷之间使用过的其他尊号，即：亚洲各大国、满洲各部、大中华及其他各广袤地区之皇帝、君临万邦泽被四方奉天承运专制君主大汗陛下、朕最友好的邻居和挚友。彼方致我方宫廷的尊号可以是"……"②，使臣可以这种方式把所有与礼仪有关的问题确定下来，然后着手执行交给你的重要任务（指商业贸易拓展、传教士、边界谈判等）。

3. 相互遣使团：此条虽不应视为努力争取的最高任务，但如能在不牺牲利益的前题下达成这一目标，使臣可谓勋业卓著。

从恰尔托雷斯基草拟的有关外交礼仪的训令内容，可知他对当时大清国的外交礼仪是有所认识的，所以他要使团能够与清政府事先协调在礼仪上如何行事。但又必须维护俄国皇帝及其全权大臣的尊严，拒绝不体面的礼仪。然而为争取商业上的最大利益，即使在礼仪或称谓上受到大清国的"某些贬抑"。至于被贬抑到何种程度是使团可以忍受或不能忍受，这大概是全权大臣戈洛夫金必须依据当时的现时情况来作判断了。

---

① 《19世纪俄中关系：资料与文献　第一卷 1803－1807》上册，第129号档，第351－357页。其他训令内容可参阅此号档案。

② 此一训令档案内容没看到俄国要大清国如何称俄国君主的尊号，仅写"……"。

亚历山大一世根据此训令，再发布任命戈洛夫金为赴大清国使节团的特命全权大臣，并颁布正式的训令共计 19 条。亚历山大一世在训令中提到：中国政府事先已宣布，它同意接待向他们派遣的使团。但中国人生性多疑，加之因循守旧，故迫使我们需要向他们宣布，祝贺博格德汗登基继绍大统，通报朕承接皇位是此行的目的。这便是我方拟定的向中国派遣使团的表面理由。①

亚历山大一世命令戈洛夫金要能够展现智慧，广集情报，方能找到最佳途径，完成任务。他也提到俄国对中国官员的需求与爱好一无所知，所以无法准确预定戈洛夫金在中国时应遵循哪些行为准则。而恰尔托雷斯基已将俄中双方关系及相关贸易的资料告知戈洛夫金，并提出最主要的训令内容，作为戈洛夫金此次北京之行努力的目标。训令的第一条即有关外交礼仪的部分：北京宫廷接待外国高官和与之交往时，虽严格遵守为博格德汗臣民定下的规矩和礼仪，但我方在不同时期由此派去的官员，却成功地回避了其中某些最有损于俄罗斯帝国尊严的做法。朕望你效法先例，努力不懈，以求对你的接待尽量符合你所拥有的高贵身份和我帝国的尊严。为此，在进入北京之前，或抵达中国国君驻跸之处，你应同其大臣就陛见和辞行时的礼仪及应遵守的礼节达成协议，但如在此场合或其他场合，万一中国人顽固坚持野蛮的礼仪，则绝不应置朕派你前往北京所期待的利益于不顾。②

亚历山大一世在第 16 号训令特别叮咛戈洛夫金，要求他在到北京之前的路程中，以及在北京和回国途中，"千万不要和中国人发生任何不快，在不得已时，可因地制宜，随机应变，以机智宽容的态度加以化解，以防旁生枝节，贻误朕委托给你的重任。你应以友善的说辞排除一切困难，以机智的手段避免刺激中国人的高傲及目空一切"。③

俄国政府给予戈洛夫金的训令强调指出："中国人有一习惯，凡他们认为对外国人有利之事，均会感到为难。因此，即使他们同意这个建议（指同意俄国船只航行黑龙江），希望获准航行的我国船只也只会十分有

---

① 《19 世纪俄中关系：资料与文献　第一卷 1803－1807》上册，第 130 号档，第 358 页。
② 《19 世纪俄中关系：资料与文献　第一卷 1803－1807》上册，第 130 号档，第 359 页。亚历山大一世所颁布其他训令内容可参阅此号档案。
③ 《19 世纪俄中关系：资料与文献　第一卷 1803－1807》上册，第 130 号档，第 365 页。

限。若这些船在航行期间不得在该河两岸和河口进行贸易，或者他们要求船只不得携带武器，在这种情况下，绝对不能拒绝接受他们的条件。不过，若你作不出任何违反此意之事，你将怎么样提出我们的建议，你将采取何种暗示使中国大臣同意此举"。① 俄国政府强调，戈洛夫金如何完成任务，要靠他的智慧。而戈洛夫金也订下与清政府官员交涉的方式："尊严而不傲慢，亲切而不软弱，坦诚而不失分寸，特别愿意了解情况又让人看不出是好奇。"他也认为必须与清政府谈判黑龙江流域地区两国划界问题。②

俄国枢密院在嘉庆八年（1803）行文清政府理藩院，函文表示亚历山大皇帝为了让"俄罗斯帝国与中国之间现有之永恒邻邦友好及通商关系更加发展，拟派遣钦差使节前往北京，向中国大皇帝陛下宫廷实行聘问，表达我皇帝陛下已在举国欢庆之中登基亲政，继列祖列宗世代相传之地位，并对中国大皇帝陛下登基即位，致以友谊之祝贺"。函文中并说俄国皇帝为"恢复俄罗斯皇帝宫廷与中国皇帝宫廷之间久未实行之派遣友好使节……以便有益于两国属民之商务发展"，所以将派使臣前往中国。函文中请理藩院将俄国遣使之事上奏朝廷，若获得同意，俄方会再向清朝政府通知使臣出发的时间，并请清朝政府在使臣进入中国国境后，给予礼节上的接待，并护送使臣前往北京。③

四　清政府将俄国使团定位为朝贡使团

依据《19世纪俄中关系》上册收录的第15号档案《库伦办事大臣蕴端多尔济、佛尔卿额，就收到枢密院致理藩院关于派遣俄国使节团的照会和伊尔库茨克省长来函事呈嘉庆皇帝的奏章》，库伦办事大臣蕴端多尔济等人称俄国伊尔库茨克省长派员送来该国枢密院致理藩院文书一封，"是为了昭示我国大汗衷心感谢（贵国）皇帝陛下天恩，意欲派遣一重臣向圣

---

① 《戈洛夫金使团简介》，第150页。
② 《戈洛夫金使团简介》，第150 – 152页。
③ 《俄国枢密院致理藩院函》，《故宫俄文史料》，第114件，《历史研究》编辑部，1964，第158页。本件档案在《19世纪俄中关系：资料与文献　第一卷1803 – 1807》书中列为第7号档案，档名为《枢枢密院为俄国政府向清帝国派遣使团事致理藩院文书》，文字内容与《故宫俄文史料》所录此档案内容大致相同。

明大皇帝献贡，并祝他万寿无疆"。① 将俄国遣使来中国一事，禀称他们是来向嘉庆皇帝祝寿朝贡。

但此号档案档名似乎错误，因蕴端多尔济当时的职衔不是库伦办事大臣，是蒙古喀尔喀扎萨克多罗郡王，《19 世纪俄中关系》书中其他档案均将蕴端多尔济称为库伦办事大臣是错误的。当时库伦办事大臣是佛尔卿额，但他任期不久，嘉庆八年十一月，清政府发布由阿尔塔锡第担任库伦办事大臣，同年十二月二十四日，阿尔塔锡第抵达库伦就任。

这封枢密院的函文随蕴端多尔济、佛尔卿额的奏章转呈至理藩院后，由理藩院向嘉庆皇帝奏报，嘉庆皇帝对俄国欲派使臣来华表示欢迎，并发布上谕："多年以来，俄罗斯帝国遵守所订条约办理事务，今欲重新开始派遣多年未曾派来专职使节前来北京祝贺，征询我国是否同意此种请求而认为愉快，如蒙俞允，即将该项使臣何时从本国启程及何时可达北京，预先函知我国。查其言词极为和顺，用意亦颇为诚恳，朕心殊为喜悦，应即准如所请办理。"②

《19 世纪俄中关系》上册第 18、19 号档案，亦载录此上谕，有俄文（18 号档）及满文译本（19 号档），俄文文本与《故宫俄文史料》内容大致相同。

嘉庆皇帝上谕由理藩院发给枢密院，理藩院在文书里称，希望枢密院收到文书后，"即行遵照我国圣上谕旨办理，所有一切事务统祈依照以前已有惯例行事"。《19 世纪俄中关系》的俄文文本与《故宫俄文史料》内容大致相同，但在满文译本（即第 19 号档案）写成"特知照理政事枢密院，望收到国书后循例行事，执行皇帝陛下圣意"。

按照大清国对外体制，皇帝发给周边国家君主的文书称为敕书，以表示大清皇帝地位高于其他国家君主。若是用国书，则表示大清国皇帝与其他国家君主是同等地位，那是违反大清礼仪体制，是犯大忌的。笔者认为，可能是本书翻译者，不了解清朝的文书制度，将敕书译成国书。

嘉庆皇帝亦颁布上谕给蕴端多尔济、阿尔塔锡第，谕旨提到："请朕为俄国使臣规定来京日期一节，朕思彼等乃外邦之人，途程遥远，故并未

---

① 《19 世纪俄中关系：资料与文献　第一卷 1803 – 1807》上册，第 15 号档案，第 46 页。
② 《大清国理藩院致俄罗斯国枢密院函》，《故宫俄文史料》，第 115 件，第 159 页。

规定彼到达之准确日期，一俟俄国使团抵达库伦，蕴等应事先奏报，或于今秋朕临幸避暑山庄之时，或于岁末朕万寿之月，命该使团由库伦来见。万一使臣到达时间较早，蕴等应挽留其休息数日，以顺我至圣大皇帝对外国使臣仁爱之意。"①

由此上谕可知，嘉庆皇帝为俄国使团订下觐见的日程，一是嘉庆皇帝在秋天至避暑山庄的时期，或是等到年底嘉庆皇帝庆寿之月。蕴端多尔济及阿尔塔锡第表示，将遵照谕旨办理，并称，俄国使团首要官员的职衔若与他们相同，他们其中一人会陪同使团前往觐见嘉庆皇帝，若来使职衔与他们不相同，则派其他官员陪同前往。

蕴端多尔济等人也向理藩院请示称，经查阅库伦办事大臣处相关档案，得知往年俄国曾多次派遣使团至中国朝贡，但因事隔已久，库伦办事大臣处已无相关文档，此等使团如何接待与护卫方式，已无可稽考。届时俄国使臣若发问，我方将难以回答，亦难着手接待使团。请理藩院能详阅有关档案，并来文告知往年接待俄罗斯使节团来朝旧例及护送方式，以便办理。②

如上述，嘉庆皇帝考虑使臣由俄国至北京，长途跋涉，须事先作周密规划，何时到北京较妥当，理藩院须预先拟妥时程，并对俄国使臣从远方前来一事，向俄国政府表示他的关切之意。理藩院将嘉庆皇帝的谕示派员送至俄国伊尔库茨克省城，对于清朝政府允许俄国派遣使臣前往中国一事，该省民政（事）省长致函库伦办事大臣，表示诚挚谢意，并称该国朝廷将派何等官衔与官阶之使臣前往北京，随员扈从人数及何时抵达边境地方，在获得上级指示后，即迅速派遣专差通知库伦办事大臣。③

据《19世纪俄中关系》所录西伯利亚总督向该国外务院报告的咨文提到，库伦办事大臣所派送信官员曾向伊尔库茨克民政省长表示，俄国使团前往时间最好是在11月抵库伦，12月至北京。若在夏季时，嘉庆皇帝将至热河避暑，并在该处接见使臣，所以使臣将无法到北京城。另外，若该

① 《19世纪俄中关系：资料与文献　第一卷1803－1807》上册，第20号档，第57页。
② 《19世纪俄中关系：资料与文献　第一卷1803－1807》上册，第19号档，第55页。
③ 《伊尔库茨克省民政省长致库伦办事大臣函》，《故宫俄文史料》，第117件，第161页。依据《清史稿校注》第9册，第7063页记载，当时接到俄国省长信函的库伦办事大臣可能为德勒克扎布。

使臣具有将军职衔，届时蒙古郡王及库伦办事大臣将亲自陪同使臣前往北京。①

对于清政府建议使节团启程时间在十一月，经俄国商务大臣及外务副大臣商讨后，向亚历山大一世建议使团延至隔年（嘉庆十年）再出发。亚历山大一世同意此项建议，即由俄国枢密院致函理藩院，《致中国理藩院函》文中提到俄国皇帝对中国同意俄方派遣使臣赴北京一事，认为这是中国皇帝友好意旨之实际体现。俄皇并命枢密院尽快派遣使节，以便加强两国和平之友谊，发展邻邦之友好关系及两国属民通商之利益。枢密院在函文中说为"务使此次所派使节符合两国大皇帝之尊严"，对筹备事宜须谨慎行事，不能仓猝前往，所以派遣使节一事，可能须延至嘉庆十年实行。②

在《19世纪俄中关系》书亦录此文件，称："我等现恭奉圣意，正尽心竭力，努力使此次出使，不辜负两国伟大君主的期盼，但因时间仓促，筹备不及，加之路途遥远，故使臣难以在冬季第一个抵达国境，迫于形势，我们只好将出使延迟至来年，即1805年。"③

此封信函送至伊尔库茨克，该省民政省长再派专差送至库伦办事大臣处。该省长在信函中再次强调，该国"得悉贵国大皇帝陛下对我国以独裁君主大皇帝陛下之最高名义建议派遣使节前往北京一节，惠予同意之答复"，表示感谢。但因筹备不及，须将此事延至嘉庆十年实行。对于此事，蕴端多尔济则向朝廷奏报称，嘉庆皇帝曾命他若得知俄国使团出发消息，即应对其到达时间加以度算，若使团到京时间在封玺之前，蕴端多尔济应立即上奏，由当时担任库伦办事大臣玉衡或蕴端多尔济陪同使臣入朝，若使团岁末到达，入京时间在来年，蕴端多尔济则应以休息为由，将使节团留在库伦一段时日，在来年4月抵达京城。蕴端多尔济表示，将遵照办理。他又说，俄国伊尔库茨克省的送信官员向他表示："彼之汗就朝贡问题请求我圣明大皇帝明鉴，蒙我大皇地高瞻远瞩，体察入微，予以允准，彼等内心无比喜悦。唯路途十分遥远，使团于年内不克上路，有

---

① 《19世纪俄中关系：资料与文献　第一卷 1803 - 1807》上册，第25号档，第68 - 69页。

② 《俄国枢密院致中国理藩院函》，《故宫俄文史料》，第118件，第162页；《19世纪俄中关系：资料与文献　第一卷 1803 - 1807》上册，第24号档，第66页。

③ 《19世纪俄中关系：资料与文献　第一卷 1803 - 1807》上册，第34号档，第84 - 85页。

待来年出发。"①

蕴端多尔济在此奏折描述俄国送信官员所说的话，他未称俄国亚历山大一世为皇帝而称为"汗"。笔者认为，俄国官员不会称自己国家的君主为"汗"，应是蕴端多尔济自己的意思，是在贬抑俄国皇帝的地位。另外说俄国君主为朝贡问题遣使来中国，笔者认为该官员也不会说俄国使团是专为朝贡而来，这也应是蕴端多尔济个人的看法，认定该使团为朝贡而来，并向朝廷奏报，让嘉庆皇帝以为俄国遣使来中国，真的是专为向他祝贺的一个朝贡使团。

蕴端多尔济在奏折里说，经他与俄国送信官员交谈后，他认为："虽然俄国汗诚心希望前来朝贡，但俄方至今并不清楚圣上是否已恩准彼等来朝，故自然也不能将贡品准备妥当，亦无法于枢密院文书中说明使团出发时间。奴才愚钝，窃以为如今俄人虽已告知使团将于来年出发，但俄历有异于我天朝历法……俄人办事糊涂，唯有着理藩院下书俄人，指明来年使团到达日期……俄人方能行动无误。"②

蕴端多尔济在此段文字中，用"俄国汗""朝贡""贡品""下书"等，都是在贬抑俄国君主、枢密院及使团的地位，更可印证蕴端多尔济在俄国使团还未到来之前，已将俄国使团定位为朝贡使团。

而理藩院接到俄国枢密院的文书后，向嘉庆皇帝奏报俄国使团延迟至来年出发，嘉庆皇帝发布谕旨称："来书说俄国道路遥远，今岁无法就派遣使臣准备妥当，所言不谬，即按彼等意愿延至来年再派使臣。"此为《19世纪俄中关系》所录俄文文本谕旨，而满文译本则写为："俄罗斯路途遥远，故也许今年不克遣使前来，可随他们意思来年再派使臣。"两文本翻译有所不同。嘉庆皇帝命令理藩院将上述谕旨告知俄国枢密院。③

不久，蕴端多尔济又发函给俄国伊尔库茨克民政省长，希望俄使团能按中国历法在十月份（即西历11月）抵达库伦，并将使团抵达恰克图时间、使团人数、行李辎重数量事先通知。蕴端多尔济也和库伦办事大臣

---

① 《19世纪俄中关系：资料与文献 第一卷 1803－1807》上册，第42号档，第100－101页。

② 《19世纪俄中关系：资料与文献 第一卷 1803－1807》上册，第42号档，第100－101页。

③ 《19世纪俄中关系：资料与文献 第一卷 1803－1807》上册，第43号档，第103－105页，俄文及满文文本；《大清国理藩院致俄罗斯国枢密院函》，《故宫俄文史料》，第120件，第164页，内容与《19世纪俄中关系：资料与文献 第一卷 1803－1807》所录大致相同，

玉衡联名上奏，称：圣上格外施恩，体察外国汗于来年派使臣来朝之请，对彼等乃无上恩德。但因两国历法不同，俄国对此有所不知，所以致函伊尔库茨克民政省长，告知使节团应于来年十月左右抵达库伦。① 随后双方为使团来访之事相互递送文书，蕴端多尔济又屡屡上奏请示，引起嘉庆皇帝不快，即发布上谕："蕴端多尔济等多次奏称，俄人欲遣使来朝，朕见俄人行为恭谨，下令顺其所请，但绝非朕有意邀请渠等，且俄人行事极为可疑，故蕴端多尔济等决不可越权行动，在此期间只应静待俄人消息，若俄使举止确实恭谨，并于六、七月份抵达库伦，蕴端多尔济等可立即由当地出发，以便于万寿之日将其送达京城。"②

嘉庆皇帝认为蕴端多尔济及库伦办事大臣对于俄国遣使来华一事，表现过于急躁、主动，会让俄国人以为嘉庆皇帝对遣使一事非常重视，并热切盼望使团的到来，蕴端多尔济等人如此行事，有损大清国及嘉庆皇帝之尊荣。因此命令蕴端多尔济只需等待俄国的消息，不必向俄国方面再三询问，并于得到确切消息后再行奏报。"一切遵旨行事，绝不可越权行事，亦不可无所事事，终日请示，呶呶不休"。③

蕴端多尔济接到嘉庆皇帝的谕示后，在档案里就没有再看到他对使节团来京时间相关事务再向朝廷上奏的折子。另外，嘉庆皇帝在谕旨里命令他，若俄国使臣抵达库伦时，要观察使臣的举止是否确实恭谨，才将他送至北京或避暑山庄觐见。嘉庆皇帝的此谕旨非常重要，俄国使节团是否能进京觐见，决定于蕴端多尔济与相关官员对俄国使臣的行为态度的观察。

到了嘉庆十年三月（1805 年 4 月），俄国伊尔库茨克副省长致函接替玉衡的新任库伦办事大臣福海，称已接到枢密院的通知，该国皇帝已命令派遣一等文官、枢密大臣尤利·亚历山大罗维奇·戈洛夫金为全权大臣。并称："我仁慈君主大皇帝陛下为向中国大皇帝陛下表示特别尊敬之意，并更加证明我国大皇帝陛下对中国大皇帝陛下之诚挚相邻友好关系"，所以才派具有高尚品格、为俄国皇帝宫廷中之亲贵为特命全权大臣，该使臣"实为足资两国伟大君主互相信任之人员"。而戈洛夫金预计在同年 9 月可

---

① 《19 世纪俄中关系：资料与文献 第一卷 1803—1807》上册，第 47 号档，第 112—113 页。
② 《19 世纪俄中关系：资料与文献 第一卷 1803—1807》上册，第 60 号档，第 161—162 页。
③ 《19 世纪俄中关系：资料与文献 第一卷 1803—1807》上册，第 47 号档，第 112—113 页。

抵达中俄边境处，俄方请中国方面提供特使团人员运输车辆所用马匹及所须食物等。该函文并附上特使团员名单，共计 224 人（含大使办公处、大使随从、学术处、宗教人员、医务处、总务处、大使一般勤务人员及警卫处等人员）。①

《19 世纪俄中关系》亦录此档案，但将戈洛夫金的职称写为二等文官，又，《19 世纪俄中关系》所录亚历山大一世任命戈洛夫金为全权大臣的谕旨："朕通过外务部，任命二等文官……戈洛夫金伯爵为出使中国特命全权使臣。"② 可见，《故宫俄文史料》所载档案称戈洛夫金为一等文官，误。

（一）使团人数限制及礼品清单争议交涉

对于戈洛夫金使团人数多达 224 人，军机处表示人数过多，应予缩减。并称，雍正五年，俄使团人数过多，当时曾下令缩减人数，始准其入朝。嘉庆皇帝同意军机处的看法，要依例将使团人数大为缩减。③ 嘉庆皇帝告诉蕴端多尔济，若俄国人恭谨奉诏，愿大大缩减人数才可前来朝见，倘若俄国人不甚恭顺，不愿缩减随员，则应坚予拒绝，若俄人中途止步不来，亦无不可。

理藩院也对名单中有僧侣及学生等十人要随同使团前来，认为是俄国违反以前双方条约规定，因按规定，如俄国派遣僧侣及学生前来北京，均应自行前往，而且仅限该项僧侣人员，不得加派其他人等。同时遵照嘉庆皇帝的谕旨去函向俄国枢密院声明，不准僧侣及学生随使团前来。理藩院并举出在乾隆八年时，俄方曾派学生三人，随俄国使臣前来，虽清朝政府曾派员前往迎接，但并未让学生随俄国使臣进京，当时理藩院曾向乾隆皇帝奏报此事，乾隆指示须按条约办理，不准学生进京，理藩院也将乾隆谕旨行文俄国枢密院。所以理藩院对俄方又违规定，再让僧侣学生随使团前来一事，向该国枢密院要求务须依约章办理，停止僧侣学生随同使团前来，并对使团人数再予以缩简。④

在《19 世纪俄中关系》上册，有一份戈洛夫金对清政府拒绝接待随使

① 《伊尔库茨克副省长致库伦办事大臣函》，《故宫俄文史料》，第 123 件，第 167 页。
② 《19 世纪俄中关系：资料与文献　第一卷 1803 – 1807》上册，第 77 号档，第 195 – 196 页。
③ 《19 世纪俄中关系：资料与文献　第一卷 1803 – 1807》上册，第 102 号档，第 276 – 278 页。
④ 《大清国理藩院致俄国枢密院函》，《故宫俄文史料》，第 124 件，第 170 页。

团同去的传教士，以及要求缩减人员一事，如何与清朝政府官员交涉所写的报告。从此报告中可看出戈洛夫金的态度非常坚决，对库伦办事大臣向伊尔库茨克省长要求传教士不能和使团一同前往，必须缩减使节团人数、先交出礼品清单等多项问题，戈洛夫金都称给予回应。① 但俄国副外务大臣恰尔托雷斯基则建议戈洛夫金态度不要过于强硬，他认为缩减使节团人数，是一项可向中国人表达善意的做法，恰尔托雷斯基称："向中国人表示善意，绝不意味着我们是屈从他们的意志。相反，更能向他们证明，我们有诚意在各方面向邻国和盟友表现出友善，我们同中国人交往，在一切场合一定要表现强硬的态度，但也必须根据情况有所调整……不要因此而放过此次出使可能给我国带来的最大利益。"②

从恰尔托雷斯基给戈洛夫金的建议可知，他认为一切还是要以俄国能在中国所得到更多的利益为重，不要因固执己见，而与清朝政府官员沟通上产生障碍，因而影响使团的任务。而亚历山大一世也命枢密院发出文书给理藩院，告知俄国所派传教士人员将与使团分开，不再一同前往北京。

对于清政府要求该国僧侣学生不得随使节前往北京一事，戈洛夫金说他已得到该国皇帝的训令，僧侣学生不随使节团前往北京。

同年 9 月，俄国使臣戈洛夫金率团抵伊尔库茨克城，伊尔库茨克省长向他通报清朝政府要求减少使团的随从人员，戈洛夫金表示对此事他将亲自去函解释。戈洛夫金致蕴端多尔济及库伦办事大臣的函文，为显示他是俄国所派最高品级的大使，特将他在俄国所有的头衔（约计七个）列在函文的最前头。对于理藩院要求将使团中非属必要人员及武官人员酌量减少一事，则称：该国君主为向中国大皇帝表明特别尊敬之意，并见证两国友好关系，所以才派遣从无前例之最高品级的大使。并就人数问题做了解释：须使构成大使扈从之一切部分，符合于我国大皇帝陛下对中国大皇帝陛下的特殊敬重及友好情感，特选定自己最亲近的显贵人员，以鄙人担任斯职。鄙人承蒙我大皇帝陛下委以全权大使之崇高职位，并在扈从之中派

---

① 有关戈洛夫金此报告内容，可参阅《19 世纪俄中关系：资料与文献 第一卷 1803－1807》上册，第 138 号档，第 380－381 页。

② 《19 世纪俄中关系：资料与文献 第一卷 1803－1807》上册，第 142 号档，第 390－391 页。

有合理数额之显要官员……钦承我伟大皇帝之恩宠，如此安排，乃系体现圣上之尊严。①

戈洛夫金说扈从人员的编制是该国皇帝借以表示尊重中国大皇帝及对双方友好关系尊重的证明，所以若没有该国皇帝的谕旨，他不敢擅自删减扈从人员。另外，库伦办事大臣福海要求俄国使团将送给嘉庆皇帝礼品的清单，预先交出审阅，戈洛夫金对此则说，该项礼品"系我君主全俄罗斯大皇帝陛下为表示自己之友谊，经由鄙人向中国大皇帝陛下赠送之物"。②所以应等到他抵达北京后，与清朝政府官员商议确定交送仪式后，届时他会将清单交出，但现在他无法交出礼品清单。

蕴端多尔济与福海商议后，随即回复戈洛夫金，称从其来信中，仅可看出是俄国君主（函称贵国汗）对嘉庆皇帝的尊敬与热心，所以派戈洛夫金前来，但是否携带"贡品"，是否有公开文书等，信函均未提及。因嘉庆皇帝体恤使臣来京路程遥远辛苦，要求使团人减少，但戈洛夫金信函未提到此事，而对运送何种物品、交通工具等均未提及。蕴端多尔济说，若贵国汗确实出于尊崇之情献来物品，为何对所运送贡品不肯报告，不仅如此，而且为何不写明都有哪些物品以及需要往驿站派出多少骆驼与车辆。

蕴端多尔济在信上以很不客气的口吻指责戈洛夫金说，使团人数太多，路途遥远，荒原、高山、河流的阻碍，都会让随员疲惫难行，这些情况嘉庆皇帝均已预见，而且也已告知俄国政府，戈洛夫金身为首席使臣，为何不能体恤部属难处。他认为戈洛夫金寄来的信不仅用词与语气极为不当，行文悖乱外，而且指责戈洛夫金对这样的信，"你岂有不过目之理，你岂不知此前我方寄去的函件，写得均合乎友好结盟精神，而你寄来的函件却相反，言词晦涩累赘，混乱颠倒，实是无益"。③蕴端多尔济要求戈洛夫金应重新写来详细易懂的信函，并应按恭敬态度行事。

蕴端多尔济及福海亦向嘉庆皇帝上奏，称戈洛夫金不愿遵照朝廷指示缩减使团人数，来信也未说明贡品是由哪些物品构成，献贡时是否进呈贺表，仅说他是伯爵及枢密官、使臣，礼品清单要等他进京后自会告知。蕴

---

① 《葛罗普京致库伦办事大臣函》，《故宫俄文史料》，第 128 件，第 174 页；《19 世纪俄中关系：资料与文献　第一卷 1803－1807》上册，第 159 号档，第 443－446 页。

② 《葛罗普京致库伦办事大臣函》，第 128 件，第 174 页。

③ 《19 世纪俄中关系：资料与文献　第一卷 1803－1807》上册，第 173 号档，第 488－493 页。

端多尔等人认为戈洛夫金的信"自高自矜"的话太多。同时奏称："俄国人小里小气，好夸口，爱占便宜，善于打探。雍正、康熙年间前来的使臣人数均没那么多，乾隆年间根本没使臣来过（此句话有误），目前使团人数并未减少，当奴才等仔细思考信函中为何不提贡品准确数量时，这才完全明白，原来他们想擅自截留物品，还想打听一些情况，为自给谋利。如果要等到奴才等恭呈奏章后，再向彼等发去拒绝的信函，那这些愚蠢糊涂的俄国人还不知会变本加厉，毫无节制地自吹自擂到何种程度。"①

由上述蕴端多尔济与福海在奏折上所说的话，可知戈洛夫金在他们的印象中是一个高傲、狂妄、无知、贪婪、不知礼节的俄国使臣，所以蕴端多尔济等人行文给戈洛夫金及伊尔库茨克省长，表示不同意戈洛夫金信函所述，戈洛夫金必须再写信回复，并遵照他们对使团所提的各项要求，才会将信函呈送给嘉庆皇帝。若不再写信前来，他们就不再理会俄国使团之事。

嘉庆皇帝览奏后，即颁谕旨给蕴端多尔济等人，其中提到："俄国使臣来信颇为不敬，其中多有炫耀其显赫之词……今彼等来信颇有不恭，且信中行文时将彼国汗谕旨置于朕谕旨之上。由来信得知来朝人数并未减少，信中亦未告知现时是否已备妥上奏皇帝之贺表，且不肯呈报贡品为何物，显系别有用心，其行何其卑鄙，桀骜蛮横如此，如何还能邀请。"② 显然，嘉庆皇帝也认为戈洛夫金态度不恭敬，所以对蕴端多尔济去信表达拒绝之意，颇为赞同。同时要求蕴端多尔济等人必须向戈洛夫金说明，必须遵照下列规定行事，始能进京觐见：第一，使团人数必须缩减；第二，必须交出贡品清单，并告知向皇帝呈献贡品时，有无贺表。若戈洛夫金遵照规定行事，则可表明："尔等踏上我国土地，朝觐皇上，按我国法规，凡欲朝拜我英明大皇帝，必须遵守礼仪。言罢，则着彼等面朝东方，教以叩头之礼。如彼等一切中规中矩，心无动摇，面容虔敬，行叩头之礼，可着蕴端多尔济等详细奏报，然后再依原旨，按原订日期送使团入朝。如俄方有一项条件不能完成，立即予以坚拒，将其遣送回程，决不可优柔寡断。③

---

① 《19世纪俄中关系：资料与文献　第一卷 1803－1807》上册，第176号档，第498－500页。
② 《19世纪俄中关系：资料与文献　第一卷 1803－1807》中册，第180号档，第508－509页。
③ 《19世纪俄中关系：资料与文献　第一卷 1803－1807》中册，第180号档，第508－509页。

从嘉庆皇帝的谕旨可知，他对戈洛夫金进京觐见的条件，就是要遵照大清礼仪体制行事，故要求蕴端多尔济与福海须遵旨执行，不得有丝毫退让。

蕴端多尔济等人遵旨再派人递信给戈洛夫金，要求他缩减使团人数及交出礼品单等，戈洛夫金感觉到清朝政府的强硬态度，所以回信表示：当他率使团到达国境时，必须通知库伦办事大臣，希望库伦方面能按例派人予以接待及护送，提供生活上的所需物品。他在信上称他是奉俄国皇帝之命出任谒见嘉庆皇帝的全权大臣，并呈递国书，国书内容大致是：禀告我皇帝已在万众欢欣中继登祖父大宝，同时也向博格德汗陛下祝贺顺利继承皇位，表示我全俄罗斯至仁皇帝陛下衷心希望全力巩固和扩大双方国家至为愉快和顺利发展之和谐友谊，献上礼品，以表达我皇帝陛下对博格德汗陛下之友好情谊。①

戈洛夫金在信函里也称他愿意缩减使团人数，并告知削减后的人员总数仍达150多名。至于礼品清单，因礼品中有多面大镜子及珍稀物品，而长途运送极易毁损，所以未抵达目的地前，很难提供准确物品清单。②

对于戈洛夫金的回复，蕴端多尔济称，对于礼品内因有易碎物品，故无法现时提供清单，可以理解，但使团人数仍过多，必须缩减至70人左右。并告诉戈洛夫金："我大清国律令规定，凡大小国家遣使朝贡，只许数十人入朝，此事必须严格遵照执行。该规定并非仅对俄罗斯一国，普天之下莫不遵守，尔不可谓不知也。"③

当时已率团抵达恰克图边境的戈洛夫金，接到蕴端多尔济的信后，立即写奏章向亚历山大一世报告清政府对他提出许多无理及无礼的要求与限制，他认为中国人所规定的人数是无法接受的，而且中国人在最后一封信（指蕴端多尔济的信）抬出国家法律作为借口，"说是所有的使团都限定为六十人。套用到俄国使团的头上，完完全全就是等于宣布它是一个纳贡朝拜的属国"。从蕴端多尔济的信也得知，他们把戈洛夫金使团当成每年朝见皇帝的纳贡使节团一样看待。④

戈洛夫金表示，若未进入中国之前，就同意那些"不成体统"的苛刻

① 《19世纪俄中关系：资料与文献　第一卷1803－1807》中册，第181号档，第517－519页。
② 《19世纪俄中关系：资料与文献　第一卷1803－1807》中册，第181号档，第517－519页。
③ 《19世纪俄中关系：资料与文献　第一卷1803－1807》中册，第187号档，第536－537页。
④ 《19世纪俄中关系：资料与文献　第一卷1803－1807》中册，第189号档，第545－547页。

要求，那么在进入他们势力范围内，又如何能在谈判中坚持我方的要求，又如何谈得上保持俄国使臣的尊严。戈洛夫金虽然抱怨他未得到中国人应有的重视，但他也表示，为完成俄国政府所赋予的任务，以及日后能在中国取得的利益着想，决定将使团人员缩至 120 人，并派首席秘书巴伊科夫前往库伦与蕴端多尔济及福海商议相关问题。

戈洛夫金也写了一封公函由巴伊科夫带去递交给蕴端多尔济等人，回复中国方面要求使节团缩减至 60–70 人等问题。依据《故宫俄文史料》所录此信函，戈洛夫金说，依据以前两国所签订的条约，并未有俄国方面派使团来华亦应遵守大清帝国所订人数限制的规定。而且在俄国枢密院将该国皇帝欲派出使臣至中国觐见皇帝的讯息通知中国方面时，清政府也应预先告知使团进入中国人数限制的规定，以便该国先作处理，如此才合乎两国外交往来礼仪。戈洛夫金说：两国都已认为成规之先例中，可以看出，鄙人以前之使臣萨瓦（Sava Vladislavich）（雍正时期来华俄使）之扈从人员曾有一百二十人之众，并未禁止其随同使臣进入贵国，而均予以放行……该项使臣（指萨瓦）以其官阶及职位而言，与鄙人相较均属甚低，因此鄙人之扈从人员，秉公而言必须适合于鄙人之优越品位，无论如何不能少于该项使臣所有之扈从人员，贵王与昂邦大臣皆为贵国大皇帝陛下忠诚之臣宰，试思鄙人不负极严厉之责任，能否擅自贬低依我国大皇帝陛下之意旨所给予鄙人之尊严。[①]

戈洛夫金在此信函强调，他是俄国皇帝授予出使任务的大臣，雍正时期来华的萨瓦官阶及职衔都比不上他，所以他的使团随员人数，不应低于萨瓦使团的 120 人。同时，为了解释他们的照惯例和他的职位，以及为何须保留一定随员人数的理由，特派秘书巴伊科夫前往库伦，当面向蕴端多尔济等人说明。

巴伊科夫在嘉庆十年九月抵库伦，随即与蕴端多尔济及福海进行会谈。依据巴伊科夫的《库伦出差记录》，双方对于外交礼仪问题、事先递交礼品清单、通报国书内容、使团人数等问题进行商议，蕴端多尔济坚持要戈洛夫金都遵照办理，他们才会向理藩院报告使节团到来的讯息。巴伊

---

① 《葛罗普京致库伦总管边疆事务亲王与库伦办事大臣函》，《故宫俄文史料》，第 131 件，第 178 页。

科夫对上述问题仅作出解释，双方并未作出任何协议。蕴端多尔济也看了完戈洛夫金的信，蕴端多尔济称他会行文回复戈洛夫金，请巴伊科夫转告。[①]

（二） 嘉庆皇帝要求使臣演练叩头礼

此时军机处再度转达嘉庆皇帝的谕旨给蕴端多尔济及福海，要求他们在戈洛夫金抵达恰克图时，即应向他说明："此前，凡各国遣使赴我天朝纳贡，选送贡品进京者均为十人或略多于此数。一般各国使团均不超过二十人。"所以命令该使团须大量缩减随员，不得超过 30 人，若俄国照旧不愿缩减，呈递贡品清单，不肯告知向皇帝进献贡品时是否呈递贺表，蕴端多尔济即应拒绝使节团入境。若俄国使臣愿遵照办理，即可准其进入库伦，再向其说明，"库伦为治理一切边境事务之地，故各国使臣如到达我国境，我边境大臣首先应为其传授宫廷礼仪，此后方能入京"。着令传授上述使臣叩头礼，如戈洛夫金等能完成礼仪，虔敬庄重，毫无被迫之态，则可按朕对洋人恩典，着蕴端多尔济对戈洛夫金赐宴，并将情况速速上奏。[②]

可见嘉庆皇帝坚持要俄国使节团遵照大清礼仪体制行事，否则不准进京。嘉庆十年九月，在军机处的上述文书到达库伦前，蕴端多尔济及福海联名上奏，将他们与俄国使团秘书巴伊科夫会商情形，并要求戈洛夫金于朝见时行叩头礼等事向朝廷报告，并附上戈洛夫金所写的信。对于觐见的礼仪，巴伊科夫的回答是："我使团团长戈洛夫金将一如前朝，经由贵国圣明大皇帝之近臣，向皇帝呈递我汗王之国书。至于朝见跪拜一节，我出使大臣将遵循前人旧例，行叩头之礼。"[③]

另外贡品问题，巴伊科夫称，礼物当中有大型镜子等易碎物品，是否能完好运送至北京，无法确定，所以贡品数量无法告知，请蕴端多尔济等人谅解。蕴端多尔济等人认为巴伊科夫虽保证该国使臣朝见时定行叩头之礼，因此，已写信给戈洛夫金，要求他遵照谕旨及库伦办事大臣方面的要求。

清政府收到蕴端多尔济的奏折及戈洛夫金的信函后，军机处告诉蕴端

①　巴伊科夫《库伦出差记录》的详细内容，可参阅《19 世纪俄中关系：资料与文献　第一卷 1803－1807》中册，第 202 号档，第 586－596 页。

②　《19 世纪俄中关系：资料与文献　第一卷 1803－1807》中册，第 204 号档，第 599－601 页。

③　《19 世纪俄中关系：资料与文献　第一卷 1803－1807》中册，第 205 号档，第 602－604 页。

多尔济等人，由于戈洛夫金在信中允诺行叩头礼，所以有关使团人数不再限制为 30 - 40 人，但不可破百，戈洛夫金若愿遵照施行，并于抵达库伦后演练叩头之礼，则可率团进京觐见。

在蕴端多尔济写给戈洛夫金的信中，再次强调并要求戈洛夫金须确认：

1. 戈洛夫金携有国书，要到京城觐见嘉庆皇帝时，先交给皇帝旁边之大臣，再转交至皇帝手中，蕴端多尔济希望戈洛夫金抵达库伦双方会晤时，能私下让他看看国书内容。

2. 巴伊科夫称戈洛夫金会遵照朝廷的要求，按旧例行三跪九叩礼，关于此点，蕴端多尔济要求戈洛夫金须亲自回函答复。

3. 有关礼物中有大型玻璃境子等易碎物品，是否属实，也要回函答复。

在戈洛夫金回函明确答复后，蕴端多尔济会检视内容后，向嘉庆皇帝奏报，恳请施恩准使团进入中国境内。①

嘉庆十年十月初，戈洛夫金派人递送回复函给蕴端多尔济及福海。对于国书问题，他称，按照先例他不能将国书内容事先告知蕴端多尔济及福海，只能等到他到达北京觐见嘉庆皇帝时，才将国书及礼单呈递给皇帝旁边的大臣。戈洛夫金说其实国书没有什么特别的内容，"只有我皇帝陛下对博格德汗陛下继承祖宗大位的祝贺，以及希望他全力巩固和扩大顺利存在于贵我两国间的友好关系的真诚愿望"。并称国书内容的大要，已在 1805 年 10 月 8 日写给蕴端多尔济信函中阐明。俄国对于中国皇帝尊号的写法，他也保证绝对合乎中国方面的规定。至于他觐见嘉庆皇帝应行之礼仪，他知道以前的俄国使臣遵守什么样的礼仪，他无疑也会仿效遵行。②

蕴端多尔济及福海收到戈洛夫金送来的信函，随即上奏，称俄国使臣态度已较为恭谨，并愿照规定行事，虽随团人数仍有 124 人，但多余之人均为维护礼品之工匠，所以他们请示朝廷是否准其入境到库伦，若蒙皇上恩准，在使团抵达库伦后，即要求使臣演练叩头礼，并仔细查验礼品。蕴端多尔济说戈洛夫金在恰克图边境待了近两个月，因焦虑过度而病倒。

嘉庆皇帝接到蕴端多尔济、福海的奏折后后 即命军机出发布谕旨，表示俄国人已遵照谕示将使节团人数缩减成 124 人，对于朝廷的所示亦极

---

① 《19 世纪俄中关系：资料与文献 第一卷 1803 - 1807》中册，第 210 号档，第 613 - 620 页。
② 《19 世纪俄中关系：资料与文献 第一卷 1803 - 1807》中册，第 213 号档，第 657 - 659 页。

为恭谨，所以谕令准其入朝，而戈洛夫金生病，则命蕴端多尔济指定医生，为出使大臣医治。在使团抵达库伦后，即由蕴端多尔济等人教戈洛夫金等人演练叩头礼仪。

嘉庆十年十一月初，戈洛夫金终于带领为数 124 人的使团，从恰克图出发前往库伦。戈洛夫金并为库伦方面派官员护送，写信函向蕴端多尔济及福海致谢，并称希望尽速抵达库伦与他们见面。

（三）　清政府视戈洛夫金为来华"朝贡使臣"

对于戈洛夫金率俄国使团进入中国一事，据台北"故宫博物院"所藏档案记载，嘉庆十年十月，嘉庆皇帝发布上谕，令理藩院回复俄国枢密院，表示大清国准戈洛夫金率团进京："据蕴端多尔济奏，俄罗斯国遣使赍表献贡，已准其来京瞻觐，并令蕴端多尔济护送入都，于本年十二月二十五、六日赶到，或途间稍有耽延，即于明春……赶到，以便入宴赏赉，用示怀柔。"①

由上谕的内容可知，嘉庆皇帝将俄国遣使来华的性质，视为向大清皇帝"朝贡"的使团，所以要求朝廷官员须依朝贡礼仪规定，接待俄国使团。除了派蕴端多尔济护送使节团外，该使节团若行抵张家口外，热河都统佛尔卿额，亦奉命协同照料，届时蕴端多尔济先回京，将护送使团过程上奏。张家口至北京此段行程，则派刑部右侍郎瑚素通阿护送。

另外，军机处也命令直隶总督裘行简筹备用车，及途中一切尖宿房屋均须备妥整齐，供俄罗斯使臣及随从人员使用。在谕令中特别指出"此事关系外国观瞻"，所以所有事项均须齐备，"俾外藩益知敬畏"。所以要裘行简"务须经理周妥，不可稍有缺惧，为所轻视"。②

俄国学者米亚斯尼科夫对于嘉庆皇帝命令朝廷官员安排接送俄国使臣一事，提出看法。认为清政府希望俄国使臣能及时赶上已排定觐见嘉庆皇帝的时间，届时"帝国的高官和前来首都的各附庸国使臣要向皇上表示祝贺，接受他（指嘉庆皇帝）的礼物和官衔、封号的赏赐。如果此事真的发

---

① 《上谕档》方本，嘉庆十年 10 月 24 日，嘉庆十年冬季档，第 339 - 340 页；《寄信档》，嘉庆十年，第 4 册，第 63 - 64 页，台北故宫博物院藏。
② 《上谕档》，第 341 - 342 页；《寄信档》，第 65 - 66 页。

生，那俄国将以此确认满洲（指清政府）外交强加给它的附庸国的地位"。①

清政府既认为俄国所派使团携带礼物及国书，纯为"奉表纳贡"而来，大清帝国当然须依照朝贡礼仪规定，对来使优遇照顾有加，所以计划在该使团进入国界后，就派人妥善照料。据《19世纪俄中关系》中册所载清朝政府迎接及护送使团的官员，由恰克图至库伦有五位官员护送，由库伦至北京此段则由蕴端多尔济率六位官员护送。

清政府又发布上谕给裘行简，再次叮咛曰：该国使臣跋涉远来，自应优加体恤，且沿途供应等事，观瞻所系，不可不示以整肃。即如所用车辆凡有人乘坐者，其棚席必当周备，车内酌添毡片使御风寒……尖宿房屋俱着收拾洁净，量给炭火煤炉，俾就温暖，所有食物从优供给……该国贡物内有玻璃等件，恐车载不便，并当酌派人夫预备抬送……酌带兵四百名随同照应，安设堆拨，勿致所过地方有宵小偷窃之事，致为外国所轻视……所派各委员，裘行简当饬令小心照应，无涉疏玩，以示朕柔远嘉惠之意。②

从上谕内容可知，清政府对前来朝贡使团进入国界后的照料安排，可谓无微不至，甚至连细小的环节均设想非常周到。嘉庆皇帝对于慕名而来朝贡的俄国使节团，特加优遇接待，以彰显大清国对前来朝贡国家之美意。米亚斯尼科夫则对当时的清政府对于俄国使团的到来，并至宫廷内觐见嘉庆皇帝一事，感到极大的兴趣。因为"俄国是强大的邻国，其使臣完成宫廷使臣礼节，可在帝国杰出的代表和帝国居民眼中证明皇帝的首要地位和俄罗斯国家的'附庸'统治关系，可巩固清朝帝国首脑的政治威望"。③

直隶总督裘行简接到朝廷的谕旨后，即着手准备照料俄国使节团事宜，他先派员勘查使团行经道路及沿途住宿房屋状况，其他一应事宜均照朝廷指示办理。裘行简将筹办情形上奏，特别提到："罗斯属在外藩，久未宾服，此次望风归化，实仰圣德远敷。入中华，凡经过地方，照料一切，自应周备。至观瞻所系尤应严肃整齐，方足以示怀柔而昭体制。"④

---

① 《戈洛夫金使团简介》，第152页。
② 《上谕档》，第351—352页；《寄信档》，第69—70页。
③ 《戈洛夫金使团简介》，第152页。
④ 《署直隶总督裘行简奏筹办俄罗斯入贡事宜》，《清代外交史料·嘉庆朝》，台北：成文出版社，1968，第81—83页。

由上述可知，清政府是为展现大清国的大国威望，将戈洛夫金视为"属国"使臣，专为朝贡而来，所以要求接待的官员须礼遇贡使，筹办完善，不得有任何的缺失。

五 中俄为外交礼仪再起争议

（一） 枢密院公文书写体例问题

虽然朝廷官员忙于准备迎接俄国使团进京"朝贡"相关事宜，但是中俄双方却因对外交礼仪观念有认知上的差距，从戈洛夫金在国境边界城市等待，及到了库伦后，均为外交礼仪问题与理藩院、喀尔喀郡王蕴端多尔济与库伦办事大臣福海发生了争论。因为礼仪问题未获解决，使得俄国使团一直耽搁在库伦，无法前往北京。

嘉靖十年九月初八，理藩院发出文书给予俄国枢密院，对该院送来有关俄罗斯教士不随使节团前来北京之事，通知理藩院的文书，经理藩院核阅后，发现文书书写体例违反大清国规定，理藩院将文书退回，不予上奏转呈。据《故宫俄文史料》所载，理藩院致函枢密院称：查贵院来文之中，书写程式殊属乖谬，我大清国乃系居中统治，已被征服之自己一切国家之天国王国，各色人等一同敬仰，任何国家都系来文呈报，其他来文亦皆具有一定程式，前此俄国之来文，亦曾依照程式书写。再此次来文中，竟将自己君主语言提高，而将我国圣上之最高谕旨叙述极不宜，书写程式甚属乖谬。[①]

《19 世纪俄中关系 7》亦录此档案，但翻译文字内容与上述《故宫俄文史料》稍有不同，摘录该书所录满文翻译文本内容：今由理政事枢密院送来文书，其中全不遵守应有之格式。我大清国位居中土，一统四海，乃天朝上国，各国臣民莫不心悦诚服，心存敬仰，其所进表章文书，莫不遵守体例规矩，此前俄罗斯送来之文书亦一贯遵守体例格式，然今次在贵方文书中，贵国国君谕旨抬头顶格，而我至圣大皇帝上谕却大大低于贵国皇帝，此事极不合规矩和体面，且不仅格式不合规矩体例，内容也不清不楚。[②]

---

① 《大清国理藩院致俄国枢密院函》，《故宫俄文史料》，第 129 件，第 175 页。

② 《19 世纪俄中关系：资料与文献 第一卷 1803－1807》中册，第 197 号档，第 574－5759 页。

依照定例，大清国周边属国如朝鲜、安南、琉球，若呈送国书或公文，书写时须将清朝皇帝名称置于最上端，各国王也必须称自己为"臣"，不得将自己的称号写得和大清皇帝尊号平行，也不得将各国王所述文字高于大清国皇帝的"训词"。如此，才是"属国"致书"宗主国"合于朝贡外交礼仪的公文书写方式，才能维护大清帝国的尊荣。也就是说，任何国家致送书函给大清国，均须依照大清国所规定的公文书写方式，清政府才同意接受。

而理藩院所称俄国枢密院的文书违反大清国文书书写体例，此公文书录在《19 世纪俄中关系》第 144 号档，档名为《枢密院致理藩院文书，建议把俄国教士团同戈洛夫金使团分开，按常规接待》。此档一开头写全俄罗斯帝国致大清理藩院文书，在此一档案的注释 1 即写明：全俄罗斯帝国这几个字写得比其他文字高出一行，注释 3 也注明文书中写到俄国"至仁至圣君主皇帝陛下"、"皇帝陛下、全俄君主、专制统制亚历山大一世"的文字，亦比其他文字高出一行。[①]

所以此份俄国枢密院给理藩院公文书，其文书格式是将有关对俄国君主的称号，均抬高一行，而嘉庆皇帝（在此公文书写成博格德尔汗）称号比亚历山大一世低一行，这显然违反大清国公文书写规定，对大清国皇帝甚为不敬，所以俄国枢密院文书遭到理藩院退回。

军机处亦将嘉庆皇帝的谕旨告知蕴端多尔济及福海，谕旨称："着即向蕴等晓谕下列内容：前不久俄人送来文书，其中朕之'名号'及'圣旨'等字样均置于彼方汗称谓之下，且理藩院虽去函详加说明……蕴等收到我理藩院致俄人复函，及此前俄人送来文书后，着即按例将其退交俄督，由其转送俄国枢密院。"[②]

蕴端多尔济及福海接到嘉庆皇帝谕旨后，随即派人将枢密院文书退回给伊尔库茨克副省长。枢密院的公文被退回后，经该省汉、满语翻译官员仔细审阅文书后，向西伯利亚总督报告称，被理藩院退回的枢密院文书是用满语写的文件，他发现该文件有不合常规之处，他说通常须要书写皇帝尊号、圣旨或谕令的地方，应当抬头书写，这份满文译件按照这一惯例，

---

① 《19 世纪俄中关系：资料与文献　第一卷 1803－1807》上册，第 144 号档，第 394－395 页。
② 《19 世纪俄中关系：资料与文献　第一卷 1803－1807》中册，第 196 号档，第 570－571 页。

"书写了内含我国皇帝陛下圣谕的文字"，但该文书翻译者却将嘉庆皇帝的谕旨写低了，没有将文字抬格。所以中国的理藩院认为这有违先前的成例与格式，故将之退回。① 而理藩院在说明为何退回枢密院文书的公文上也提醒俄国，要求该院今后来文时，务必依照往日既定的书写程式规格叙述，不可自己任意而为，随意变更体例。

另外对于使团人数问题，中俄双方也是僵持不下，喀尔喀郡王蕴端多尔济及库伦办事大臣福海告诉戈洛夫金，依照大清国接待朝贡使臣之例，"任何国家或王国常有使臣前来进献礼品之事，准许放行入境，总以数十人为限"，所以要求俄国使团进入中国人数须缩减至六七十人。戈洛夫金则说，依据以前两国所签订的条约，并未有俄国方面派使节团来华亦应遵守大清国所订人数限制的规定。而且在俄国枢密院将该国皇帝欲派出使臣至中国觐见皇帝的讯息通知中国方面时，清政府也应预先告知使团进入中国人数限制的规定，以便该国先作处理，如此才合乎两国外交往来礼仪。

戈洛夫金说："从两国都已认为成规之先例中，可以看出，鄙人以前之使臣萨瓦（Sava Vladislavich）（雍正时期来华俄使）之扈从人员曾有一百二十人之众，并未禁止其随同使臣进入贵国，而均予以放行。"戈洛夫金并强调"该项使臣（指萨瓦）以其官阶及职位而言，与鄙人相较均属甚低，因此鄙人之扈从人员，秉公而言，必须适合于鄙人之优越品位，无论如何不能少于该项使臣所有之扈从人员"，所以"贵王与昂邦大臣皆为贵国大皇帝陛下忠诚之臣宰，试思鄙人不负极严厉之责任，能否擅自贬低依我国大皇帝陛下之意旨所给予鄙人之尊严"。②

清政府对于戈洛夫金坚持使团随从人员不得少于萨瓦使团人数的要求，最终作了让步，如前述，从朝廷给直隶总督裘行简的谕令中，要求其筹备足供俄国使团一百二十四位人员使用的车辆，③即可知清政府对于使团人数不再坚持。但是当戈洛夫金派遣官员先至库伦，与清朝官员商议使团进京事宜时，蕴端多尔济及福海又向俄方提出外交礼仪上的要求，中俄双方争议再起。

---

① 《19世纪俄中关系：资料与文献　第一卷 1803－1807》中册，第211号档，第621页。
② 《葛罗普京致库伦总管边疆事务亲王与库伦办事大臣函》，《故宫俄文史料》，第131件，第178页。
③ 《上谕档》，第341－342页；《寄信档》，第65－66页。

蕴端多尔济要求俄国使团抵达库伦后，须遵照大清国属国使臣来京朝贡之例，凡携有国书者，须先将国书交给朝廷官员审阅，查看国书内容有无违背"封贡体制"规定，文字内容是否有损及大清国皇帝荣誉，查核无误后才能将国书送进朝廷。另外要求戈洛夫金使节团进入中国后，所有外交礼仪均必须遵照大清国"封贡体制"礼仪规定行事。

对于蕴端多尔济所提之要求，戈洛夫金表示，关于他必须亲自向大清国皇帝所呈递的国书，经他参酌两国先前的成规定例，他不能将国书预先交给蕴端多尔济等人，必须等使节团到了北京进入宫廷后，才能将礼品清单及国书呈交给皇帝所委任的大臣。戈洛夫金向蕴端多尔济保证："国书内容纯为表达我国大皇帝陛下对于中国大皇帝陛下继承帝位之庆贺，并表示我国大皇帝陛下全心全意巩固及发展现有的友好关系之诚恳愿望。关于符合中国大皇帝陛下之帝位称号一节，鄙人必须请贵王与昂邦大臣相信，实系完全遵照现行之规定。"①

对于中俄上述争议，米亚斯尼科夫在《戈洛夫金使团简介》中说，清政府有意阻挠使团前往北京，先是拒绝俄国传教士团例行更换成员同使团一起抵达，接着以运输马匹、驿站等问题要求使团减少人数，并要求戈洛夫金须事先交出国书及礼物清单，因为清朝政府官员很想知道俄国政府怎样书写两位皇帝的尊号。最后戈洛夫金为完成他的任务，在缩减使团人数及派遣教士团两个问题上作出让步，而清政府也作出妥协，即不再坚持俄国使团人数须缩减至六七十人。②

（二）在库伦演练跪拜礼仪争议

戈洛夫金因为使团人数、礼品清单等问题，和蕴端多尔济等人争论不休，导致使团停留在恰克图边境甚久。他向蕴端多尔济等人抱怨说，他和使团待在恰克图已超过两个月之久，无法进入中国境内。所以他愿意改变原先的态度，除了缩减使团人数外，也答应遵照清政府礼仪规定行事，希望中国方面能尽快消除阻碍其入境的一切困难，让他及使团能及早抵达

---

① 《葛罗普京致库伦总管边疆事务亲王与库伦办事大臣函》，《故宫俄文史料》，第 132 件，第 179 页。

② 《戈洛夫金使团简介》，第 153－154 页。

北京。

蕴端多尔济及福海认为戈洛夫金态度转为恭谨，愿遵循规定行事，即上奏朝廷，得到嘉庆皇帝准许后，即派员前往戈洛夫金驻扎处通报此事。戈洛夫金及使团人员终在嘉庆十年（1805）十一月抵达库伦。戈洛夫金随即与蕴端多尔济及福海见面，蕴端多尔济向戈洛夫金表示，嘉庆皇帝为慰劳使节团旅途的辛苦，命令设宴款待戈洛夫金，届时郡王及库伦办事大臣将在宴席开始前摆设香案，并要戈洛夫金在香案前和他们一同行三跪九叩礼，对嘉庆皇帝恩准俄国使节团进入中国朝贡表示感谢之意。

对此事，戈洛夫金写了信函给蕴端多尔济及福海，此信在《故宫俄文史料》及《19 世纪俄中关系》均有载录。《19 世纪俄中关系》记载，戈洛夫金表示，他愿意"出席奉博格德汗陛下为此赐设的宴会，但事先并没有得到通知说需要履行某种特别的礼仪……为了表达本人对如此崇高荣誉的感激之情，本人定将按我的前辈伊兹玛伊洛夫及萨瓦·弗拉基斯拉维奇的先例办事：前者 1720 年 11 月 18 日进入北京时，后者于 1726 年 10 月 21 日进入张家口时，和 1727 年 12 月 27 日至 1727 年 1 月 18 日，都是站立行三鞠躬礼，为博格德汗的健康而干杯"[1]。

《故宫俄文史料》第 134 号文件所录此段文字为：当参加遵照中国大皇帝陛下圣旨所举行之庆祝会。惟尚未能预先知悉在此情况之下，应有何种特殊仪式，鄙人认为应向尊处通知，为表示对于如此高厚之圣上恩典之感激，鄙人定将遵照曾经承受此种恩典之前辈大使伊兹玛伊诺夫及伯爵萨瓦·务拉的斯维赤之先例行事，前者曾于 1720 年 11 月 18 日进入北京，后者曾于 1726 年 10 月 21 日来至张家口，并于 1726 年 12 月 28 日至 1727 年 1 月 18 日住在北京，均系站立行三鞠躬礼，并为祝中国大皇帝陛下之健康而干杯。[2]

笔者对照两书所载此信内容大意相似，但《19 世纪俄中关系》所载之"1727 年 12 月 27 日"应属错误，可能是翻译者笔误，正确时间应是"1726 年 12 月 27 日"。

---

[1] 《19 世纪俄中关系：资料与文献 第一卷 1803—1807》中册，第 245 号档，第 753—754 页。
[2] 《葛罗普京致大清国库伦总管边疆事务亲王与昂邦大臣函》，《故宫俄文史料》，第 134 件，第 18 页。

蕴端多尔济等人对戈洛夫金"准备行站立三鞠躬礼"表示不满，认为违反过去的先例，一定要他在香案前行三跪九叩礼。戈洛夫金则说，若要他行三跪九叩礼，会让他完全不知所措。并强调行三跪九叩礼一事：此不仅不合我国圣上之命，亦殊非中国大皇帝陛下批准确实遵行前例之本意。在此种情形及类此之情形下，应当遵守统一规则，则以两国交际中所认定之仪式作为根据，加以确切执行……鄙人之前辈大使只是在觐见中国大皇帝陛下之时行跪叩首之礼，而鄙人亦不能较诸愉快觐见圣上之时，实行另一种礼节。①

《19 世纪俄中关系》所载此段文字，最后一段翻译为："由于我的先辈们只是在觐见博格德汗陛下本人时，才唯一的一次行了跪拜礼，所以除了有幸见到圣上本人，我也不能有别的作法。"

戈洛夫金在信上向蕴端多尔济说明，他坚拒在香案前行三跪九叩礼，除非他到了北京见到嘉庆皇帝时，他才愿意遵照前辈大使之先例行跪叩首礼，否则他不愿行此大礼。

对于戈洛夫金的说明，蕴端多尔济及福海在嘉庆庆十年十二月四日回信表示：此次赐宴与以前各例绝不可同日而语。以前郡王与昂邦尚未总领此间边境事务……故当时无此赐宴之礼……尔既声言已检视旧档，引用无谓之规定，然又有何条例言及赐宴之举？尔等……拒不奉圣上恩旨，蓄意不思我大国君高恩厚德，拒不跪拜谢恩，抑或尔等欲打道归国乎？今尔等倘不能虔心行三跪九叩礼，则不容尔等觐见圣上。②

如上述，戈洛夫金不愿依照大清国朝贡礼仪规定行礼，触怒了蕴端多尔济。蕴端多尔济在信上说，这绝非他们有意破坏好事，而是戈洛夫金蓄意不遵规定造成的。为了确认戈洛夫金是否愿行叩头礼，蕴端多尔济连续两天派人前往戈洛夫金住处询问，但戈洛夫金拒不见面，只派他的侍从来见蕴端多尔济等人，辩称戈洛夫金不知蕴端多尔济派人来询问。

蕴端多尔济对戈洛夫金甚为不满，命令戈洛夫金的侍从回去后必须转告蕴端多尔济等人对戈洛夫金的提问：尔为何要伪称毫不知情，尔唯知引

---

① 《葛罗普京致大清国库伦总管边疆事务亲王与昂邦大臣函》，《故宫俄文史料》，第 134 件，第 18 页。
② 《19 世纪俄中关系：资料与文献　第一卷 1803－1807》中册，第 248 号档，第 762－764 页。

用旧例及条约，我等则除规定外更知此次赐宴之为大国君格外施恩，为此盛典特命本郡王及昂邦陪同等跪拜，对此尔是否同意。若尔竟然不能同意……我等将奏报皇上，同时下令送你回国。①

对于蕴端多尔济的提问，戈洛夫金拜会蕴端多尔济及福海，表示，要他在香案前跪拜，是一项新的规定，他无法同意。他身为特命全权大臣，将进到北京后与理藩院商讨此规定。蕴端多尔济称戈洛夫金的说法甚为误谬，他若要谈判，可在他回国后，再由枢密院与理藩院联系。戈洛夫金则称他不能回国，他要等嘉庆皇帝下旨后，才可以返回。蕴端多尔济则说戈洛夫金京若不能体会嘉庆皇帝的殊恩，不肯跪拜，则请立即回国，毋庸多言。

同年十二月初五，戈洛夫金回信称，蕴端多尔济及福海的做法是推翻了两国之间的友谊与和睦，竟然宣布要将他赶回俄国，戈洛夫金说不管他对蕴端多尔济的做法有多么不满，但他还是请求蕴端多尔济能出示嘉庆皇帝的圣旨，因他是奉恩旨才能进入中国，也唯有嘉庆皇帝才能阻止他进京，所以他要弄清楚是否又有嘉庆皇帝的谕旨命他返国。

戈洛夫金在信上说，他不止一次向蕴端多尔济表示，愿意遵从有关跪拜的新规定，但是"以前规定的礼仪是我能遵守的唯一规定，如果新规定在事实上已经取代了过去的规定，没有皇帝的特别允许，我是不能履行的"。② 戈洛夫金称，他若不遵照蕴端多尔济的指示行跪拜礼，进京之路将受到阻隔，但他没有得到俄国皇帝的允许，是不能行礼的，而且没有收到嘉庆皇帝的明确指示，他也不能回国。既然蕴端多尔济向他发出通知不准进京，所以他将派出信使前往北京，直接与清政府交涉。

《19世纪俄中关系》载录一份戈洛夫金写给军机处的信函，信函中称他已遵照嘉庆皇帝谕示缩减使节团人数，但抵达库伦后，蕴端多尔济等又提出许多其他要求，包括有关礼仪、提交国书副本、提交礼品清单等。"由于这些要求与皇上要求我处处恪守我先辈的前例的训示有所出入"，所以无法遵从。

戈洛夫金向军机处说他抵达库伦后，先去拜访蕴端多尔济及福海，隔

① 《19世纪俄中关系：资料与文献 第一卷 1803－1807》中册，第248号档，第762－764页。
② 《19世纪俄中关系：资料与文献 第一卷 1803－1807》中册，第249号档，第767－768页。

天蕴端多尔济派一名官员来访，邀请他参加嘉庆皇帝降旨所设的宴席，这位官员并没有提到在宴席上要履行任何特殊的礼仪，戈洛夫金透过秘书向这位官员表示，在宴会上，他会遵照以前俄国使臣所行的先例，即站立行三鞠躬礼，为嘉庆皇帝的健康干杯。而这位官员说将把戈洛夫金要行鞠躬礼的意见向蕴端多尔济报告。①

显然，戈洛夫金强调，蕴端多尔济在派官员邀请戈洛夫金参加宴席时，没有告知要在宴席前所设香案行三跪九叩礼。这与本文前述蕴端多尔济及福海向朝廷报告的说法有出入，蕴端多尔济及福海称，他们所派官员托克托布曾向戈洛夫金说明在宴席开始前为感谢嘉庆皇帝恩典，蕴端多尔济及福海将与戈洛夫金一同在香案前行三跪九叩礼。不知是这位官员未将蕴端多尔济要求向戈洛夫金的秘书讲清楚，还是这位秘书没有翻译清楚，最终导致双方为了跪拜礼仪问题产生诸多争议。

在信函最后，戈洛夫金表示，为避免今后再碰到各种麻烦，也为了避免因路途遥远所招致的时间延误，他有责任事先将俄国使节应行礼仪的变化弄清楚，以求作出明确无误的规定，并合乎大清国皇帝对全俄罗斯帝国皇帝有好的情谊，以及后者伟大崇高的地位，以便今后大小使节都能有所遵循。因此，他派出一等秘书巴伊科夫前往北京向军机处呈递此信。② 同时也告知蕴端多尔济，请他们协助巴伊科夫前往北京之事。

在蕴端多尔济及福海联名上奏的折子，对于他们与戈洛夫金交涉外交礼仪过程的说明，与戈洛夫金的说法是完全不同的。蕴端多尔济等人称戈洛夫金在嘉庆十年十一月二十五日抵达库伦，在使团安顿好后双方见面，告知戈洛夫金："我至圣大皇帝已全面思量贵国汗王真挚的意图，今次特格外施恩，于明日赐宴款待于尔。"③ 可见双方首次见面，蕴端多尔济尚未向戈洛夫金说要行跪拜礼之事。其奏折又称："俄人本性狡猾，善于打探口风，每遇机会则吹毛求疵，不久又将得觐见天颜，是以教其演练叩头礼，是至为重要。今若无法令其当奴才等之前面行此大礼，蕴等深恐日后将再演乾隆五十八年之事。当时长芦盐政瑞征等人奉命护送英国使团团

---

① 《19 世纪俄中关系：资料与文献　第一卷 1803－1807》中册，第 250 号档，第 770－773 页。
② 《19 世纪俄中关系：资料与文献　第一卷 1803－1807》中册，第 250 号档，第 770－773 页。
③ 《19 世纪俄中关系：资料与文献　第一卷 1803－1807》中册，第 252 号档，第 776－782 页。

长，即未能于诸端细节上有所防范。故奴才蕴、福等经商议后决定，待赐宴诸事准备停当后，即向戈洛夫金说明，为感谢皇上赏赐，我国向有跪拜谢恩之例，然后命其与奴才等同演叩头礼。"①

蕴端多尔济在此段所提乾隆五十八年英国使团来访之事，是指马嘎尔尼使团在热河避暑山庄觐见乾隆皇帝时，未行三跪九叩首礼，引起乾隆皇帝不悦，将使团遣返。蕴端多尔济等人为防止这样的事情再度发生，所以要戈洛夫金在库伦时先行演练叩头礼。

蕴端多尔济等奏折里说他们在十一月二十七日派官员托克托布前往戈洛夫金住处向他说明出席宴会时应行跪拜礼之事，托克托布回来后也禀报戈洛夫金已知悉此事。当戈洛夫金出席宴会时，蕴端多尔济已设好香案，并向戈洛夫金表示，他们奉嘉庆皇帝谕旨，设宴款待俄国使团，而使臣也曾在信上说觐见嘉庆皇帝时将行跪拜之礼，所以我们希望使臣能在宴席前为表示谢恩之意，请随我们一起按我方礼仪规定行跪拜之礼。

但戈洛夫金与随行之人称他们只能在觐见嘉庆皇帝时行跪拜礼，在此地绝不行此礼，若要行礼，只能按俄国规定行站立鞠躬礼。对此双方争论不休，没有共识，蕴端多尔济则将戈洛夫金及其随从人员请回。

次日，蕴端多尔济再派三名官员前往戈洛夫金住处向其说明："履行礼仪并非意味汝等受到侮辱，因为圣明大皇帝加于你们的乃特殊恩典，要在蒙古草原，在库伦，专门为你们举行盛宴。此乃旷古难逢，别国使臣从未一见之恩遇也。请三思。"②

戈洛夫金对于上述的说明并不认同，仍然拒绝行跪拜礼。十二月初二，蕴端多尔济再与戈洛夫金见面，向他提出严正声明："尔等定要行跪拜之礼，以感谢至圣皇帝如海深恩。此至重之理，贵国汗王应知此礼……早先所订条约未有提及赐宴者，尔等受圣明大皇帝赐宴，实乃未有之殊恩，然汝等非但不思行叩拜礼，反言此举为一有争议问题……由于你已经声明拒绝当着圣明大皇帝之面行跪拜礼，并决定离此回国，故请即回程。"③

蕴端多尔济及福海此番声明是向戈洛夫金的最后通牒，若戈洛夫金拒

---

① 《19世纪俄中关系：资料与文献 第一卷1803－1807》中册，第252号档，第776－782页。
② 《19世纪俄中关系：资料与文献 第一卷1803－1807》中册，第252号档，第776－782页。
③ 《19世纪俄中关系：资料与文献 第一卷1803－1807》中册，第252号档，第776－782页。

不行跪拜礼，只能将使节团赶回俄国。但戈洛夫金仍以强硬态度称，在未得到嘉庆皇帝的旨意前，他绝不回国。蕴端多尔济则威胁使节团若不立即回国，将不再供给使节团生活上所需物品，对于戈洛夫金欲派遣巴伊科夫前往北京一事，蕴端多尔济等人也给予拒绝。

蕴端多尔济及福海在奏折最后表明了自己的看法："俄人行事向来狡诈，善于就小事狡辩。俄国汗王自嘉庆八年起多次实心实意向理藩院递交文书，意欲遣使来朝，故而皇上格外施恩……着其来朝。现如今，俄人已至库伦，却不愿演习礼仪，以谢赐宴之恩，虽经我方多般说明，独自空问不休，为非作歹，所行甚为不堪。"① 为避免惊动圣驾，他们奏请颁下圣旨，将俄国使节团逐回。

嘉庆十年十二月十四日，嘉庆皇帝颁布谕旨，命令蕴端多尔济等人召集当地所部蒙古诸王、台吉、章京等官员，皆腰佩武器，整列队伍，以示国威。然后再邀戈洛夫金等前来，命其行跪拜之礼，并向其宣读谕旨："应俄罗斯汗多次恭敬之请，我圣明大皇帝为两国敦睦修好计降旨曰'可引使臣来朝'。今戈洛夫金已至，然执意拒兴我天朝之礼，且肆意妄为，称前朝所订条约 11 款未言及跪拜叩头之事。旧约第十一款专为我两国边界问题而设，派出使团履行礼仪方面皆无指涉。即以此事为例，约章中何曾有外国使团入我边境后即行赐宴之说，且凡有外国使臣来我朝纳贡者，皆必行叩头礼。前此，安南国王进京朝见圣明大皇帝，亦谨执叩头大礼，汝等仅为使臣，又复何言……今汝等已失皇上恩遇，如不行跪拜之礼则立即被返，所有贡物亦尽返还。汝岂不畏汝汗知悉，将治汝等之罪乎。"②

由上述嘉庆皇帝的谕旨可知，嘉庆皇帝认为赐宴使团是对俄国使臣从未有过的特别恩遇，况且连安南国王前来朝贡，都向嘉庆皇帝行跪拜礼。戈洛夫金仅一使臣，又获殊恩得以在库伦参加宴席，岂能不行跪拜礼。嘉庆皇帝还特别命令蒙古诸王、台吉、章京等佩带武器列队迎接戈洛夫金前来，并要蕴端多尔济当众宣布嘉庆皇帝谕旨，命令戈洛夫金行跪拜礼。否则，将使团递解出境，贡表及贡品一并遣返。

虽然嘉庆皇帝命蕴端多尔济等人准备大阵仗，要戈洛夫金前来接旨，

---

① 《19 世纪俄中关系：资料与文献 第一卷 1803－1807》中册，第 252 号档，第 776－782 页。
② 《19 世纪俄中关系：资料与文献 第一卷 1803－1807》中册，第 263 号档，第 813－815 页。

但戈洛夫金并未前往，他说要在驻扎处接旨。蕴端多尔济只好派员前去宣旨，透过翻译将嘉庆皇帝谕旨传达给戈洛夫金等人知晓，并称若戈洛夫金若不遵旨行事，即立刻遣返回国，如愿演练叩头礼，则奏报朝廷并派人护送入京觐见。

戈洛夫金则致函蕴端多尔济，表示，他将"仿照遵处来函所述鄙人前辈大使伯爵萨瓦·佛拉基斯拉维奇之先例，鄙人在向中国大皇帝陛下呈递国书之后，以及在愉快觐见之时，自当实行三跪九叩之礼，除觐见中国大皇帝陛下之外，在任何时候鄙人均被严禁遵从此种仪式"①。对于蕴端多尔济要求他在觐见皇帝前，应先在库伦练习觐见叩头之礼，戈洛夫金则说在他到达北京后，将"依照簿册所载之图样照办"，在觐见数日前，他将派一等秘书巴伊科夫，在清政府官员及他本人出席参加下，练习觐见礼仪，亦即由其秘书演练，他在旁观看并不亲自练习。戈洛夫金在信上向蕴端多尔济重申："凡有任何新颁法规之时，以及废除鄙人前辈大使已经遵行曾记明于簿册之上述仪式时，未经全俄罗斯大皇帝陛下之特别裁可，鄙人均不能实行。"②

《19 世纪俄中关系》第 271 号档案，亦载录戈洛夫金此信函，但文字翻译稍有不同，它将戈洛夫金重要的答复分成四点。

1. 这种礼仪的演练，应按旧档规定，在我到达北京后，于觐见博格德汗陛下的前几日，在指定的大臣和出使大臣本人出席的情况下，由使团一秘进行。

2. 本人对于此前已得到博格德汗先祖认可的成例怀有崇高的敬意，斗胆相信我可获恩准。

3. 戈洛夫金要向郡王及库伦办事大臣声明，一旦再有新的指令或变化，若与旧档中明确记载我的前辈所遵循的礼仪相去甚远，不经全俄罗斯君主沙皇陛下的批准，我将无论如何都不能执行。

4. 他致函郡王及库伦办事大臣，作为他对执行嘉庆皇帝谕旨的最终回复。③

---

① 《故宫俄文史料》，第 136 件，第 184 页。
② 《故宫俄文史料》，第 136 件，第 184 页。
③ 《19 世纪俄中关系：资料与文献　第一卷 1803－1807》中册，第 271 号档，第 840－841 页。

戈洛夫金发出上述信函后，或许是觉得信中的语气过于强硬，可能引起蕴端多尔济不快，所以他又送出一份补充要点，其中提到：

1. 我等将于觐见前几日按照旧例，当特派御前重臣之面演练跪拜礼。

2. 我诚愿履行博格德汗陛下及其圣先祖所订之礼仪。

3. 我本应在库伦行跪拜礼以谢博格德汗陛下之隆恩，然因未经我国皇帝批准，故难以成礼。

4. 我到库伦后未行跪拜，罪在不赦，恳请郡王及昂邦代为奏明圣上，请求宽恕，允我如前赴京，觐见圣颜时将行三跪九叩首之礼。①

戈洛夫金在此补充要点最后提到，请嘉庆皇帝开恩，允许他按旨行事，他绝不敢稍有违背，并请嘉庆皇帝能降旨准他及使团进京。

六　清政府以"不知礼节"遣回俄国使团

戈洛夫金对于嘉庆皇帝要他遵照礼仪规定行事，并在库伦练习叩头礼，他则以上述的信函及四个补充要点作回应。此举再度让蕴端多尔济等人甚为愤怒，指责戈洛夫金不知礼节，且接到圣旨，却毫无悔悟之心，实无必要再与"愚人"多言，将直接和俄国枢密院交涉，请戈洛夫金即刻返国。②

随即，蕴端多尔济及福海上奏，将他们与戈洛夫金交涉跪拜礼仪未成之事，向嘉庆皇帝报告："俄人桀骜不驯，性好无事生非，态度日益狂诞，虽经奴才等反复开导，力求合理平息事端，然此等为非作歹之众全然不懂礼数……俄人不过偏居一隅之夷族，生性顽劣，好吹毛求疵，且无丝毫懊悔之意，一意固执所言，坚拒行跪拜之礼……我天朝对其实已格外施恩，俄人对此置若罔闻，且举止傲慢跋扈……奴才等窃以为，俄人乃贫蔽之族，生性琐细，上下人等全然不知礼法。"③

嘉庆皇帝览奏，下令由理藩院将戈洛夫金"不知礼节"的情形，函告俄国枢密院。这封由理藩院发出的函文，对于戈洛夫金在库伦无礼的行径向该国枢密院提出抗议，并要俄国政府惩处戈洛夫金。同时附上了嘉庆皇

---

① 《19世纪俄中关系：资料与文献　第一卷1803—1807》中册，第272号档，第842—843页。
② 《19世纪俄中关系：资料与文献　第一卷1803—1807》中册，第273号档，第844—845页。
③ 《19世纪俄中关系：资料与文献　第一卷1803—1807》中册，第275号档，第850—855页。

帝的谕旨：贵国国王欲派遣自己使节对朕表示祝贺，并进献贡品……朕已深为嘉许……而今俄罗斯国大使于到达库伦之后，对于恩赐宴请竟不肯实行跪拜之礼，云敦多尔吉（蕴端多尔济）等曾经遵照朕之旨意向该大使重加申明，而该大使仍不肯遵循三跪九叩之仪式。因此云敦多尔吉遵照朕之旨意，仍将该大使妥为护送回国，并将从该大使所收取之全部贡品一并交还。此事发生之原因，系由戈洛夫金不知礼仪，与其国王毫不相干，而戈洛夫金系外国之人，我国无须加以罪责，俟其返回本国之时，其国王究作如何惩处，悉听其自便。①

理藩院将嘉庆皇帝的谕旨函告俄国枢密院，并说嘉庆皇帝得知俄国皇帝遣使祝贺并进献贡品，深表嘉许，不断发下嘉惠俄国使臣之谕旨，饬令朝廷官员须对该使在路途上妥为护送，并于该使抵达库伦及张家口时，赐宴款待，并计划在该使节团到达北京后，给予隆重的招待。此乃大清帝国皇帝对朝贡使臣"破格之高度眷顾"，不料戈洛夫金态度傲慢，抵达库伦后，蕴端多尔济遵照圣上指示赐予恩宴，并向他说明应行三跪九叩之礼仪时，戈洛夫金不肯遵行，再经蕴端多尔济将该国前大使萨瓦"曾经实行，并已奏明在案之三跪九叩礼仪"告知戈洛夫金，但他仍旧不肯遵行，态度傲慢，争论不休，所以决定将该使遣回俄国，不准他进京，并退还所有贡品。

理藩院对戈洛夫金的无礼行径加以谴责，说他如此骄傲及争论的行径，不能符合"俄国国王"的本意，他不遵循约章行事，所犯过错极为有罪，不容宽恕，虽然嘉庆皇帝在谕旨中称俄国如何惩处戈洛夫金，悉听自便，但理藩院要求俄国枢密院须奏明该国国王，对戈洛夫金加以惩处。

《19世纪俄中关系》录有上述理藩院函文，有俄文、满文及拉丁文文本，其中满文文本也提到戈洛夫金"不遵礼节，拒行三跪九叩之礼，傲慢如前，且口出谎言"②，可见，理藩院强调，大清国是以戈洛夫金不知礼节为由，将他及使团逐回的。

戈洛夫金及使团人员在清政府官员护送下，从恰克图返回俄国境内，他将在库伦等待期间与清政府官员争论礼仪之事，及被遣回情节写了奏章

---

① 《大清国理藩院致俄罗斯国枢密院函》，《故宫俄文史料》，第137件，第185页。
② 《19世纪俄中关系：资料与文献 第一卷1803－1807》中册，第287号档，第883－884页。

向亚历山大一世报告。报告中将蕴端多尔济等人形容成态度卑劣、虚荣、粗暴的官员。在说明有关跪拜礼仪的争议问题，他指出，在出席宴会时，蕴端多尔济要他在香案前行三跪九叩头礼，他认为这是蕴端多尔济"想看着你的出使大臣在他们皇帝的牌位前履行这种有损尊严的仪式"，他拒绝这种有侮辱意味的要求。戈洛夫金在报告上说：臣无须在此为自己拒绝当众上演有损俄罗斯使臣尊严的闹剧，在外国统治者牌位面前叩九个头而辩解。毫无移问，如果双方事先就此没有约定，如果那些前辈的例子都不存在，而唯一的出发点是各国公认的尊重习俗的原则，那么这个仪式就不会演变成有损于尊严的场面。可是当协议与先例都已确认这样的仪式已废止时，再来要求履行这样的礼仪，那就意味着贬低再加侮辱了。①

显然，戈洛夫金认为蕴端多尔济要他在香案前行跪拜礼是毫无根据的，没有先例可循，且有损尊严、带有侮辱及贬低他身份的礼仪，所以他拒绝接受。他说，蕴端多尔济在库伦为他设置一场又一场的侮辱，要把他完全踩在脚下，从而辱没俄罗斯的荣誉，让俄国皇帝丧失尊严，所以他拒绝中国官员的要求。他还谈道，蕴端多尔济等人将他视为前来向中国皇帝朝贡的使臣，在嘉庆皇帝的谕旨中也将他视为和其他国家一样的朝贡使臣。在国书的问题上，戈洛夫金说在他给蕴端多尔济的信函，以及亚历山大一世给嘉庆皇帝的国书上，"都忽略了中国皇帝祖先的尊号，遇到一个如此挑剔的宫廷，这种忽略会导致他们拒收文书，同时显然也可能将使团拒之门外"②。戈洛夫金表示，他与使团经过艰辛的路程，从库伦回到伊尔库茨克，等候亚历山大一世的旨意。

随后，枢密院亦接到理藩院的函文，谴责戈洛夫金不肯听从嘉庆皇帝的命令，不愿在库伦行跪拜之礼，要求俄国政府惩处戈洛夫金。枢密院将此事上奏，经亚历山大皇帝的指示，由该院将俄国政府对此事的看法及处理情形行文理藩院。

枢密院的函文指出，俄国政府认为清朝政府官员一开始即要求使节团须减少随从人员、马匹、骆驼数目以及"其它不值得尊重事务"给予戈洛夫金阻难与争论，这些均足以证明清政府驻边境官员对俄国使臣的"恶劣

---

① 《19世纪俄中关系：资料与文献　第一卷 1803 – 1807》中册，第297号档，第910 – 923页。
② 《19世纪俄中关系：资料与文献　第一卷 1803 – 1807》中册，第297号档，第919页。

对待"。戈洛夫金在库伦时，蕴端多尔济及库伦办事大臣福海要求他对中国皇帝恩赐设宴表示感谢，须在香案前行三跪九叩礼。但戈洛夫金早在入境前即与蕴端多尔济约定，"接待大使之礼节应保持从前之先例，而从前之俄罗斯国使节，无论在库伦或在张家口，从来未曾受到强迫必须实行此种礼节，而只有在北京觐见中国大皇帝陛下时行之"，所以枢密院认为戈洛夫金拒绝行此礼节是正当的。

枢密院在函文中质问理藩院下列问题。

1. 若嘉庆皇帝不便接待俄罗斯国大使，或不便准其进入北京，那么为何理藩院还致函该院说嘉庆皇帝对俄国使臣来华一事深为喜悦，同意接待。2. 理藩院说以前俄国使臣萨瓦曾经实行三跪九叩礼，而戈洛夫金"由于自己骄傲竟致拒绝行此礼节"，而理藩院可否以未曾眼见之事借词推诿。3. 理藩院对使臣萨瓦在北京觐见中国皇帝所行跪拜之礼，与蕴端多尔济及库伦办事大臣要求戈洛夫金在库伦当着两人面前，向香案行跪拜礼，两种礼节有何不同之处，理藩院应该说明。①

除上述问题外，枢密院又说，所有曾经到过北京的俄国使臣，如康熙十五年（1676）的斯帕法理，康熙三十三年（1694）的义杰斯，康熙五十九年（1720）伊兹玛伊洛夫及雍正四年（1726）的萨瓦，均是在觐见中国皇帝时才行三跪九叩之礼，自此时起俄国方面已接受此种觐见皇帝时行三跪九叩礼之例。而"贵院经过慎重考虑之后亦表示同意，认为伯爵葛罗普京不应放弃其各前辈使节之先例"，更何况该使臣的地位均比先前各使臣更为重要，况且该使臣在进入中国国境前，已向库伦办事大臣处提出书面保证，将来他到北京后，依照先前来京使臣伊兹玛伊洛夫、萨瓦之先例，于觐见中国皇帝之时行三跪九叩之礼。

枢密院称当戈洛夫金接到蕴端多尔济及库伦办事大臣处允许他率团进入库伦之许可通知时，两位朝廷大臣也未提到要戈洛夫金在库伦实行向香案行跪拜礼的新规定。所以双方发生不愉快的情事，责任不在戈洛夫金，而是在蕴端多尔济及库伦办事大臣福海身上。枢密院在函文中抱怨道：或许上述在库伦跪拜之习惯，并非贵国之新规，乃久为已实行之古旧规则，只应由贵国所属人民遵守，而非愿意恢复现有友好与睦谊关系之平等及强

---

① 《俄国枢密院致理藩院函》，《故宫俄文史料》，第 144 件，第 193 – 195 页。

大国家派来使节之所应遵守。如果此种规矩系在贵国不久以前之所实行，而为一切外国使节之所应遵守，则贵国总管边疆事务长官亲王与昂邦大臣曾与在恰克图葛罗普京关于减少随从人员、马匹及其他问题，争议一月有余。何以不在当时即行告知俄国大使，而使俄国大使可以不入贵国国境，径自返回伊尔库茨克，借以避免于如此严寒之冬季在蒙古草地忍受一切艰苦之遭遇。①

枢密院向理藩院质问上述问题该院是否知情，或抑受库伦官员所隐蔽，不论如何，俄国方面认为中国官员的做法不是维护两国友谊应有的行为。枢密院甚至直言不讳地说，由此可断定，理藩院言行不一致。该院认为发生如此情事，都是蕴端多尔济及库伦办事大臣福海两人之恶意所造成，所以要求清政府对该二人加以适当的惩处。

清政府对于俄国枢密院质问，并未有任何的反应，仅由军机处通知原在张家口等候俄国使节团的刑部右侍郎瑚素通阿，因为"该国贡使不知礼节"，朝廷尚未准其进京，所以要瑚素通阿即行回京述职，不必在张家口等候。② 另外直隶总督裘行简也接到通知，停止馆舍、车辆、照护官兵安排等准备工作。

B. C. 米亚斯尼科夫认为清政府不让戈洛夫金使团进入北京，是因为戈洛夫金不遵大清国外交礼仪。米亚斯尼科夫说，清朝政府认为俄国来函言词不恭，夸耀己长之词过多，而且有意隐瞒所带"贡品"清单，并拒绝交出国书，而嘉庆皇帝知悉此事后，随即表示，若戈洛夫金举止恭顺，遵照朝廷谕示办理，呈交贡品清单及国书，则命令蕴端多尔济应向他转述：尔已进入吾天国土地，以便造访皇上宫廷。然而吾有法定礼仪，聪明睿智的大皇帝接见时，人皆遵守。这之后将其头转向东方，教其叩头礼仪。若彼等按规行事，确实毫不犹豫，面带恭敬之情，行叩头礼，再将情形上奏后，则可按定期限出发，将使团送抵宫廷。此等条件若俄国人有一条不完成，立即对其严词拒绝，遣其返回。③

嘉庆皇帝还表示蕴端多尔济处理此事绝不可犹豫不决，软弱无力。米

---

① 《俄国枢密院致理藩院函》，《故宫俄文史料》，第 144 件，第 193 – 195 页。

② 《军机处寄瑚素通阿不必在张家口等候接获上谕》，《清代外交史料·嘉庆朝》，台北：成文出版社，1968，第 102 – 103 页。

③ 《戈洛夫金使团简介》，第 154 – 155 页。

亚斯尼科夫认为，嘉庆皇帝的谕示，有两点值得注意，首先是清政府已经预见俄国使臣会提出所有预先之要求（即商务、贸易等要求），于是发明一种新的补充要求，即是在库伦教戈洛夫金行叩头礼。而俄国在此之前的150年外交联系中，任何一位俄国使臣均未被迫走上这一步。其次，清政府开始指责俄国使臣态度不恭，固执己见，似乎是在为自己打保险，尽力把使团在未来可能出现的失败结局责任推到俄国使臣身上。而戈洛夫金拒绝接受清政府送给他的这份额外礼物，并试图与清朝政府官员达成协议，但蕴端多尔济与福海遵循嘉庆皇帝的谕示，不予让步。米亚斯尼科夫说，叩头仪式未被接受，是因为俄国使团认为这种仪式不是在使臣觐见皇帝时行使，而是要在自称皇帝"仆人"的库伦办事大臣及其他官员匆忙设置的象征物面前完成。①

笔者认同米亚斯尼科夫所提出戈洛夫金使团失败的原因："清朝宫廷对使团所要达到的结果不感兴趣，使臣所带的不是政治建议，而是贸易建议。在皇帝作主的中国，贸易被视为是下层人的领地，清朝宫廷内严肃的政治家有权指定同他们（指戈洛夫金）交谈别的内容。可以设想，即使戈洛夫金在库伦执行清朝当局所有的规定，并抵达北京，那么在这种情况下，他也无法完成交给他的计划。"②

七　结论

清政府历来将中国周边各国及其他与中国交往的国家，纳入向清朝政府称臣的朝贡行列之中，并以此判明亲疏。因此也制定了一套繁复的朝贡仪礼制度，并要求各朝贡国必须严格遵行，借以表达对大清帝国"诚心向化"之热忱，如此也才可以显现大清帝国居于四夷与众番之上的德威与尊严，而大清国也借朝贡仪礼体制来稳固与周边属国藩部的关系。

朝贡仪礼体制概念是中华文明的结晶，前来朝贡的使臣透过对它的了解与学习，才能明白中国不仅是一个国土辽阔、强盛的大国，而且具有高度的文明。仪礼体制的烦琐，要表现的是中华文化的深邃，前来朝贡使者透过此套仪礼制度的文化洗礼，使周边属国藩部，加强对中国的向化

---

① 《戈洛夫金使团简介》，第 154 – 155 页。
② 《戈洛夫金使团简介》，第 156 页。

之心。

在中国内部，臣子若不按君臣之礼行事，是大逆不道；而大清国周边属国藩部前来中国朝贡时，若不遵朝贡仪礼行事，就是藐视中国皇权，就是对宗主国皇帝的无礼，也是对大清国皇帝地位的挑战。

清朝在盛世时期处理对外关系的做法，基本上是以朝贡的礼仪规定为准绳，对于俄国使臣进京时，朝廷须先审视国书书写方式是否合于体制，也要求检视使臣所携呈献给皇帝的礼品。使臣要求觐见皇帝时，在觐见的时间、地点、方式与觐见礼仪等相关问题，使臣必须依定制行事。由本文内容所述可知，嘉庆皇帝对蕴端多尔济奏报俄国派遣使团为祝贺其登基欲进京觐见一事，原是表示欢迎的，即使当时已登基十年，嘉庆皇帝还是在上谕里称希望俄使团能在他的生辰之前抵达北京。嘉庆皇帝的意思是希望俄国使臣能在朝廷庆贺他万寿时，在其他前来朝贺国家的众多使臣前面，向其跪拜祝贺，同时接受礼物、封号等赏赐。这也表示俄国成为大清国所属的"附庸国"。B.C.米亚斯尼科夫也说："俄国是强大的邻国，其使臣能履行宫廷朝见礼节，可在帝国精英和帝国普通百姓眼中证明清朝皇帝至高无上的地位和俄罗斯国家附庸的依赖关系，加强清帝国首脑（指嘉庆皇帝）的政治威望。"[1]

就此而言，戈洛夫金是处于被动地位的，他要接受清政府的检验，态度是否"恭敬""谦卑"，是否"诚心慕化"而来。他与蕴端多尔济等人交涉过程中所持的态度，被认为是傲慢、无礼、毫无诚心，因此被遣回俄国。

清政府对于俄国遣使臣来华，要求须遵照朝贡礼仪规定行事的态度是非常坚决的。顺治、雍正、乾隆时期，俄国所派出的使臣来到中国，若不遵照清政府朝贡礼仪体制行事，不仅无法觐见皇帝，甚至被饬回，无法完成任务。所以戈洛夫金不愿在库伦办事大臣所设香案前行礼，违反大清体制，自然会被遣回俄国。显然，嘉庆皇帝对于俄国使臣来华，仍然视同清政府周边属国藩部遣使朝贡一般。由此可看出，大清国对于政治优先地位的考量，与俄国注重经济利益之间的观点差距，在民族文化、环境、观念

---

① 《Ю.А.戈洛夫金出使中国之行》，《19世纪俄中关系：资料与文献　第一卷1803－1807》上册，第9页。

上缺乏理解，这些因素注定俄国使团任务的失败。

俄国政府对于清政府在外交礼仪上的设限，甚为不满，戈洛夫金回国后即向俄国副外务大臣恰尔多雷斯基报告称：中国政府不久前加诸于俄罗斯的侮辱是令人震惊的，为了捍卫帝国最神圣的权利与威严，应该以武力来加以洗刷，否则如果我们抱住以温和的态度来谈判不放，瞻前顾后小心翼翼，受到侮辱仍然无所作为，那么我们将把在中国仅有的那么一点点尊严都丧失殆尽。①

在米亚斯尼科夫所著《戈洛夫金使团简介》，其中也提到俄国学者瓦里西耶夫（Valisiyeov）说："清政府以前在致凯萨琳二世（Catherine Ⅱ）及保罗一世（Paul Ⅰ）皇帝的国书，语气甚为不恭。而保罗一世对此事甚为生气，他欲以军事力量来惩罚高傲的邻居（指清政府），只是他的逝世使军事准备停了下来。而亚历山大皇帝想再试试和平手段，于是戈洛夫金装备了使团。而毫不讲理的边境长官（指库伦蕴端多尔济及福海等人）竟将他赶出库伦，这种粗暴之举可以原谅吗，但在这时在西方拿破仑的桂冠引开了我们对东方的注意。"②

从瓦里西耶夫所述可知，俄国对于清政府坚持以朝贡礼仪体制作为与俄国外交往来的准绳，已不再像从前为了商业贸易利益隐忍下来，甚至准备以武力威胁大清国，只是当时俄国与法国发生战争，暂时无暇兼顾东方事务。但可看出，俄国对于清政府的外交政策已开始转变。

清政府到了乾隆晚期，和珅专权，朝廷施政腐败，经济衰退，加上为征讨西北回乱，须增加赋税以供军队需要，更使民众不堪扰，大清开国以后百五十余年之元气大为斫伤。以致嘉庆、道光、咸丰时代，人民生计已大不如前，且内乱频仍，使国力之发展受到重大打击。在外交方面的处理上，嘉庆皇帝尚能与外国列强抗衡，所以不按照大清外交礼仪规定行事，俄国使团就是进不了北京的大门，只好怅然而返。但鸦片战争爆发后，清廷已无力对外，大清国朝贡礼仪体制存续，亦产生极大危机。

（作者单位：台北故宫博物院）

---

① 《19 世纪俄中关系：资料与文献　第一卷 1803－1807》中册，第 295 号档，第 903 页。
② 《戈洛夫金使团简介》，第 160 页。

攻坚与围困的变奏：皇太极"围城打援"思想的确立过程

——兼论"红夷大炮"在明清关外战争中的作用

赵鲁臻

摘　要：明朝的坚城大炮是皇太极夺取关外的主要障碍。大凌河之战的胜利说明，围城打援是有效的解决之道，但问题在于太过迁延时日。故皇太极试图运用"红夷大炮"攻坚速胜。然而，松山攻坚的惨败使他再次醒悟，最终放弃这个念头，重新回归长围久困，并将之坚决贯彻，从而获得松锦决战的大胜。这种游移的过程，既展示了皇太极作为杰出军事家的思维弹性与反思精神；同时从侧面说明，"红夷大炮"在关外争夺战中的作用其实值得进一步商榷。

关键词：皇太极　围城打援　红夷大炮

作为努尔哈赤的继承者，皇太极在军事方面的造诣或有青出于蓝之处。特别是他在松锦决战中坚决贯彻"围城打援"战术，实为清代军事思想的一大发展，可谓"拔人之城而非攻"、"兵不顿而利可全"的"谋攻之法"（《孙子兵法·谋攻篇》）的又一经典运用。这不仅成为清军取得关外争夺战决定性胜利的关键，也令皇太极跻身古代杰出军事统帅的行列。然而常为人所忽视的是，这种作战思路的确立并不是一个简单的过程。皇太极在经历了数次重大失败，克服主观情感因素的干扰，尤其是不再迷信"红夷大炮"攻无不克的神话之后，方才最终坚定了"围城打援"的思想。

一　"围城打援"思想产生的背景

后金能够取得萨尔浒之战的胜利，直接原因就在于其近战能力远胜于对手。明军在战斗中非常依赖火器，"京军十万，火器手居其六"，但也因此导致"力不能挽强者，皆以火器手自诡"，[1] 缺乏近战能力。所以，当早期那种粗糙的枪炮未能给对手造成足够杀伤时，"专倚之为护身符"[2] 的明军士兵，自然无法抵挡后金的"铁骑奔驰，冲突蹂躏"而"无不溃败"。[3]此后，努尔哈赤之所以能够连下辽东重镇沈阳、辽阳广宁，依靠的也是这种优势：通过诱敌出城在野战中歼灭对手，导致城内兵力空虚且士气动摇而将其攻陷。面对关外之地大半皆失的局面，明军不得不在战法上作出调整：坚壁清野，将西洋大炮摆上城头，"凭坚城，用大炮"。这一改变在1626 年的宁远之战中取得了显著效果。袁崇焕坚决不与对方进行野战，将宁远城外所有驻军及西洋大炮尽数撤入城中。这就使士兵可以凭借城墙保护从容操作火器，提高杀伤效果。而置于城头的火炮也获得了更大的射程和破坏力，打后金战车、铁骑都如摧枯拉朽一般。相比之下，后金的弓矢威力则因对手占据高处且有城墙保护而大打折扣，骑兵的近战冲击优势更是无从发挥，只能徒受炮火，最后遭致惨败。

宁远战败，本应成为继任者皇太极作战思路转变的起点。实际上，在1627 年宁锦之战攻打锦州时，他也的确萌生过围城打援的念头。他曾致书锦州守将赵率教说："我今驻兵于此，岂仅为图此一城？正欲俟尔国救援，兵众齐集，我可聚而歼之，不烦再举耳。"[4] 但这个念头很快就被急欲一雪前耻、"张我国威"[5] 的情绪所打消。再加上当时后金并无长围久困的军需准备且"家邦未固"，[6] 所以皇太极不愿也不能拖延战事。在诱敌不出的情况下，他便下令再次强行攻坚，重蹈了努尔哈赤的覆辙。明军坚城与重炮的组合遂成为皇太极要夺取关外、继而问鼎中原的最大障碍，迫使其作战思路不得不有所改变。

---

① 薛三才：《薛恭敏公奏疏·覆练火器以壮营伍疏》，陈子龙等编《明经世文编》（第六册）卷 443，中华书局，1962 年影印版，第 4872 页。

② 朱国祯：《涌幢小品》（上），中华书局，1959，第 265 页。

③ 李民宬：《建州闻见录》，潘喆等编《清入关前史料选辑》第三辑，中国人民大学出版社，1991，第 478 页。

④ 《太宗实录》卷三，《清实录》第二册，中华书局，1985 年影印版，第 47 页。

⑤ 《太宗实录》卷三，第 48 页。

⑥ 罗振玉编《天聪朝臣工奏议》，潘喆等编《清入关前史料选辑》第二辑，中国人民大学出版社，1989，第 5 页。

二　围困抑或攻坚：皇太极作战思路的反复

（一）第一次转变：大凌河围困战

连续的惨败使后金君臣意识到"攻城之计，为不得已；攻城之事，兵法所忌"，[①] 提出"凡遇城池，务围困之，方为得计"，为此还应"多备糗粮，以充军实"。[②] 所以 1631 年的大凌河之战，皇太极的作战思路便明显不同以往。他下令："攻城恐士卒被伤，不若掘壕筑墙以困之。彼兵若出，我则与战；外援若至，我则迎击。"[③] 由此，后金的夺城战术首次转为围城打援，尝试用饥饿来打败对手坚城加大炮的组合。从理论上说，这种战术确实是当时较为合理的选择。"凭坚城用大炮"发挥威力的前提，就是对手进行强攻。若非如此，则城头火炮便无用武之地。最早提出这一思路的徐光启对此非常清楚。他告诫说，凭城用炮并非制胜之道，只能延缓失败的速度，以达到"待兵力果集，器甲既精，度能必胜，然后与战"[④] 的目的。明军要想真正扭转局势，关键不在西洋大炮，而在于能够野战胜敌。否则，便只能将交通线拱手让与对方掌控，然后眼见苦心经营的火炮要塞在弹尽粮绝中投降或者陷落。大凌河之战就完全证明了这一点。此战中，皇太极拒绝攻城，而是凭借后金军强大的野战能力，四次击败对手援兵。特别是最后也是最惨烈的一次战斗——"长山之战"，后金歼灭明援军近四万，使之再也无力解围，彻底断绝了守军获得补给或突围而出的希望。此战后金虽投入红夷火炮助阵，但由于其射速低、笨重难以移动等特点而"拙于野战"，[⑤] 故仍主要依靠"骑兵列阵，呐喊冲击""马兵发矢冲击"等惯用手段解决战斗，最终实现"矢下如雨霰，明兵不能当，遂溃走"的

---

① "国立中央"研究院历史语言研究所编《明清史料·甲编》第一册，商务印书馆，1930，第 48a 页。
② 《太宗实录》卷 9，第 121 页。
③ 《太宗实录》卷 9，第 127 页。
④ 徐光启：《徐光启集》上册，王重民辑校，中华书局，1963，第 174－175 页。
⑤ 黄一农：《红夷大炮与明清战争——以火炮测准技术之演变为例》，（"台北"）《清华学报》1996 年第 1 期。

大胜。① 这种作战思路的转变不仅让明军的坚城大炮成为摆设，更是直接导致大凌河"城内粮绝薪尽，兵民相食"，② 最后不得不开门投降。而由此也不难看出，皇太极在大凌河的胜利，并不是一场火炮攻坚的胜利，而是来自强大野战能力支撑下的长围久困。

不过，事物总有其两面性。即便是相对正确的思路，也会有其相应的弊端。正所谓"兵贵胜，不贵久"（《孙子兵法·作战篇》），长围久困在获致大捷的同时也让皇太极付出了师老兵疲的代价。当时的大凌河城在规模上要远逊于宁、锦那样的大型要塞，甚至尚未修筑完毕，城中粮草储备也不充足，乃仓促应战。即便如此，后金军也花了三月有余才将其逼降，而且自身同样已是疲惫不堪，无法再继续作战。所以皇太极无奈承认"复攻锦州，恐我兵过劳，难图前进"，③ 遂只能摧毁大凌河城，班师回朝。这便又产生了另一个问题：长围久困虽然能够扬长避短、破解坚城大炮的组合，但拿下大凌河尚且如此旷日持久，若围宁、锦，岂不需要数年时间？那么夺取关外、入主中原自然更是遥遥无期。因此，对于希望早日入关的皇太极来说，围城打援虽然有效，却不是一个令他完全满意的选择。这或许正是后来其思路发生转变的动机所在。

（二）第二次转变：松山攻坚战

再次转变的契机出现在 1633 年。后金虽然于 1631 年便成功仿制了西洋的"红夷大炮"，亦在大凌河之战中就已经投入使用，但毕竟数量有限，不足以作为攻城的主力。而 1633 年明将孔有德、耿仲明以及尚可喜等人的投顺，则使后金火炮的数量与质量都有大幅度提高。尤其是这些降军中还有受过葡萄牙人训练的炮手，更是大大提升了后金的炮兵水平。另一方面，孔有德等降将以及后金中的汉官也不断鼓动皇太极，强调红夷火炮攻无不克。孔有德欲投顺时，曾致书自夸其火炮"势如破竹"，若皇太极纳之，则"天下又谁敢与汗为敌乎？"④ 后金中专管炮兵的佟养性也上奏称，

① 中国第一历史档案馆、中国社会科学院历史研究所译注《满文老档》下，中华书局，1990，第 1154 页。
② 王先谦：《东华录》天聪六，撷华书局光绪丁亥年印本，第 18a 页。
③ 《太宗实录》卷 10，第 141 页。
④ 转引自萧一山《清代通史》卷上，中华书局，1985 年影印版，第 145 页。

火炮攻城"无坚不破，无城不取"。① 不过这些说法，都有夸大其词之嫌。红夷大炮以至各色火器，是"降顺汉人在大金国发展中的踏脚石"，② 他们自然会倾向于夸大其价值以作进身之阶。实际上，孔有德等人不会不知道，即便拥有相当数量的西洋火炮，欲攻克装备同样武器的要塞也绝非易事。1632 年，孔有德等人于吴桥兵变后，利用内应诈取登州，获得了二十余门红夷大炮，并于同年用以攻打莱州。其本以为"取之当如摧朽"，却"不意屡攻屡挫"。攻城五十余日，"发红夷炮不绝"，但始终无法攻下。后来明军援兵纷至，叛军于野战中大败，遂退回登州城。明军随之围城，攻守之势易位。但装备大量西洋火炮的明军，对同样凭城用炮的叛军也无可奈何。城头"红夷大炮一发五、六里，我兵多伤，……攻城数次，俱不得志"。所以攻方改变策略，由强攻转向围困，致使城内"乏食已久，杀人为粮、熬人为烂，朝不谋夕"，孔有德等人只能出逃海上。③ 故而，众降顺汉将说红夷炮攻城无坚不摧，意在自抬身价，多少有点言过其实。

但皇太极已有所动摇。大凌河之战后，皇太极仍持"不肯攻城"④ 的态度，认为"辽东兵马尚劲，且城上利（厉）害，不敢近城"。⑤ 然孔有德等人来降之后不久，攻坚又再次成为后金作战的主旋律。比如 1633 年旅顺之战，便不再围困而是施以强攻。不过值得注意的是，此役后金虽能攻陷旅顺，却非运用红夷大炮强攻所致。起初后金军以火炮轰击城墙、步兵架云梯登城的方式进行强攻，但受守军矢石炮火的重创。轮班昼夜攻城两天，便损失了四千余人。所以后金军改采偷袭办法，一面佯装继续攻城，一面暗用木筏槽船在旅顺河上游渡海，突袭旅顺后方防御薄弱之处，方得以攻入城内。⑥ 但无论如何，旅顺的攻取在一定程度上让皇太极相信，在拥有大量重炮之后，攻坚以得速胜看起来并非此路不通。最明显的转变出现在 1639 年。此时，皇太极已经基本降服了朝鲜和蒙古诸部，再无后顾之

---

① 罗振玉编《天聪朝臣工奏议》，潘喆等编《清入关前史料选辑》第二辑，第 9 页。

② 黄一农：《红夷大炮与皇太极创立的八旗汉军》，《历史研究》2004 年第 4 期。

③ 以上均见毛霦《平叛记》，罗振玉：《罗雪堂先生全集·续编》第十五册，台湾大通书局，1989，第 5857 – 5963 页。

④ 罗振玉编《天聪朝臣工奏议》，潘喆等编《清入关前史料选辑》第二辑，第 16 页。

⑤ "国立中央"研究院历史语言研究所《明清史料·乙编》第二册，商务印书馆，1936，第 110b 页。

⑥ 参见"国立中央"研究院历史语言研究所编《明清史料·乙编》第二册，第 108b 页。

忧，便重新将目光转向了明朝关外的坚城要塞。是年，其亲率大军，"倾众犯辽，多载火炮，大攻松山，将尽力一举，妄图克破，以摇撼八城"。①此役清军（1636 年后金改国号为"清"）总共动用了 29 门红夷大炮，可见其对松山志在必得，亦可见皇太极对重炮无坚不摧的说法已深信不疑，一开始就定下了攻坚的调子，没有任何围城打援的计划。这与大凌河之战正好截然相反。然而，实战的结果却向皇太极证明，这并不是一个明智的决定。此战，清军排开重炮猛烈轰击，使松山"城堞尽毁，只余城垣"，然后攻城部队"从颓处树梯登进"，却遭守军顽强抵抗，始终未能攻入。清军火炮昼夜攻城，致使弹药即将用尽，不得不令人回沈阳搬运。待炮弹一万颗、火药五万斛从沈阳运到后，清军"复以红衣炮移近松山城攻之"，甚至同时使用了"穴地攻城"的老办法，依旧不能破城，无奈之下只能"罢攻城之议"。② 守城明军的战报也指出，清军攻城火力极为猛烈，"大炮望城昼夜毒打不绝"，仅仅两日"城中拾得打进铁炮子六百余个，俱重拾余斤"。③ 但即便如此，清军在伤亡数千人之后，仍然无法攻下松山这样"不甚高厚"的"旧城"。④ 显然，众降将大肆吹嘘"势如破竹"的红夷大炮，在这里碰了一个大钉子。据说，负责火炮攻城的孔有德、耿仲明、尚可喜三人对于自己夸下海口的西洋大炮"攻不开城，反伤好些达子"，也感叹到"有何脸面见人"。⑤

皇太极则为自己的轻敌与草率付出了惨重代价。松山一战损失之严重，似不亚于十余年前的宁远和宁锦之役："军兵大半见败，大将数人亦为致死，行街之人，多有遑遑不乐之色，城外远处，则曲坊之间，哭声彻天。"⑥ 皇太极当然不会承认自己的失策，而是迁怒于掌管火炮的石廷柱、

---

① 《关宁总监高起潜为逆奴攻围松山官兵捍御获胜事题本》，中国第一历史档案馆、辽宁省档案馆编：《中国明朝档案总汇》（三一），广西师范大学出版社，2001 年影印版，第 335 页。

② 以上均见《太宗实录》卷 45，第 599 - 606 页。

③ 《关宁总监高起潜为逆奴攻围松山官兵捍御获胜事题本》，中国第一历史档案馆、辽宁省档案馆编《中国明朝档案总汇》（三一），第 334 页。

④ 《援兵总监高起潜为塘报紧急夷情事题本》，中国第一历史档案馆、辽宁省档案馆编《中国明朝档案总汇》（三一），第 339 页。

⑤ 《关宁总监高起潜为逆奴攻围松山官兵捍御获胜事题本》，中国第一历史档案馆、辽宁省档案馆编《中国明朝档案总汇》（三一），第 335 页。

⑥ 《沈阳状启》庚辰年四月二十二日，转引自李鸿彬《皇太极与松锦大战》，《史学集刊》1987 年第 2 期。

马光远诸汉官，指责他们"玩误军机""身虽在此，心不忘明也"，以致攻城不克。[①] 但若细观《太宗实录》，亦可从字里行间中发现他似乎已有所反省。在连攻数日不能破城后，皇太极对大臣们说："昨者夜梦皇考，圣颜不怿。向遇此等梦境，攻取城邑皆不能得。今虽攻松山，亦必难取，汝等试验之。"[②] 这番话一方面自然是把努尔哈赤抬出来为日后退兵找个台阶；但另一方面提及"皇考圣颜不怿"也似乎说明，此战的失利应该会使皇太极回想起十余年前的宁远之败而有所触动。这种反思与警醒，正是他能够摆脱轻敌自满、急功近利的心态，从而修正自己决策失误的前提条件。

（三）第三次转变：松、锦的长围久困

如果说宁锦战败后皇太极转向围城打援只是一个暂时的选择，那么松山的惨痛教训则使这种思路变成了一个坚定的信念。在 1640 年开始的松锦决战中，他不仅重施"困大凌河之故智"，[③] 让清军"由远渐近，围逼锦州，所以困之"，[④] 而且改在义州（今辽宁省义县，位于锦州北部）"驻扎屯田"，[⑤] 以三月为一期，轮班耕种、定期换防，将之作为长期围困的补给基地。从这种充分准备和长期计划可以看出，围城打援已经不再只是夺取一城一地的方法，而成为了整个松锦决战的主导思想。皇太极在军队部署、后勤等诸多方面的安排，基本上都围绕着这个思路展开。对于习惯"因粮于敌"的清军而言，这不能不说是一个重大的转变。难怪连老对手吴三桂都惊呼："夫奴屯种义州，裹粮载炮，采木盖房，计图久住，此二十年从未经见之举。"[⑥] 由此不难看出，历经十余年的战争实践，在攻坚与围困的反复游移之后，皇太极终于确信：即便拥有了大量重炮，清军要夺取关外并"全争于天下"，还是必须坚持这种稳扎稳打的方式，而不再考

---

① 《太宗实录》卷 47，第 623 页。

② 《太宗实录》卷 45，第 605 页。

③ "国立中央"研究院历史语言研究所编《明清史料·乙编》第三册，第 298b 页。

④ 蒋良骐：《东华录》卷三，中华书局，1980，第 46 页。

⑤ 《太宗实录》卷五一，第 677 页。

⑥ 《兵部为辽东总兵吴三桂密筹战守方略事行稿》，中国第一历史档案馆、辽宁省档案馆编《中国明朝档案总汇》（三五），第 297 页。

虑攻坚速胜这样的"捷径"。在锦州围城期间，攻守士兵之间出现过一番颇有意思的对话。外城的蒙古士兵问城外巡逻清兵："尔等围困何益？我城中积粟可支二三年。纵围之，岂可得耶？"清兵应道："无论二三年，纵有四年之粮，至五年后，复何所食？"① 这番问答出自兵丁之口，却能载于实录之中，或许正因为这就是皇太极决心的写照。而正是有赖于这种决心，围城打援才能得以坚决地贯彻始终。围城总指挥多尔衮曾数次建议造云梯强攻，皇太极都明确予以否定，重申"不如持久，以待食尽"② 的思路；后来多尔衮、豪格等人违背命令，擅自让围城部队"离城远驻，遣兵归家"，以至守军能够"多运粮草入城"，皇太极闻之大怒，毫不留情地将其撤职并降为郡王，改派济尔哈朗、阿济格等人严格落实围城方针。③ 正如都察院参政张存仁所说，"略地易以得利而围城难以见功"，让惯于剽袭、劫掠的八旗士兵长期屯驻围城，必然导致"旷日持久，将士不无苦难懈怠之心"；但张存仁也指出，"围困锦州之计，实出万全"，是当时最合理、最稳当的策略，所以就需要皇太极自己信念坚定，方能"鼓励三军之气，坚持围困之策"。④

皇太极思想上的坚决，让明军又一次陷入了大凌河之战的窘境。其实，新任蓟辽总督的洪承畴也看出了问题的关键，他说："今日筹辽非徒言守，必守而兼战，然后可以成其守。"⑤ 故而想要解锦州之围，唯一的办法就是击败围城清军。于是，1641 年夏，洪承畴率十三万援兵进抵松山；皇太极也御驾亲征，倾全国之兵前来决战。一场决定双方命运的大会战即将拉开帷幕。这种局势对于善于野战的清军来说已经相当有利。但此时的皇太极已比以往更加沉稳，即便在己方最擅长的野战中也不准备贸然出击、正面硬拼，而是继续贯彻"谋攻"之道。他根据明军高度集中、缺乏纵深的弱点，利用清军骑兵高速机动能力，绕至对方背后，掘壕筑垣，切断其补给线。此举造成明军军心涣散，有将领率部先逃，导致全军混乱奔

---

① 《太宗实录》卷 55，第 738 页。

② 吴晗辑：《朝鲜李朝实录中的中国史料》第九册，中华书局，1980，第 3687 页。

③ 《太宗实录》卷 55，第 733~738 页。

④ 《太宗实录》卷 51，第 680 页。

⑤ 《兵部为遵旨密筹辽东奇正战守机宜事行稿》，中国第一历史档案馆、辽宁省档案馆编《中国明朝档案总汇》（三五），第 314 页。

溃。本来一场两军激烈厮杀的大会战，就这样变成了一边倒的追歼战。①
明援军之惨败，使松、锦两城已成孤注，局势完全倒向清方。但在此种极
为有利的形势下，皇太极依然拒绝攻坚，而是继续"筑土城掘壕以守
之"。② 他应该不会忘记，自己是如何惨败于此两城之下。况且当时松山城
内尚有洪承畴统帅的万余精兵，锦州城内也有名将祖大寿指挥的上万守
军。若强行攻坚，对手凭城用炮的惯技又得施展，清军甚或有转胜为败的
危险。即便能够攻下两城，其代价也必然不小。所以皇太极决意把长围久
困坚持到底。这就使此次决战中最重要的两座要塞——松山与锦州，一则
失陷于"军民粮尽"③ 情况下的将领叛变，一则因"城内粮尽，人相食，
战守计穷"④ 而开城投降。此后，清军虽用大炮强攻塔山、杏山两城，但
因其城小兵寡，再加上松、锦之降已令守军斗志全无，故很快便被攻破或
者自行投降。实际上，此两城之克对于整个战局而言已无关宏旨。但即便
如此，皇太极依然指示将领："举炮时，不可击城上女墙，当击城之中间，
俟十分颓坏，方令我兵登进，其小有破坏处，毋妄令登进。"⑤ 不难看出，
尽管已经胜利在望，但此时的皇太极对于火炮攻坚依然保持着慎重的态度
和清醒的头脑。

三　皇太极思想转变的启示与红夷大炮的"神话"

自宁锦惨败之后，明朝在关外的坚城大炮成了皇太极最头疼的问题。
尽管大凌河的胜利说明，围城打援是当时最合理的选择，但对于急欲入主
中原甚至连做梦都已经"入明宫"⑥ 的皇太极来说，这条道路却并不太合
心意。红夷大炮这一新式武器，则使皇太极看到了一条终南捷径，从而迅
速回到强攻的路子上去。但惨痛的现实使他最终意识到此路不通。这是他

---

① 具体经过参见孙文良等著《明清战争史略》，辽宁人民出版社，1986，第405－414页；
　　李鸿彬《皇太极与松锦大战》，《史学集刊》1987年第2期。
② 佚名：《沈馆录》卷3，《辽海丛书》第四册，辽沈书社，1985年影印版，第2796页。
③ 中国第一历史档案馆：《清初内国史院满文档案译编》上册，光明日报出版社，1986，第
　　468页。
④ "国立中央"研究院历史语言研究所编《明清史料·丙编》第一册，商务印书馆，1936，
　　第80b页。
⑤ 中国第一历史档案馆：《清初内国史院满文档案译编》上册，第469页。
⑥ 《太宗实录》卷36，第464页。

始料未及也不愿看到的。不过，皇太极终归还是排除了主观因素的干扰，完全放弃了攻坚速胜的念头，重新回归长围久困这样的"笨"办法。看似简单明了的"围城打援"思想，就在这样曲折反复的过程中方才得到最终的确立。实际上，不少中外军事统帅都有类似的思想转变历程。比如1796～1797年，拿破仑率军进攻意大利著名的曼图亚要塞。由于其极为坚固且拥有大量火炮，法军强攻月余都难以见效，只能放弃速胜的念头，改取围城打援，最后用了九个月的时间，在数次击败奥地利援军之后，才迫使守军于弹尽粮绝中投降。① 再如李鸿章。他也曾坚信西洋大炮攻城无坚不摧、可以速战速决："放实心弹巨炮二三尊，庶高下并落，中边俱透，使其垛楼尽坍，立脚不住，然后以先锋树梯而登，万无一挫。"② 但经历数次攻坚损失惨重之后，其对于巨炮强攻已持相当谨慎的态度，认为"炸炮可以攻坚，而爬城队伍可以死拒，……虽轰破城垣，竟未得入，转多伤亡"，所以后来攻常州城时一再申明"设轰坍城垣，仍爬不进，惟有围困数月，待其粮尽自毙"，"设再轰打不进，即长围困之"。③ 这两个例子说明，皇太极的这种反复与游移并非个例。人类的理性毕竟有其局限所在，在决策时常会受到诸多因素尤其是主观因素的影响。这就决定了即便如皇太极、拿破仑、李鸿章这些拥有过人军事天赋的统帅，也无法一直保持思路的客观合理，甚至还可能出现盲目乐观、轻敌大意、急于求成等心态从而做出错误的选择。因此，他们能够取得成功，除了天赋之外还必须具备一项重要的特质，那就是弹性的思维与反思的精神。这使他们能够克服主观情绪或者意愿的左右，及时修正自己的思路，从而尽可能地保证主观服从于客观。其实，基本的"兵法"或者军事规律并不需要"上智"才能掌握，有些甚至可谓老生常谈。但能否将其落实到战场上并坚持下来，真正做到"主不可以怒而兴师，将不可以愠而致战，合于利而动，不合于利而止"（《孙子兵法·火攻篇》）却极为有赖于这种思想品质。

---

① 参见王朝田、梁湖南编著《从土伦到滑铁卢——拿破仑战争述评》，解放军出版社，1985，第74－98页。
② 《致浙江抚台曾》，顾廷龙、戴逸主编《李鸿章全集》第29册《信函（一）》，安徽教育出版社，2008，第244页。
③ 《常州合围折》、《常州近日军情片》，顾廷龙、戴逸主编《李鸿章全集》第一册《奏议（一）》，第476、481页。

　　此外，皇太极的这番思想转变历程也不禁让人开始重新思考一个问题：红夷大炮是否如一些学者所说，是皇太极在关外取得最终胜利的决定性因素呢？① 这种决定性的作用究竟体现在哪里呢？不能否认的是，红夷大炮确实有很大的实战价值，比如丰富了满族军队的作战手段，特别是使其在清理要塞外围据点时能够更为迅速，能够更有效地减少兵员伤亡。但是，具有决定胜负的作用这样的评价却似乎未可轻许。因为皇太极在关外战争中的几次重要战役，都是依靠围城打援制胜，而非运用火炮强攻克敌。况且，红夷大炮投入战斗并未根本改变后金（清）军以万矢齐发、铁骑纵横的方式来取得各次打援战斗的胜利。正如美国学者狄宇宙所说，八旗军装备了火炮"并没有导致他们完全放弃金/清以前的战争方式，而是使其更加完备"。② 既然如此，红夷大炮的决定性意义又从何得见呢？从这个角度来说，红夷大炮便似乎有点被"神化"的嫌疑。而其之所以被"神化"，或许正因为历史研究中一种"后见之明"的惯性所致，即会不自觉地根据后世的发展结果，去有意识地放大或者高估某些看似更具"现代化"特征的因素，从而忽略了对历史场景与细节的考察，倾向于对历史上一些复杂、费解的现象做出简化的解释。具体到这个问题上，便习惯于出现这样一种解释路径：相比于刀枪弓马甚至是明军的早期管状火器，西洋传来的红夷大炮——作为近代火炮的前身，显然更具有"现代性"，故理所当然更有决定性意义；满族军队也只有掌握了这种代表着"现代化"方向的西洋大炮，才有可能取得胜利；否则，仅凭其"落后"的弓马又如何能战胜已经装备火器的明朝军队呢？推而论之，后来满族统治者依旧强调骑射，自然是一种落后保守的表现。但从关外各次重要战役的细节来看，弓马骑射确实发挥了比红夷大炮更关键的作用，因为这是他们能够实施围

---

① 不少学者认为，后金（清）军拥有红夷大炮，彻底改变了同明军的力量对比，是取得关外决定胜利的关键。参见何平立《论明清战争中火炮发展的重要作用》，《军事历史研究》1990 年第 2 期；李斌《西式武器对清初作战方法的影响》，《自然辩证法通讯》2002 年第 4 期；黄一农《红夷大炮与皇太极创立的八旗汉军》，《历史研究》2004 年第 4 期；刘鸿亮《明清时期红夷大炮的兴衰与两朝西洋火器发展比较》，《社会科学》2005 年第 5 期。

② 〔美〕狄宇宙：《与枪炮何干？火器和清帝国的形成》，〔美〕司徒琳主编《世界时间与东亚时间中的明清变迁》下卷《世界历史时间中清的形成》，生活·读书·新知三联书店，2009，第 191 页。

城打援从而赢得决定性胜利的前提。若缺少此项条件，仅凭红夷大炮则显然无法取得松锦决战的胜利。因此，满人抱着弓马不放，并非仅仅基于顽固的民族情感，很大程度上确实是因为铁骑弯弓乃其入主中原的根本。毕竟，在生死攸关的战争中，现实需要总比民族情感更有说服力。故其自称"我国家以弧矢定天下"①确非虚言，"满洲夙重骑射"②则亦可理解。而批判满人强调弓马骑射甚于象征着"现代性"的西洋大炮，甚至认为他们应该早早放弃铁骑弓矢，便颇有难为古人之嫌。借用一位美国学者的话来说就是，我们应该"在他们特有的环境中，用他们自己的言语来评价这些帝国的军事技术，而不必从十九世纪失败于正享用经济和政治扩张的持续发展果实（作为一个独特的众多因素汇合之结果）的西方工业的列强之手来予以事后的解读"。③如此，或许有助于我们避免那种"以今情测古意，特别是有意无意中容易以后起的观念和价值尺度去评说和判断昔人"④的"倒放电影"的研究取向，从而发掘出更多未被重视的历史细节。

（作者单位：华北电力大学）

---

① 昭梿：《啸亭杂录》卷1，中华书局，1980，第16页。
② 赵尔巽等撰《清史稿》（第十四册）卷一三九《志一百十四·兵十》，中华书局，1976，第4123页。
③ 〔美〕石康：《明清战争中大炮的使用》，《清史研究》2011年第3期。
④ 罗志田：《民国史研究的"倒放电影"倾向》，《社会科学研究》1999年第4期。

清初西南局势及清政府的应对方略

于爱华

摘　要：清朝初年，北方地缘局势严峻，边患不断，西南边疆成为朝廷的后方战略基地。清初西南局势并不稳定，吴三桂坐镇云南，形成尾大不掉之势；西南土司不断壮大，且日益威胁清廷的西南边疆。基于以上地缘局势的判断，清政府在西南地区采取稳定西南局势以解除朝廷后顾之忧的策略，同时采取了一系列旨在剪除隐患稳定西南局势的应对方略，如改土归流，和平处理对外关系，重划川滇黔交界区，驻扎军队等，收到了预期的效果。

关键词：清初　西南　改土归流　边疆稳定

清朝前期西北地缘局势严峻，西北边患严重，但西南地区的稳定也不容忽视。清初将主要精力放在西北边疆问题的解决上，对西南地区的局势则无暇南顾。只是任用吴三桂镇守云南，并袭封大量土司。随着吴三桂势力坐大，土司日益骄纵，成为危害西南社会稳定的重要因素。随着北部边患的解除，朝廷开始留意西南问题，并确立稳定西南边疆、安边守疆的基本策略。这一策略对西南局势的发展及西南社会经济的发展均产生了重要作用。

关于这一问题目前学术界已有研究。吴喜、杨永福的《清代前期对西南边疆的治理思想及其治策》[①] 一文从治策的角度探讨了清朝对西南地区的治理。罗婵《清政府对西南地区的管理和控制》[②] 一文指出清政府通过

---

① 吴喜、杨永福：《清代前期对西南边疆的治理思想及其治策》，《贵州民族研究》2012 年第 3 期。

② 罗婵：《清政府对西南地区的管理和控制》，《广西社会科学》2003 年第 7 期。

撤藩和改流，从选官、保甲及教化方面实现了对西南地区的控制。李世愉《清政府对云南的管理和控制》① 一文，指出改土归流在清朝治理云南过程中的重要性。这些研究对于我们了解清朝治理西南具有重要意义。不可否认的是，清朝是西南地区统治最深入、发展最快的历史时期，这与清政府对西南局势的判断及其所营造的稳定局势是分不开的。这一问题的研究不仅提供了重要的历史经验，同时也有重要的历史启示。鉴于该问题的重要性，本文认为仍有较大的探讨空间。

一　清初统治者对西南局势的分析及其西南治策的确立

清朝初年西南局势并不稳定，其主要表现有二。

1. 吴三桂坐大，危害地方社会

顺治十六年（1659），清朝开启了对西南地区的统治。时洪承畴上疏："云南山川峻险，幅员辽阔，非腹里地方可比。请敕议政王、贝勒、大臣密议，三路大兵作何分留驻守？"② 建议 "请如元、明故事，以王公坐镇"。③ 清世祖遂诏命吴三桂镇守云南，并谕吏兵二部："凡云南省文武官举黜及兵民一切事，命三桂暂行总管，俟数年后补授，仍照旧例。"④ 由此开启了吴三桂坐镇云南的历史。吴三桂被赋予较大权力，"当兹地方初定之时，凡该省文武贤否，甄别举劾，民间利病因革兴除，及兵马钱粮一切事务，俱暂著该藩总管，奏请施行……俟数年后，该省大定，仍照旧令各官管理"。⑤ 名 "暂管"，实 "内外各该衙门，不得掣肘"。⑥ 又以 "贵州接壤云南，皆系严疆要地，且苗蛮杂居，与云南无二，其一切文武官员，兵民各项事务，俱照云南例，着平西亲王管理"。⑦ "两省官职听其选择题授"⑧。吴三桂在云南由此坐大。吴三桂统治云南期间，在西南地区制造不少麻烦和动乱。由于清廷将重心放在解决西北蒙古问题上，只求暂时稳定

① 李世愉：《清政府对云南的管理和控制》，《中国边疆史地研究》2000 年第 4 期。
② 《清世祖实录》卷 124，顺治十六年三月甲寅。
③ 《清史稿）卷 237《洪承畴传》。
④ 《清史列传》卷 80《逆臣传·吴三桂传》。
⑤ 《清世祖实录》卷 129，顺治十六年十月己酉。
⑥ 《清世祖实录》卷 129，顺治十六年十月己酉。
⑦ 《清圣祖实录》卷 7，康熙元年十二月丁酉。
⑧ 《清圣祖实录》卷 44，康熙十三年二月辛酉。

西南边疆地区的统治，无暇顾及吴三桂。正是在"羽书旁午，朝廷假以便宜"的特权下，吴三桂势力逐渐坐大，"西选"之官遍天下，"骄恣尤甚"，成为日后西南边疆动荡的重要因素之一。

顺治十七年，云南因军饷过多而引起朝臣撤军的议论，吴三桂以云南边疆未宁为由予以拒绝，并指出云南地区不稳定的隐患在于："李定国、白文选等以拥戴为名，引溃众肆扰，其患在门户；土司反复，惟利是趋，一被煽惑，遍地蜂起，其患在肘腋；投诚将士岂无系念故主者？边关有警，携贰趁机，其患在腠理。且滇中米粮腾踊，输挽络绎，耕作荒而逃亡众，养兵难，安民亦难。唯及时进剿，净尽根株，乃一劳永逸之计"。① 随着国内局势的稳定，朝廷开始留意西南局势。为探知清廷态度，吴三桂上疏康熙帝，请求撤藩，"所部繁重，昔自汉中移云南，阅三岁始毕。今生齿弥增，乞赐土地，视世祖分界锦州、宁远诸区倍广，庶安辑所得"。② 康熙帝撤藩决心坚定，"三桂蓄异已久，撤亦反，不撤亦反。不若及今先发，犹可制也"。③ 康熙十二年（1773）九月，康熙帝下达撤藩诏书，十一月，吴三桂举兵反清，国号"周"，迅速占领云、贵、湘，并煽动少数民族同时反叛。十七年三月，吴三桂称帝，秋，病死。孙吴世璠称帝，号"洪化"。康熙二十年，清军趁机进攻贵阳和云南，十月，灭吴周政权。

吴三桂统治云南期间专横跋扈，造成了西南社会的动乱。"三桂专制滇中，十有四载，位尊权重，收召人才，树立党羽，命吏不为用者，辄厄去之。凌雪诸土司，草薙禽狝，阳居拓地之功，而阴擅其利。诸水陆要冲，遍置私人榷敛市货，潜积硝矿诸禁物。诡称边警，要挟军需，以示饷不可裁。日练士马，利器械。云南十镇大帅及贵州提督李本深、四川总兵吴之茂、陕西提督王辅臣辈皆旧部将，为之腹心。应熊尚主京师，朝事大小，飞骑报闻。久益跋扈，所为多不法"。④ "三桂挟封疆以重，张皇边事，自负万里长城，镇将欺督抚，三桂欺朝廷，怀藏弓烹狗之虑，深市权固位之念，重劳王师伤财所不顾矣！"⑤

---

① 《清史列传》卷 80《逆臣传·吴三桂传》。
② 《清史稿》卷 237《洪承畴传》。
③ 《清史稿》卷 237《洪承畴传》。
④ 刘健：《庭闻录》卷 4。
⑤ 刘健：《庭闻录》卷 4。

2. 土司众多，西南局势动荡

明中期以后，土司势力的膨胀，已影响到西南地区的稳定。但清初统治者同样是无暇顾及。正如顺治帝所言："滇黔阻远，尚未归诚。朕将以文德绥怀，不欲勤兵黩武。而远人未喻朕心，时复蠢动。若全恃兵威，恐玉石俱焚，非朕承天爱民本念……各处土司已归顺者加意绥辑，未附者布信招怀，务使近悦远来，称朕诞敷文德至意"。[①] 清朝承袭了明朝承认土司的统治，"嘉其向化，仍予世袭"。[②] 清初政权为获取支持和认同，对土司采取招徕态度，"命在事诸臣加意招徕，予以新敕印，归者毋即收缴，则归我者必多"。[③] 在平定三藩之乱之立功的土司也予以承认。于是，清朝初年西南地区便保留了大量土司。

由于清初西北边防压力严峻，清廷将重心放在西北边防，对西南地区的情况鲜有留意。随着土司的不断壮大和发展，势力逐渐坐大，形成了威胁西南地区稳定的重要隐患。为此，朝廷关于土司危害地方社会的上疏不断出现。雍正二年，雍正帝特颁谕旨："朕闻各处土司鲜知法纪，所属土民每年科派，较之有司征收正供，不啻倍蓰，甚至取其马牛，夺其子女，生杀任情，土民受其鱼肉，敢怒而不敢言"。[④] 土司不但残酷盘剥土民，还造成了地方社会的动荡。"今之土司，无异古之封建。但古制公侯不过百里，今之土司之大者延袤数百里，部落数万余，抢劫村寨，欺压平民，地方官莫之敢指"。[⑤] 有些土司还威胁到了地方统治。乌蒙、镇雄土司，"在土司中尤为强横不法，其为地方之患，乃天下共知者，大臣等奏请改土为流者甚多"。[⑥] "苗疆当贵州、湖南之境，叛服靡常，历朝皆剿抚兼施"[⑦]，"威宁界滇、蜀，诸土司虐使其众，时出掠境外；乌蒙禄万钟、镇雄陇庆侯尤强悍"。[⑧] 在四川大凉山地区，"夷族分数百支，不相统属；

---

① 《清世祖实录》卷25，顺治十年五月庚寅。
② 雍正《太平府志·沿革》。
③ 《清史稿》卷262《魏裔介传》。
④ 《清世宗实录》卷20，雍正二年五月辛酉。
⑤ 《朱批谕旨》第21册，雍正五年闰三月二十日黄焜奏。
⑥ 《世宗宪皇帝谕旨》，雍正八年四月初六日。
⑦ 《清史稿》卷137《兵八·边防》。
⑧ 《清史稿》卷292《杨永斌传》。

叛则出掠，掳汉民作奴，遇兵散匿"。① 在川滇黔的相连之地，"土蛮不耕作，专劫杀为生，边民世受其荼毒；疆吏屡请其改隶，而枢臣动诿勘报，弥年无成划"。② 雍正四年（1726），鄂尔泰上奏："苗倮逞凶皆由土司，土司肆掠并无官法，恃有土官、土目之名，行其相杀、相劫之计，汉民被其摧残，夷人受其荼毒。此边疆大害，必当剪除者也。""统计滇、黔，必以此为第一要务"。③ 等等，关于土司危害地方社会，造成地方动荡的奏疏不断出现。

清初在西南地区派遣吴三桂坐镇云南，以及保留大量土司是基于当时的地缘形势下的权宜之策，其主要目的是"辑宁疆圉，以宽朝廷南顾之忧"。④ 即安边保疆，确保西南稳定以解除朝廷西南后顾之忧。因此，清朝前期在西南地区的策略是稳定疆域、保土守疆。三藩之乱平定后，土司林立形成尾大不掉之势，成为清前期严重威胁西南疆域稳定的隐患。为铲除隐患，稳定西南局势，清朝采取了一系列应变方略。

二　清朝的西南应对方略

为稳定西南局势，清朝在西南地区主要采取以下方略。

1. 改土归流，剪除隐患

从地缘战略的角度来说，西南边疆的稳定于清廷至关重要。当西北边患解除后，西南边疆问题便被提上了日程。西南边疆经历了明末清初的长期战乱，及吴三桂统治期间的动乱，经济凋敝、社会动乱。康熙二十年平定三藩后，土司成为威胁西南疆域稳定的隐患。

鄂尔泰上任后便指出，土司是西南社会不稳定的根源。"云贵大患，无如苗蛮。欲安民必先制夷，欲制夷必改土归流。⑤" 提出改流对策，指出改流重点为四川所辖东川、乌蒙、镇雄土司，广西所辖南宁、太平、思恩、庆元府下诸土司，云南西南界澜沧江内外诸土司，以及贵州苗疆地区。这些地区皆为清廷统治薄弱或统治所不及之区域。东川等土府地处云

---

① 《清史稿》卷 513《土司二·四川》。
② 魏源：《圣武记》卷 7《西南夷改土归流记》。
③ 《朱批谕旨》第 25 册，雍正四年九月十九日鄂尔泰奏。
④ 《清世祖实录》卷 137，顺治十七年六月庚子。
⑤ 魏源：《圣武记》卷 7《雍正西南夷改流记》。

南、四川交界处，朝廷长期鞭长莫及，土民"终身无见天日之期"，其地"膏腴四百里无人敢垦"；南宁等地诸土司，由于"黔、粤以牂牁江为界"，有事"文武动辄推诿"；云南澜沧江内外诸土司，"无事近患腹心，有事远通外国。自元迄明，代为边害"。苗疆地区"为顽苗盘踞，梗隔三省，遂成化外"，"如欲开江路通黔、粤，非勒兵深入遍加剿抚不可。"并指出"纵兵刑财赋事事整饬，皆治标而非治本。"这些地域由于统治的不深入，成为动荡的核心区。鄂尔泰提出改流方针："计擒为上策，兵剿为下策；令自投献为上策，勒令投献为下策"。① 希望通过改流，"剪除夷官，清查田土，以增租赋，以查地方"。②

雍正朝改流分三个阶段。雍正四年前为第一阶段，改流重点为个别残暴之土司，如云南丽江土府和威远土州，以及广西的上林长官司、安隆长官司、永顺长官司和龙州土司等，改流地域主要为云南和广西。雍正四年至九年为第二阶段，是为改流高潮期。"四年至九年，蛮悉改流，苗亦归化。"③ 此阶段改流规模大，改流数量多。改流重点为云南和贵州，广西和四川其次。雍正九年后为第三阶段，重点区域为湖广、四川和广西，同时大量推行善后措施。

雍正朝西南地区的改土归流可谓是力度大、规模大，对大、中土司及拒不服从的土司进行了改流，基本达到了预期目的。改流后大量土司被废除，剩下的部分土司，主要分布在对边疆和对封建统治影响不大的偏僻之地，且大部分级别较低。此次改流沉重打击了土司的地方势力，稳定了中央王朝在西南地区的统治，为进一步加强对西南地区的控制，稳定西南局势，清政府在改流地区推行保甲制度，使其管理更加深入和有效。

2. 和平处理对外关系，确保西南边疆稳定

从地缘政治关系来说，西南地区与东南亚国家接壤，清廷与东南亚国家地缘政治关系直接关系到西南局势的稳定。鉴于"滇省东接东川，西接猛缅，北距蒙番，南达安南"，有人建议"臣等量地设防，从长布置，务

---

① 《雍正朝汉文朱批奏折汇编》第 8 册，云南巡抚管云贵总督事鄂尔泰奏，雍正四年九月十九日，江苏古籍出版社，1991 年影印本。
② 《雍正朝汉文朱批奏折汇编》第 8 册，云南巡抚管云贵总督事鄂尔泰奏，雍正四年九月十九日，江苏古籍出版社，1991 年影印本。
③ 魏源：《圣武记》卷 7《雍正西南夷改流记》。

使无事分扼要害，有事犄角相援，然后可经久而无患"。① 乾隆二十二年
（1757），云南巡抚刘藻上奏："至开化、普洱、永昌等府皆与交趾、南掌、
缅甸为邻。年来外夷内讧，多有自相攻击之事。然距内地甚远，不足致
问。惟在严饬文武员弁，于沿边要害，加谨防范，则边民安堵，中外肃
清"。② 可见，与东南亚国家的关系直接影响西南局势的稳定。

清朝承袭明朝对东南亚国家的政策，与缅甸、老挝、越南等国家间建
立宗藩关系，实现安边守疆之目的。顺治四年，顺治帝诏谕："东南海外
琉球、安南、暹逻、日本诸国，附近浙闽，有慕义投诚，纳款来朝者，地
方官即为奏达，与朝鲜等国一体优待，用普怀柔"。③ 同年再次颁诏，招徕
琉球、安南等国。顺治十七年，安南遣使入贡，请求清朝予以承认，次年
清朝敕书安南黎氏贵族，约其"永作屏藩，恪守职贡"。康熙五年
（1666），清朝赐安南封印，再次肯定双方关系。1884 年法国占领安南，双
方间的宗藩关系方告结束。

缅甸在清初曾接纳南明流亡政权，后政变，把永历帝献给清军。三藩
之乱平定后，"是时三桂未及为善后，许以边外木邦、猛密、大山诸土司，
听其仍为缅属，不复能如明初之众建而分其势"。④ 清廷承认木邦、猛密等
土司属缅管辖的现实。雍正七年，清廷拒绝整迈土司内附的请求。乾隆十
年，木邦土司要求贡，地方官员认为木邦土司在明末以来一直属于缅甸，
不便允许，予以拒绝。对于清廷此举，一方面是避免插手缅甸事务引发边
界纷争，另一方面则是妥善处理对缅关系，确保西南局势的稳定。乾隆三
十二年（1767）及三十四年，中缅边境纠纷，清廷两次出兵征讨。乾隆五
十三年，缅甸上书表示愿意臣属。五十五年，清廷予以册封，正式建立宗
藩关系。1858 年英国占领缅甸，宗藩关系结束。⑤

整个清朝期间与东南亚国家间的关系总体来说是和平友好的，清廷这
一政策的实施是基于西南边疆安边守疆策略的考量。对于这一点清廷统治
者是有清醒认识的，雍正帝在鄂尔泰奏报老挝求贡折上批示："朕之所喜，

① 蔡毓荣：《酌定全滇营制疏》，乾隆《云南通志》卷 29。
② 《清高宗实录》卷 553，乾隆二十二年十二月丁亥。
③ 《清世祖实录》卷 33，顺治四年二月癸未。
④ 赵翼：《平定缅甸述略》，《永昌府文征·纪载》卷 18。
⑤ 魏源：《圣武记》卷 6《乾隆征缅甸记》、《乾隆征抚安南记》。

非外国之纳款，盖以此国内附，则镇沅新定一带地方可永保无虞矣"。① 其真实目的显露无遗。

3. 重划川滇黔交界区，实现有效控制

西南地区情况复杂，尤其是川、滇、黔交界处，长期成为三不管的真空地带。但这一区域战略地位非常险要，为重要交通线必经之处，同时这一区域民族情况复杂，中央王朝的统治并不深入。相连地区常视其为动乱的根源，并危及整个西南局势的稳定。如"乌蒙土府与东川接壤，骄悍凶顽，素称难治。不惟东川被其杀掳，凡滇、黔、蜀接壤之处，莫不受其荼毒，而且产富田肥，负固已久，若不早图，终为日患"。② 有鉴于此，清廷加大对这一区域的整治和控制。

鄂尔泰上任后便留意到了这一区域存在的隐患。雍正四年鄂尔泰在《敬呈东川事宜疏》中提出调整川滇黔疆，归并事权的建议。康熙三十一年，清廷将东川府改土归流，划归四川省管辖，但从地缘形势上看，成都与东川府相距甚远，"一切事宜俱有鞭长不及之势"；且东川府民族众多情况复杂，"兼之土人凶悍，专事劫掠，川民不肯赴远力耕，滇民亦不敢就近播垦。故自改土以来，历今三十余载，风俗仍旧，贡赋不增"。这一调整并未收到实效。鄂尔泰认为"是川省之无济于东川，而东川之无益于川省也，明矣。"并建议将之改隶云南省。"四川东川府与云南寻甸州接壤，应改隶云南，就近管辖"。③ 东川被划归云南管辖。五年，四川所属乌蒙、镇雄划归云南。

除川滇黔交界处进行重新划分外，便于有效管理和控制，清廷还对一些隶属不清的地域进行重新划分。雍正七年，置普洱府，八年，置开化府，解决了南部边疆某些区域隶属不清的问题。此后，清廷再次调整乌蒙、广西、武定、元江、镇沅、景东和蒙化等府的设置及隶属关系。八年，雍正帝平定禄鼎坤之子禄万福叛乱，将乌蒙改名为昭通。此外，在雍正六年，还将原属四川的遵义府（原播州）划归贵州，④ 进一步增强了贵州的独立性，加强了贵州的地缘战略地位，增强了清廷对整个西南局势的

---

① 《朱批上谕》第 54 册，雍正七年七月二十四日云贵广西总督鄂尔泰奏之朱批。
② 《朱批谕旨》第 25 册，雍正四年九月十九日鄂尔泰奏。
③ 《朱批谕旨》第 25 册，雍正四年十二月二十一日鄂尔泰奏。
④ 《清世宗实录》卷 71，雍正六年七月戊寅。

控制。

明清两朝皆对西南政区进行了调整，其主要目的在于稳定西南地区的统治，保证西南地区交通线的畅通。明洪武十六年（1383），"云南所属乌撒、乌蒙、芒部三府隶四川布政使司"。① 这一调整并未真正稳定西南局势。清朝对上述地区的行政区划的重新调整，严格明确各省管辖疆界，减少各省因疆界不明而相互推诿的情形。分割后的川滇黔交界处形成犬牙交错的行政格局，彝族土司的势力被分割，清廷实现了对这些区域的有效控制，有利于西南局势的稳定。

4. 驻扎军队，确保交通线畅通。

清廷在西南交通沿线及重要城镇驻扎大量绿营兵，确保了对西南的有效控制。绿营兵对稳定西南社会具有重要作用，不仅是清廷在西南改流的有力后盾，而且是改流后稳定西南局势的有力保障。

云南地区地缘形势特殊，云贵总督蔡毓荣曾分析说："滇隅要隘，环连数千里，非逼邻外国，即控驭蛮方，若以准增之兵零星均布，则势分力弱，非扼要制胜之策"。② "滇省东接东川，西连猛缅，北拒蒙番，南达安南，四周边险而中间百蛮错处，如倮猡、僰民、野苗等，种类繁多，最为叵测，故无在非险要之地，无地不需控御之兵"。在绿营兵的设防上遵循"量地设防，从长布置"的原则，以达到"无事分扼要害，有事犄角相援"的目的。③ 张允随也认为："滇省介在极边，百蛮环处，南连交（趾）、缅（甸），西控诸蛮，地广汛遥，夷多汉少，兵防边备，关系綦隆"。④ 绿营兵于西南局势的稳定至关重要。

鉴于西南地区重要的战略地位，云贵总督、两广总督和贵州巡抚皆有带兵权。清初确定的绿营兵制为云贵总督辖四营，云南巡抚二营。云南绿营兵兵额多时达 52000 名。平定吴三桂叛乱后，绿营兵"扼要制胜""积威控御"，重点部署在腹心及交通要道，以期居中四应，控驭边疆。随着改流的步步推进，绿营兵逐渐向边疆和山区层层推进。改流后的昭通府、东川府、普洱府、镇沅直隶厅、维西厅、中甸厅等云南的边缘地区皆派驻

① 《明太祖实录》卷151，洪武十六年正月辛未。
② 蔡毓荣：《分定增兵疏》，乾隆《云南通志》卷29。
③ 蔡毓荣：《酌定全滇营制疏》，乾隆《云南通志》卷29。
④ 《张允随奏稿》上卷，《云南史料丛刊》第8卷。

了绿营兵。乾隆五十年（1785），云南省共有绿营兵 41353 名，为西南诸省中最多。贵州巡抚二营，黔西、大定、威宁、镇远四镇总兵官，设三营，各带兵 2000 人。广西绿营兵额，康熙二十八年为 20000 人，乾隆五十年为 23588 人。贵州因军粮不足，许就地屯田，"有屯兵者为湖南、贵州"。① 随着统治的深入，清廷还在一些未改流的地区也驻扎绿营兵，设置汛塘。如云南地区的耿马、陇川、干崖、南甸、孟连宣抚司以及北胜州、富州等。

除绿营兵外，清廷还在西南地区驻扎防军、乡兵和土兵。因云南边境辽阔，清朝增练防军 30 营，共 15400 余名，分遣腾越、蒙自各边及大理、普洱各府驻守。协助防守的乡兵主要是夷兵、土司兵和土兵，在号称"瘴疠之地"的缅宁、腾越等边隘之地，主要是派乡兵镇守。在广西和贵州的土司地区，大量驻守的是土兵。清廷对苗疆的防范十分严格，以重兵镇之。整个苗疆可谓烽燧相望，声息相闻，防守之严密可见一斑。

结　论

清初对西南地缘局势进行总结，采取铲除隐患、稳定西南局势的策略。三藩之乱平定后，西南局势并未真正稳定，土司割据成为西南动荡的隐患。雍正朝推行大规模的改土归流，消除了隐患，并进一步推行保甲制度深入统治。为进一步实现西南局势的稳定，清廷还采取了其他方略。

在西南地区派驻绿营兵，由腹地向边疆、山区层层推进，对内加大统治力度，对外形成有效防御。正因为如此，思茅、橄榄坝各设官成兵，"以扼蒙缅、老挝门户"。于是老挝、景迈二国皆来贡象，"缅甸震焉"。②

与东南亚国家建立宗藩关系，保证了西南边疆的安定，还促进了对外贸易的发展。乾隆时期的滇缅贸易兴盛，"宝以璞来，棉以包载，骡驮马运，充路塞途。……其棉包则下贵州，此其大者"。③"查缅夷仰给内地者，铜铁、锣锅、绸缎、毡布、磁器、烟茶等物，至黄丝、针线之类，需用尤亟。彼处所产珀玉、棉花、牙角、盐鱼，为内地商民所取资。④" 双方交换

---

① 《清史稿》卷 131《兵二·绿营》。
② 《清史稿》卷 513《土司二·四川》。
③ 乾隆《腾越州志》卷 3《山水·物产》。
④ 《清高宗实录》卷 808，乾隆三十三年四月丁卯。

商品为日常生活必需品，可见贸易之兴盛。

对川滇黔交界的区划调整，重新划分了彝族势力，使清廷实现了对这一区域的真正控制。稳定的政治局面，大量移民涌入，开启了西南边疆大开发时期。乾隆初期成为清代云南社会经济各方面发展最迅速的时期，与此不无关系。[1]

（作者单位：云南师范大学）

---

① 方国瑜：《云南史料目录概说》，中华书局，1984，532 页。

清代河套地区土地政策演变及对农业生产影响探析

陶继波　　崔思朋

摘　要： 河套地区的土地开垦，有清一代经历了私垦和官垦两个阶段。由于其特殊的地理环境和所处的特殊时代，土地开垦成为其必然。伴随而来的水利发展和移民涌入成为这一时期这一地区的显著特征。在私垦阶段，地商及普通汉民在开垦中发挥了重要作用，加速了这一地区农业的发展。随着清末官垦的实行，大批内地汉民涌入，进一步促使河套地区土地的开发，使其逐渐成为北方重要产粮地区。此外，随着清代以来河套地区土地的开垦及人口的迁移，也给当地的人口数量、土地所有权、耕地面积、农作物及种植制度等带来了一些影响，导致近代以来河套地区的农业生产发生了不同以往的变化。

关键词： 清代　河套地区　土地开垦　土地政策　农业生产

河套地区[①]，位于内蒙古自治区的西部，属于典型的黄河冲积平原。由于有黄河贯穿其境，而且水量丰富，水质良好，提供了丰美的灌溉水

---

① 关于河套地区，有广义和狭义之分。广义河套的范围，包括贺兰山以东、阴山以南、吕梁山以西、明人所修长城以北的广大地区，这也是明清时期河套的最初概念。以今天的行政区划来说，包括宁夏回族自治区的银川平原、内蒙古自治区巴彦淖尔市后套一带、鄂尔多斯市的全境、包头市、呼和浩特市以及陕北长城以北地区，总面积20多万平方公里；狭义河套则仅限于广义河套的一小部分，即今磴口县巴彦高勒镇以东、乌拉特前旗西山嘴以西、狼山以南，黄河以北的后套平原。本文所涉及的河套地区即为狭义河套地区。其地在清末以前一直分属于不同的旗，河套平原的腹地是伊克昭盟鄂尔多斯左翼后旗（俗称达拉特旗）、右翼后旗（俗称杭锦旗）牧地的一部分，乌加河以北和东部三湖湾地区属乌拉特三公旗，其西部现磴口一带则归阿拉善厄鲁特旗管辖。光绪二十九年（1903）后，其地设五原厅。

源，再加上土质肥沃，光热条件好，其地很适宜农业的发展。因此，从秦汉时始，该地就开始引黄灌溉，进行农业开发，成为中原王朝与北方游牧民族之间的必争之地。元明以后的数百年，蒙古民族一直就在这里从事畜牧业生产，农业经济基本不复存在。到清代，随着内地汉族农民大量持续地涌入，灌溉农业再度出现并获得了极大的发展，并在清中后期掀起了一股开挖渠道、广辟良田的热潮，由此奠定了今日河套地区平畴相望、渠系密布的基础。

清代河套地区的土地开垦，根据其性质可分为两种：私垦和官垦。私垦是指民间的、非官方组织的土地出租和招垦。官垦则是由政府组织进行的大规模屯田和土地开垦。河套地区的土地开垦经历了一个从私垦到官垦的过程，在光绪二十七年（1901）贻谷放垦之前主要是私垦，从贻谷放垦之后，河套地区就进入了大规模的官垦时期，虽然私垦仍存在，但规模不大，已不如官垦突出。因此根据河套地区土地开垦的这种特点，可以将清代河套地区土地开垦的进程划分为两个时期，即清末以前的私垦阶段和光绪末年的官垦阶段。

一　清中前期私垦阶段河套地区的土地开垦

从清初开始，清廷对内蒙古地区实行封禁政策，严禁开垦蒙地。直到光绪二十七年以后，才由官府出面组织进行开垦，因此在光绪二十七年以前，河套地区的土地开垦均属于私垦，即流入此地的内地农民直接或间接（通过汉族地商）向蒙旗王公租种土地进行垦殖，租地时缴一定租金，垦熟后每年向王公贵族或地商纳一定地租，不用向清廷缴纳田赋，是为私垦。河套地区的土地开垦经历了一个从西部向东部逐渐发展的过程。根据清代开垦蒙地政策的演化，结合该地移民进程在不同时期所具有的不同特点，可以将清季放垦之前河套地区的土地开垦进程分为以下三个阶段。

（一）顺康雍时期——农业经济的再度出现

河套地区的土地开垦，是随着内地汉族移民的到来而兴起的。顺康雍时期，虽然清廷对蒙古地区已实行封禁政策，"对于汉人私垦蒙荒，极端禁止"，然而受多种因素的制约，其封禁政策在河套地区效果并不明显，反而是"私垦日多"①。早在清军入关之初,该地即已有内地沿边汉族农民前来垦种。当时一些在山西、陕西等地进行抗清斗争的汉族人民在反抗失败后,为了躲避清军的缉捕而北上,来到河套地区"耕稼其中"②。与此同时,北方黄河流域各省,由于受明末长期战乱的蹂躏,社会经济遭到严重摧残,大量农民纷纷破产,并形成了"竟无归所"的流民群。迫于生计,"于是口内贫民时时有溢出者","春出秋归"来河套地区垦荒谋生。③ 河套地区的农业经济再度出现,尽管规模非常小。此后在康雍时期,受多种因素的影响,内地农民继续向河套地区流入,河套地区的移民数量较前有所增加。

首先,康熙三十年(1691),山、陕北部发生严重灾荒,清廷为缓和社会矛盾和保证清军西征准噶尔部时的粮草供应,鼓励这些地区的灾民移居口外发展河套农耕。④ 于是"在康熙时代,为了军事的目的奖励开垦,由中国本部(内地)来的汉族农民进入此地区(河套地区)"⑤。

其次,西征准噶尔部的清军在路经河套的时候,在沿途设立驿站,由归化城西抵包头镇,然后向北出狼山。这也无疑给内地汉族人民进入河套地区提供了有利条件,很多内地汉族农民顺着这条兵站线,从土默特地区沿着黄河西行,进入河套地区垦种,"内地民人多有随大军而沿兵站大路西入河套,从此套内地户较前增多"⑥。雍正年间,受清廷在蒙地推行"借地养民"政策的影响,涌入河套地区垦荒谋生的内地农民日益增多。但受国家政策与社会关系的限制,这些农民多为"春种秋归"的单身"雁行"农民。他们春天来这里耕种,到秋天将收获的粮食就地出售后就返回家乡。

随着前来垦荒的内地农民的增多,河套地区的土地开垦较前有所发展。这些"雁行"农民多在离蒙旗王府较远的黄河支流岔河沿岸落脚,其

---

① 铁道部财务司调查科:《包宁线包临段经济调查报告书》,1932 年铅印本,第 G1 页。

② 参见张植华《略论河套地商》,内蒙古档案局、内蒙古档案馆编《内蒙古垦务研究》(第一辑),内蒙古人民出版社,1990,第 81 页。

③ 徐珂:《清稗类钞》(第五册),中华书局,1984,总第 2273 页。

④ 参见张植华《略论河套地商》,内蒙古档案局、内蒙古档案馆编《内蒙古垦务研究》(第一辑),第 82 页。

⑤ 西北研究所著《后套(五原、临河)概况》,张晋钺译,内蒙古图书馆藏稿本,第 11 页。

⑥ 廖兆骏:《绥远志略》,正中书局,1937,第 16 页。

中以缠金地（今临河区西部，约在新华镇、狼山一带）附近尤为集中。这时期河套地区仍无农田水利可言，"当时虽有私垦之禁，而春种秋归之习依然，惟仅就河引灌，水渠之利未能大兴"①。因此，"雁行"农民只能在黄河各支流岔河河水漫过的地方，选择不甚干旱的滩地进行农田垦种，并且有水则种，无水则转徙他处，流动性很大。由于人地关系不固定，汉蒙关系也较随便。这些内地农民以私人友谊与蒙古人约地而耕，并不纳地租，只是向蒙旗官员或蒙民送些茶、酒、布帛，秋后请有关蒙古人吃饭（所谓"办地人情"）即可耕地。因为此时该地农业尚属初创，故这些"雁行"农民的生活是非常艰苦的。"其来也，二三人或五六人结队群行，各背羊褐，囊叵罗糜子其中，饥则穴地为灶，置叵罗其上，掬道旁水和糜子炊食之。夜则拔丛苇，席羊褐于地，怀棒露卧，为防狼也，盖其艰苦如此。"② 但即使如此困难，河套地区随着内地农民的增多在康雍时期还是出现了大片的农田。③

（二）乾嘉时期——土地开垦的初步发展

如果说河套地区的土地开垦在顺康雍三朝还仅仅处于发轫阶段的话，那么在乾嘉时期则可以称得上是其初步发展壮大的时期。究其原因，主要体现在以下几个方面。

首先，统一多民族国家的建立，不可避免地会带来蒙汉民族间的和平往来。加之乾隆初年在归化城旁边又建绥远城以驻军。这本是为加强对蒙民的统治，但无形中却刺激了归绥地区的商业活动，使汉民大增并逐渐向河套地区移动。

其次，乾隆时河套地区的地理环境正向着有利于农业发展的方向发展。清初歧分为南北二支的黄河，到乾隆时已改行南道，北河则渐至淤塞，不但淤出大量肥田沃壤，而且还提供了利用河水灌溉农田的可能性，"后套平野面积骤广，而地质肥沃，故道河渠，天成河堰。山陕之民，争

---

① 绥远通志馆编纂《绥远通志稿》第5册，内蒙古人民出版社，2007，第589页。
② 《南园文存·记言》，转引自张海珊《开发河套的西通垦牧公司》，《阴山学刊》1994年第1期。
③ 参见姜涛《中国近代人口史》，浙江人民出版社，1993年，第209页。

相佃种"①。

最后也是最重要的一点是，即是"是时海宇清平，刁斗不警，孳生繁庶，内地即人稠地狭矣"②。因此随着人口的急剧发展，人地矛盾开始日趋尖锐，且封建剥削也日益加重，贫民谋生维艰，从而使内地一些自然条件不好的地区产生了人口外流的需求，晋陕甘一带即是如此。于是与之相毗连的地旷人稀、自然条件相对优越的河套地区也就成为这些地区贫民的首选地之一。

正是由于以上诸种原因，因此从乾隆十三年（1748）起，清廷虽数次颁布封禁令，以禁绝蒙古地区汉族新移民的迁入及新地亩的开垦。但是，河套地区的土地开垦非但没有得到有效的遏止，反而在一片封禁声中获得了新的发展和壮大。由此形成了事实上的发展与官方文献中一系列禁令相互并存的奇特现象。

这一时期，冲破封禁私自流入河套地区的内地汉族农民日益增多，河套地区的统治机构也相应发生了变化。清廷为了加强对其地汉民的统治，于乾隆八年（1734），将河套地区改隶于萨拉齐厅，归其遥制，"厅官因地属蒙藩置而不问"③。这说明此时河套地区的汉族农民已有一定的数量。

此后，随着政策的局部调整以及用水条件的改善，河套地区的土地开垦得到了进一步发展。乾隆十二年（1747），清廷与阿拉善蒙古和亲，将公主嫁给了阿王罗布桑道尔吉。当时乌加河以西的土地都归阿拉善王爷管辖，公主"欲治菜园"，于是便以"治菜园"的名义招用汉族农民在乌拉河以西的三道河两岸开河沟壕地数十顷，施以试种，大获其利，名之曰"公主菜园地"④。于是吸引了一部分逃荒汉族农民来此租垦务农。当时黄河北行狼山下，诸分流自北而南，河流狭窄，能驾小筏行于其中，人们依靠这个有利的对外交通条件来往于乌拉河一带。有山西平遥杨姓之人借机联合一些逃荒农民到三道河地方租地垦种，引河水灌田 300 多顷，因仍限

① 朴学斋：《后套实业调查记》，《地势》，内蒙古图书馆据 1923 年西北协会铅印本传抄。
② 姚学镜：《五原厅志稿》卷下，《艺文志·重修河套四大股庙碑记》，江苏广陵古籍刻印社 1982 年影印本。
③ 姚学镜：《五原厅志稿》卷下，《风俗志》。
④ 参见陈耳东《河套灌区水利简史》，水利电力出版社，1988，第 45 页。另可见梁丽霞《阿拉善蒙古研究》，民族出版社，2006，第 269－270 页。

于禁止"开垦蒙荒"的规定，便假名"公主菜园地"。"公主菜园地"的规模随之日渐扩大。由于有蒙古上层的支持，这些汉族农民便半公开地在河套西部开垦。

与此同时，随着黄河改道趋势的日益明显以及北河的渐趋淤塞，河套地区的用水条件得到进一步改善。此前，来该地垦荒谋生的汉族农民仅挑择不甚畏旱的地方，播种糊口，尚不知开渠溉田之利。后来他们中的一些渔民看到黄河及其支流"流势缓慢"，洪水漫溢之处，土质肥沃，可以耕种，于是便"于近河处，以桔槔取水浇田，试行种植，大适其利，于是来者日众"①。这在清代河套农业开发史上可以说是一个重要的转折点。当时这些农民多从陕西、宁夏、甘肃等地而来，那里的人都娴熟于农耕和引水浇地之事，于是便把先进的农业技术也带了进来。有的人家以捕鱼为名，从上游乘船而下，将家眷与农具、种子一起带来，在沿黄河北岸一带除打鱼外就定居下来，"艾榛莽，趋狐兔，筑室耕田"②，开始小片垦荒，因水种植，这有效地推进了河套农田水利开发的进展。此后，不仅达拉特、杭锦两旗所属土地被大批内地农民垦荒耕种，而且连乌拉特三公旗也于乾隆三十年（1765）即将黄河沿岸牧地私租给内地农民耕种。乾隆五十七年（1792），又允许佃种五年。③

虽然此时蒙旗允许汉族农民在一些地段耕种，但由于人少地广，农民们只筑坝拒水，并不注重建设灌溉渠道网络，"故其沟塍纵横，皆支离破碎，不成片断"④。当时这些农民租种蒙地不论顷亩，而是以牛犋为单位任意开垦。而且地租又极低廉，每一牛犋年租只有5钱，交纳的实物仅5斗糜子，更无须纳税。⑤ 与内地农民要承担官府、地主的双重苛征相比，河套地区无疑具有巨大的诱惑力。因此，乾隆以后内地汉族农民仍不断涌入河套，"租种蒙地，人民渐众"⑥。

而且在乾隆以后，旅蒙商人也开始进驻河套。这些来河套做生意的，

---

① 韩梅圃：《绥远省河套调查记》，第33页。
② 张相文：《河套与治河之关系》，《地学杂志》第5年第53号，1914。
③ 《清史稿》卷520，《藩部》三。
④ 张相文：《河套与治河之关系》。
⑤ 张鹏一：《河套图志》卷4《屯垦》，1917。
⑥ 金天翮、冯际隆：《河套新编》，《河套区域考·后套地区》，1921年稿本。

多系毗邻的河北、山西、陕西等省的商人，起初多以包头为据点，在河套开设商号，后来有的旅蒙商就在河套定居经营。这些挟带着大量商业资本的旅蒙商的到来，为日后河套地区水利建设的兴起与发展创造了条件。于是在道光时期，河套地区再度出现了农田水利工程，这使得该地区的土地开垦真正获得了快速发展。

（三）道光至清末放垦之前——土地开垦的快速发展

从道光年间到清末放垦之前（1821~1901），受农田水利大量被兴建以及内地自然灾害频发等诸多因素的影响，河套地区的土地开垦进入了一个快速发展的时期。

道光年间可以说是清代河套地区兴修灌溉渠道的起点。道光五年（1825），旅蒙商甄玉、魏羊利用原有天然河流刚目河开挖了清代河套地区最早的一条人工干渠——缠金渠（后改名为永济渠）。缠金渠的修建，使河套农田水利由过去依靠天然河水漫地和筑坝挡水一跃变为人工修渠浇地，由单纯的靠天吃饭变为人力控制自然。这对河套地区来说，无论在农业发展上还是水利建设上都是一个飞跃，而且无疑还对此时正在运转的移民进程起了推动的作用，正如学者所指出的那样，"由于在后套地方开通渠道，实行灌溉农业，对于缺雨地带的农业发展贡献很大，更促使春来秋去的季节性农民定居下来"[1]，从而拉启了清代以来河套移民与开垦土地高潮的帷幕。

口内的贫苦农民看到在河套地区借助灌溉垦种非常有利可图，于是接踵而至，耕地愈广，缠金地由此成为清代河套平原上除乌拉河以外第二个新辟的垦荒开发区域。道光八年（1828），清廷下特旨：开放河套缠金地，给地商耕种5年，并令达拉特旗、杭锦旗也将所属河套地节次开垦。[2] 缠金地开放后，内地汉族农民潮水般地涌泻到了这块水源丰沛、土地膏腴的平原，充分发挥自己耕耘稼穑的卓越才能。到道光十四年（1834）时，河套地区已呈现出"相沿部文而承种者有之，由台吉私放者有之，由各庙喇

① 〔日〕田山茂著《清代蒙古社会制度》，潘世宪译，商务印书馆，1987，第259页。
② 姚学镜：《五原厅志稿》卷下，《艺文志·重修河套四大股庙碑记》。

嘛公放者有之。开垦颇多，产粮亦盛"① 的景象。

在此期间，地商开始出现，并成为清末蒙地放垦之前河套地区农业开发与水利建设的投资者与组织者。所谓的地商，"是封建商业高利贷资本与土地相结合，以修渠灌地、收粮顶租、贩卖粮食谋取高额利润的商人"②。它由旅蒙商发展而来，是河套地区存在的一个特殊阶层。这些人随着在当地经济利益的不断扩大和收入的稳定，开始在河套定居经营，逐渐发展成为很强大的商业高利贷势力。在经营的过程中，他们与蒙旗王公等上层势力结合起来，不断扩大商业经营的范围，通过投资租种和分佃土地来获取更大的利润，成为名副其实的地商。

此后，随着道光三十年（1850）乌加河的淤断以及洪水涌流而下形成许多天然小河岔流等自然条件的变化，河套地区渠道的开挖变得十分有利，"数百里间极易开渠，足资浸灌"③。再加上河套地区凡河水所过之处，尽成膏腴。在此种地，有非常好的收获。这些都极大地刺激了河套地商开挖渠道以获厚利的积极性，于是继道光时开挖缠金渠之后，咸丰年间，众地商又集资开挖了合少公中渠、刚济渠等。这些渠道的开挖，在一定程度上加快了河套移民的进程，人口的增多，意味着土地也随之获得开垦。

随着来河套开渠种地的地商和农民逐渐地增多以及渠道的大量开挖，河套地区在道咸年间出现了农民"愈聚愈众，开渠垦地，几同秦晋"的"极盛"局面。④ 缠金地一带逐渐形成了以 48 家商号为中心的 48 个村落，每个村落各开田地数十顷至数百顷不等，包租蒙旗垦地连阡接垄，其中仅缠金渠一渠每年就可灌地三四千顷，收获的粮食高达数十万石。不仅缠金地如此，就连乌拉特三公旗到咸丰三年（1853）时，也已陆续私租地亩数十处，每处宽长百十里或数十里。当时整个河套地区垦殖规模之宏伟，由此或可窥见一斑。因此后人所称"道光、咸丰年间，后套因经多年之经

① 《清史稿》卷 520，《藩部》三。
② 张植华：《略论河套地商》，内蒙古档案局、内蒙古档案馆编《内蒙古垦务研究》（第一辑），第 81 页。
③ 《岑春煊、贻谷奏为会筹勘办蒙旗垦务大概情形折》（光绪二十八年三月），内蒙古自治区档案馆编《清末内蒙古垦务档案汇编》，内蒙古人民出版社，1999，第 3 页。
④ 金天翮、冯际隆：《河套新编》，《河套垦务调查记·后套》。

营，地方颇为繁盛"①，是颇中肯綮的。

同治年间，河套西部地区受到回民起义和匪患等影响，致使农事和渠工均有所荒废。此时河套开发的重点已经转移到了社会相对比较安定的东部，精通水利的地商郭氏父子及王同春等相继崛起，河套著名的八大干渠之一的通济渠、长济渠分别于同治六年（1867）、十一年（1872）由地商招募流民开挖。乌拉特三公旗也因该地"夙称产粮之区，而粮所由产，皆出于内地民人私种蒙古游牧之地。现金顺、张曜、老湘、卓胜各营军粮无不购买于此"，而由将军安定于同治九年（1870），奏请将垦出地亩"暂准耕种"，并责令按亩收租。②

同治以后，河套地区的土地开垦迎来了它的鼎盛时期。由于当时众多地商或独力、或集资共股，竞相开渠，"凡来套种地者，甫经得地，先议开渠，去别派分，各私所有，往往一渠所成时，或需至数十年，款或糜至十余万，父子相代，亲友共营，而已成之渠又每岁深刷其身，厚增其背，其流动充满而浃至溉田千百顷者，良非易也"③。就是在这样"父子相代，亲友共营"的努力下，河套地区在贻谷放垦前共修成大小干渠 56 条，并最终整合成以永济渠、刚济渠、丰济渠、沙河渠、义和渠、通济渠、长济渠以及塔布渠等八大干渠为骨干的渠系网，总长度为 1543 里，共有支渠316 道，灌溉面积达 1 万多顷。④ 这些干渠大者灌溉千顷以上，小者灌溉几十顷至百顷以上。农业耕作环境的改善，无疑扩大了对外来人口的引力场和容纳度。加之从光绪初年起，内地又频频发生自然灾害。而河套地区却因水利关系，岁收较丰，"赖有渠水浇灌，人有积粮，无乏食逃亡者"⑤，因此成为北方各省灾民理想的乐园。于是广大灾民携儿带女，背负肩挑，纷纷来到河套谋生，掀起了一次较大的塞外移民潮。这些灾民虽大部分在灾荒过后仍复故里，但因在河套地区易于谋生而就此定居下来的也不在少

---

① 廖兆骏：《绥远志略》，第 16 页。
② 《清史稿》卷 520，《藩部》三。
③ 《贻谷奏为统筹后套渠地全局亟宜大加修治推广利源一折并录谕旨意》（光绪三十一年七月），内蒙古自治区档案馆编《清末内蒙古垦务档案汇编》，第 1302 – 1304 页。
④ 参见张植华《略论河套地商》，内蒙古档案局、内蒙古档案馆《内蒙古垦务研究》（第一辑），第 89 – 91 页。
⑤ 转引自内蒙古政协文史资料委员会编《王同春与河套水利》，1989，第 38 页。

数，今五原县城乡关的"十二牛犋村"就是那时因灾民聚居而形成的。河套西部乌拉河与黄河交汇处的布囊的尔村也是这样形成的。

由于以上诸种因素，河套地区也迎来了它开渠辟地的高潮。当时杭盖地东西320多里，南北70～80里之内，到贻谷放垦前，私垦的土地已经过半，鳞次栉比，在此耕种的农民尤多于其他各处。[①] 可以说，至此，河套地区的灌溉农业已初具规模，并呈现出"晋、秦、燕、豫贫民争趋之，日操畚锸者常数万人，岁获粱谷至巨万，馈送口内不可胜计。茫茫荒野，至是乃村落云屯，富庶过于府县"[②]的繁荣景象。

此后，随着清末中国北部边疆危机的日益严重以及清王朝财政的日形短绌，在朝臣外官的多次奏请以及时人舆论的普遍呼吁下，清廷于光绪二十七年（1847）十一月，下诏放垦山西口外蒙古牧地，从而揭开了清末全面官垦的序幕。

二 清末放垦后河套地区的土地开垦

（一）放垦问题的提出

光绪二十六年（1846），义和团运动和八国联军侵华战争，使中国内外形势骤变。《辛丑条约》又使得中国对外赔款4.5亿两白银。空前的国内外危机、激烈动荡的社会政治秩序、巨额赔款带来的财政枯竭，都促使清朝统治者再也无法恪守旧制。在这种情况下，清廷于是年十二月初十（1901年1月29日），颁布"变法"上谕，开始在全国推行新政。具体到内蒙古地区，政治上包括筹蒙改制和调整治蒙机构，经济上包括移民实边和发展各种实业，军事上包括筹练新军和加强边防，文化上主要是兴办学堂和创办报纸、兴建图书馆等。[③] 其中推行最早、成效最显著，事实上成为清末内蒙古新政最主要内容的就是全面放垦蒙地。

清廷全面放垦蒙地，直接起因于山西巡抚岑春煊于光绪二十七年所上

---

① 《贻谷附奏拟请严旨饬下理藩院迅饬伊盟盟长将前报杭盖地段即行指交验收并朱批》（光绪二十九年七月），内蒙古自治区档案馆编《清末内蒙古垦务档案汇编》，第171页。

② 顾颉刚：《王同春开发河套记》，《禹贡》第2卷第12期，1935年。

③ 赵云田：《清末新政研究——20世纪初的中国边疆》，黑龙江教育出版社，2004，第140–177页。

的开垦蒙地的奏折，其实早在此之前，就有许多朝廷要员大臣纷纷上奏建议放垦河套土地。

就目前所见到的史料而言，最早提到要放垦河套土地的是巴燕岱领队大臣长庚，时在光绪十二年（1886）。是年三月，巴燕岱领队大臣长庚上奏，建议朝廷在缠金等处屯田。朝廷接到长庚的奏章后，认为"该大臣于边隘地势尚称熟悉，所称各节，不无可采"，下令"着刘锦棠、谭钟麟、鹿传霖、刚毅按照该大臣所奏，体察地势情形，详细规划，妥议具奏"①。接到朝廷的谕旨之后，众大臣立刻就河套屯垦问题展开了调查。是年九月，时任山西巡抚的刚毅首先作出了答复，上了《筹议晋省口外屯垦情形疏》。尽管刚毅在奏疏中声称，当时达拉特等旗听说朝廷有放垦河套缠金地的动议后，"率皆欢忻鼓舞，无非私冀开屯后，上可以急公者报答朝廷之深恩，下可以沾利者稍裕身家之生计"。但奏疏递上后，朝廷并不置可否，仅以"该衙门知道"即不了了之。②

十一年（1885）后，放垦河套的问题再次被提出来。光绪二十三年（1897）四月，国子监司业黄恩永上奏，说："内蒙古伊克昭、西乌兰布通二盟牧地，纵横数千里，土田沃衍，河套东西尤属膏腴。山西缠金地，如今民多私垦，不如官为经营，请饬筹办。"朝廷令陶模、胡聘之等人体察情形，详悉筹划，妥议具奏。③ 山西巡抚胡聘之认为开放蒙地有屯兵、实边、筹费、定租等诸多好处，并提出了放垦的具体办法等。④ 而陶模等人则认为"伊克昭盟蒙地瘠苦，碍难垦办，似应听其自行耕牧，并租给汉民耕种，俾得照常安业"⑤。结果放垦又不了了之。

光绪二十七年（1901），山西巡抚岑春煊两次奏请开办晋边蒙旗荒地，向清廷陈述开垦蒙荒的种种好处。此时，由于边疆危机已日显严重，蒙古内部政治、经济也日渐衰微，加之庚子赔款带来的财政压力，于是在国际

---

① 朱寿彭：《光绪朝东华录》，中华书局，1958，总第 2164 页。
② 朱寿彭：《光绪朝东华录》，总第 2164～2167 页。另参见《清德宗实录》卷 232，光绪十二年九月辛卯。
③ 《清德宗实录》卷 404，光绪二十三年四月戊辰。
④ 《谕议内蒙古伊克昭西乌兰布通二盟旗地并筹办山西缠金地方牧民事宜》，沈桐生辑《光绪政要》卷 23，光绪二十三年四月，宣统元年石印本。
⑤ 《清德宗实录》卷 406，光绪二十三年六月癸酉。

国内形势和蒙古社会自身因素的综合作用下，清廷作出了放垦蒙地的举措。是年十一月二十六日，清廷以"晋边西北乌兰察布、伊克昭二盟蒙古十三旗荒地甚多，土脉膏腴，自应及时开垦，以实边储，于旗、民生计均有裨益"①为由，任命兵部左侍郎贻谷②为"钦命督办蒙旗垦务大臣"，驰赴晋边督办乌兰察布、伊克昭二盟及察哈尔八旗垦务。蒙地放垦自此展开，河套地区的土地开垦也由此进入了官垦阶段。

（二）放垦的开展

光绪二十八年（1902）正月十八日，贻谷在"跪聆圣训"之后，即束装就道，全面负责蒙旗土地的放垦事宜。他在归化城先后设立了垦务大臣行辕、行辕文案处、收支处和督办蒙旗垦务总局，并在各处设立了丰镇宁远垦务分局、察哈尔左翼垦务总局、乌伊两盟垦务局以及各旗垦务分局等。

贻谷办理西盟垦务，主要是在河套地区，因为"伊克昭盟杭锦、达拉特两旗与乌兰察布盟乌拉特西公旗所报地亩皆座落后套"③，可以说该地区是西盟垦务中的精华所在。

关于放垦蒙地，贻谷原本打算先从乌拉特三公旗三湖湾地方入手，结果遭到该三公旗以"该旗地系牧养牲畜专备台差，并恃养赡人口，仍请禁止开垦"以及"并无三湖湾地名"④等名义加以拒绝。设立垦务大臣行辕后，贻谷又饬调乌、伊二盟盟长速来归化城面商垦务，并派遣垦务官员到乌伊两盟进行开导说服，结果同样遭到乌伊二盟各旗的强烈反对。

---

① 《清德宗实录》卷490，光绪二十七年十一月戊子。
② 贻谷（1851—1926），清末满洲镶黄旗人，乌雅氏，字蔼人。光绪进士，累官内阁学士。光绪二十六年（1900）八国联军侵入北京，随慈禧太后与光绪帝逃西安，授兵部左侍郎。后任督办蒙旗垦务大臣，以筹边殖民为己任，其督垦地界绵延直隶、山西、秦陇、河套，凡数千里。授绥远城将军。设垦务局与东路公司，大兴水利，绝塞大漠蔚成村落。创办陆军，置枪炮器械，筑营垒，兴警察，立武备、陆军学校及中小学校数十所，并创工艺局。三十四年遭归化城副都统参劾，被褫职。宣统三年（1911）遣戍新疆，旋改直隶易州安置。民国成立后，闲居至终。1921年，民国大总统为其平反，并送"耆英望重"匾额，褒扬其办理垦务，推行新政的功劳。著有《蒙垦陈诉供状》《垦务奏议》等。
③ 《垦岫具奏历年西盟垦地渠工援案恳请恩准实用实销以期名实相副一折》（宣统三年八月），内蒙古自治区档案馆编《清末内蒙古垦务档案汇编》，第1307页。
④ 《贻谷附奏咨由绥远将军转饬西二盟盟长前来面与商办开垦折》（光绪二十八年五月），内蒙古自治区档案馆编《清末内蒙古垦务档案汇编》，第160页。

在劝说无效的情况下，贻谷只好将乌、伊二盟垦务胶执情形上报，请求朝廷对乌、伊二盟施加压力。光绪皇帝接到贻谷的上报后，下令理藩院"严饬该二盟盟长一体遵办，迅赴绥远城与该侍郎、将军等会商一切，不得故意迁延，借端推诿，致误垦务"①。接到理藩院的命令后，乌、伊两盟的态度出现了严重分歧。伊盟盟长于光绪二十九年（1903）派人前去垦务大臣行辕商议伊盟各旗报垦事宜。而乌盟盟长仍不理会，拒不报垦，直到光绪三十二年以后才在朝廷的压力下被迫放垦。因此在光绪三十二年（1906）之前，河套地区的土地放垦主要是在杭锦旗和达拉特旗。

杭锦旗土地放垦经历了一个曲折的过程。在理藩院的命令和贻谷的劝说及施加的政治压力下，杭锦旗贝子阿尔宾巴雅尔（时兼任伊克昭盟盟长）于光绪二十九年三月派出棍布梅林等5人去归化城与垦务大臣会商放垦事宜。待四月三日会商结束时，棍布才接受了贻谷的谕令，将南界黄河，西界阿拉善王，北界乌拉特，东界达拉特，长三百里许，宽六七十里或二三十里不等的杭锦旗"杭盖地"全部报垦。达拉特旗所派台吉巴扎尔噶尔第也答应"先由长胜渠、缠金等处开渠放垦"②。其他各旗看到杭锦旗和达拉特旗派员就议，呈报地段，也"闻风而起"，"均即接踵而来，或躬亲至包，或遣人议垦，大有争先恐后之势，业经出具报地印文，指交开办"③。至此，伊盟放垦似已成水到渠成之事，但事情远非如此简单，很快放垦事宜就重起波澜。

阿尔宾巴雅尔派棍布赴归化城会商，不过是迫于理藩院的压力而采取的权宜之计，反对放垦的态度并没有根本改变。他对棍布胆敢自行勘丈杭盖地大为光火，不但拒绝与垦务局人员见面，而且还采取一系列措施来反对放垦。首先，他宣称："至地事，虽梅楞指界，亦不算事。"④其次，以"私听大臣贻遣随同官兵，查验本旗黄河北边牧厂，擅作威福，调扰属下

---

① 《贻谷二十八年八月二十日奉上谕严饬乌伊两盟长一体遵办垦务不得延不遵调》（光绪二十八年九月），内蒙古自治区档案馆编《清末内蒙古垦务档案汇编》，第6页。

② 《札派梅楞棍布等导同张令等赴杭锦收界李守备等赴达拉特旗勘渠》，蒙古联合自治政府地政总署编《前绥远垦务总局资料（伊克昭盟·杭锦旗）》，1940，第9页。

③ 《奏为密陈伊克昭盟盟长抗不遵办请旨开去盟长之位另行拣署以示震慑》，蒙古联合自治政府地政总署编《前绥远垦务总局资料（伊克昭盟·杭锦旗）》，第29页。

④ 《张文楷、德克精额禀报赴杭锦谒见贝子晤商一切该贝子执意不见》，蒙古联合自治政府地政总署编《前绥远垦务总局资料（伊克昭盟·杭锦旗）》，第25页。

人众，究于承办任事之道不合"①以及擅自借库银一万两等理由，立即将棍布梅林革职撤任；再次，行文各属旗，说各旗纷纷报地是不遵照他的命令，饬调各旗原派报垦的官员于十月二十日前来杭锦旗听候指令。② 最后，将反对放垦的事向理藩院呈诉，说"并无檄饬梅楞棍布，令其商办开办事宜"，"且开垦各札萨克旗牧厂公田，关系甚为重要，本盟长自当遵饬剀切晓谕，秉公办理，当据蒙众同声喧言，当差糊口，全仗游牧孳养牲畜以为生计，若勒令开垦，实难遵命"③。

杭锦旗贝子的公然抗垦在伊克昭盟掀起了轩然大波，其他六旗的放垦均受到严重影响，"该属旗向惟盟长是遵，一闻此言，难保不群翻前议"，西盟垦务进入"间不容发之时"④。

无奈之下，贻谷决定采用劝惩互用、刚柔并举的两套手法迫使阿尔宾巴雅尔就范，为西盟放垦打开局面。他一方面下令逮捕阻止放垦的蒙官及地商，另一方面于十一月初六上奏光绪皇帝，撤销阿尔宾巴雅尔伊克昭盟盟长的职务。在朝廷免职的压力和贻谷软硬兼施之下，阿尔宾巴雅尔被迫屈服，表示"情愿效顺输诚"，开始从对报垦札文置之不理转为祈求以报地来保住盟长衔。同意报垦后套地内的东、中两巴噶地。至此杭锦旗进入了全面官为放垦的阶段。

光绪三十年（1904），经勘验，最终确定杭锦旗的放垦范围是：东至达拉特旗地界，西至王文善旧渠，北至达拉特旗地界，南至黄河，东西长二百三四十里，南北宽十几里至九十里不等，边宽中窄，有耕地 1000 余顷。同年十二月，继报垦中、东两巴噶地之后，阿尔宾巴雅尔为表示自己"翻然悔悟"，又报垦了此前一直坚持不报的王文善渠以西、黄土拉亥河以东的西巴噶地的数千顷土地。实际勘收的范围是：东至蓝锁渠，西至黄土拉亥河，南至黄河，北至达拉特旗地界，东西宽五至三十里不等，南北长

---

① 《梅楞棍布呈验杭旗贝子公文》，蒙古联合自治政府地政总署编《前绥远垦务总局资料（伊克昭盟·杭锦旗）》，第 32 – 33 页。

② 《奏为密陈伊克昭盟盟长抗不遵办请旨开去盟长之位另行拣署以示震慑》，蒙古联合自治政府地政总署编《前绥远垦务总局资料（伊克昭盟·杭锦旗）》，第 30 页。

③ 《札饬包局仍照杭锦旗前报地段开办垦务并札饬该盟长遵照静听开办》，蒙古联合自治政府地政总署编《前绥远垦务总局资料（伊克昭盟·杭锦旗）》，第 34 ~ 35 页。

④ 《奏为密陈伊克昭盟盟长抗不遵办请旨开去盟长之位另行拣署以示震慑》，蒙古联合自治政府地政总署编《前绥远垦务总局资料（伊克昭盟·杭锦旗）》，第 30 页。

九十余里，约有耕地五六百顷。这样杭锦旗黄河以北的河套地方大部分被报垦，其中报垦地内的召庙香火地，由垦务局按召庙规模大小分别划留。

到光绪三十一年（1905）二月，贻谷正式提出杭锦旗报垦地押荒与岁租征收与分配章程。随后对押荒银等不断进行调整，到宣统三年（1911），押荒等则改为上地每顷 50 两，上次地 40 两，中地 30 两，中次地 20 两，下地 10 两。至此，杭锦旗的土地报垦告一段落。

与杭锦旗放垦的曲折相比，达拉特旗的放垦则顺利得多，贻谷主要是从该旗赔教地入手进行的。所谓赔教地，是指在义和团运动失败后，内蒙古各蒙旗向外国教堂赔偿损失款时，因一时拿不出现银，只好割地抵款，俗称"赔教地"。当时商定达拉特旗共赔偿教会损失 37 万两银子，由于赔款数目过大，期限又很短，该旗希望通过土地赔偿教堂损失，但教会希望得到现款而不愿意要土地，双方僵持不下。

正在双方无法解决赔款之时，适逢贻谷出任督办蒙旗垦务大臣来绥远地区办理垦务，他认定解决赔款问题将是顺利开办西盟垦务的最好切入点，意识到"达拉特赔教之地，如由公司赎回放垦，成为借径而入之计"①，于是组建了西路垦务公司，积极出面会同绥远城将军与达拉特旗贝子商议，最后议定由达旗拨地 2000 顷交西路垦务公司开垦，由垦务公司代该旗赔教会现银 14 万两，地赎回后归垦务局所有，这样就轻而易举地把达拉特旗纳入了放垦的轨道。

光绪二十八年十二月，贻谷派人勘收达拉特旗指交的四成地。到次年三月，四成地全部丈量完竣，经实地丈量，原报垦土地 2000 顷内除沙碱、道路各项不能耕种外，实收净地 1235 顷，尚少 765 顷，贻谷令达旗再指交地，以补齐 2000 顷之数。后达旗从河套长胜渠渠口一带土地中补交了 1420 顷净地，因该地是补四成地之不足部分，所以称其为四成补地。这就是达拉特旗赔教地的由来。其中四成地位于萨拉齐厅境内，四成补地则完全在河套地区。

除了上述放垦地四成补地外，达拉特旗的报垦地还有另外一种形式——永租地。所谓永租地，即是由垦务局年年招种，征收租银，其地租

---

① 《贻谷奏为设立垦务公司并拟派各员经办情形一折由》（光绪二十八年八月），内蒙古自治区档案馆编《清末内蒙古垦务档案汇编》，第 1024 页。

而不放，"官方但为蒙旗经理，地仍蒙所有"①。因为达旗报垦时，不肯让出所有权，只是由垦局任便开渠，招户承种，渠至何处，即垦至何处，不征荒价，惟课岁租，所收租银，公家得七成，蒙旗得三成，所以称之为永租地。光绪二十九年三月，达拉特旗台吉巴扎尔噶尔第在归化城答应报垦长胜渠与缠金地等地段的永租地，此后不久垦务局便选派员司到河套大有公、缠金、蒙格兔、隆兴长与黄恼楼等处分设局所，勘丈了这些地段上的土地。

同时，贻谷意识到"渠道与农垦休戚相关，水利不能振兴，垦务决难进行"②，于是采取了将渠道等水利设施一律收归国有的政策，命令地商将渠地全部呈交给垦务局，各种大小渠道一律令其"报效"，收归国有。在垦务局的诱逼下，河套地区最大的地商王同春分别于光绪二十九年六月、三十年十二月将所拥有的中和渠、义和渠等5条大干渠与270多条支渠全部报效给垦务局。其他地商也先后将塔布河渠、缠金渠、长胜渠、老郭渠、刚目河渠、德成渠等全部大小干支渠道如数交出。从此，河套地区进入了官办水利时期。

当时地商报效的不仅仅是渠道，就连土地、房屋、车马以及牲畜等渠务上的所有动产、不动产都一并呈交，如王同春上交的达拉特旗渠道的灌溉地达1万多顷，还有房屋36间和许多大车、牲畜。③ 地商郭向荣报效的和合源公中有各种房屋83间，价值1000多两。④

地商将渠道、土地等报效垦务局以后，因"该商浚修渠道所费不赀，未便令其赔累"⑤，经垦务局勘收估计工程后，会"酌赏"一定的银两作为经济补偿，即所谓的"渠费"。渠费的补偿原则不一，或按"渠道之长短深浅，工程之难易巨细，核计土方价值"，或按渠道的"流水迟速、浇地多寡"为断。一般是先估价，后按一定的比例赔偿，一般多按估价的三成赔偿，也有超过三成的，如王同春报效的中和渠赔偿比例就较高，为五成，合6000两，

---

① 铁道部财务司调查科：《包宁线包临段经济调查报告书》，第G4页。
② 王月如：《后套之垦殖与水利》，《大公报》1936年9月4日。
③ 《贻谷批包局详勘王同春报效渠地按五成给价值银六千两饬西路公司发给承领由》，内蒙古自治区档案馆编《清末内蒙古垦务档案汇编》，第1384页。
④ 《西盟垦务总局奉命勘验地户金长春等所报渠道情形造册呈核》，内蒙古自治区档案馆编《清末内蒙古垦务档案汇编》，第1399页。
⑤ 《贻谷批包局详，遵批勘明地商王同春报效渠地分别批示（附包局详）》，内蒙古自治区档案馆编《清末内蒙古垦务档案汇编》，第1381页。

但这是为了"以示优异而昭激劝"而特意提高的。① 也有许多地商只得到一成赔偿,如地商张自升报效的渠道是其曾祖父在道光年间所开,到张自升时已为渠道经营所赔累,官方因其渠股众多,赔偿比例只有一成。② 到光绪三十四年(1908)一月,共有 41 家地商报效了渠地,共领渠费 7 万多两银子。③

此外,乌拉特西、中、东三公旗也于光绪三十二年(1910)六月,将所属河套地区的什拉胡鲁素、红门兔等地报垦,河套地区的土地放垦就此告一段落。

这些土地报垦后,主要是由西路垦务公司承领转放。杭锦旗和达拉特旗等将土地报垦后,垦务公司先向垦务局承领土地,按等则缴纳押荒银,然后再把承领来的土地转售、转租给诸多大大小小的地户,从中坐收地价。西路垦务公司转放的地价,要远高于垦务局规定的押荒银数量,它的地价分为五等,上地每顷征银 100 两,上次地 95 两,中地 90 两,中次地 85 两,下地 80 两,而押荒银上地每顷仅为 80 两,中地 70 两,下地 60 两,均高出 20 两之多。这些从地户手里多收来的地价银,完全归西路垦务公司所有。除地价外,西路垦务公司还把暂时租不出去的土地用短租的形式租给地户农民,也获利不少。关于西路垦务公司放地亩数的具体情况,可见下表。

杭锦旗光绪三十二年度丈放地亩数表④

等则	每顷地价(两)	丈放地亩数(顷)	应征地价(两)
上地	100	238.096	23809.6
上次地	95	229.289	21783.31
中地	90	224.227	20180.43
中次地	85	13.115	1114.775
下地	80	102.275	8182
合计		807.002	79649.6

① 《贻谷批包局详勘王同春报效渠地按五成给价值银六千两饬西路公司发给承领由》,内蒙古自治区档案馆编《清末内蒙古垦务档案汇编》,第 1385 页。
② 《贻谷批西盟局详派员勘收后套商人张自升报效渠道按一成发给渠费》,内蒙古自治区档案馆编《清末内蒙古垦务档案汇编》,第 1419 页。
③ 《贻谷批西盟局详送所取杭达两旗地商郭敏修等请领渠费并将送到领保各状札发收支处查核(附清折)》,内蒙古自治区档案馆编《清末内蒙古垦务档案汇编》,第 1420 – 1421 页。
④ 梁冰:《伊克昭盟的土地开垦》,内蒙古大学出版社,1991,第 70 – 71 页。

杭锦旗光绪三十三年度丈放地亩数表①

等则	每顷地价（两）	丈放地亩数（顷）	应征地价（两）
上地	100	328.689	38268.9
上次地	95	589.797	56030.715
中地	90	361.373	32523.57
中次地	85	73.568	6253.28
下地	80	96.822	7745.76
合计		1450.249	140822.225

达拉特旗永租地租放亩数表②

年别	租地数（顷）	应征数（两）
光绪三十年	97.484	2442.064
光绪三十一年	2006.134	61962.570
光绪三十二年	2033.502	66820.760
光绪三十三年	2122.519	95989.532
光绪三十四年	2533.151	36571.317
宣统元年	1566.456	31303.074
宣统二年	1928.518	50644.124
宣统三年	2464.086	62134.080

杭锦旗光绪三十一年短租亩数表③

等则	每顷租金（两）	租出地亩数（顷）	应得租金（两）
上地	30	758.757	22762.71
中地	25	731.794	18294.85
下地	20	433.650	86730
合计		1924.201	49730.56

　　垦务公司主要包揽承领大片新报垦的荒地，对于小片的历年私垦地，则是由垦务局重新丈放，如果与原报地相符，地户缴纳完押荒银即可继续

---

① 梁冰：《伊克昭盟的土地开垦》，第70－71页。
② 祁美琴：《伊克昭盟的蒙地放垦》，《内蒙古近代史论丛》第四辑，内蒙古大学出版社，1991，第16页。
③ 梁冰：《伊克昭盟的土地开垦》，第70页。

耕种，缴纳不起的则将地收回转售。

总之，清代河套地区的土地开垦经历了由私垦到官垦两个阶段。由于其特殊的地理位置，通过开发水利来发展农业成为其独有的特征。在私垦阶段，地商及普通汉民在开垦中发挥了重要作用，加速了农业的发展。随着清末官垦的实行，大批汉民涌入，进一步促使了河套地区土地的开发，使其逐渐成为北方重要产粮地区。同时，河套地区的土地开垦，直接导致了该地区人口数量的增加，蒙汉民族杂居，对当地的政治、经济、社会、思想文化、习俗等诸多方面产生了深远的影响。

三　放垦后河套地区的人口及农业发展

（一）放垦后人口的增长

清末放垦后河套地区的土地开垦，最直接的后果就是大批汉民涌入蒙地，使河套地区人口数量激增。

清末蒙地放垦一改以前的蒙旗"私招私垦"，将蒙地开垦纳入了官为丈放一途，标志着清朝蒙地政策的根本性转变，由内地通向口外的大门被彻底打开了。从此，汉族北出塞上再无禁令，大大加快了移民进程的速度。"光绪末年，蒙地放垦，口内贫民，接踵而来，遂至后套一带，筑室耕田，俨同内地。"[1] 内地向河套地区的人口流动出现了前所未有的高潮，北方各省百姓纷纷携亲带友前往垦种，经久不息，络绎不绝。"自开办垦务后，浚渠开地，谋生之路日广，该客民等或携亲属，或约乡朋，褓负而来……约计每岁入境之数……三四千人"。其中仅从光绪三十四年正月下旬到二月中旬，直、鲁、豫等几省农民"日或二三百人，或四五百人，结伴成群……赴套以自求口食……考之入境者，已在二万以上，而项背相望络绎于道者，方兴未艾……为历年所未有"[2]。这段描述虽未免有些夸张，但至少说明自开放蒙地后涌入河套地区的内地百姓的确为数洋洋可观。

随着口内农民赴后套者以"数万计"的高速增长，清廷于光绪二十九年四月，以河套地区"垦地日广，人民日多"等理由，将该地从萨拉齐厅

---

① 铁道部财务司调查科：《包宁线包临段经济调查报告书》，第 J1 页。

② 《贻谷咨行直督晋抚并照会大顺广道等处转饬交界地方官预禁客民赴套谋生由》（光绪三十四年二月），内蒙古自治区档案馆编《清末内蒙古垦务档案汇编》，第 33 页。

分析出来，另设五原厅，专门管理伊克昭盟之达拉特旗、杭锦旗，乌兰察布盟之乌拉特中、东、西三旗的汉族农民村落。人口规模历来就是府厅州县设置必备的依据，而河套地区从正式开禁到设立厅治，仅短短一年半的时间，其人口数量就已达到了设置行政区的标准，固然此前人口即不少，但从中也可想见当时内地人民大量来此的情景。据《五原厅志稿》记载，到光绪三十三年，五原厅所属河套地区 8 乡 259 个村庄，正式登记注册的常住人口已有 5970 户，达 27749 口。① 苍茫广漠的荒原草地开始呈现出一片阡陌相连、村落相望的繁荣景象，"河套数百里间，渠利畅兴，田庐相望，有成邑成落之象"，以至当时甚至有朝臣建议清廷在河套五原地区建省。② 这些来河套地区定居垦种的移民，其地理空间来源在传统的山陕籍人民的基础上，已有所扩大，直隶、河南等地的百姓也不远千里来此谋生。"汉民来此谋生者，以晋之保德、河曲，秦之府谷、神木等处人为多；其次则直隶之大名、开州、河南之滑县人。"③

（二）放垦后土地所有权变迁

放垦后的河套土地所有权形式并不统一，包括国家地、蒙旗地等。根据土地所有权的不同，可分为如下几类：

粮地，是国家设立的垦务局将蒙旗呈报土地转卖给农民，计亩升科。买地者到垦务局挂号，指定某处土地若干，丈量之后发给业票纸，当时缴纳押金二成，夏秋再各缴二成，余下四成来年再缴。买熟地当年可收租，买生地则当年缴四成，第二年再缴六成。清末时粮地收取岁租大致为每顷粮地上地二两二钱，中地一两八钱，下地一两四钱，一直沿用到民国时期。但是用水渠浇地者除去岁租外，还需要每顷地交纳四两五钱的渠租。

官包地，是垦务局向蒙旗承租土地，然后再转包给农民。首先是垦务局与蒙旗订立土地承包合同，租期多为 20～30 年。当时规定："如包地合同为百顷，今年实行垦种只二十顷，则地租亦只完二十顷，此通例也"。④

---

① 姚学镜：《五原厅志稿》卷下，《食志》。
② 贻谷：《绥远奏议》，内蒙古大学图书馆抄本，第 188－189 页。
③ 《贻谷咨行直督晋抚并照会大顺广道等处转饬交界地方官预禁客民赴套谋生由》（光绪三十四年二月），内蒙古自治区档案馆编《清末内蒙古垦务档案汇编》，第 33 页。
④ 王陶：《河套五原县调查记》，《地学杂志》第 12 卷第 2 期，1921 年。

这类官包地数量是固定的，有 2000 顷左右，永济渠灌区 700 余顷、协成渠灌区 350 顷、沙河渠灌区 270 顷、长济渠 200 顷、塔布河渠灌区 150 顷、刚济渠灌区 140 顷、义和渠灌区 70 顷、通济渠灌区 45 顷。

民包地，是农民直接向蒙旗承包的土地，或者是自种及转包给他人的土地，也被称为"私垦地"，这类土地"不经官厅勘收、丈放、升科之手续，而由蒙旗私自与汉人耕种之土地也。此项土地，虽迭次由官厅下令禁止，惟因对于蒙旗屡失信用，所有地价，多有未还者，蒙旗每不愿向官厅报垦，宁愿私放与汉人，尚有相当利益可得，故私垦地一项，始终未能禁绝"。① 民包地多由大地主承包，每包必至三五百顷，承包年限多为二三十年，租金为每顷一二十元，这类土地在河套地区随处皆有。

租地，是指地主租给佃农的土地，"包户向官民转包之地，谓之租地"②。此类土地出租时，需要地主与佃农之间签订租地契约，租银分为钱粮二种，按照土地生熟程度不同而制定不同的地租标准，缴纳粮食则按照土地好坏及年景丰歉不同情况支付。

（三）耕地面积变化及地价

清代以来，河套地区开始重新出现农业，并随着内地农民不断到河套地区开垦土地，使河套地区的耕地面积迅速增长，这也导致河套地区的土地价格有所变动。

据统计，到民国之时，河套地区被开垦的可耕之地达到 6.8 万顷，其中也包括一些荒山及碱砂矿等不毛之地，肥沃的可耕之地有 5 万余顷，由垦务机构所放垦的土地有 1.5 万余顷。③ 但实际的耕地面积与官方统计数据不同，这是因为"盖领户以官户居多，只知揽领，对于农事，实未粟谙，以致渠道闭塞，欲耕常有所未能。约略估计之，已放土地中，大约有半数以上，等诸荒废"。④ 所以，垦务局所放垦的 1.5 万余顷耕地中，实际的耕地也仅有 8000 余顷。此外，未经垦务局所开垦的私垦地也较多，"后套未经

---

① 铁道部财务司调查科：《包宁线包临段经济调查报告书》，第 F4－F5 页。
② 王陶：《河套五原县调查记》，《地学杂志》第 12 卷第 2 期，1921 年。
③ 陶继波：《近代河套地区的土地开垦与社会变迁研究（1825－1937）》，内蒙古大学出版社，2011，第 234 页。
④ 《后套农垦之现状》，《中外经济周刊》第 171 期，1926 年。

放垦之地尚多，然有许多未经放垦之地方，实已有农民向蒙旗及教堂租领"①。这类私垦土地的面积甚广，甚至已经远远超出垦务局所放垦之地。

河套地区地广人稀、沃野无垠，因而当地土地价格并不是很高。由于河套地区内各区域的自然条件各不相同，因而土地价格也不尽相同。河套地区的土地多"由黏土、软土两种凝合而成，遇旱则坚刚如石子，遇雨则疏落如鸡粪，必得河水浸灌，而后方可涵濡沾润，发荣滋枯"②。因此，河渠地价较高，最高者每亩达 30 余元、最低的也仅 4 元，普通耕地在 6—20元不等。没有河渠灌溉的土地地价较低，最高者每亩地约 10 元，最低者仅0.2 元，普通耕地每亩地价在 0.4—5 元不等。③

（四）河套土地的农作物及耕种制度

河套地区土地较肥沃，且属黄河灌溉区，因而可种植较多的农作物。如糜子、麦子类、豆类及其他各类杂粮，也可种植粟、胡麻及蔬菜等，并在当地流传着"一年收三年不忧"的谚语。④ 关于河套地区所能种植的农作物及产量等可参加下表：

河套地区农作物种类及产量统计表⑤

作物种类	每亩子数	上地亩产量	中地亩产量	下地亩产量
大麦	四升五合	一石二三斗	七八斗	五斗
小麦	四升五合	一石	五六斗	四斗
黄豆			四斗	三斗
高粱	八合		五斗	四斗
蚕豆	四升		五斗	四斗
豌豆	四升	七斗	六斗	五斗
马铃薯	二百斤		一千四五百斤	

---

① 《后套农垦之现状》，《中外经济周刊》第 171 期，1926 年。
② 卓宏谋编《蒙古鉴》，1935 年第四版，第 52－53 页。
③ 陶继波：《近代河套地区的土地开垦与社会变迁研究（1825－1937）》，第 235－236 页。
④ 林鹏侠：《西北行》，宁夏人民出版社，2000 年，第 251 页。
⑤ 韩梅圃：《绥远省河套调查记》，第 12 页；唐启宇：《垦殖学》，商务印书馆 1944 年渝第一版，第 146－147 页；铁道部财务司调查科：《包宁线包临段经济调查报告书》，第 F7－F9 页。

作物种类	每亩子数	上地亩产量	中地亩产量	下地亩产量
糜子	一升	一石	七斗	四斗
大麻	一升	一石	四斗	三斗
亚麻	一升二合	五斗	四斗	一斗
黑豆	一升四合		五六斗	
小米	三合	一石	六斗	三斗
蔬菜				
荞麦	三升	六斗	五斗	一斗七八升
莜麦	三升	七斗	六斗	二斗
玉米	一升	四斗	三斗	二斗

由上表所示信息可以发现，河套地区农作物的产量与土地质量高低直接相关，可以说土地质量决定着农作物产量的高低。

河套地区自清代以来成为重要产粮区，在农业生产过程中，当地农民根据本地区物候及当地实际状况摸索出适合本地区的耕作制度。河套地区的各类农作物基本上是一年一熟，其播种及收获日期如下。

河套地区农作物的播种日期及收获日期[1]

农作物	播种期	收获期	生长期（天）
大麦	清明前后	立秋前后	
小麦	清明前后	立秋前后	103
黄豆	立夏前后	白露前后	120
高粱	立夏前后	白露前后	124
蚕豆	谷雨前后	白露前后	
豌豆	清明前后	立秋前后	120
马铃薯	立夏前后	白露前后	140
糜子	小满前后	秋分前后	108
大麻	谷雨前后	白露前后	140
亚麻	谷雨前后	秋分前后	111

---

[1] 韩梅圃：《绥远省河套调查记》，第 12 页；汤惠荪等：《绥远省农业调查》，《资源委员会季刊》第 2 卷第 2 期，1942 年。

续表

农作物	播种期	收获期	生长期（天）
黑豆	小满前后	白露秋分间	103
小米	立夏前	秋分后	117
蔬菜	小满前后	白露前后	
荞麦	谷雨前五六天	秋分后	68
莜麦	清明	秋分后	101
玉米	立夏前后	秋分后	

从上表可以看出，夏季是河套地区各类农作物的主要生长期，且均为一年一熟类作物。河套地区的农作物耕作方法也较为简单，可以说，在当时是完全粗放式的，"套内耕作，贪多成性，务多而不精，十顷之田，耕作者多只三人耳，耕浅弗锄，苗草同生"[1]。农民们多是在秋后大火烧荒，待来年春天解冻后刨开草根，再次耕地下种。河套各地的耕作方法基本一致，是上地每年犁地一次、耙一次、耕二次；中地每年犁、耙、耘分别一次；下地则每年耘一次，也有数年都不犁、耙的。此外，耕地也多采用轮种法，各块土地上每年耕种不同的农作物，有效地维持了地力。

结　语

河套地区的土地开垦可追溯至秦汉时期的屯田，但是之后随着王朝统治的更迭，至明末，该地区时而为农区，时而为牧区，土地开垦时断时续，或兴或衰，直到清代以后才被再次大规模地开垦，奠定了今日河套地区的土地利用方式，成为内蒙古西部地区的重要粮仓。虽然河套地区的土地开垦在一定程度上缓解了因人地矛盾而带来的生存与统治危机，但是其所造成的环境代价如土地盐碱化等也是值得深思的，这有待进一步考察。以上，笔者对清代河套土地开垦政策及土地开垦状况进行了梳理，分析了土地开垦对人口增长以及农业生产等方面的影响，不足之处颇多，敬请指正。

（作者单位：内蒙古大学历史与旅游文化学院　中国社会科学院研究生院）

---

[1]　韩梅圃：《绥远省河套调查记》，第 22 页。

戴震孟学思想的学理依据

——兼论《孟子字义疏证》与《天主实义》

王安琪

摘　要: 20 世纪以来，关于戴震孟学思想的理论来源有诸多不同说法，而颇有争议的当属戴震与西学之关系。学者们从文本的对比、逻辑关系的对比方面，列举了《天主实义》对《孟子字义疏证》直接或间接的影响，但这些文本的对比，似乎在儒家语境下的文本里更有说服力。戴震思想的广袤与深刻，是明清之际整个儒学传统发展到最新阶段所孕育的，有着其内在发展理路。这其中有自明中晚期起，就已经形成的由"尊德性"向"道问学"发展的传统，也有考据学方法论的继承与发展，乃至戴震的交友与生活经历也是不可忽略的影响因素。西学对戴震孟学思想的影响，大概起到了背景知识的作用。

关键词: 戴震　孟学　《孟子字义疏证》

一　引言

清代孟子学诠释史上的集大成者仍当推戴震（1724 - 1777），而尤以其《孟子字义疏证》为要。戴震在去世前一个月，曾修书与段玉裁（1735 - 1815）云:"仆生平论述最大者，为《孟子字义疏证》一书，此正人心之要。今人无论正邪，尽以意见误名之曰理，而祸斯民，故《疏证》不得不作。"① 在《疏证》的《序》中，戴震更以重建孟学原貌自期，足以见得

---

① 戴震:《与段若膺书》，杨应芹、诸伟奇主编《戴震全书》第 6 册，黄山书社，2010，第 228 页。

戴东原极其看重此书，以及其意欲回归原始儒家的旨归。其学术成就正如胡适（1891－1962）所评价的那样："戴震在清儒中最特异的地方，就在他认清了考据名物不是最后目的，只是一种'明道'的方法。他不甘心仅仅做个考据家，他要做个哲学家。"① 而自戴震逝世至清末民初，近二百年间，发现其学术价值之人，实则寥寥。不仅如此，由于学者们坚守孔孟为正统、心性之学乃是中华命脉的宋学立场，在谈到清代儒学发展时，总以"汉学"或"朴学"来一言以蔽之，整个清代二百余年的儒学传统也似乎只有学术史上的意义，而几乎在思想史上占不到一席之地。直到清末民初梁启超（1873－1929）的《戴东原哲学》和胡适的《戴东原的哲学》两部书出版，戴震的义理学思想才重新得到重视。自此伊始，戴震孟学思想的来源也颇受重视，相继出现几个研究高潮。

第一个高潮出现在清末民初，章太炎（1869－1936）站在反清的立场上，讨论了戴震思想的性质、内容、历史地位及思想渊源等问题，他认为戴震的哲学思想与荀子思想有相似之处。② 容肇祖（1897－1994）也认为"戴震的学说，多渊源于荀子。"③ 梁启超、胡适从戴震的人际交往的脉络方面考证，认为戴震哲学的理论渊源来源于颜李学派。④ 钱穆（1895－1990）否认梁、胡的观点，认为戴震后期批判程朱理学是受了吴派惠栋"宋儒之祸，甚于秦灰"等思想的影响，并指责戴震著《疏证》是为了"邀荣宠"。⑤ 冯友兰（1895－1990）则认为戴震哲学渊源于浙东刘宗周、黄宗羲学派。⑥

20 世纪 50 年代以后，侯外庐（1903－1987）、萧萐父（1924－2008）等学者提出的"早期启蒙说"，掀起了戴震研究的第二个高潮。他们以马克思主义理论为方法论，重新评价戴震的哲学思想，并结合社会经济史，

---

① 胡适：《戴东原的哲学》，上海古籍出版社，2014，第 15 页。

② 章太炎：《释戴》，《章太炎全集：太炎文录初编》，上海人民出版社，2014，第 121－123 页。

③ 容肇祖：《戴震说的理及求理的方法》，《容肇祖集》，齐鲁书社，1989，第 698－700 页。

④ 梁启超：《戴东原哲学》，《饮冰室合集·饮冰室文集之四十·研究文化史的几个重要问题》，5 册，中华书局，1989，第 58－61 页；胡适：《戴东原的哲学》，上海古籍出版社，2014，第 12 页。

⑤ 钱穆：《中国近三百年学术史（上）》，台湾商务印书馆，第 344－355 页。

⑥ 冯友兰：《中国哲学史（下）》，商务印书馆，2011，第 459 页。

指出戴震义理观的思想基础是明清时期资本主义萌芽的发展。① 周辅成进一步提出，明末清初西方科学知识大量输入的社会背景是戴震思想的来源。② 70 年代，在国内思想学术界一片沉寂的时候，海外汉学界对戴震却有诸多关注。余英时从中国思想的内在发展逻辑，讨论自北宋至清代中国学术思想如何从"尊德性"向"道问学"演变，并将这一脉络与反智主义理论结合，提出戴震是儒家智识主义发展到高峰的产物。③

80 年代直至 21 世纪初，对戴震思想来源问题有了更综合的讨论。王茂在质疑胡适、钱穆等人说法的同时，也提出戴震长期的自然科学的研究，使他确立了以"实体实事"为出发点的哲学原则。④ 李开融会前贤的观点，从戴震的学术分期的角度承认惠栋、颜李、顾炎武、黄宗羲等人，以及智识主义传统在戴震反理学和新理学形成过程中的影响。⑤ 周兆茂虽继承王茂对戴震哲学思想分期的划分，但他认为戴震的思想批判地继承了程朱理学，并受到新安理学的影响，尤其戴震在《经考》中多次引述休宁朱升的言论。⑥

随着对西学研究的深入，有学者反思：自明中叶的"西学东渐"以来，西学对中国的影响是否仅仅存在于自然科学方面。朱维铮提出这样的疑问："汉学家除了数学和天文学，是否在整体上也受到西学方法的影响呢？"他认为，西学与汉学的关系，不仅仅表现在数学与天文学方面，应当从文化的时空连续性的角度，看待 18 世纪汉学与西学的相关度。他指出，二者之间至少有性质的关联、结构的关联、方法的关联、心态的关联，"即使汉学家讳言自己同西学的关系，但后学们不能否认二者之间的关联"⑦。

---

① 侯外庐：《中国思想通史》第五卷，人民出版社，1956，第 430 页；萧萐父、李锦全主编《中国哲学史（下）》，人民出版社，1983，第 289 页。
② 周辅成：《戴震的哲学》，《哲学研究》1956 年第 3 期，第 79－105 页。
③ 余英时：《论戴震与章学诚：清代中期学术思想史研究》，生活·读书·新知三联书店，2000，第 18－30 页。
④ 王茂：《戴震哲学思想研究》，安徽人民出版社，1980，第 128－132 页。
⑤ 李开：《戴震评传》，南京大学出版社，1992。
⑥ 周兆茂：《戴震哲学新探》，安徽人民出版社，1997。
⑦ 朱维铮：《十八世纪的汉学与西学》，《走出中世纪》，上海人民出版社，1987，第 153－182 页。

早在 1905 年，邓实在《古学复兴论》一文中，也明确指出："如'孟子字义疏证'中，时有天主教之言。"① 许苏民在《戴震与中国文化》一书中，考证了二十世纪五十年代以前有关于戴震思想来源的各家观点，这其中也包含了邓实的观点。但许氏认为戴震的思想来源并非某一个方面即可概括，"至少可以说西学是戴震思想的来源之一"②。李天纲、张晓林等学者也分别撰文例证了《孟子字义疏证》与《天主实义》之间千丝万缕的关系。李天纲断言戴震不仅读过西方神学著作，而且读过《天主实义》。③ 他认为戴震虽身处"中西交恶"的特殊时期，但那时的士绅"仍流行阅读西方神学著作，一些学术和社会地位较低的儒生，还在公开谈论西方神学"。因此，戴震的本体论和认识论受到当时流行的西学观点，尤其是利玛窦《天主实义》的影响。④ 张晓林承接李天纲的思路，更深入地比较了《天主实义》与《孟子字义疏证》两个文本内容，不仅找到了更多彼此相似的地方，甚至分析了《天主实义》对《孟子字义疏证》方法的影响和原理的影响，尤其是认为戴氏的人性论，"强调知在善恶判断上的作用，已经非常接近利氏了"。⑤

综合来看，戴震孟学思想的理论来源似乎有很多，有颜李学派的影响、浙东刘宗周、黄宗羲的影响、惠栋的影响，乃至西学的影响。⑥ 虽然《孟子字义疏证》中的"反理学"言论，似乎与颜李学派，浙东刘宗周、黄宗羲，惠栋等人的观点相似，甚至与利玛窦在《天主实义》中对宋明儒学的批判言论相近。但是戴震孟学思想的学理依据，还应从儒家思想发展

① 邓实：《古学复兴论》，《国粹学报》1905 年 9 月第 10 期，第 3 页。
② 许苏民：《戴震与中国文化》，贵州人民出版社，2000，第 174 页。
③ 李天纲：《〈孟子字义疏证〉与〈天主实义〉》，王元化：《学术集林》，上海远东出版社，1994，第 200 – 222 页。
④ 李天纲：《中国礼仪之争——历史、文献和意义》，上海古籍出版社，1998，第 321 页。
⑤ 张晓林：《戴震的"讳言"——论〈天主实义〉与〈孟子字义疏证〉之关系》，《华东师范大学学报》2002 年第 4 期，第 15 – 22 页。
⑥ 到目前为止，并没有史料证据能够充分证明戴震一定读过《天主实义》，而说他受到西学的影响只是表述前人的观点，并且不排除这种可能性。但关键的问题是西学对戴震思想的影响程度、范围和性质如何？具体到《天主实义》对《孟子字义疏证》又有哪些影响，这些问题似乎都还有更多可以商讨的余地。尽管李天纲与张晓林二位学者在其文章中列举了大量的史学依据以及哲学学理说明，但是这些例证仅仅从文本的字面意义上的相同或相似而断定《孟子字义疏证》受到了《天主实义》的影响，这显然是不够有说服力的。

的脉络与戴震治学经历中寻找线索。

二 作为思想背景的"朱陆之争"

所谓"朱陆之争",是朱熹与陆九渊关于"尊德性"和"道问学"孰先孰后的争论。朱熹在《答项平父》书中说:"大抵子思以来,教人之法,惟以尊德性、道问学两事为用力之要。今子静所说专是尊德性事,而熹平日所论却是问学上多了。"① 陆九渊对此反驳道:"朱元晦欲去两短合两长。然吾以为不可,既不知尊德性,焉有所谓道问学?"② 因此,后学们将"朱陆之争"简化为"尊德性"与"道问学"的争论。

"朱陆之争"延续到明代,表现为罗钦顺与王阳明的冲突。罗钦顺是程、朱一派的思想家,服膺"性即理"的说法。王阳明本着"知行合一"的说法,有意调和朱陆异同,坚决否认"道问学"和"尊德性"的二分。两人争论到最后,罗整庵觉得只从理论上争辩这个问题已得不到什么结论,因此他在《困知记》中征引了《易经》和《孟子》等经典,然后下断语说论学一定要"取证于经书"。这一观点,到晚明方以智(1611－1671)则更近一步表现为"理学"与"经学"的关系。方以智晚年说:"夫子之教,始于诗书,终于礼乐……太枯不能,太滥不切。使人虚标高玄,岂若大泯于薪火。故曰:藏理学于经学。"③ 他认为圣人之经典,就是圣人之道。只有回到经典,才能判定程朱、陆王之争论。

逮至明末清初,考据逐渐成为义理争论的工具,明代陈确(1604－1677)的《大学辨》颇具代表性。陈确辨伪《大学》是秦以后的作品,并非圣人经典,其最终目的是摧毁朱子"致知格物"的理论根据,以伸张阳明的"知行合一"及刘宗周的"一贯"说。即他所说:

> 语曰:"止沸者抽其薪,此探本之论也,姚江之合知行,山阴之言一贯,皆有光复圣道之功,而于《大学》之能,终落落难舍。仆痛此入于骨髓,幸天启愚衷,毅然辨《大学》之决非圣经,为孔、曾学

---

① 朱熹:《晦庵先生朱文公集》卷 54,《四部丛刊初编缩本》,第 329 页。
② 陆九渊:《象山先生全集》卷 36,《四部丛刊初编缩本》,第 312 页。
③ 方以智,张永义校注《青原志略·发凡·书院》,华夏出版社,2012,第 13 页。

累世之冤，为后学开荡平之路。"①

同样的，阎若璩（1636－1704）著《尚书古文疏证》，指出"人心惟危，道心惟微"出于荀子所引的古代《道经》，是在文献上对"王学"釜底抽薪。此时的"朱陆之争"已经从义理的领域逐渐落在文献领域的辩证上，也是"藏理学于经学"的明证。

直到顾炎武提出"经学即理学"，以考据手段来辨别义理的争论成为一种方法论，"道问学"有了具体的方法和著作为后世示范。他说："愚以为读九经自考文始，考文自知音始。以至诸子百家之书亦莫不然。"② 循着这条途径，音韵、文字都发展成为独立的知识领域，直到乾隆时期，戴震、惠栋等考据学者将考证学的理论和方法完善，将"道问学"的传统推向极致。对此，余英时一针见血地总结道："把汉宋之争还原到'道问学'与'尊德性'之争，我们便可以清楚地看到宋明理学转化为清代考证学的内在线索。"③ 亦即余英时所谓儒学发展的"内在理路"。④

如果我们把宋代看成"尊德性"与"道问学"并重的时代，明代是以"尊德性"为主导的时代，那么清代则可以说是"道问学"独霸的时代。近世儒学并没有终于明亡，清代正是它的最后一个历史阶段。⑤ 正如龚自珍的评价："孔门之道，尊德性、道问学，二大端而已矣。二端之初，不相非而相用，祈同所归，识其初，又总其归，代不数人，或数代一人，其余则规世运为法。入我朝，儒术博矣，然其运实为道问学。"⑥

在这种"道问学"成为主流的时代背景下，戴震的"求道"过程，必然需要以坚实的经学积累作为基础。这也是戴震的治学过程是从考释"语义"之考据学层次进至"意义赋予"之义理学层次⑦的原因。倚重经典传

---

① 陈确：《大学辨二·答查石丈书》，《陈确集·别集》卷 15，中华书局，1979，第 567 页。
② 顾炎武：《亭林文集》卷 4，答李子德书。
③ 余英时：《论戴震与章学诚：清代中期学术思想史研究》，第 150 页。
④ 余英时：《论戴震与章学诚：清代中期学术思想史研究》，第 18－20 页。
⑤ 侯宏堂：《从"朱陆之争"到"内在理路"——余英时中国学术思想史研究理念与方法管窥》，《兰州大学学报》2010 年第 38 卷第 4 期，第 2 页。
⑥ 龚自珍，夏田蓝编校《龚定庵全集类编》，世界书局，1937，卷 2，第 24 页。
⑦ 张丽珠：《清代的义理学转型》，台北：里仁书局，2006，第 13 页。

世而形成的注经传统，不仅是儒学发展过程固有的学术传统，同时也构成了借由儒家经典而呈现思想史脉络的治学方法，运用训诂解决义理问题，就成了学术发展的内在理路与必然要求。可是，反观这种"求道"的过程，不正是承袭了朱熹"道问学"以"尊德性"的方法吗？即便强调"尊德性"的朱熹，也是通过注疏《四书》《五经》的方式，来对抗佛学之席卷中土。可见，各代儒者都借着注经之"意义赋予"，一方面传承圣学，另一方面也实现淑世理想，后儒释经虽未必尽合经典原意，但是各代儒者面临的最迫切、最亟待解决的时代课题，由于内在儒者的中心意识而往往聚焦呈现在所注疏中。因此，如张晓林所说戴震考据学的哲学运用，是与利玛窦实证方法的运用如出一辙，并以此得出结论：戴震的主要哲学著作"直接"受到利玛窦《天主实义》的影响，则实在是忽视了儒学发展的传统，而过分强调外来文化的影响。

三 "批判理学" 思想的积累

从罗钦顺提出的"藏经学于理学"开始，经过顾炎武"经学即理学"的发展，再加上明末清初经世致用的时代需求，"道问学"与"尊德性"的争论逐步升级成为考证与义理的斗争，"朱陆之争"变成"汉宋之争"，最后，无论程朱、陆王都成为被批判的对象。姜广辉总结道："历史上对理学的批判，大约有两种战法：一种是纠缠于理学的思辨形式，苦苦厮杀；一种是把理学思辨形式当作'狂语'、'欺局'，一棒打杀"，而运用训诂经典手段批判理学则不失为一种高超的技术"。[①] 在戴震之前，不乏儒者运用训诂方法批判理学，明确批判理学家夸大"理"的范畴。明末清初的傅山，广泛征引先秦典籍中有关"理"字材料，归纳指出："理"字多作动词（"用"）使用，表示治玉之意，后即作名词（"其"）亦多表示"条理""文理"等的意义，指出"理"字原本未有如理学家所言之抽象道理。李塨亦有类似的批判，他说：

> 《中庸》文理与《孟子》条理同，言道秩然有条，犹玉有脉理，地有分理也。《易》曰："穷理尽性以至于命；理见于事，性具于心，

---

① 姜广辉：《走出理学：清代思想发展的内在理路》，辽宁教育出版社，1997，第331页。

> 命出于天，亦条理之义也。"①

意思是说，《中庸》的文理和《孟子》中的条理一样，都是描述"道"的有序运行，就好比玉石的纹理，地有不同的地势地貌。《易经》中"穷理尽性以至于命"，理表现在事物，性备有于心中，命出于天，都是条理的意思。他又说：

> 夫事有条理曰理，即在事中。今曰理在事上，是理别为一物矣。天事曰天理，人事曰人理，物事曰物理。《诗》曰："有物有则。"离事物何所为理乎？②

事物有条理，就是在事物之中，所谓事物之外的理，这个理是另外的东西。天有天的条理，人事有其条理，物有物的条理。《诗经》说："有物有则"。离开事物什么才是理呢？他重新解释"理"的内涵："以阴阳之气之流行也，谓之道。以其有条理，谓之理。"③ 意思是说，阴阳之气的运行就是道，其运行的条理就是理。这与戴震在《孟子字义疏证》中对"理"的定义颇为相似。戴震说：

> 理者，察之而几微必区以别之名也，是故谓之分理；在物之质，曰肌理，曰腠理，曰文理；得其分则有条而不紊，谓之条理。④

戴震认为"理"是观察事物，并且对事物之间极其微妙的不同点也必须加以区分的一个概念，因此叫作分理。在事物的实体中，有肌理、腠理、文理；事物得以区分，有头绪而不紊乱，所以叫作条理。因此，这也成为学者们主张戴震的孟学思想来源于颜李学派的思想例证。可是吊诡的是，戴震以考据学的成就得以名噪一时，在汉宋门户之见风气正盛的乾隆年

---

① 李塨：《传注问·卷一·论语传注问上·学而一》，陈山榜等点校《李塨集》，人民出版社，2014，第690页。
② 李塨：《传注问·卷二·论语传注问·子张十九》，《李塨集》，第707页。
③ 李塨：《周易传注》，卷5《李塨集》，第158页。
④ 戴震：《孟子字义疏证》，杨应芹、诸伟奇主编《戴震全书》，6册，第149页。

间，他却依然追求义理的阐发。戴震以"志存闻道"自任，他认为圣人之道，即在圣人之经中，但宋以来儒者"空凭胸臆"的凿空之说并不符合儒学的原旨。尤其是理学家们将"性"分为"气质之性"和"义理之性"，杂糅了老庄、释佛之说，是对孔孟原义的曲解。《孟子字义疏证》序言中载：

> 彼目之曰小人之害天下后世也，显而共见，目之曰贤智君子之害天下后世也，相率趋之以为美言，其入人心深，祸斯民也大，而终莫之或悟。①

因此，他要效法孟子辟杨墨，恢复原始儒家的原貌，揭露宋儒"以理杀人"的实质，"打破宋儒家中太极图"。于是在《原善》《绪言》《孟子私淑录》《孟子字义疏证》等一系列著作中，戴震重新诠释了"理""天道""性""才""道""仁义礼智""诚""权"等他认为理学偏离了原始儒家的重要概念。戴震以考证的手段来批判理学，但他以"轿夫"与"轿中人"来比喻考证与义理的关系，可见戴震的最终目的并不是反理学那么简单，而是想要建立一套独立于理学之外的义理体系。

四　戴震人性论的建构

戴震论"性"："性者，分于阴阳五行以为血气、心知、品物，区以别焉"②。"自古及今，统人与百物之性以为言，气类各殊是也"。③"知其性者，知其气类之殊，乃能使之硕大藩滋也"。④ 意思是说，性的概念，就是此物与彼物的区别点；而人性就是人和其他事物的区别点；辨别了事物的性，明了了其类别的不一样，才能使其繁衍发展。

戴震对孟子人性论的复归，就在于他和孟子一样，把人性看成人和其他事物的区别点。在《孟子·告子上》中记载了孟子与告子关于人性的辩论：

---

① 戴震：《孟子字义疏证》，杨应芹、诸伟奇主编《戴震全书》，6 册，第 145 页。
② 戴震：《孟子字义疏证》，杨应芹、诸伟奇主编《戴震全书》，6 册，第 177 页。
③ 戴震：《孟子字义疏证》，杨应芹、诸伟奇主编《戴震全书》，6 册，第 189 页。
④ 戴震：《孟子字义疏证》，杨应芹、诸伟奇主编《戴震全书》，6 册，第 188 页。

告子曰："生之谓性。"孟子曰："生之谓性也，犹白之谓白与？"曰："然。""白羽之白也，犹白雪之白。白雪之白，犹白玉之白与？"曰："然。""然则犬之性犹牛之性，牛之性犹人之性与？"①

告子主张"生之谓性"而排斥性的形而上学的意义，认为人的自然需要和自然本能就是人性，②而孟子却看到了人性与物性的不同点。孟子反驳告子："然则犬之性犹牛之性，牛之性犹人之性与"？指责告子将狗性、牛性、人性相混淆。黄俊杰认为告子从人的生存经验事实来言人性，是一种自然人性论。他主张戴震的人性论，近于告子，而远孟子③。这是不确切的，他忽视了孟子与戴震人性论的关注点是人性与物性的差别。

孟子对人性与物性的区别有更直接的表述，孟子说："人之所以异于禽兽几希，庶民去之，君子存之"。④这里的"几希"强调是人异于禽兽之处，是指人对"正命"的认同！人之为人，就是人身在命之中，同时作为耳目之欲和仁义礼智的载体。⑤"几希"者，是天所赐的正命，是"求在内，求则得之"的仁义礼智，孟子将其称为四端之心。"庶民去之，君子存之"的是对自己天命在身的认同性的领悟，就是"身"在自觉自愿地承担起存在的使命。孟子的性善论实际上就是指人对自身之天命在身的领会与肯定。或者说，人在天命面前领会并肯定自身的卓越性、高贵性。这里没有实质的道德原则，而是对人的潜在能力的肯定，这其中也并不是着意于自我对他人的关切，而是着意于自我的终极关切。⑥

戴震在孟子的基础上进一步深化："人之异于禽兽者，虽同有精爽，而人能进于神明也。"⑦在《绪言》中，他曾解释："夫人之异于禽兽者，人能命于必然，禽兽各顺其自然也"，"物循乎自然，人能明于必然，此人

---

① 《孟子·告子上》，杨伯峻：《孟子译注》，中华书局，2008，第 196–197 页。
② 赵士孝：《戴震的人性论及其历史地位》，《郑州大学学报》1985 年增刊，第 63 页。
③ 黄俊杰：《孟学思想史论》，台北："中央研究院"中国文哲研究所，第 342 页。
④ 《孟子·离娄下》，杨伯峻：《孟子译注》，第 147 页。
⑤ 唐文明：《孔孟儒家的"性"的理念及其话语权力膨胀的后果》，《哲学研究》1999 年第 2 期。
⑥ 唐文明：《隐秘的颠覆——牟宗三、康德与原始儒家》，生活·读书·新知三联书店，2012，第 52 页。
⑦ 戴震：《孟子字义疏证》，杨应芹、诸伟奇主编《戴震全书》，6 册，第 154 页。

物之异"。① 戴震所言之"必然",结合戴震《原善》中的"人之异于禽兽者,以有礼义也"②,《疏证》中的"人以有礼义,异于禽兽",③ 大约可以解释为:道德准则的意思。人因为懂得礼义,因为有道德的观念,所以与禽兽不同。

并且戴震认为:"人之心知,于人伦日用,随在而知恻隐,知羞恶,知恭敬辞让,知是非,端绪可举,此之谓性善。"④ "古贤圣所谓仁义礼智,不求于所谓欲之外,不离乎血气心知,而后儒以为别如有物凑泊附着以为性,由杂乎老、庄、释之言,终昧于六经、孔、孟之言古也"。⑤ 与孟子不同的是,戴震认为人的心知在人伦日用的生命体验中知道了恻隐,知道了羞恶,知道了是非,这个过程称为性善,而不再解释为来源于人对天命的认同。同样的,这也是对善的规定,而不是认为人性就是善的。性善成为了一种后天心知在人伦日用中习得的过程。张晓林认为,戴震解释孟子的性善论时,将知与善相联系,即人性之善,善在这"能知",从而强调知在善恶判断上的作用,是非常接近利玛窦的,⑥ 以此认为《天主实义》对戴震的孟学思想产生了实质的影响。事实上,不是善在这"能知",而是因为人性"能知",所以能"善"!

另外,张晓林还认为,"宋儒从其天赋德性论出发,主张复初说,这与利氏的天主赋性论不合,但利氏并未从天主赋性论出发批评宋儒,而是引孔子之语反驳之,强调学而知之。在此,重要的乃后天的学。"⑦ 事实上,这种转变正是儒家"尊德性"向"道问学"发展的结果和表现。余英时认为,东原对学问与知识的态度正是儒家智识主义发展到高峰时代的典型产品。程朱主张"涵养须用敬,进学则在致知",这里的"敬"属于"尊德性"的范畴,而"学"则是知识范畴。程朱以"尊德性"为第一要

---

① 戴震:《绪言》,杨应芹、诸伟奇主编《戴震全书》,6 册,第 127 页。

② 戴震:《原善》,杨应芹、诸伟奇主编《戴震全书》,6 册,第 27 页。

③ 戴震:《孟子字义疏证》,杨应芹、诸伟奇主编《戴震全书》,6 册,第 187 页。

④ 戴震:《孟子字义疏证》,杨应芹、诸伟奇主编《戴震全书》,6 册,第 181 页。

⑤ 戴震:《孟子字义疏证》,杨应芹、诸伟奇主编《戴震全书》,6 册,第 182 页。

⑥ 张晓林:《戴震的"讳言"——论〈天主实义〉与〈孟子字义疏证〉之关系》,《华东师范大学学报》2002 年第 4 期,第 15 - 22 页。

⑦ 张晓林:《戴震的"讳言"——论〈天主实义〉与〈孟子字义疏证〉之关系》,《华东师范大学学报》2002 年第 4 期,第 15 - 22 页。

义，而以"道问学"为第二要义，① 而戴震却强调的却是"知"的重要性，这种转变大约不是受到利玛窦的影响，而是"内在理路"的产物。戴震在《原善》中，已经提到了"贵学"，提出"问学所得，德性日充"的命题。而《原善》定本于1766年，至戴震《孟子字义疏证》1777年成书，已经十年的时间，在此十年中，戴震的重知、重学的立场已经非常坚定。在《绪言》与《疏证》之间，另有一部《孟子私淑录》，在此书中，戴震已有驳斥程朱"复其初"之说：

> 孟子言性善，非无等差之善，不以性为"足于己"也，主扩而充之，非"复其初"也。人之形体，与人之心性比而论之：形体始乎幼小，终于长大。方其幼小，非自有生之始即撄疾病小之也。今论心性而曰"其初尽人而圣人，自有生之始即不污坏者鲜"，岂其然哉！形体之长大，资于饮食之养，乃长日加益，非"复其初"；心性之资于问学，进而贤人圣人，非"复其初"明矣。……古贤圣知人之得于天有等差，是以重问学，贵扩充。②

上引《私淑录》中这一段话，在《孟子字义疏证》中表达得更为简洁而圆密。《疏证》云：

> 试以人之形体与人之德性比而论之，形体始乎幼小，终乎长大；德性始乎蒙昧，终乎圣智。其形体之长大也，资于饮食之养，乃长日加益，非"复其初"；德性资于学问，进而圣智，非"复其初"明矣。③

《疏证》易"心性"为"德性"，以与"学问"对举，尤可见东原的议论是针对着儒学传统中"尊德性"与"道问学"的问题而发的。东原谓"德性始乎蒙昧"，必不断地资于学问而后始能"终于圣智"，这是儒家智

---

① 余英时：《论戴震与章学诚：清代中期学术思想史研究》，第24页。
② 戴震：《孟子私淑录》，杨应芹、诸伟奇主编《戴震全书》，6册，第40页。
③ 戴震：《孟子字义疏证》，杨应芹、诸伟奇主编《戴震全书》6册，第190页。

识主义发展至成熟阶段才会出现的新观点。①

另外，戴震对宋儒超绝的"理"之批判，其实也是 17 世纪以后东亚近世儒学史的共同动向。② 日本德川时代古学派儒者伊藤仁斋就说："非有理而后生斯气。所谓理者，反是气中之条理而已。"③ 伊藤仁斋论朱陆异同时，对朱子与陆象山皆有批评，他反对"无声无臭之理"，而主张在人伦日用之中觅"理"，强调"理"的时空性，反对宋儒所立的超越之"理"，此与戴震不谋而合，反映了东亚近世儒学思潮的一个趋势。④ 这样的平行现象显示反理学思潮本身的理论架构有种必然性，说明他们具有相似的问题意识及共通的理论资源。他们虽然在不同的时空中成长，但相同的问题意识以及共享的经书，使得他们的思想回应呈现了共通的形态。⑤ 这恐怕也在一定程度上说明了儒学发展具有其内在的理路，而导致了整个东亚近世儒学"知识类型"的转向。

五　余论

由于"朱陆之争"而产生的"尊德性"与"道问学"的争论，导致了宋以后直至明清智识主义的发展。戴震处于智识主义发展的顶峰阶段，因此，他才会针对传统政治道德凝合而成的反智风气，提出明确的针砭。这是戴震孟学思想形成的内在依据，也是儒学发展的"内在理路"（inner logic）。然而，任何思想的形成与发展，都不能脱离当时的政治经济社会的背景而独立的看待。甚至戴震自身的学术志趣，以及他所见到的书籍，所交往的人物，都是追寻戴震思想渊源的线索。

戴震"自幼为贾贩，转运千里，复具知民生隐曲。"⑥ 自 27 岁至 50 岁期间，不仅与许多徽商子弟共学于大商人汪梧凤的不疏园中，更寓居扬州、南京、太原、宁波工商业繁华及徽商大贾集中的地方。在此期间，与

---

① 余英时：《论戴震与章学诚：清代中期学术思想史研究》，第 26 页。
② 黄俊杰：《孟学思想史论》，第 354 页。
③ 伊藤仁斋：《语孟字义》，《日本伦理汇编》，育成会，1901，第 12 页。
④ 可参考余英时《戴东原与伊藤仁斋》，《食货月刊（副刊）》1974 年 12 月第 4 卷第 9 期，第 369－376 页；黄俊杰《东亚近世儒学思潮的新动向——戴东原、伊藤仁斋与丁茶山对孟学的解释》，《儒学传统与文化创新》，台北：东大图书公司，1986，第 77－108 页。
⑤ 杨儒宾：《异议的意义——近世东亚的反理学思潮》，台大出版中心，2013，第 288 页。
⑥ 章太炎：《释戴》，《章太炎全集》，上海人民出版社，1985，第 122 页。

徽商及其他社会名流广泛交往。戴震生活经历中的所见所闻，必然显现在
其思想中。譬如，他认为人只有气质之性，"性"并没有什么神秘的地方，
只是事物赖以相互区别的自然物质属性。"人之为人，舍气禀气质，将以
何者谓之人哉？"① 他把尊卑等级不同的人一齐还原为自然的人，这就有力
地批驳了程朱理学的义理、气质二元人性论。他在当时活跃的新的流通关
系中，摆脱了原来因袭的偏见，根据实地观察得到的关于"民生隐曲"的
具体知识展开他的思想。首先必须肯定，他的肯定情欲、欲望解放的主
张，是民众在商品生产、商品流通扩大以后达到的多方面发展成熟的要
求，和统治权力外在的压抑之间产生的紧张、倾轧的思想反映，更重要的
是这样的社会动向和戴震哲学所固有的思维结构之间的本质联系。②

再谈到《天主实义》对戴震思想的影响，似乎不能完全得出他们之间
具有直接联系的结论，而西学的影响却不能忽视。首先，戴震的学术兴趣
除哲学、伦理学、语言学外，还涉及天文历算地理等自然学科。其次，戴
震极为推崇徐光启翻译的《几何原本》，服膺其科学方法。他在《四库全
书》的《几何原本提要》中详细介绍了《几何原本》的公理演绎法，并
给予充分肯定："故自始至终，毫无疵类。加以光启反复推阐，其文句尤
为明显，以是弁冕西术，不为过也。"③

此外，而根据段玉裁《答程易田丈书》，"壬辰，东原馆京师朱文正珪
家，自言：在山西方伯署中，伪病十余日，起而语方伯：'我非真病，乃
发狂打破宋儒家中太极图耳！'……伪病十余日，此正是造《序言》耳。"
壬辰年乃是公元 1772 年，此时的戴震正于纪昀手下，负责天文、算法、地
理、水经、小学、方言诸书，《四库全书总目提要》的有关部分，其实为
戴震所作。而《提要》中标明耶稣会士的作品就有 25 种，戴震校的《几
何原本》与《天主实义》，曾分别收入李之藻《天学初函》的"器编"和
"理编"原属于同一丛书。戴震不会自守其感兴趣的天文历算而不读，因
此是有可能连同"器编"和"理编"一同阅读的。在此期间，是有可能读
到《天主实义》。④ 可是利玛窦在中国的传教，和耶稣会的其他传教士的传

① 戴震：《孟子字义疏证》，杨应芹、诸伟奇主编《戴震全书》，6 册，第 180 页。
② 〔日〕村濑裕也：《戴震的哲学——唯物主义和道德价值》，译者山东人民出版社，第 58 页。
③ 《四库全书总目》卷 107，中华书局，1965，第 907 页。
④ 李天纲：《〈孟子字义疏证〉与〈天主实义〉》，王元化主编《学术集林》卷 2，第 216 页。

教方法一样，是一种文化调试的过程，在此过程中，他们不免将既有的知识体系与中国传统儒家思想的相结合，以利于传教。例如利玛窦在传教的过程中，也会借用中国儒家文化里既有的"帝"的概念；亦或者以天主教原理改造传统儒家的道德形上学，即传统儒家的人性学说和仁学。这些西学的书籍，大概只能作为戴震孟学思想的背景知识来看待。

（作者单位：香港理工大学）

清代乡试考官的选派

胡 平

摘 要： 清代科场的考官，区别于负责各项考务管理的场官，是指负责命题阅卷、分别去取、核定名次的正副主考官和同考官。各省乡试主考官是由皇帝选派，要具备一定的衔名和品级，同考官必须是科甲出身，即担任考官有资格条件的限制。为了确保主考官的学识水平是称职的，清政府在沿袭明制使用京官的同时，又采取"考差"手段选出"人品端方、学问醇正"的人来担任。这种与历代不同的乡试主考官选派方式，从运行机制上维护了科举考试顺利进行，充分显示了清廷对考官的重视程度。

关键词： 清代科举考试 乡试考官 考差

自有科举考试以来，组织考试的机构均在考试当年临时组成，所有参与考试管理的人员都是临时差遣，一旦考试结束即回任原职。清代各省乡试主考官的派遣是由皇帝在京官中钦命简放，称为"试差"，同考官的选用则从地方官中选派。由于主考官专主衡文、以定去取，同考官负责阅卷、推荐好卷，为此，考官能否忠于职守直接关系着考试本身的公正和权威，考官的任职资格和选派方式便成为科举考试实施过程中的关键因素。

一 乡考官的任职资格

清代乡试初始时，各省乡试主考官一律由皇帝在京官中钦命简放，这是自明嘉靖以来的惯例，也是清初制定的基本原则。按规定，担任考官要具备一定的文化程度即出身，也必须具备相应的职务官衔。

1. 主考官的出身及职衔

清初实行定差制，即以衙门的不同地位，按大、中、小省为序分别题差，选派的考官不严格限制出身，却要求担任考官者有一定的文化程度，"掌文衡者不必皆甲科出身"① 即不论进士、举人出身者均可任主考官。如袁懋德以岁贡典试顺治十七年庚子科山东乡试主考，蔡骃以拔贡典试康熙二年癸卯科云南乡试主考。② 至康熙十年，云南道御史何元英疏请，各省乡试正副考官宜专用进士出身之人，部议从之。③ 然而此办法并未严格执行，在以后的选派中偶有用举人出身者。雍正三年推行考差制，奉旨："用进士出身之人，不用由举人出身之人。"④ 至此，用进士出身的官员任各省乡试主考官方成为定制。

但是，选任主考官则一直有任职部门和职衔的要求。如顺治二年定为翰林、六科及部院属官，康熙十一年又增加进士出身的内阁中书。⑤ 乾隆四十四年奏准："国子监监丞、助教等，凡系进士出身者，一体考试试差，至别项人员，不得援以为例。"⑥ 所谓"考试试差"，即参加乡试主考官的考选，应差人员的范围为进士出身的宗人府主事、翰林院讲读、学士以下，詹事府左右庶子以下，内阁侍读学士以下，及各部院郎中、员外郎、主事，各衙门中书、评事、博士、监丞、助教等官，这些属于照常开列的官员。另外有六部侍郎、内阁学士、京堂、科道，以及上述各官已经出任过乡试主考或会试同考官者，统称为通行开列官员。⑦ 也就是说有翰林官、给事中、光禄寺官、吏户礼兵刑工六部的司官、行人、中书、评事等职衔的人才有资格兼任主考官。

任顺天乡试主考，其职衔要高于各直省之主考。顺治初规定，顺天乡试用翰林官。康熙三十九年议准："顺天正副主考，除应开列官员照常开列外，将侍郎、学士、京堂、翰林、科道、部属等官员由进士、举人出身者，无论已未典试，通行开列。"⑧ 雍正三年规定，开列者必须是进士出身

---

① 陈康祺：《郎潜纪闻二笔》卷6《掌文衡者不必皆甲科出身》。
② 黄崇兰：《国朝贡举考略》卷1。
③ 《清圣祖实录》卷37，康熙十年十一月辛未。
④ 光绪《大清会典事例》卷333《礼部·贡举·乡会考官》。
⑤ 光绪《钦定科场条例》卷9《乡试考官·直省乡试正副考官·例案》。
⑥ 光绪《大清会典事例》卷333《礼部·贡举·乡会考官》。
⑦ 《钦定礼部则例》卷84《仪制清吏司·乡会试考官同考官》。
⑧ 光绪《大清会典事例》卷333《礼部·贡举·乡会考官》。

之官员。① 随着科举在国家社会地位重视程度的提高，考虑任用高官要员担任顺天乡试主考官。乾隆三十五年议准："顺天乡试考官，应将协办大学士、尚书以下，副都御史以上，开列题请。"② 道光二十九年奉旨："向来题请简放顺天正副考官本内，大学士及协办大学士衔名，如经开列，仍著照常办理，或向不开列，即自本科为始，嗣后一体开列，并于各衔名下，将历经简放学政并乡会试正副考官及同考官之处分析注明，某年某科，毋稍疏漏。"③ 至此，顺天乡试主考的规格与会试无异，皆委派大学士、协办大学士、尚书等大员出任，并成为定制。④

2. 同考官的出身及职衔

由于乡试主考官的主要助手为同考官，同考官因在贡院中各居一房，又称房考官，或简称同考、房官。同考官的数额根据各省每次参加乡考试人数的情况确定，如顺天乡试额定为十八人，也称十八房。

各省乡试同考官均选自地方官，但对入选者也有一定的资格限制。乡试的同考官一般由监临官考选，顺治二年定："各直省房考，取本省甲科属官，不足，聘邻省甲科推官、知县，及乡科教官。挂议迁谪者不与。"⑤ 所谓"甲科"是指进士出身者，"乡科"则指举人出身者。雍正时期同考官停止用本省现任知县担任，专用邻省在籍的进士、举人中考选，乾隆年间则又恢复专用本省有科甲之名的州、县官任乡试同考官。

顺天乡试因特殊地域的缘由，同考官的出身及职衔有别于各省。顺治年间由礼部会同吏部选用科甲出身的行人、中书、评事、博士等官员和京城附近地区有科名的推官、知县担任。康熙二十六年定："顺天同考官，嗣后六部员外郎、主事、中书等官及守部进士俱停开列，止用直隶科甲出身知县，由顺天府咨呈吏部，行文直隶巡抚。"⑥ 同考官一职由直隶科甲出身的知县担任，有时也用庶吉士。至乾隆以后，同考官多用翰林，偶尔也派进士出身的京员担任。

① 光绪《大清会典事例》卷333《礼部·贡举·乡会考官》。
② 光绪《钦定科场条例》卷8《乡试考官·顺天乡试正副考官·例案》。
③ 光绪《大清会典事例》卷333《礼部·贡举·乡会考官》。
④ （清）福格：《听雨丛谈》卷10《乡会试掌故二》。
⑤ 光绪《大清会典事例》卷334《礼部·贡举·乡会同考官》。
⑥ 光绪《大清会典事例》卷334《礼部·贡举·乡会同考官》。

二　乡试考官的选派方式

清代乡试，主考官由皇帝选派，钦命简放。每省主考官设置为一正一副二人，唯有江苏、安徽合考于南京的江南贡院，两省共放二人称江南乡试主考官。雍正三年颁布考试典试官之令，始限翰林及进士出身的部院官。以后，各省主考按大、中、小省之区别，分别用侍郎、阁学、翰詹科道及编修、检讨等官员担任，还有用内阁与各部进士出身的官员。顺天乡试主考官与各省不同，因顺天为首善之地，其地位要高于各直省，所以顺天乡试主考官的设置从初期的正副主考二人增加至一正三副四人，由协办大学士、尚书以下，副都御史以上官员担任。

1. 主考官的选派过程

乡试当年，各省乡试主考官的确定先由礼部行文各衙门，咨取进士出身等注明曾经是否考过试差郎、侍郎以下京堂各官的官衔和名字，同时行文吏部，咨取考过试差的宗人府主事、内阁侍读学士以下、各部郎中、员外郎、主事、六科各道、国子监司业和中书、评事、博士、监丞、助教等官的官衔和名字，而后分别缮写清单，写明本人的籍贯、俸次、科分，以及曾经出任过某省学差、某省典试，某科顺天乡试、会试分房等项内容，再由各衙门将每人的详细情况汇总送礼部，由礼部统一掌握调配。顺天乡试的主考官，规定由进士出身的大学士、尚书、侍郎、副都御史以上官员担任。礼部将进士出身之大学士，协办大学士尚书以下，副都御史以上的官员官衔与名字开列名单题请，又将未经过考试试差的侍郎以下，副都御史以上的官员官衔与名字另外开列名单题进呈，恭请皇帝钦命正副考官。

"照常开列官员"与"通行开列官员"都需要将职名"开列"上报后选派，但"通行开列官员"的地位要高于"照常开列官员"，选派的机会也就大。所差之官，按规定必须是实缺现任官员，候补候选官，及现奉差委者，例不简派。凡有病痊、假满、服阕，遇乡试之年补任者，均不准开列，[①] 也就是说这几种人没有资格派选。

各省主考的简派，清初实行以某衙门官员固定差往某省任考官的定差制。顺治八年曾定："凡应差八员，总送十六员；应差五员，总送十员。

---

① 光绪《大清会典事例》卷333《礼部·贡举·乡会考官》。

礼部会同内院，拟定正陪，疏请简命。"① 所谓"拟定正陪"，是在题请差遣主考时开列备选名额供皇帝裁决。实行定差制可引起人们揣测各省主考官的人选，容易发生考生请托考官照顾之事。康熙三年停止定差制，规定乡试正副主考不必指定某衙门官差往某省，各衙门应差官员职名概行开列，题请钦点。② 雍正三年实行考差制度后，则改为将考试取中的官员届期题请简派。

顺天乡试正主考官的选派和各省有所不同。顺天地处京城，其地位较为特殊，顺天乡试的主考官自从康熙八年状元出典乡试，"国朝承前明旧例，顺天乡试正考官，多以前一科一甲一名充之。"③其后即援以为例。如康熙十一年壬子科乡试，由九年庚戌科状元蔡启僔任顺天正考官；十四年乙卯科乡试，由十二年癸丑科状元韩菼任顺天正考官；十六年丁巳科乡试，由十五年丙辰科状元彭定球任顺天正考官；二十年辛酉科乡试，由十八年己未科状元归允肃任顺天正考官。④ 由于顺天乡试主考多由上科状元充之的固定人选的做法，人们更能提前得知主考官的人选，进而有私下交接贿赂的可能。为防止这种情况的发生，康熙三十九年复准，顺天正副主考，除应开列官员照常开列外，将侍郎、学士、京堂、翰林、科道部属等官，由进士、举人出身者，无论已未典试通行开列。⑤ 以前差遣顺天乡试主考官主要集中在翰林院和六部，此令扩大了选派的范围，几乎京城各衙门所有的科甲出身的官员都涵盖在内。

初期对主考官的选用基本上采取推荐的形式，或由礼部将应差者先后题名上请，或由吏部开列名单进呈，或由各衙门推荐，最后再由皇帝钦定。为了保证挑选出主考官的人品和学问都能胜任其职务，清政府增加了对乡试主考官考试一项，"务遴才品，不得但取资次，亦不得浮猎声华"⑥。对主考官的考试称为考试试差，又称考差，经过考试合格者方能任职。雍正三年，将应差委之翰林，及进士出身的各部院官查奏，然后经皇帝"试

---

① 光绪《大清会典事例》卷333《礼部·贡举·乡会考官》。
② 光绪《钦定科场条例》卷9《乡试考官·直省乡试正副考官·例案》。
③ 陈康祺：《郎潜纪闻初笔》卷3《顺天乡试正考官以前科状元充当》。
④ 王士禛：《池北偶谈》卷3《谈故三·状元出典乡试》。
⑤ 光绪《大清会典事例》卷333《礼部·贡举·乡会考官》。
⑥ 光绪《大清会典事例》卷333《礼部·贡举·乡会考官》。

以文艺，再行差委"①。考试在太和殿举行，内容为四书文二篇。考后试卷经弥封呈皇帝御览，并亲定甲乙，以备乡试差遣。乾隆元年，加强对主考官的稽查、考核，通过考试选拔出人品端方、学问醇正、年富力强的主考官，使得考差进一步制度化。乾隆十二年，乾隆帝特别强调，差遣主考官要考试和保举并用，以考试为主；即使保举，也必须加以考试。② 另外，乾隆年间试差考试增加了内容，在四书文二篇的基础上增加诗一首。嘉庆年间对考试内容作了调整，将原定的四书文二篇减去一篇，加添五经文一篇，仍考五言八韵排律诗一首。经这种考试录取的人员，后世称为"大考差"。通过考试差遣乡试主考官，这也是清代科举考试制度的一大特点。

2. 同考官的选派过程

同考官的选派，顺治二年定：同考官由监临于应选人员内挑选治行最、年力强、学识俱到之员。③ 五年曾令各省巡按、提学共同考选派用，④然而并未进行考试选拔。八年，以江南应试者众，考官责任重大，遂定由提学会同巡按及布、按二司选用，务取洁守实学者，每十员用二十员共同阅定。十七年又令各直省由督抚将应选者倍数密取到省，即日公阅入闱。⑤向例，州县官选为同考，只许入闱一次。⑥ 雍正元年停此例，始行考试选拔法。是年奉上谕："闻各省乡试房考，凡州县官由科甲出身者，止许入闱一次。夫房考以秉公精鉴、识拔文才为主，何论曾否入闱。"⑦

顺天乡试同考官的选派也多有不同于各直省之处。顺治八年规定，由礼部会同吏部于合例人员内选用。自十七年始，改由吏部开列应选人员题请钦点。⑧ 康熙时期任同考官停止用京员，改由直隶科甲出身的知县担任，"由顺天府咨呈吏部，行文直隶巡抚，共起送三十员。"⑨ 雍正元年定同考官考试例后，顺天同考一并考试，入选者开列具题。雍正五年，下旨禁本

---

① 《清世宗实录》卷28，雍正三年正月甲子。
② 《清高宗实录》卷287，乾隆十二年三月戊午。
③ 光绪《大清会典事例》卷334《礼部·贡举·乡会同考官》。
④ 光绪《大清会典事例》卷334《礼部·贡举·乡会同考官》。
⑤ 光绪《钦定科场条例》卷10《乡试考官·直省乡试同考官·附载旧例》。
⑥ 余金：《熙朝新语》卷8。
⑦ 光绪《钦定科场条例》卷10《乡试考官·直省乡试同考官·例案》。
⑧ 光绪《大清会典事例》卷334《礼部·贡举·乡会同考官》。
⑨ 光绪《大清会典事例》卷334《礼部·贡举·乡会同考官》。

省科甲出身官员阅本省试卷例，同考官一律调取邻省科甲出身之官员，目的是执行阅卷回避条例。但由于顺天乡试士子成分复杂，所以直到乾隆二十一年礼部议准："顺天同考官，向因调取近京州县，独由吏部题请。今改用京员，嗣后应与顺天暨各省主考官，均归礼部开列具题。"① 任用顺天同考官的主管部属，由吏部改为礼部。

同考官的选派虽不属于"试差"，自雍正起规定对各省乡试同考官也要进行考试选拔。"嗣后凡遇乡科，各省督抚临场调齐科甲出身之员，不论已未分房，监临试以时艺一篇，其文理优长者入内帘房考，荒疏者供外场执事，则分校得人，而佳文尽拔矣。"② 这是继主考官推行考差制度后，进而对同考官进行的文化水平考试，可以看出清政府对担任乡试考官的重视。雍正十一年，以同考官用外省在籍之进士、举人，乃议定，增试策一道，取文理优通者咨送邻省。③ 十三年，停调外省举人例，同考官的考选仍考时艺一篇。乾隆五年复准："乡试同考，应令各省督抚将应行入帘之员，预访其品学素著者，调取来省，照例试以时艺一篇，策一道。其文理优长者，准入内帘房考，其次供外场执事。"④ 条例虽定，但各省督抚往往视为具文，往往以地方公务紧要为说辞，选任办事能力平常者为同考官，甚至有年老体弱、精力不足者也滥竽其列。二十一年奉上谕："今岁乡试届期，所有各省同考官，其令该督抚等慎重遴选，精加考试，择其年壮学优者，共襄试事，以副国家抡才大典。"⑤ 至此，各省同考官的选拔已成定制：直省乡试同考官，该督抚调取进士、举人出身之州县官，试以文艺，年壮学优者准入内帘，余供外场执事。⑥

从上述不难看出，清代乡试对考官的挑选也是煞费一番苦心，经历了一个以推荐为主的人品考核到以注重学问的业务考试。清初时期选拔考官首重品行，要求主考官必须是才品兼优，但选拔仍然是以举荐为主的考核。顺治十四年发生顺天、江南科场案，士子们对主考官的学问提出质

①《清高宗实录》卷515，乾隆二十一年六月庚申。
② 光绪《钦定科场条例》卷10《乡试考官·直省乡试同考官·例案》。
③ 光绪《大清会典事例》卷334《礼部·贡举·乡会同考官》。
④ 光绪《钦定科场条例》卷10《乡试考官·直省乡试同考官·例案》。
⑤《清高宗实录》卷514，乾隆二十一年六月甲辰。
⑥《钦定礼部则例》卷84《仪制清吏司·乡会试考官同考官》。

疑。清政府通过加强考试管理和制定相应措施为科举实现公平取士作了大量的努力，至雍正朝时把考差制度提上议程，开始对担任各省主考官的业务水平、衡文能力进行考试。此方法同时用于同考官，并以考试成绩作为差委考官的依据。考差不失为选拔和衡量主考官业务水平最佳的一种办法，首先增强了任职者的荣誉感和责任感，其次弥补和解决了科举考试制度上的一些漏洞。清代的考官选派，其衡量标准和考核方法以今人的眼光来看可能不太科学、全面，但无论从措施的调整还是实施的效果来看，它对于维护科举考试的顺利进行起到了积极、有益的作用。

（作者单位：教育部考试中心）

从清代档案看土司袭职程序的规定及其运作

彭　姣

摘　要：承袭制度是土司制度的核心。清代土司承袭制度有诸多内容，本文仅阐述土司袭职程序的相关规定，并根据清代档案具体考察其实施运行情况，从中能够看到袭职程序的规定是必须严格遵行的。这是土司袭替得以正常进行的保证，也是土司制度臻于成熟的标志。

关键词：土司　承袭制度　清代档案

清代土司承袭制度有诸多内容，如承袭人身份的规定、袭替顺序的要求、册结的运用、承袭的时效性等问题。本文仅阐述有关袭替程序的相关规定，并根据清代档案具体考察这一规定的实际运行情况，希望能对清代土司承袭制度的研究有所裨益。

一　清代土司袭职程序的规定

清代土司制度是在沿袭明制的基础上不断补充、完善的。明代的土司承袭制度在洪武二十六年（1393）即做出了明确的规定：土司承袭，首先需要验封司派官员核实土司身份，是否存在争袭之人，是否存在冒名的情况，取其宗支图本来核对；再取地方官的结状，及相关证明文件一起呈送到部；再"移选部附选，司勋贴黄，考功附写行止"①；最后土司到任后再颁给号纸与官印。弘治十八年（1505），"令照旧保勘、起送赴

---

① 基金项目：吉首大学研究生科研创新项目资助（编号 JGY201710）万历《明会典》卷6《吏部·土官承袭》。

京袭职"①。万历九年（1582），由布政司为土官承袭代奏，这一时段承袭人根据自己的意愿选择是否亲身赴京授职。为了确保地方稳定，明代对土司袭职的整个程序做了时间规定，从该管衙门体勘、申明到抚按代奏承袭，最多不得超过三年时间。如果土司自己不上报请袭者，故意拖延超过十年者，即使有保结，"通不准袭"②。同时要求地方官在办理袭职手续中不得故意勒索和阻止土司或延误上报。

清初政局动荡，清政府为了早日完成对全国的统一和促进政局的稳定，对待土司问题仍沿用明代的相关规定。顺治初曾对土司袭职规定："将该土官顶辈宗图、亲供、司府州邻印甘各结，及原领敕印，亲身赴部，由部核明，方准承袭。"③清初承袭之人仍需备齐相关证明文件亲自到京赴兵部或吏部，再由相关部门核实才能承袭。

随着国力的增强，政局的稳定，清政府总结明代以来土司制度的缺陷，吸取明代土司制度不完善的教训，不断完善土司承袭制度。康熙十一年（1672）规定："承袭之人，年满十五岁，督抚题请承袭，每承袭世职之人，给予钤印号纸一张，将功次、宗派及职守事宜填注于后。后遇子孙袭替，本省掌印都司验明起文，或由布政使司起文，并号纸送部查核无异，即与题请袭替。将袭替年月、顶辈填注于后，填满换给。如遇盗贼水火损失者，于所在官司告给执照，赴部查明补给。如遇犯罪革职、故绝等事，都司、布政使司开具所由，将号纸缴部注销。如宗派冒混，查出参究。"④同时规定："土官袭职，停其亲身赴京，取具地方官保结，并宗图呈报该督抚，保送到部，准其承袭。"⑤雍正三年（1725）覆准："土官病故，该督抚题报时。即查明应袭之人，取具宗图册结，邻封甘结，并原领号纸。定限六个月内具题承袭。其未经具题之先，即令承袭之人照署事官例，用印任事，地方官不得将印信封固，致滋事端。有勒索留难者，将该

---

① 万历《明会典》卷6《吏部·土官承袭》。
② 万历《明会典》卷6《吏部·土官承袭》。
③ 光绪《大清会典事例》卷589《兵部·土司袭职》。
④ 光绪《大清会典事例》卷589《兵部·土司袭职》。
⑤ 光绪《大清会典事例》卷589《兵部·土司袭职》。

管上司照违限例议处。"①

以上规定使得土司袭职程序更为完备。土司袭职时会颁发号纸，在号纸上写上本人的功次、宗派及职守等相关事宜。土司亡故后，由应袭之人提出申请（即所谓"亲供"），同时要取得邻近土司甘结、司府州之印结，连同顶辈宗图、原领号纸，一并交布政司查核无误，由督抚题报，送往兵部或吏部核实查明。康熙十一年之前，承袭人还需亲自到京才能袭职，之后取消了土司赴京袭职例。此外，对特殊情况也做了相应规定。首先，号纸如果遭遇盗贼抢劫，或因水火而损失者，由所管地方官发给执照，然后赴部查明后再行补发。对于承袭时限也有明确的规定。具题承袭定限，要求六个月内完成，在这个时段内由承袭人掌管署印，管理本地方事务。对于地方流官因承袭事而故意封固印信，或因此而勒索土官者，清政府将对此进行严厉的处罚。这一系列规定使土司承袭更加规范化，更便于实际操作，有利于土司权力的平稳过渡。

二　土司袭职程序规定的常规执行情况

清代土司承袭制度趋于制度化、规范化。而土司袭替程序是土司承袭制度运作的重要环节，从呈送亲供册图，邻司担保，到府道县具结，布政司核查，再由督抚核查上报到部，由皇上批准部议，部议核查无异后具题，最后由皇帝下旨同意承袭。各个环节都记录在册，相关文件材料放入档案保存，便于核查避免错误。如有错误则驳回，严格按照规定施行，避免土司争袭事件的发生，维护地方的稳定。这正是清政府所求追的结果。那么，实际情况又是怎样呢？我们从中国第一历史档案馆所藏有关雍正朝土司承袭档案可以看出，有关土司承袭程序的规定是严格遵行的。土司病故或亡故者，土司袭替申报较顺利的话则会按五个常规环节进行，即病故报请（包括亲供印甘各结，及布政司核查无误）；督抚（核查无异）题请；奉旨交部议奏；部议题奏；奉旨（依议或另有旨）。现存档案及实录多见前三环节。若是土司病故请休、承袭人未满十五岁者、承袭人身份不合条例者、督抚题请有误者等，这一系列特殊情况下袭替程序则更为复杂。下面我

① 《清世宗实录》卷36，雍正三年九月乙巳条；光绪《大清会典事例》卷589《兵部·土司袭职》。

们根据中国第一历史档案馆所藏雍正朝有关土司承袭的档案做一分析。

例1，据云贵总督鄂尔泰雍正五年八月初七之题本，云南云龙州箭杆场土巡检字世昊，因病于雍正五年正月三十日病故，布政使常德寿核查字世昊承袭人字生文身份无误，且声明宗、结等材料无误后申报到鄂尔泰，鄂尔泰核查无异后题请承袭。"雍正五年九月十八日奉旨：该部议奏"。①

例2，在大学士兼管吏部户部尚书事张廷玉雍正八年十二月初八日题本中看到，吏部奉旨奏议云贵总督鄂尔泰关于云南大理府云龙州箭杆场土巡检袭替一事。此条并非为上则例子的后续结果，而是上则承袭人已袭职为土巡检后病故再次申报袭替事由。云龙州土巡检字生文当政未有三年病故，申报袭替应袭人乃字生文胞弟字生民。经过申报、核明身份、再有督抚题请、吏部奉旨奏议，议得结果"应如所请，将字生民准其承袭云南大理府云龙州箭杆场土巡检，给与号纸可也，未敢擅便，谨题请旨"②。雍正八年十二月初十奉旨"依议"③。这一整套程序才算完成。

例3，贵州巡抚张广泗于雍正七年三月十二日为土司承袭事具题：黎平府属亮寨长官司土官龙沛于雍正六年九月二十三日病故，龙沛是由部颁给号纸，可以承袭的土官。因此龙沛病故后，布政使鄂尔达核实具体情况，二十岁的龙绍佥是已故龙沛嫡亲长男，按例应该承袭其父职。"取具亲供宗图册结，并邻司彝民户族邻佑印甘各结，该司道府加具印结，粘连同原领号纸，详报前来。臣覆查无异，相应照例题请承袭，换给号纸任事。除将宗图、册结、号纸分送部科外，臣谨具题，伏乞皇上睿鉴，勒部议覆施行。谨题请旨。"④ 四月二十五日奉

① 中国第一历史档案馆藏档案，内阁吏科史书，雍正五年八月初七日云贵总督鄂尔泰题，图像编号：038－60、61。

② 中国第一历史档案馆藏档案，内阁吏科史书，雍正八年十二月初八日大学士张廷玉题，图像编号：063－262、263。

③ 中国第一历史档案馆藏档案，内阁吏科史书，雍正八年十二月初八日大学士张廷玉题，图像编号：063－262、263。

④ 中国第一历史档案馆藏档案，内阁吏科史书，雍正七年三月十二日贵州巡抚张广泗题，图像编号：049－014、015。

旨："该部议奏。"①

例4，据云贵总督鄂尔泰雍正五年九月初一日具题报可见，云南永北府土知府阿锦先病故，首先布政使核实病故土司情况，阿锦先确是病故，而非意外死亡；再者核明应袭人阿有威是阿锦先的嫡生长子，没有说是阿锦先过继收养偏爱的冒袭人存在；然后阿有威已年过一十五，按例可以承袭其父的职位，并且彝民悦服，最后布政使再取阿有威的宗图、册结和原来领取的号纸一起详报给督抚。再由督抚核实无异后，将图结、号纸等相关承袭文件送吏部，再"会题请旨"②。

例5，根据内阁大学士兼吏部行走朱轼等于雍正五年十一月十二日题，关于永北府土知府袭职事，吏部核实后，认为应如云贵总督鄂尔泰所请，准阿有威袭其父职，承袭永北府土知府，可以给予号纸。为此谨题请旨，恭候命下然后才能遵奉施行。同月十五日奉旨，按部议施行。朱轼等题本称："云南总督鄂尔泰疏称：永北府土知府阿锦先于雍正五年四月初四日身故，例应嫡亲长男阿有威承袭父职，取具亲供、宗图、邻族册结等因，具题前来。查该督既称阿锦先嫡亲长男阿有威年已十五岁，应袭父职，与例相符等语。应如该督所请，将阿有威准其承袭永北府土知府，给与号纸可也。恭候命下，臣部遵奉施行。臣等未敢擅便，谨题请旨。雍正五年十一月十二日题。"③本月十五日奉旨："依议。"④

以上几则档案资料，我们看到土司按正常程序袭职：首先送亲供、宗图、册结、邻里土司、彝民户族邻佑的证明担保各结到司，由布政使核实，司道府加具印结，再连同原领号纸详报督抚。督抚再次核实无异，具题请袭，并将宗图册结号纸分送部科。经皇帝下旨令"该部奏议"。部议

---

① 中国第一历史档案馆藏档案，内阁吏科史书，雍正七年三月十二日贵州巡抚张广泗题，图像编号：049-014、015。
② 中国第一历史档案馆藏档案，内阁吏科史书，雍正五年九月初一日云贵总督鄂尔泰题，图像编号：038-344、345。
③ 中国第一历史档案馆藏档案，内阁吏科史书，雍正五年十一月十二日内阁大学士兼吏部行走朱轼题，图像编号：039-001。
④ 中国第一历史档案馆藏档案，内阁吏科史书，雍正五年十一月十二日内阁大学士兼吏部行走朱轼题，图像编号：039-001。

后具题，皇帝准依议，而后土司承袭才算是完成了一整套程序。现存的档案资料能见到一整套完整袭替程序的较少，常见的是有头无尾或有尾无头，但仍能从中得见清代土司承袭程序更为规范化，更为严格，以避免出现争袭冒袭事件，威胁地方稳定。

三　袭替程序中的特殊情况

土司职衔的世袭是土官享有的特权。一般情况下请求袭职是因为原土司病故或身故，由已故土司符例的嫡长子来继承父职，较为顺利的话则会在半年或一年内袭职。但是有时候土司袭替情况较为复杂，如土司告老请休，承袭人身份不详，与例不符、或年纪未符典例、申报文书有纰漏者等，这类情况的请袭过程更复杂。

（一）　土司告老请休

土司年老或体弱不能料理土务时，亦可请求袭替。广西南宁府忠州土知州黄绍宗因患有瘫痪病症，土务难以料理，黄绍宗在雍正五年六月初二日"具文恳请休致"。时任广东总督孔毓珣查明实情，核查请袭文件无误，为其具题请旨。吏部讨论之后，由吏部尚书傅敏专题请旨："查土官休致，例应准子替袭，今该督既称黄绍宗老病乞休，绍宗嫡妻无嗣，庶长子黄鉴年已三十岁，应袭父职，与例相符等语。应如该督所请，准黄绍宗休致，令伊子黄鉴承袭广西南宁府忠州土知州，给与号纸。恭候命下，谨题请旨。雍正六年三月十四日题。"① 本月十六日奉旨："依议。"② 土司职衔的世袭是土官享有的特权，是他们身份的最重要标志，也是他们与中央政府关系的纽带，他们对于这一特权的袭替十分重视，袭替时会主动申报。在土司的治理下，边疆少数民族社会稳定有了一定保障，这是清政府乐见其成的结果。因此，对于土司告老请休的承袭，清政府是积极支持的。

---

① 中国第一历史档案馆藏档案，内阁吏科史书，雍正六年三月十四日吏部尚书傅敏题，图像编号：040－398。
② 中国第一历史档案馆藏档案，内阁吏科史书，雍正六年三月十四日吏部尚书傅敏题，图像编号：040－398。

（二）承袭人年岁未及典例

土司病故后，应袭人年岁未及十五，不符典例，又暂无合适承袭人选，则可公举和保举土司家属和亲属护理或代理。如雍正六年鄂尔泰之题本："该臣看得，云南府属罗次县土巡检李廷杰染患风疾，于雍正六年三月十三日身故。先据布政使详称：李廷杰有应袭长男李清臣年方六岁，未合承袭之例，舍目李光明等情愿公举廷杰之胞弟李鸿杰抚幼管理土巡检事务，俟李清臣年满十五岁照例承袭。取其宗图、册结，同原领号纸详报。经臣咨准部覆：'土司年幼未合袭例，委员协理，俱由督抚题明立案。李廷杰病故，伊子李清臣年仅六岁，未便承袭，令伊胞弟李鸿杰暂行管理之处，不便据咨立案，仍令具题到日再议。'等因。行据布政使张允随查照原案，叙详前来。相应题请，准以李廷杰胞弟李鸿杰抚幼管理炼象关土巡检事务。俟李清臣年满十五岁另请承袭。谨题请旨。雍正六年十月十二日题。"[1] 十一月二十七日奉旨："该部议奏。"[2] 据此例，云南府属罗次县土巡检李廷杰因染患风疾，于雍正六年三月十三日身故，而其承袭人李清臣年方六岁，未合承袭典例，先是总督咨请部议，吏部覆议后再具题请旨，舍目李光明等公举身故土司胞弟李鸿杰抚幼管理土巡检事务，等到李清臣年满十五岁再来申报袭替。最后结果如何未知，但从此例可知，承袭人年岁未及典例，请袭程序较为复杂。袭替程序规范化、严格化，保证土司政权的平稳过渡，且公举护理人能够避免外戚干扰土司政务而造成社会的动荡混乱。

（三）督抚驳回请袭

云贵总督高其倬雍正二年闰四月十九日谨题："为土司承袭事。该臣看得，云南永平县土县丞马世乔，乃康熙二十五年内奉部颁给号纸任事之土员。前据原任云南布政使金世扬详称：马世乔年老有疾，不能理事，告替与亲男马燕承袭，并无违碍等弊。取具宗图册结，及告替各结，同原领

---

[1] 中国第一历史档案馆藏档案，内阁吏科史书，雍正六年十月十二日云贵总督鄂尔泰题，图像编号：045 - 390。

[2] 中国第一历史档案馆藏档案，内阁吏科史书，雍正六年十月十二日云贵总督鄂尔泰题，图像编号：045 - 390。

号纸，详请休致替袭等情。因册结屡次舛错，驳换去后。"① 云南永平县土县丞马世乔是康熙二十五年内奉部颁给号纸任事的土员，其因年老有疾不能再理政，所以希望由亲男马燕袭其职，由布政使详报给督抚，而因册结出错，驳换而未能为其具题请袭。在多次驳换后，根据布政使李卫详报："马世乔实系年衰有疾，难于供职，亲男马燕例应替袭，换其妥协。宗图册结，及该土官告替各结，同原领号纸加结。"② 总督高其倬核查无异后，为其具题请袭。"查勘和追责机制强化了土司承袭的全方位监控，查核和驳回是清代土司承袭制度的一项重要程序，它是该制度正常运作和程序合规的重要保证。也是其成熟和健全的重要标志之一"。③

（四）督抚疏内有错

在雍正九年十一月二十五日大学士张廷玉为土司承袭事代表部议的专折中称，云贵总督鄂尔泰为广西太平府龙英州土知州赵作晋请袭具题，吏部在审议中发现土员赵作晋承袭日期及该土州的宗图、册结不够完备，督疏多处有错，令督咨查。后督抚饬令官弟赵作梁改正伊兄承袭日期，并另造宗图、册结咨送到部。"查该督既称广西太平府龙英州土知州赵作晋于雍正七年十二月初七日身故无嗣，序应伊亲弟赵作梁承袭土职。等语。应如所请。命下之日臣部给与号纸。臣等未敢擅便，谨题请旨。"本月二十七日奉旨："依议。"④ 此例可见，在土司袭替程序的各个环节都严格把关，不容一丝错误，使土司承袭制度更规范化。

（五）请袭超时限

在袭替规定的具体实施的过程中，清政府管控力度在有的方面较松懈，对土司地区的约束力就减弱，从而影响行政效率。如四川巡抚宪德雍

---

① 中国第一历史档案馆藏档案，内阁吏科史书，雍正二年闰四月十九日云贵总督高其倬题，图像编号：012 - 173、174。
② 中国第一历史档案馆藏档案，内阁吏科史书，雍正二年闰四月十九日云贵总督高其倬题，图像编号：012 - 173、174。
③ 陈季君：《试论清代土司承袭中的册结及其作用》，《青海民族研究》2016 年第 4 期。
④ 中国第一历史档案馆藏档案，内阁吏科史书，雍正九年十一月二十五日大学士张廷玉题，图像编号：066 - 574。

正七年九月二十八日为土司承袭事具题，从雅州属中渣坝沱土百户捨拉于雍正三年六月二十三日地震压故，到巡抚为其请袭具题，已过三年到四年之久，远远超过清廷规定六个月的时限。后经查看到："捨拉实系雍正三年六月二十三日地震压故，号纸焚毁，无凭查考，又兼彝人不谙体例，所以具报迟延。"① 因有特殊情况，号纸焚毁，无凭无据，彝人又不谙体例，所以具报迟延。边远地区少数民族与王朝联系还不够紧密，这也是清政府土司袭职的相关政策在个别地区推行力度不够、教化不够的结果。

除了土司自身原因导致请袭超时限外，地方流官的流动性也是原因之一。清政府对土司地区的流官任期有规定，任期一满则需调离到其他地方。流动性较大，在某些时候影响土司承袭的进程。

结　语

清代是土司制度成熟与健全的时期。作为土司制度核心内容的承袭制度就是突出的事例。清政府通过制定和实施规范化的土司袭替程序来控制和约束土司，保证土司权力的平稳过渡，这对于维护少数民族地区的稳定是有利的。

（作者单位：吉首大学）

---

① 中国第一历史档案馆藏档案，内阁吏科史书，雍正七年九月二十八日四川巡抚宪德题，图像编号：055－269、270。

人物评价

略论明清之际京畿士人的交游

——以王崇简为例

杜　望

摘　要： 王崇简在清初曾官至礼部尚书，其交游之广，会通朝野。本文通过考察其对同乡、同年、同社和同僚的交游，发现王崇简的交游对象不仅有殉节名臣、清初政要、遗民，更有"江左三大家""南董北王""南陈北崔"等文学家、书画家。这与他个人的性格、"父子尚书"的政治影响力及地处京畿的特殊位置有关。分析王崇简交游的个例，对深入探究明清之际京畿士人的交游特点具有重要意义。

关键词： 王崇简　交游　明清之际　京畿

一　王崇简交游概述

王崇简（1602－1678），字敬哉，顺天宛平人，崇祯十六年（1643）进士。顺治三年（1646）授国史院庶吉士，历任秘书院侍读、国子监祭酒、弘文院侍读学士、詹事府少詹事、礼部尚书等职，康熙三年（1664）致仕。前人关于王崇简的研究多集中在其诗歌、际遇和婚姻方面，[①] 其中刘仲华先生对王崇简交游的论述主要围绕其心路历程和人生抉择展开，并侧重学术交游及其与复社成员的关系。[②] 本文拟从王崇简与同乡、同年、同社与同僚

---

① 刘仲华：《明清之际一个普通士人的人生际遇——王崇简生平与出处》，《石家庄学院学报》2007 年第 5 期，第 61～66 页；刘丽：《王崇简其人其诗》，《阅江学刊》2009 年第 3 期，第 127～130 页；白一瑾：《清初贰臣心态与文学研究》，天津人民出版社，2010；刘丽：《清初京师贰臣诗人研究》，黑龙江人民出版社，2013；范喜茹：《明清之际士人夫妇生活管窥——以王崇简为例》，《安徽史学》2015 年第 2 期，第 67～71 页。

② 刘仲华：《王崇简的人生境遇及其处世心态》，《世变、士风与清代京籍士人学术》，中国人民大学出版社，2013，第 71－105 页。

的关系、至交好友入手，探讨王崇简交游特点及交游广泛的原因。

（一） 同乡之情

米寿都、杨彭龄和崔子忠与王崇简是同乡，① 他们相识很早，彼此间的友谊贯穿一生。

米寿都（1610－约1668），字吉土，宛平人，明末书画家米万钟之子。王崇简与米寿都"定交于髫稚之时"②。王崇简自言："予长八年，而吉土先予知名者数岁。四方同人望京师而至……未有不与吉土相酬唱。"③ 明末两人都加入了几社、复社，时常一同出游。④ 甲申之变后，王崇简携家南下，仍惦记在京老友。⑤ 王崇简回京后一度没有住处，米寿都"不难假榻以暂栖，情弥久而愈笃"⑥。尽管通过考选成为庶吉士，实现了求取功名的愿望，但王崇简内心仍然十分痛苦："死生契阔多哽咽，平生壮志竟萧条。"⑦ 常与米寿都饮酒以忘忧："但使相逢醉，何劳感慨生。"⑧ "世事看宵梦，馀生付酒杯。"⑨ 后米寿都出任冀州训导⑩，相聚的机会越来越少⑪。顺治九年（652），王崇简四女适米寿都子汉雯。⑫ 十五年，米寿都任沭阳县令前，与王崇简在枣强匆匆会面。⑬ 十七年，米汉雯去沭阳看望父亲，

① 王崇简在鼎革之际曾携家南下，流落一年有余，返京前有《怀青蚓、吉土、商贤诸子》，即是写给崔子忠、米寿都、杨彭龄三人。见王崇简《青箱堂诗集》卷4，《四库全书存目丛书》集部第203册，齐鲁书社，1997，第87页。
② 王崇简：《青箱堂文集》卷9《祭米沭阳文》，《四库全书存目丛书》集部第203册，第509页。
③ 王崇简：《青箱堂文集》卷4《米吉土诗序》，第369页。
④ 王崇简：《青箱堂诗集》卷3《张腾甫、井旅东、米吉土过摩河庵怀往》《饮孙北海给谏斋中同李方山、米吉土》，第66~67页。
⑤ 王崇简：《青箱堂诗集》卷4《寄青蚓、卜周、吉土、商贤、尧叟诸子》，第78页。
⑥ 王崇简：《青箱堂文集》卷9《祭米沭阳文》，第509页。
⑦ 王崇简：《青箱堂诗集》卷6《春暮吉土、卜周、式之、惟梅、木公、析木、幼则饮花下，念若侯、王乔既亡，仲木、商贤、公狄、尧叟复在四方感而作歌》，第100页。
⑧ 王崇简：《青箱堂诗集》卷5《饮米吉土新宅同玉叔、卜周》，第94页。
⑨ 王崇简：《青箱堂诗集》卷5《和米吉土岁暮感怀》，第105页。
⑩ 王崇简：《年谱》，《四库全书存目丛书》集部第203册，第556页。
⑪ 王崇简：《青箱堂诗集》卷7《米吉土来自冀州招同李吉津、梁玉立小饮，又将别去》，第113~114页；《读米吉土九日同张云峦孝廉泛舟登高诗，寄怀兼讯云峦》，第118页；卷11《米吉土、申凫盟小饮》，第158页。
⑫ 王崇简：《年谱》，第556页。
⑬ 王崇简：《青箱堂诗集》卷13《米吉土将任沭阳自河干来晤枣强次日别去》，第168页。

王崇简有诗附赠。① 康熙元年（662）米寿都罢归："故人相对倍生情……与君重卜西山约，红树岩边续旧盟。"② 直至七年，两人仍时常相聚③，米寿都去世年月不详，应在康熙八年或之前。④ 王、米两人可谓是一辈子的朋友，又是同乡，后更结为姻亲。王崇简在米寿都的祭文中写道："历常变而靡岐，盖非独儿女百年之好，实为道义千古之基。"⑤

杨彭龄（1611－1673），字商贤，宛平人，御史杨维垣之子。王崇简与杨彭龄定交于崇祯七年前后，因两人"相知久而定交殊晚"⑥，可知他们相识应更早于此。十三年八月，杨彭龄受王崇简之托，为其子王熙"讲解经书、大全、性理诸书及批阅文字"⑦。十四年春，王崇简病，杨彭龄作诗相慰并赠鹤⑧，令王崇简十分感动："友道存天地，于君始得真……世态愁中冷，交情病后亲。"⑨ 甲申之变后，杨彭龄决意"老江南"⑩，两人"相去三千里"⑪，但始终保持通信往来⑫。杨彭龄客居江宁近三十年，偶尔回京两人才得相见。顺治十四年，杨彭龄夜至其家，王崇简百感交集："十载飘零梦里身，相逢下榻若非真。莫怜白发疑今夕，且喜青灯对故人。"⑬ 并劝杨彭龄留下："大隐何须问五湖，萧然四壁一身孤……恨到当年头欲白，梦回中夜泪频枯。"⑭ 十五年，杨彭龄南归，王崇简有诗相

---

① 王崇简：《青箱堂诗集》卷15《送婿米紫来定省沭阳兼寄尊公吉土》，第184页。
② 王崇简：《青箱堂诗集》卷17《米吉土罢归偕张介伯小集》，第199页。
③ 王崇简：《青箱堂诗集》卷23《人日潘宗海郎丞、孙北海少宰、李淑元金宪、章龙门封君、沈仲琏版曹、米吉土大令、儿熙谦集青箱堂》《刘元功、王灌亭、米吉土、张颙侯、儿熙宴饮》，第224~225页。
④ 因王崇简比米寿都年长八岁，米寿都应生于万历三十八年（1610）。又王崇简《祭米沭阳文》中称其去世时"年尚不及乎耆"，而康熙八年米寿都就年满六十，其过世或在此之前，《青箱堂文集》卷9，第509页。
⑤ 王崇简：《青箱堂文集》卷9《祭米沭阳文》，第509页。
⑥ 王崇简：《青箱堂文集》续刻《杨商贤遗集序》，第548页。
⑦ 王熙：《年谱》，《王文靖公集》，《四库全书存目丛书》集部第214册，第741页。
⑧ 王崇简：《青箱堂诗集》卷3《商贤赠鹤，因有旧鹤之怀》，第66页。
⑨ 王崇简：《青箱堂诗集》卷3《病起依韵答杨商贤见慰》，第66页。
⑩ 施闰章：《学馀堂文集》卷21《文学杨子商贤墓志铭》，《景印文渊阁四库全书》第1313册，台湾商务印书馆，1986，第270页。
⑪ 王崇简：《青箱堂文集》续刻《杨商贤遗集序》，第548页。
⑫ 王崇简：《青箱堂文集》卷2《与杨商贤》《答杨商贤》，第322~323页。
⑬ 王崇简：《青箱堂诗集》卷12《杨商贤至夜谈》，第164页。
⑭ 王崇简：《青箱堂诗集》卷12《寒夜与商贤》，第164页。

送。① 十六年夏，杨彭龄复至，王崇简有《夏日对商贤》。② 两人还在重阳节偕王熙和米汉雯饮于西郊。③ 同年十二月，杨彭龄为王崇简辑《畿辅明诗》作序。④ 康熙九年，杨彭龄六十，王崇简作诗寄赠。⑤ 康熙十二年，杨彭龄去世，王崇简看到其留赠遗札，悲痛万分："却想平生日，吞声几断肠。"⑥

崔子忠，字青蚓，一名丹，字道母。"其先山东平度州人，嘉隆时有仕至显官者，子补荫留京师，遂家焉。"祖先曾是京师富民，但到崔子忠时已家道中落，"子忠为诸生，甚贫……虽无终日之计，晏如也。"⑦ 王崇简喜爱书画，他曾得米寿都父米万钟画"以夸耀于人"⑧，米寿都及其子汉雯都得其家学⑨，在书画上颇有造诣。崔子忠更是"工图绘，为绝技"，董其昌称"其人、文、画皆非近世所常见"⑩。王崇简有《忆崔青蚓画》："虽人所共赏，惟我最多收。"⑪ 可见两人关系匪浅。崇祯元年，两人就曾同游滴水岩。⑫ 在王崇简早期的诗歌中，常有崔子忠的身影，两人一同听琴、赏梅、送别友人，⑬ 并同为复社成员⑭。崔子忠卒于甲申国变后，王崇简为他做传。⑮ 每次看到崔子忠遗画，王崇简总是悲痛不已："沾襟时切西州恸，多

---

① 王崇简：《青箱堂诗集》卷 13《送杨商贤还白下寓居》，第 171 页。

② 王崇简：《青箱堂诗集》卷 14，第 178 页。

③ 王崇简：《青箱堂诗集》卷 14《九日偕杨商贤、婿米紫来、儿熙辈饮野圃，复登慈仁寺阁》，第 179 页。

④ 王崇简辑《畿辅明诗》，国家图书馆藏顺治十七年刻本。

⑤ 王崇简：《青箱堂诗集》卷 25《寄赠杨商贤六十》，第 235 页。

⑥ 王崇简：《青箱堂诗集》卷 29《哭杨商贤》，第 263 页。

⑦ 王崇简：《青箱堂文集》卷 8《都门三子传》，第 497 页。

⑧ 王崇简：《青箱堂文集》卷 4《米友石先生诗序》，第 360 页。

⑨ 王崇简《米吉士诗序》："吉士韶龄英颖，传其家学，挥毫落纸，所谓高山擂具、苍佩华缨，有廊庙之容焉。"《青箱堂文集》卷 4，第 369 页；雍正《畿辅通志》："汉雯好学，工诗，兼善小令，书画承其家法，当时呼为'小米'。"《景印文渊阁四库全书》第 505 册，第 881 页。

⑩ 王崇简：《青箱堂文集》卷 8《都门三子传》，第 497 页。

⑪ 王崇简：《青箱堂诗集》卷 4，第 80 页。

⑫ 王崇简：《青箱堂文集》卷 6《游滴水岩记》，第 413 页。

⑬ 王崇简：《青箱堂诗集》卷 1《同赵黄泽夜坐崔青蚓斋中听琴》《与崔青蚓夜对梅花歌》《送韩铁汉出都同张仲灿、崔青蚓》，第 39～42 页。

⑭ 王崇简《为米吉士题画》："昔崔青蚓工于绘事，而同社兄弟多不能得者。"《青箱堂文集》卷 10，第 533 页。

⑮ 见王崇简《青箱堂文集》卷 8《都门三子传》，第 497 页。

是伤心掩旧图。"① "日月无几存殁异，人亡画在不忍看。"② 王崇简弟崇节因与崔子忠"友善"，"久而得其笔法"，入清后曾在画局供事数月。③

米寿都、杨彭龄、崔子忠不仅与王崇简交好，他们彼此间也都认识，④ 形成一个同乡交游圈。由于地缘优势，同乡是士人交游中的重要群体。除上文列举三人之外，孙承泽、王勣、杨璥、胡兆龙、于奕正、黄霔等也都是王崇简的同乡好友。

（二）同年之谊

同年是科举的产物，"对同年关系的追溯及认同则又是广大士人社会身份之界定、地位之诉求、交游之需要、仕进所必须的一种方式。"⑤ 《青箱堂诗集》亦载有多次大小规模的同年集会，顺治三年七夕，王崇简与刘肇国、胡统虞、白胤谦、成克巩相聚和诗。⑥ 五年正月初二，王崇简携成克巩拜访李呈祥。⑦ 六年，成克巩组织了两次同年集会，参与者有王崇简、白胤谦、李呈祥、梁清标、张悬锡、胡全才和高珩。⑧ 七年，王崇简、魏天赏、刘肇国、罗宪汶、胡统虞、吕崇烈、成克巩、高珩、李呈祥、梁清标、张悬锡、乔庭桂、岳映斗小集，⑨ 这是王崇简仕清进士同年规模最大

---

① 王崇简：《青箱堂诗集》卷15《观崔青蚓遗画》，第183页。

② 王崇简：《青箱堂诗集》卷12《温仲青以崔青蚓画见贻，答之以歌》，第159～160页。

③ 王崇简：《青箱堂文集》卷8《五弟笃侣行状》，第495页。

④ 如王崇简《青箱堂诗集》卷2《崔开予、米吉士不期各至夕坐命熙儿弹琴》，第55页；卷3《同黄幼则、米吉土、杨商贤、曼卿游摩诃庵》，第66页；卷6《春暮吉土、卜周、式之、惟梅、木公、析木、幼则饮花下，念若侯、王乔既亡，仲木、商贤、公狄、尧叟复在四方感而作歌》，这是入清后较大规模的一次同乡聚会，参与者有米寿都、牛裕范、黄霔、梁以桂等，同时怀念已逝的范邦瞻，流落四方的杨彭龄、梁以栴、梁以樟兄弟等，第100页。

⑤ 祁琛云：《宋人的同年观念及其对同年关系的认同》，《西南大学学报》2012年第1期，第95页。

⑥ 王崇简：《青箱堂诗集》卷5《鹊桥行——刘阮仙、胡孝绪、白东谷、成青坛分韵，戒用牛女事》，第90页。

⑦ 王崇简：《青箱堂诗集》卷6《二日借成青坛过李吉津琴樽相待》，第99页。

⑧ 王崇简：《青箱堂诗集》卷6《成青坛约同白东谷、李吉津、梁玉立、张仲若饮花侧，时值月上，既醉而谣》《胡体顺来都下，成青坛约同白东谷、高璁珮、李吉津眺饮》，第111页。

⑨ 王崇简：《青箱堂诗集》卷7《魏崍庵、刘阮仙、罗篁庵、胡孝绪、吕见斋、成青坛、高念东、李吉津、梁玉立、张仲若、乔肖寰、岳朋海小集》，第113页。

的一次集会，参与者共计 13 人。同年重阳，王崇简同成克巩、胡全才、李
呈祥登道院楼。后高珩加入，五人同游香山。^① 八年正月初七，李呈祥、
高珩去王崇简家做客。^② 同年夏，王崇简与成克巩、高珩、李呈祥、姚文
然小集。^③ 十年正月初九，成克巩、高珩、李呈祥、梁清标、刘余谟和王
崇简宴集。^④ 后因王崇简病退，李呈祥遭流放，如此频密的集会暂告一段
落。直至康熙五年，严正矩邀王崇简、杜立德、梁清标小集。^⑤

部分同年与王崇简有相似的仕宦经历。顺治三年二月，王崇简与同
年张丕吉、杜芳、周爱访、乔庭桂、岳映斗同授国史院庶吉士。^⑥ 同年
六月，王崇简、张丕吉升秘书院检讨，周爱访升弘文院编修，乔庭桂升
国史院检讨，岳映斗升弘文院检讨。^⑦ 五年，杜芳和周爱访先后离世，
王崇简有《祭杜吉士文》^⑧《哭周宁章》^⑨。六年正月，王崇简升秘书院
侍读，张丕吉升弘文院侍读，乔庭桂升国史院侍讲，岳映斗升弘文院侍
讲。^⑩ 九月，乔庭桂与王崇简同充武会试主考官。^⑪ 八年，张丕吉卒，王
崇简有《哭张百屿》。^⑫ 九年六月，王崇简升弘文院侍读学士，乔庭桂升
国史院侍读学士。岳映斗升秘书院侍讲学士。^⑬ 十年，王崇简与乔庭桂
因病罢归，^⑭ 王崇简送乔庭桂离京。^⑮ 不久岳映斗卒，王崇简有诗悼念，

---

① 王崇简：《青箱堂诗集》卷 7《九日青坛、体舜、吉津借登道院楼》《同胡体舜、成青坛、
　 高璁珮、李吉津至香山游历信宿作》《来青轩联句》，第 116~117 页。
② 李呈祥：《东村集》卷 1《辛卯人日同念东过王敬哉斋头饮酒，胥庭时在座，次韵奉谢》，
　 《四库全书存目丛书》集部第 203 册，第 597 页；高珩：《栖云阁诗》卷 13《过敬哉斋头
　 有赠》，《四库全书存目丛书》集部第 202 册，第 88 页。
③ 王崇简：《青箱堂诗集》卷 7《夏日青坛、璁佩、吉津、若侯偶遇》，第 121 页。
④ 王崇简：《青箱堂诗集》卷 8《青坛、念东、吉津、玉立、潜柱宴集》，第 128 页。
⑤ 王崇简：《青箱堂诗集》卷 21《严挈菴少司农招同杜纯一冢宰、梁玉立司马谶谈》，第
　 218 页。
⑥ 《清世祖实录》卷 24，顺治三年二月戊寅，中华书局，1985。
⑦ 《清世祖实录》卷 32，顺治四年六月己卯。
⑧ 王崇简：《青箱堂文集》卷 9，第 505~506 页。
⑨ 王崇简：《青箱堂诗集》卷 6，第 104 页。
⑩ 《清世祖实录》卷 42，顺治六年正月己丑。
⑪ 《清世祖实录》卷 46，顺治六年九月己巳。
⑫ 王崇简：《青箱堂诗集》卷 7，第 122 页。
⑬ 《清世祖实录》卷 65，顺治九年六月丙寅。
⑭ 王崇简：《青箱堂文集》卷 3《岳匡六文集序》，第 350 页。
⑮ 王崇简：《青箱堂诗集》卷 8《送乔肖寰》，第 131~132 页。

并为其文集作序。① 回想一起仕清的同年，四人已故，两人病退，王崇简感叹："七年之间，此六人者，升沉生死已如此。盛衰之际，未始不如是。"②

王崇简与仕清同年交游有政治需要，也有情感共鸣。作为同年，他们多相识于中进士时，随后便历经明清易代，"风流乱后黯相怜"③，"兵燹余生交倍深"④。很多人明亡时尚未及授官，然以明进士身份仕清，无论他们如何开脱，或因"未授职"而无"以死报君恩"之责；⑤ 或多次欲死不成，将其归为天意，⑥"愧悔"之心始终存在，只有相同遭遇、同等境遇的人，才能互相理解、互诉衷肠。如王崇简写给姚文然的诗："扼腕馀生无一见，靦颜万事已全非。"⑦ 高珩写给王崇简的诗："纵步茫茫皆暗海，回头念念已成尘。"⑧"愧悔"之心的另一种体现，就是时常谈到归隐。如王崇简写给梁清标的诗："深夜孤吟常暗哭，浮生多悔欲逃禅。"⑨ 姚文然在与王崇简等集会时有"安能避世壶中隐，闲挂花瓢曲竹前"⑩ 句。他们通过诗酒抒发情怀，藉宴饮游玩自我麻醉："登临莫作伤心赋，篱下黄花照酒杯。"⑪ 或自嘲："十载风尘怜去住，半生潦倒笑升沉。"⑫ 或强迫自己释

---

① 王崇简：《青箱堂诗集》卷8《哭岳朋海》，第131页；《青箱堂文集》卷3《岳匡六文集序》，第350页。

② 王崇简：《青箱堂文集》卷3《岳匡六文集序》，第350页。

③ 姚文然：《姚端恪公诗集》卷4《同张二唯、米吉土、刘灝柱饮王敬哉斋中即席赋得年字》，《四库未收书辑刊》第7辑第18册，北京出版社，2000，第468页。

④ 王崇简：《青箱堂诗集》卷10《送吕见斋少宗伯归里》，第145页。

⑤ 参见陈永明《明人与清人：明清易代下之身分认同》，《清代前期的政治认同与历史书写》，上海古籍出版社，2011，第68~102页；刘仲华《明清之际一个普通士人的人生际遇——王崇简生平与出处》，《石家庄学院学报》2007年第5期，第65~66页。

⑥ 宋之绳自撰《柴雪年谱》载："不孝绳生三十八年矣。前此大病不死，为贼执赴市戮不死，赴井不死……奸人含沙濒逮不死，避山中，死虎、死寇、死饥，时时死，不死。既历险艰，苟全性命……一身百戚，天意可知。"《四库未收书辑刊》第7辑第18册，第104页。

⑦ 王崇简：《青箱堂诗集》卷5《冬啸步姚若侯韵》，第91页。

⑧ 高珩：《栖云阁诗》拾遗卷2《次王敬哉秋怀韵二首》，第123页。

⑨ 王崇简：《青箱堂诗集》卷5《岁暮寄怀梁玉立》，第118页。

⑩ 姚文然：《姚端恪公诗集》卷4《同张二唯、米吉土、刘灝柱饮王敬哉斋中即席赋得年字》，第469页。

⑪ 王崇简：《青箱堂诗集》卷5《九日和李吉津》，第90页。

⑫ 王崇简：《青箱堂诗集》卷11《罗篁庵招饮话别》，第158页。

然："世上浮名孰是真，今古消沉何所有。"① 或在宽慰同年的同时也自我宽慰："不妨枕藉花间月，眼前何必非黄虞。"②

尽管王崇简与仕清同年满怀政治抱负，但舆论对他们的谴责、自身愧悔的心态，加之汉臣地位远不及满臣，导致他们仕途异常艰辛。除部分同年如张端等早卒，未及有大作为；榜眼宋之绳及兄宋征璧等，一生未受重用；很多人仕途坎坷，甚至朝不保夕。顺治十年，李呈祥因建言不当论斩，后虽免死，却被流放盛京八年；陈名夏在同年中最早官至大学士，却因陷党争于顺治十一年三月被处死；③ 顺治十五年七月，张悬锡因不堪忍受满臣麻勒吉诘责自杀。④ 即使一心进取的梁清标，虽官至大学士，但康熙帝却在其死后拒不予谥。⑤ 仕途较为平顺的王崇简、高珩也动辄求退，十分谨慎。随着年龄增长、故人凋零，保重身体、安度晚年，成为他们的共同祈愿。顺治十八年送宋之绳时有："玉堂兄弟今余几，莫怪沾襟泪不干。"⑥ 康熙二年送成克巩时，又有："赠公珍重言，加餐劝努力。"⑦ 实已将仕途发展看得很淡。

王崇简对同年之子格外厚待，可侧面反映其同年感情之深。如张翼，字豫章，华亭人，康熙十四年举人，王崇简同年张若曦之子，曾多次与王崇简一起出游。⑧ 王崇简送别张翼时不忘问候其父，⑨ 并受若曦所托为张翼诗集作跋。⑩ 吴尔埙子震方在《冬夜笺记》序中言：

---

① 王崇简：《青箱堂诗集》卷6《秋夕姚若侯、宋辕文、赵韫退、范潞公饮酒谈次自嘲》，第112页。

② 王崇简：《青箱堂诗集》卷6《成青坛约同白东谷、李吉津、梁玉立、张仲若饮桂侧，时值月上，既醉而谣》，第111页。

③ 《清世祖实录》卷82，顺治十一年三月戊申。

④ 《清世祖实录》卷119，顺治十五年七月戊申。

⑤ "上（笔者注：康熙帝）曰：'梁清标任大学士，从未见其独发一语，不必与谥。'""国立故宫博物院"珍藏《清代起居注册》，康熙朝第二册，联经出版事业公司，2009，第914页。

⑥ 王崇简：《青箱堂诗集》卷16《送宋其武太史少参江西》，第189页。

⑦ 王崇简：《青箱堂诗集》卷18《送成青坛相国告归》，第205页。

⑧ 王崇简：《青箱堂诗集》卷31《上元熙儿开宴同张豫章、陈婿皆吉暨侄焘、儿橒、燕、默，孙克善、克昌、克宽，和皆吉韵》《怡园夕坐同豫章》《九日偕张豫章暨儿橒、燕、默，侄焘怡园小饮》，第275~276页。

⑨ 王崇简：《青箱堂诗集》卷29《送张豫章并寄尊公带三同年》，第264页。

⑩ 王崇简：《青箱堂文集》卷10《张豫章诗跋》，第526页。

> 每念年谱交情，先辈尤为真切，自通籍以来，癸未年伯所得追随
> 奉教者，唯公及宝坻（杜立德）、真定（梁清标）两相国，无不殷殷
> 敦笃故旧……而所以待子侄者，教诲之、饮食之、提携之、周恤之，
> 无所不至。盖先辈之视同年，兄弟也。同年之子犹犹子也。同年之子
> 与同年之子则犹兄弟也。呜呼！方生也晚，犹及见先辈金兰之义，力
> 存古道有如此。①

将同年之谊比之金兰兄弟，可见他们的关系非同一般。王崇简还和同年谭
贞良子吉璁、陈殿桂子奕禧都有交往。

王崇简的同年孟章明、吴尔埙、魏学濂死于明清易代，王崇简均有诗
文纪念。② 入清后，王崇简与遗民同年联络主要通过书信，或遗民来京相
聚。如杨廷鉴虽不出仕，却对王崇简多所勉励。③ 可见所处不同并不影响
他们交游。但从政治需要、情感交流的角度，王崇简与仕清同年交往更
多。作为明末最后一批进士，他们在仕清数量和清初政坛发挥的作用方
面，也远非明代其他科进士所能及。④ 且仕清同年在京者相对较多，更易
相见、相聚。他们入仕新朝，有较好的经济基础组织聚会，加之他们的文
集多有流传，也突显出仕清者交游在同年中占据主流位置。

（三）同社与同僚

1. 同社

王崇简中进士前，主要交游对象除了同乡便是同社。⑤ 虽然复社核心
及主要领袖都集于江南地区，但从王崇简诗集中不难发现，明末复社成员
在京师的集会也很频繁。如崇祯五年之前，王崇简在裂帛湖遇复社友人谭
元春、袁祈年、于奕正和谭贞默。⑥ 十一年，夏允彝约李雯、米寿都、王

---

① 吴震方：《冬夜笺记序》，《四库全书存目丛书》子部第 113 册，第 609 页。
② 王崇简：《青箱堂诗集》卷 4《哭孟纲宜》，第 74 页；《青箱堂文集》卷 7《庶吉士吴介
子墓志铭》，第 460 页；卷 10《读魏子一忠孝实记书后》，第 520～521 页。
③ 王崇简在《寄怀杨冰如》有"感君频勖我，锦字寄遐思"句，《青箱堂诗集》卷 7，第 124 页。
④ 白一瑾：《清初贰臣心态与文学研究》，第 49－50 页。
⑤ 刘仲华先生《王崇简的人生境遇及处事心态》对王崇简早年加入复社和交游经历进行过
论述，见刘仲华：《世变、士风与清代京籍士人学术》，第 72－77 页。
⑥ 王崇简：《青箱堂诗集》卷 1《裂帛湖遇谭友夏、袁田祖、于司直、谭梁生》，第 43 页。

崇简同登真觉寺塔。① 随着时局渐危，十三年，王崇简与方以智、吴德操聚于米寿都斋中；② 十四年正月十五与冯延年、左国柱、方以智、吴德操、陈洪绶、米寿都等聚饮，③ 共谈时事。

入清后，复社名义上已不复存在，但复社成员依然有联系。顺治八年，王崇简与盛顺同游时感叹："旧友多沦落，君来倍黯然。"④ 他对社友的感情并没有随时间的流逝而消退，康熙八年送别萧生烺时："别后行踪何所适，归来故里复难留。歌骊非少沾巾泪，二十年前已尽流。"⑤ 笔者以为，王崇简的这种情怀不只针对个人，而是对复社和自身初心的一份执着。尽管所处各异，王崇简与许多遗民社友如宋继澄、归庄、陆世仪等都有联络。按说王崇简居京畿之地，又在朝为官，入清后无太多机会结识遗民。最有可能的情况是，他与这些遗民在明亡前就认识，或是有某种渊源，即同年或同社。

王崇简与出仕社友的交游更普遍，如龚鼎孳、曹溶等，他们之间多同病相怜之感。如顺治十二年写给彭宾的诗："最怜吾辈在，多与夙心违。"⑥不论官阶高低，作为同社，终比一般同僚多一层感情。王崇简还与复社后人往来密切，其门人蒋伊即复社蒋棻之子；门人计东是复社计名之子，曾师从张溥；陈维崧、陈维岳兄弟则是复社陈贞慧之子。

同社交游是明末党社运动蓬勃发展的产物，具有鲜明的时代特征。王崇简加入复社，有对文学的热爱，也是其政治立场的表达。仕清后，他与复社友人的交往仍在继续，并成为他交游的重要组成部分。此前学界对复社的研究多集中于江浙地区，⑦ 王崇简与同社的交游可反映出复社在京畿士人中的影响及入清后复社成员间的互动。

---

① 王崇简：《青箱堂文集》卷 2《春日夏彝仲约集白日庄因登真觉寺塔与舒章、吉士同赋》，第 56 页。

② 王崇简：《青箱堂文集》卷 3《南归晤方密之、吴鉴在于米吉士斋中，和密之韵》，第 63 页。

③ 王崇简：《青箱堂诗集》卷 3《元夕集冯千秋、周璨甫、左硕人、方密之、吴鉴在、陈章侯、米吉士小饮》，第 66 页。

④ 王崇简：《青箱堂诗集》卷 7《盛顺伯偶来都下遄归》，第 121 页。

⑤ 王崇简：《青箱堂诗集》卷 24《送萧伯闇孝廉复去金陵》，第 229 页。

⑥ 王崇简：《青箱堂诗集》卷 10《彭燕又过谈有赠》，第 146 页。

⑦ 如王恩俊《复社研究》，博士学位论文，东北师范大学，2007；丁国祥《复社研究》，凤凰出版社，2011；等等。

2. 同僚

同僚范围比较宽泛，仕清者都可视为王崇简的同僚。他结交的同僚数量庞大，其中不乏高官。仅以他结交的大学士为例，前辈级的有刘正宗、金之俊、党崇雅、胡世安、范文程等，进士同年有成克巩、张端、杜立德、梁清标，乡试同年有高尔俨，同辈或稍晚的有李霨、冯溥、魏裔介、孙廷铨、徐元文、张玉书、张英等。王崇简入官场时已过不惑之年，但他未仕时就热心政治，曾于幼年受知于东林领袖左光斗，[①] 后与复社士人、以弹劾魏忠贤闻名的钱嘉徵时常往来，[②] 鼎革之际还曾与陈子龙会面。[③] 入仕清朝更为他结交名臣、扩大在官场的影响力奠定了基础。尽管他为官不足二十年，却在同僚中享有较高声誉。[④] 王崇简致仕后依然活跃。康熙十七年，大批士人来京参加博学鸿儒之选，他几次招待参选士人，[⑤] 可惜他于同年年底病逝，未能看到这些人中选。

虽以同僚身份相识，但他们交流的内容不仅限于政治，还涉及文学、理学、史学等多方面。尽管王崇简的贰臣身份有待商榷，[⑥] 但他与贰臣有相似的心态。此前已有学者关注到王崇简与贰臣的交游。[⑦] 同为汉官，王崇简与新朝进士亦往来频繁，在满汉矛盾为主的背景下，汉官间的联络必不可少。

---

① 王崇简：《年谱》，第552页。

② 王崇简：《青箱堂诗集》卷2《钱孚于来都访之弥陀寺坐海棠下久待不至》，第53－54页；卷3《同钱孚于坐张天如、无近虎丘客舍，月夜解缆，未及访钱牧斋、许石门两先生，周二为、许孟宏、张草臣、朱云子、杨维斗、周逸休诸子》，第63页。

③ 王崇简：《青箱堂诗集》卷4《卧子约晗水月庵闻警散去》，第85页。

④ 张宪博先生曾指出"王崇简在顺治、康熙朝士大夫中的声誉不低"，见《试论东林学派及复社对清初国家治理的影响——以清初几位理学名臣为个案》，《明史研究》第14辑，黄山书社，2014，第121页。

⑤ 王崇简：《青箱堂诗集》卷33《邓孝威、陈其年、田翼渊、陆云士奉召来都门过谈》《严荪友、朱锡鬯、徐胜力、李武曾奉召来都门小集》《喜尤展成、宋既庭、钱宫声应召来都门》，第285－286页。

⑥ 白一瑾、刘丽先生在研究中将王崇简归为贰臣行列。王崇简中进士后恰逢母丧丁忧，未及授官而明朝已亡，作为贰臣概念的发明者，乾隆帝曾说："该馆从前所办诸臣列传，有身事本朝而在胜国时仅登科第、未列仕版者，均著查明改正，毋庸概列贰臣，以昭信史。"《清高宗实录》卷1375，乾隆五十六年三月甲午，中华书局，1986。按照乾隆帝的标准，王崇简应不属贰臣之列。

⑦ 白一瑾先生梳理了清初贰臣士人之间频繁的集会酬唱活动，其中重要参与者之一即王崇简。见《清初贰臣心态与文学研究》，第195－214页。

（四）至交好友——宋琬

宋琬（1614—1673），字玉叔，号荔裳，山东莱阳人，是王崇简最好的朋友之一。两人的交游大致可分为三个阶段。崇祯四年宋琬随族兄宋玫拜访王崇简，[①] 两人一见如故，"盖自此四十年相好也"[②]。此后两人"留连燕市，瞻宫阙之壮丽，触时事以兴怀"[③]。王崇简"购楼于宅后读书"，宋玫"时来相唱和"[④]，宋琬亦常光顾，[⑤] 与王崇简一同"扬榷今古"。崇祯四年至明亡前夕是两人相识到友谊日渐加深的阶段。

崇祯十六年二月，莱阳城陷，宋琬父宋应亨与宋玫不屈死，[⑥] 王崇简有《哭宋长元先生守城殉节》[⑦]。之后两人在南京相遇，王崇简作长诗《宋玉叔至白下晤赠》：

> 朔风瑟瑟江花飞，悲怀故土不可归……开门是我梦中人，相持洒泪杂惊喜……
>
> 心凄声咽难一词，但言尔我心相知。田园千亩不足顾，坟墓弃置永怀悲。
>
> 君不见天寿山上十二陵，冷落何有万年灯？皇极诸殿变瓦砾，太庙松色空烟凝。
>
> 忆昔我辈燕市游，灯宵雪夜足淹留……一旦先后来旧京，不惮艰难履险行。
>
> 相逢素心各无负，美子智勇无虚声。……我生不辰感且歌，但愿五亩同居屋围竹。[⑧]

---

① 汪超宏：《宋琬年谱》，人民文学出版社，2010，第 24 - 25 页。
② 王熙：《王文靖公集》卷 19《通议大夫四川按察使司按察使荔裳宋公墓志铭》，第 660 页。
③ 王崇简：《青箱堂文集》卷 4《宋玉叔诗叙》，第 377 页。
④ 王崇简：《年谱》，第 553 页。
⑤ 王崇简崇祯五年作《岁暮宋玉仲、玉叔夕坐胜引楼因念杨史占、宋文玉之别》，《青箱堂诗集》卷 2，第 46 页；王熙《重刻安雅堂集序》亦提到崇祯乙亥年宋琬与王崇简在胜引楼"扬榷今古，轩眉抵掌，流连竟日"，《王文靖公集》卷 11，第 564 页。
⑥ 汪超宏：《宋琬年谱》，第 41 - 42 页。
⑦ 王崇简：《青箱堂诗集》卷 3，第 71 页。
⑧ 王崇简：《青箱堂诗集》卷 4，第 75 - 76 页。

可见顺治元年末，王崇简仍抱有复明和归隐之念。经过一段时间的犹豫，两人相约北返。① "两家挈各僦舟而居，樯帆连络，相依为命"②。二年六月，王崇简卧病，宋琬兄弟"日为贻问"③。十月，王崇简携家"依宋氏于莱阳"④。其诗《至莱阳语宋玉伯、玉仲、玉叔》⑤ 毫不掩饰地表达了当时愁苦、无助、迷茫的心情。在莱阳，王崇简还祭拜了宋应亨和宋玫墓。⑥ 十一月，王崇简偕子王熙先行北归，"眷属尚楼莱阳"⑦。临行前，王崇简有《宋玉叔约游亭山言别》。⑧ 此次南下相遇又一同北归的经历使王宋两家关系更为亲密，虽为友却"无异于同气"⑨："异姓称兄弟，今时有几人。"⑩ 在王崇简最困难的时候，宋琬兄弟给予了他巨大帮助。他在宋琬的祭文中写道：

> 慰丧家而扶贫病，虽骨肉何加焉？复提命儿熙于败舟荒屋之间，俾不废学。余既不能自存，复偕之归莱阳，分宅以安子女，给资以还故里。余之获生还以有今日，皆公兄弟之赐也。公亦旋来读书太学，以儿熙可教，训诲于僧舍，朝食暮衣，存恤备至。甫半载，儿熙获随公歌鹿鸣而登甲第，皆公生成之恩也。⑪

王崇简一家不仅得到宋琬兄弟经济上的资助，王熙也在宋琬的辅导下，于顺治四年与宋琬一同考中进士。这一时期王、宋两人时常一同出游、参加集社。⑫

---

① 据王熙撰宋琬墓志铭："公兄弟皆挈家南徙，与先文贞相遇于江宁，相对悲哭，盖予家亦以避难渡江也。良久，则又相大悦，已遂相约赴苏州……"即已订北归之计。《王文靖公集》卷19，第660页。

② 王熙：《王文靖公集》卷11《重刻安雅堂集序》，第564页。

③ 王崇简：《青箱堂诗集》卷4《卧病禹航山中，感宋玉伯、玉仲、玉叔日为贻问，并构屋西溪招隐》，第81页。

④ 王崇简：《年谱》，第555页。

⑤ 王崇简：《青箱堂诗集》卷4，第86页。

⑥ 王崇简：《青箱堂诗集》卷4《拜宋长元先生墓》《吊宋九青司空墓》，第86-87页。

⑦ 王崇简：《年谱》，第555页。

⑧ 王崇简：《青箱堂诗集》卷4，第87~88页。

⑨ 王崇简：《青箱堂文集》卷9《祭宋按察文》，第512页。

⑩ 王崇简：《青箱堂诗集》卷4《时过宋玉伯、玉仲、玉叔旅寓》，第83页。

⑪ 王崇简：《青箱堂文集》卷9《祭宋按察文》，第512页。

⑫ 王崇简：《青箱堂诗集》卷5《春日曹秋岳社集，龚孝升、李舒章、宋玉叔、赵锱退别体限韵》《偕宋玉叔、米吉士、熙儿饮摩诃庵花下》，第88-89页。

但好景不长，七年冬，宋琬被诬下狱，次年春，王崇简有诗《慰宋玉叔》①。九年正月宋琬出狱②后，两人联络依旧频繁。③ 十年冬，宋琬离京，王崇简有《送宋荔裳吏部备兵秦州》④。崇祯十六年至顺治十年，在明清鼎革的动荡局势下，两人相互扶持，成为患难之交。

随着宋琬外任，两人进入聚少离多的第三阶段。顺治十三年，宋琬在秦州作《寄王敬哉詹尹》⑤。顺治十八年冬，宋琬再次入狱，至康熙二年十一月三日出狱，⑥ 王崇简有《宋荔裳遭诬得白，谈谶赋赠》："握手悲欢难具陈，一樽聊且慰艰辛。怜君濒死脱奇祸，愧我论交不古人。"⑦ 宋琬两次入狱，王崇简对自己身居高位却无所作为始终心怀歉疚："追公屡遭诬而不能为申理于未白之际，中夜拊心，未尝不自愧焉。"⑧ 之后宋琬流寓江南，有《寄怀王敬哉》："与君虽异居，畴昔同弦朓。"⑨ 九年，宋琬回京，王崇简作《宋荔裳来都门谈次辄赠》："每怪君何恋薜萝，流光今已七年过。别来噩梦风波险，谈到伤心涕泪多。"⑩ 历经坎坷的宋琬心态已发生很大变化："放逐久无人问讯，文章能遣命蹉跎。出山小草良朋劝，犹自羁魂怯网罗。"⑪ 十一年，两人又"揽西山之秀，续昔日之欢"，时王崇简已70岁，宋琬亦年届六十。⑫ 十二年冬，宋琬从四川回京，时已有病在身，王崇简前去探望，见宋琬已"卧不能起"，"窃虑之"⑬。后闻吴三桂叛，

---

① 王崇简：《青箱堂诗集》卷7，第119页。
② 汪超宏：《宋琬年谱》，第92页。
③ 王崇简：《青箱堂诗集》卷7《初夏偕答昊、玉叔、卜周、尧叟游摩诃庵，步玉叔韵》，第124页；卷8《九日来青轩同荔裳》，第133页。宋琬：《王敬哉先生招同黄卜周、杨尧叟、家兄答昊游摩诃庵作》《九日王敬哉宫尹、郝云海侍御同游西山宿幽山寺分韵》，《安雅堂全集》，上海古籍出版社，2007，第27、221页。
④ 王崇简：《青箱堂诗集》卷8，第134页。
⑤ 宋琬：《安雅堂全集》，第40页。
⑥ 汪超宏：《宋琬年谱》，第166－167页。
⑦ 王崇简：《青箱堂诗集》卷18，第206页。
⑧ 王崇简：《祭宋按察文》，《青箱堂文集》卷9，第512页。
⑨ 宋琬：《安雅堂全集》，第118页。
⑩ 王崇简：《青箱堂诗集》卷25，第235页。
⑪ 宋琬：《初至京王敬哉先生贻诗慰问依韵赋答》，《安雅堂全集》，第288页。
⑫ 王崇简：《青箱堂诗集》卷27《壬子三月偕宋荔裳香山看杏花、宿来青轩，历退谷、玉泉，归憩兴胜寺别墅，限风莲亭休四韵各赋八句》，第245页；《青箱堂文集》卷9《祭宋按察文》，第512页。
⑬ 王崇简：《青箱堂文集》卷9《祭宋按察文》，第512页。

宋琬忧虑在成都的家人"悒悒以死"①。王崇简悲痛万分："夙昔知交尚复何人？后死之责，余不敢诿，惟期蜀方底定，访公妻子，送还故乡。"②

从崇祯四年订交至康熙十二年宋琬去世，两人友谊长达42年。他们不仅互为对方诗集作序，③ 宋琬甚至参与修订王崇简诗集的部分内容。王崇简以明进士身份仕清，有"贰臣"包袱；宋琬虽为新朝进士，但父兄曾参与抗清是他难以摆脱的阴影。相似的经历和心态是他们交游的基础。王宋交游也不仅仅限于两人之间，王崇简与宋琬兄弟关系匪浅，④ 宋琬与王熙不仅是师生，还是同年、同事。⑤ 宋琬与王崇简的同乡米寿都、杨彭龄、崔子忠也时常聚会，⑥ 仕清同僚更是他们共同交游的对象。

二　王崇简交游特点和交游广泛的原因

王崇简作为明清之际的京畿士人，交游酬唱之作是其诗文集的主体，其广泛的交游颇具代表性和典型性，且不乏时代特色和其自身的特殊性。

（一）王崇简交游特点

1. 交游圈相对独立又互有重合

王崇简交游的对象主要有四个来源：同乡、同年、同社、同僚，这几种关系总体是由深到浅的。同僚结识于官场，交往带有较强的功利性和政治色彩；同乡一般于幼年即相识，有的还是世交，感情更为纯粹深厚；同年交往多始于进士及第，出于仕途需要，交游的现实因素较多；相比之下，同社友人可谓"志同道合"。但复社群体过于庞大，一定程度上削弱

---

① 王熙：《王文靖公集》卷11《重刻安雅堂集序》，第564页。

② 王崇简：《青箱堂文集》卷9《祭宋按察文》，第512页。

③ 王崇简：《青箱堂文集》卷4《宋玉叔诗叙》，第377～378页；宋琬：《王敬哉诗序》，《安雅堂全集》，第570～571页。

④ 详见李江峰、韩品玉《宋氏家族的交往——以王崇简父子为例的考察》，《明清莱阳宋氏家族文化研究》，中华书局，2013，第328～337页。

⑤ 王熙妻金氏去世，宋琬有诗悼念，见宋琬：《安雅堂全集》，第344、697－698页；宋琬二次入狱和去世前，王熙均曾探望；宋琬去世后，王熙为他作墓志，并为其诗文集作序，见王熙《王文靖公集》卷11，第564－565页；卷19，第659－662页。

⑥ 如王崇简《青箱堂诗集》卷2《雪游灯市——米吉士约同崔开予、宋玉伯、玉仲、玉叔》，第47页；卷3《宋玉叔、米吉士、黄卜周、幼则、杨王乔、商贤及熙儿雪集摩诃庵》，第71页；卷5《偕宋玉叔、米吉士、熙儿饮摩诃庵花下》，第89页等。

了其凝聚力。再看这四个交友圈的关系。

首先，这四个交游圈相对独立。在王崇简的交游中，有不少属性较为单一的集会，参与者之间的关系主要是同乡、同年、同社或同僚。许多好友与王崇简也只有一种关系，如杨彭龄与他仅是同乡，范文程、刘正宗等与他仅是同僚，钱嘉徵、钱澄之等与他只是同社。原本同年理应全部成为同僚，由于明清易代，以遗民终老的杨廷鉴、宫伟镠等，与他也只是同年。

其次，这四个交游圈也有交集。这种交集一方面体现在部分好友与王崇简是双重甚至三重关系，如下表：

与王崇简交游者	同乡	同年（含乡试同年）	同僚	同社
黄淳耀、宫伟镠、钱默、魏学廉、吴尔埰、王泰际、吴国鼎、荆廷实、陈丹衷、史可程等		√		√
成克巩、高珩、姚文然、梁清标、李呈祥、白胤谦、张端、杜立德、高尔俨、戴明说、张丕吉、杜芳、周爱访、乔庭桂、岳映斗、吕崇烈、胡全才、张悬锡、严正矩、吴国龙、张恂、王澧、陈殿桂、上官鉉、牛应征、孙建宗、钟性朴、钟谔、张标、胡统虞、刘肇国、罗宪汶、刘余谟、杨栖鹗、魏天赏、丘俊孙等		√	√	
宋琬、龚鼎孳、曹溶、李雯、严沆、彭宾等			√	√
崔子忠、于奕正、黄镐、范邦瞻、牛裕范、萧生烺等	√			√
金铉	√	√		
胡兆龙、孙承泽等	√		√	
米寿都	√		√	√
张永祯	√	√		√
杨璥、王劼、李奭棠等	√	√	√	
宋征璧、宋之绳等		√	√	√

另一方面体现在具体交游中，界限最模糊的当属同年和同僚，如王崇简和同年成克巩、张端一同去拜见政坛前辈刘正宗。[①] 再如同乡米寿都，和王崇简的同年姚文然、刘余谟、李呈祥、梁清标等也有交游，[②] 米寿都

---

① 王崇简：《青箱堂诗集》卷5《同成青坛、张中柱饮刘宪石前辈新居》，第93－94页；
② 王崇简：《青箱堂诗集》卷5《冬日姚若侯、刘灏柱、张尔唯、米吉土小饮斋中分韵》，第91页；卷7《米吉土来自冀州招同李吉津、梁玉立小饮，又将别去》，第113－114页。

与他们也是同僚关系。比较特殊的情况如杨彭龄和施闰章，杨彭龄作为王崇简的同乡，甲申之变后"客江宁"，与施闰章成为好友。施闰章奉召来京，将杨彭龄遗诗交与王崇简。谈及杨彭龄，施闰章"语未竟，双泪盈眸，哽咽不成声"，王崇简亦"不禁悄然而悲"①。施闰章与王崇简本是普通同僚，但通过杨彭龄，一定程度上增进了两人的感情。可以说，王崇简在交游中已形成一种良性循环，朋友越多，可通过老友结识新朋；不同交游圈的朋友间又有交集，又通过老友增进与新朋友的感情。

最后，王崇简还将交游与亲情相结合，如结交兄弟几人或父子二人；相应的，王崇简与其子王熙②也有共同的交游群体，如下表：

	家族	交游对象						
王崇简交游的家族	莱阳宋氏	宋继澄	宋琬	宋琮	宋玫	宋璠	宋璜	宋琬
	真定梁氏	梁维枢	梁清远	梁清标				
王崇简交游的兄弟	华亭宋氏	宋存标	宋征璧	宋之绳	宋征舆			
	昆山徐氏	徐乾学	徐秉义	徐元文				
	延陵吴氏	吴国鼎	吴国缙	吴国对	吴国龙			
	莱阳姜氏	姜圻	姜埰	姜垓				
	余杭严氏	严津	严沆	严渡				
	新城王氏	王士禄	王士禛					
	开封史氏	史可法	史可程					
王崇简交游的父子	静海高氏	高尔俨、高恒懋父子						
	金坛蒋氏	蒋鸣玉、蒋超父子						
	丹徒张氏	张九徵、张玉书父子						
	桐城左氏	左光斗、左国柱父子						
	苏州尤氏	尤瀹、尤侗父子						
王崇简、王熙共同交游对象举隅	宋琬、杨彭龄、黄甜既是王崇简的好友，又是王熙的老师；党崇雅、徐元文、冯溥、沈荃等与父子二人均是同僚关系；李霨、黄机、宋征舆、程芳朝、张九徵、蒋超等既是王崇简的同僚，又是王熙的同年；其余如张翼、计东、钱澄之等应是王崇简先结识，后与王熙认识。							

以钱澄之为例，他与王崇简相识于鼎革之际，两人友谊持续三十余

① 王崇简：《青箱堂文集》续刻《杨商贤遗集序》，第548页。
② 由于王崇简六子中仅王熙有文集存世，故以王熙为例。

年；钱澄之与王崇简长子熙①、五子燕②都有交往。他为王崇简文集作序还是受王燕之请。③

2. 交游主题具有鲜明时代特征

所有历史人物都有其所处的时代，交游的话题更与其所处时代密不可分。明亡前，王崇简不论是与乡试同年高尔俨、戴明说等一起"课期读史"，谈古慨今，④ 还是与同社方以智等共商时事，都是当时局势危机的反映。

王崇简的前半生主要在科考中度过，他五次下第，待42岁中进士时，本应意气风发，走向人生高点；却因明清易代举家流离，反陷入人生谷底。因此，入清后相当长一段时间，他都沉浸于怀念故国、悲叹身世的情绪中。明清易代导致很多好友离他而去：崔子忠卒于甲申国变后；金铉、史可法等殉节；杨彭龄定居江南；许多进士同年以遗民终老。王崇简与众多贰臣有相似的心态；即便是新朝进士，毕竟曾是明朝人，遭逢鼎革于他们同样是极大的不幸。如顺治三年进士法若真，曾于四年作《即席和王敬哉夫子十六首》：

> 十年肮脏骨，今半为时怜……解醉酬知己，夜深啸客孤……
> 何须沽酒醉，潦倒漫长吁……遭逢已若此，不是北山移……
> 古今无限泪，一半入山楼……于今皆已矣，不必泪沾襟。⑤

诗中充斥着绝望悲凉的情绪，完全没有新科进士的喜悦之情。王崇简与遗民群体联络时，对故国的怀恋和劫后余生的心境是双方情感的交汇点。⑥ 王崇简的交游对象几乎都历经两朝，怀念故国、自叹身世成为交

---

① 王熙（1628—1703）字子雍，号胥庭，钱澄之：《田间诗集》卷19《容园谳集酬王胥庭大司马》，黄山书社，2014，第411页；卷27《宛平相公召集怡园述怀》，第544~545页。

② 王燕（1652—1708），字子喜，号个菴，钱澄之：《田间诗集》卷26《过京口不得泊寄王个菴太守》，第531页；卷28《润州酬王太守个菴》，第558页。

③ 钱澄之：《田间文集》卷14《重刻青箱堂集序》，黄山书社，2014，第274页。

④ 王崇简：《青箱堂诗集》卷3《高中孚、戴岩荦、孟炯宜、金伯玉、范若侯课期读史》，第71页。

⑤ 法若真：《黄山诗留》卷1，《四库全书存目丛书》集部第212册，第215–216页。

⑥ 白一瑾：《清初贰臣心态与文学研究》，第331页。

游的主要话题，不论是普通士人、贰臣、新朝进士还是遗民，都能就此引发共鸣。

3. 交游领域广泛，不乏各领域的代表人物

王崇简与清初政坛有影响力的汉臣如刘正宗、成克巩、魏裔介、李霨、徐乾学等关系匪浅；与竟陵派和云间词派的主要人物①、"江左三大家"钱谦益、吴伟业、龚鼎孳，"中州三大家"刘正宗、薛所蕴、王铎，"南施北宋"施闰章、宋琬，"南朱北王"朱彝尊、王士禛皆有交往；与书画家董其昌，画家"南陈北崔"陈洪绶、崔子忠，书法家沈荃、曹尔堪等也有联系；其与理学学者的交游，刘仲华先生在其论著中已进行过探讨，②兹不赘述。

王崇简善交游，但并不涉党争。从表面上看，王崇简交游以酬唱、玩娱为主，另外，他在政坛的地位并不显赫，加之谨小慎微的性格，似不会将交游转化为政治势力。白一瑾先生认为王崇简"本系复社成员，由南党重要人物曹溶荐起，但一直倾向于北党一系"③。身为北人，他与南党龚鼎孳，北党王铎、刘正宗等都有交往。值得注意的是，他文集中的交流对象独没有南北党首领陈名夏、冯铨。④ 小心谨慎、不涉党争可谓是他仕途平稳的重要原因之一。王熙继承并发扬了他的风格，才能在党争炽烈的康熙朝任大学士之职近二十年。

4. 与满人的交往十分有限

尽管仕清又交游颇广，但王崇简与满人的交游仅寥寥几处。一是与范文程在顺治十八年和康熙五年的两次交往，⑤ 范文程隶属汉八旗，其本质

① 王崇简与竟陵派谭元春、于奕正、刘侗，云间词派李雯，"三宋"宋征舆、宋征璧、宋存标等均有交往。

② 刘仲华：《世变、士风与清代京籍士人学术》，第 102－105 页。

③ 白一瑾：《清初贰臣心态与文学研究》，第 81 页；张开先生也持类似观点，见《冯铨史事杂考》，《清史研究》1998 年第 3 期，第 91 页。

④ 冯铨无文集留存，陈名夏《石云居士文集》里也没有王崇简的影子。陈名夏与王崇简还是进士同年，据张开先生考证，"南党案时"王崇简与陈名夏"已然反目"；但王氏和冯铨关系匪浅，见张开《冯铨史事杂考》，《清史研究》1998 年第 3 期，第 91 页。现存王崇简的诗文集中不见冯铨，不排除是王氏或其后人在编写时刻意删掉了与冯铨相关的内容。

⑤ 王崇简：《青箱堂诗集》卷 16《范太傅先生郊园看菊》，第 191－192 页；卷 21《端午范太傅先生约同程其相、蒋虎臣太史东皋禊集》，第 218 页。

仍是汉人；二是顺治十五年王崇简作《同阿少司马园猎》①，主人公"阿少司马"似为满洲贵族②；三是为时任学士的富察·奎林母作《富太恭人七十寿序》。③清初是满汉官员的碰撞、磨合期，满人尚武，文化程度不高，可与汉族士大夫交流的并不多；而王崇简仅官至礼部尚书，未得皇帝特殊赏识，满洲权贵似无与之结交的必要。可见满汉虽同朝为官，私下联络却很少，满汉畛域可见一斑。

（二）王崇简交游广泛的原因

1. 与其本人性格有关

王崇简"为人沉博，有大虑，善自谦"④，"平淡率易，善气迎人"⑤，故人缘极好："海内之士无识不识，咸乐与之游。"⑥蒋伊称其"岂弟笃挚，奖掖后进，当今之欧阳文忠也。"⑦王崇简能急人之所难，帮助过的士人学子不计其数，因此在京城有较高威望。汪琬评价他：

> 公交游满天下，少时所亲密者，率多文章意气之士，既跻贵显，犹汲引不少怠。虽单门后进，辈行阔绝，每到门投谒，必相与握手款曲。凡被公礼遇者，人人色喜，谓王先生亲我也。⑧

王崇简在宅后所购之楼，宋玫"名以'胜引'"⑨，即"良友"意，也反映出他"交多四方"⑩的特点。

---

① 王崇简：《青箱堂诗集》卷13，第167页。
② 少司马应为兵部侍郎别称，觉罗阿克善曾于顺治八年到十年任兵部侍郎，似符合"阿少司马"的身份。但阿克善卒于顺治十四年，王崇简此诗作于顺治十五年，而诗词内容似为描写而非追忆，故"阿少司马"身份仍待考。见钱实甫《清代职官年表》，中华书局，1980，340–341页；《清世祖实录》卷106，顺治十四年正月乙卯。
③ 王崇简：《青箱堂文集》卷5，第400页。
④ 李雯：《青箱堂诗集序》，《四库全书存目丛书》集部第203册，第2页。
⑤ 钱澄之：《田间文集》卷16《青箱堂未刻稿引》，第295页。
⑥ 宋琬：《安雅堂全集》，第570页。
⑦ 蒋伊：《青箱堂诗集序》，《四库全书存目丛书》集部第203册，第14页。
⑧ 汪琬：《故光禄大夫太子太保礼部尚书王公行状》，《汪琬全集笺校》，人民文学出版社，2010，第1540页。
⑨ 王崇简：《年谱》，第553页。
⑩ 宋玫：《青箱堂诗集序》，《四库全书存目丛书》集部第203册，第1页。

王崇简"好游,岁常遍历西山诸胜"①,京郊香山、摩诃庵、滴水岩等处是他与好友常去游玩的地方。王崇简又"肃雅好诗"②,年老而"不稍易其好学之心"③,对理学、书画亦有兴趣,"中慧而勤……术业兼攻"④,广泛的爱好使其交游对象不仅局限于官场和文坛,亦有学者和书画大家。

2. 与其父子仕途显达有关

王崇简入清后仕途顺遂,"一生端谨,无可指摘,可谓极人爵之荣者矣。"⑤ 就外地士人而言,同时期京畿地区较有影响力的士人还有孙承泽和米寿都。叶方蔼在王崇简墓志中将其与孙承泽并称:

> 公家居名愈重,时故少宰孙公承泽亦以博闻有道,退老于家。公居城西,孙公居城东,朝廷制度有所更张,士大夫疑未决者,不东之孙公,则西就公访焉。迨孙公殁而公岿然长德,独为世模楷者又数年。⑥

魏象枢初入都首先拜访的两人即王崇简和孙承泽。⑦ 在给王崇简的信中,魏象枢坦言:"其所师事而奉典型者,惟先生与退谷先生两君子耳。"⑧ 李雯自言在京时多赖王崇简和米寿都"相与周旋、相与劳苦"⑨。宋征舆将王、米并称为"于燕得最著者二人"⑩。但孙承泽于顺治十一年受陈名夏牵连被罢官,后潜心著述,远离政坛;米寿都入清后曾去冀州、沭阳任职,

---

① 韩菼:《皇清予告光禄大夫少傅兼太子太傅保和殿大学士兼礼部尚书加六级谥文靖王公行状》,《王文靖公集》,第803页。

② 王铎:《拟山园选集》卷29《王敬哉诗序》,《四库禁毁书丛刊》集部第87册,北京出版社,1997,第456页。

③ 计东:《改亭诗文集》卷7《太保王先生七十寿序》,《续修四库全书》第1408册,上海古籍出版社,2002,第164页。

④ 宋琬:《青箱堂诗集序》,第1页。

⑤ 阮葵生:《茶余客话》卷8《人爵之荣》,中华书局,1959,第207-208页。

⑥ 叶方蔼:《叶文敏公集》卷5《光禄大夫太子太保礼部尚书王公墓志铭》,《续修四库全书》第1410册,第506页。

⑦ 魏象枢:《寒松堂全集》卷7《入都访孙退谷、王敬哉两先生》,中华书局,1996,第277页。

⑧ 魏象枢:《寒松堂全集》卷9《答王敬哉先生书》,第454页。

⑨ 李雯:《蓼斋集》卷35《与王敬哉书》,《四库禁毁书丛刊》集部第111册,第510页。

⑩ 宋征舆:《林屋文稿》卷3《送米吉士序》,《四库全书存目丛书》集部第215册,第282页。

一度脱离京畿地区。相比之下，王崇简与王熙作为"父子尚书"①，在京城的影响力罕有其匹。王崇简晚年"致政家居，延接不衰，或贫交故人子姓至"，王熙善察父意，"周恤备至，未尝倦也。"②

身居显位也使王崇简有充足的物质条件从事交游活动。他的青箱堂及王熙经营的怡园、容园、丰台芍药园，环境清雅，景色宜人，是王崇简晚年组织集会、宴饮的主要场所。每有客至，王崇简必"酌醴延款，恒至夜分乃散"③。

3. 与其地处京畿地区有关

一方面，王崇简的同乡好友多是本地世家大族。王崇简家族自曾祖王龙从任丘迁居北京，养父王爱是万历二十年（1592）进士，官至右布政使。王崇简作为王氏家族承上启下的人物，选择仕清不仅保全了家族利益，也"为子孙开拓在新王朝之前途"④。他做到礼部尚书，王熙更官至大学士。王崇简作为家族上升期的一代人，与金铉、米寿都、孙承泽、胡兆龙⑤等结为姻亲，不仅巩固了友情，还通过强强联合提高了王氏家族在京畿地区的地位。

另一方面，京畿作为京师重地，是四方交会、人才汇聚之地，也是外地士人求取功名利禄、施展才华抱负的理想之地。王崇简有"知人之明""好士之雅"⑥，乐尽地主之谊，"凡四方人士至都者，以不及见公为耻"⑦。得天独厚的地理位置为王崇简广博的交游提供了客观条件，使其"勋名学术载于史书而达于海内士大夫之口"⑧。

---

① 王士禛：《池北偶谈》卷 1《父子尚书》，中华书局，1982，第 5 页。
② 王士禛：《带经堂集》卷 82《予告光禄大夫少傅兼太子太傅保和殿大学士礼部尚书谥文靖王公神道碑铭》，《续修四库全书》第 1415 册，第 96 页。
③ 徐乾学：《憺园文集》卷 32《光禄大夫太子太保礼部尚书诰赠太子太傅保和殿大学士谥文贞王公合葬墓表》，《四库全书存目丛书》集部第 243 册，第 274 页。
④ 白一瑾：《清初贰臣心态与文学研究》，第 85 页。
⑤ 金铉妹嫁与王崇简子王熙为妻，王崇简第六女归于孙承泽四子道林，王崇简：《年谱》，第 554、559 页；胡兆龙子介祉娶王熙三女，王熙：《年谱》，第 758 页。
⑥ 汪琬：《与王敬哉先生书》，《汪琬全集笺校》，第 494 页。
⑦ 徐乾学：《憺园文集》卷 32《光禄大夫太子太保礼部尚书诰赠太子太傅保和殿大学士谥文贞王公合葬墓表》，第 274 页。
⑧ 汪琬：《与王敬哉先生书》，《汪琬全集笺校》，第 494 页。汪氏说法略有夸张，白一瑾先生曾指出：尽管王崇简"在京师也和一些南籍士人有过交往，但在江南文士群体特别是在文坛影响力较大的遗民群体中，几乎是毫无影响力可谈"，也未能成为南北士林普遍公认的文坛盟主，见《清初贰臣心态与文学研究》，第 354 页。

广泛的交游也使王崇简获益良多，他南下流离时，高扬、鲍奇谟、叶绍袁等都曾为他一家提供住处；他经济困难时，曾借何致清银百两，① 寄居莱阳的家眷回京，"舆马之需"皆宋璠"资给"②；他能够入仕清朝，赖曹溶所荐，③ 他告病后几近被遗忘，因戴明说陈请而起补原职。④ 同样，当朋友遇到困难，王崇简也会尽其所能予以帮助。如乡试同年、复社好友张永祯去世时，长子弘俊仅八岁，王崇简即决定将次女相嫁，⑤ 后又将第五女嫁与弘俊弟弘佐。⑥ 与功利色彩的联姻相比，帮助早逝好友之子成家应是这两桩婚事的主要动因。总体而言，王崇简深受儒家思想文化熏陶，待人热情谦和、忠厚坦诚。但作为一个在仕途上有进取心的士人，王崇简亦不乏世故的一面。他与宋琬关系很好，但宋琬两次下狱，他都没有任何实质性帮助，其中不乏明哲保身的考虑。

王崇简虽官至礼部尚书，但在清初政坛所起的作用实为有限；虽爱好诗歌、书画、理学，却也难称得上有太高造诣，故前人对其关注并不太多。但其交游对象不仅有复社领袖、殉节名臣、清初政要、遗民，更有文坛大家、书画家、理学家等。这与他个人的性格、"父子尚书"的政治影响力及地处京畿的特殊位置有关。加之他作为明朝进士，人生的大半时间是在明朝度过，许多交游对象在易代后依然得到延续。丰富的人生经历和爱好交游的个性，使王崇简交游范围纵贯朝野和各个领域。

（作者单位：中国社会科学院研究生院）

---

① 王崇简：《青箱堂文集》卷9《祭九门提督何君文》，第511页；《年谱》，第560页。
② 王崇简：《年谱》，第556页。
③ 《清世祖实录》卷7，顺治元年八月辛巳。
④ 王崇简：《年谱》，第557页。
⑤ 王崇简：《年谱》，第554页。
⑥ 王崇简：《青箱堂文集》卷12《外传》，第543页。

论野史中对明清之际"贰臣"的
污名化倾向

——以张缙彦为例

常虚怀

摘　要：明清鼎革之际，身负历史污点的"贰臣"群体颇受各类私家野史的关注。出于简单的道德评价标准，这类著作对于"贰臣"往往存在着偏离史实的污名化倾向，崇祯朝最后一任兵部尚书张缙彦便是一个典型。综合考察各种档案史料，笔者以为，张缙彦并未真正"降贼"，野史中有关此人的种种卑污事迹，大多是以讹传讹的耳食之辞。究其原因，应当出于野史作者自居道德高地而去苛责他人的心理。

关键词：野史　贰臣　污名化　张缙彦

明清鼎革之际，整个社会发生剧烈变动，多方势力激烈角逐，各类角色粉墨登场，所谓"贰臣"，便是这场大戏中比较重要的角色之一。由于背负历史污点，贰臣群体在入清之后的心态变化颇堪玩味，当代不少学者即往往以此作为评价与考察这一群体的切入点①。这类文章多从清初贰臣的诗文集入手，从文学的角度进行研究，重点分析贰臣群体的愧悔心理，存在较为严重的同质化倾向。本文拟由史学的角度，探讨如下命题：当时

---

① 就笔者管见所及，当代学者从事贰臣群体研究的论著有：曹秀兰《清初"贰臣"词人心态探微》[《山西师范大学学报（社会科学版）》2008 年第 2 期]、白一瑾《清初贰臣心态与文学研究》（南开大学 2009 年博士论文）、刘丽《论清初"贰臣"诗人的愧辱心态》[《苏州大学学报（哲学社会科学版）》2010 年第 1 期]、范秀君《论清初南北贰臣文人愧疚自赎心态的差异及成因》[《扬州大学学报（人文社会科学版）》2011 年第 3 期]、蒋寅《忏悔与淡忘：明清之际的贰臣人格》[《徐州工程学院学报（社会科学版）》2012 年第 2 期]；等等。

及后世的各种野史，出于简单的道德评价标准，对这一时期的贰臣群体，存在着或有意或无意的污名化倾向，并将分析这种倾向的成因，及其所反映出来的野史作者内心深处的道德优越感。

由于政权更迭所带来的社会动荡，导致明朝末年第一手的档案史料大多散失，顺治年间清廷即曾一再下令从民间搜集天启与崇祯朝的史料，作为修史的准备。在这种形势下，有关这一时期史事的野史记载十分兴盛，从而在一定程度上弥补了正史缺位所留下的空白。鲁迅先生尝言："野史和杂说自然也免不了有讹传，挟恩怨，但看往事却可以较分明，因为它究竟不像正史那样地装腔作势。"① 此言诚是读史论世的不刊之论，寥寥数语，就分别点明了野史的优缺点所在：优点是不摆架子，较有生气；缺点则是"有讹传，挟恩怨"。生活在明末清初的钱澄之论及当时的野史时说道："惟是野史者流，其言皆得诸传闻，既无情贿之弊，亦无恩怨之私，徒率其公直，无所忌讳，故其言当可信也。然其人大抵草茅孤愤之士，见闻尠浅，又不能深达事体，察其情伪，有闻悉纪，往往至于失实。"② 因此说到底，"尽信书则不如无书"，无论对于正史还是野史，我们在阅读时都需要敢于怀疑，善于分辨。笔者在研读明末清初各种史料的过程中，就曾多次发现野史中的夸诞不实之处，现以崇祯末年担任兵部尚书之职的张缙彦究竟曾否"降贼"为例，来做一番辩诬与还原的工作。

张缙彦（1599－1670），字濂源，号坦公，别号大隐，河南新乡县小宋佛村人，崇祯四年（1631）进士。历任陕西清涧、三原知县，崇祯九年行取入京，崇祯十一年由户部主事改翰林院编修，崇祯十二年改任兵科都给事中，崇祯十四年十一月丁父忧回乡守制，崇祯十六年十月超擢为兵部尚书，崇祯十七年正月入京赴任，当年三月值国变，未能死，成为大顺军俘虏。后自乱军中逃出，在家乡起兵。当年九月，南明弘光朝廷授为北直隶、山西、河南三省总督，为避清军锋芒，辗转进入麻城、六安一带山区。顺治二年（1645）年底降清，顺治十年出任山东布政使司右布政使，顺治十一年迁浙江布政使司左布政使，顺治十五年升任工部右侍郎，顺治

---

① 鲁迅：《华盖集·这个与那个》，《鲁迅全集（第三卷）》，人民文学出版社，2005，第148页。
② 钱澄之：《明末忠烈纪实序》，《田间文集》卷12，黄山书社，1998，第213页。

十七年二月降为江南按察使司金事分巡徽宁道。后因刘正宗一案牵连，于
当年年底被判处流徙宁古塔，十年后在宁古塔去世。①

　　从这份简单的履历中可以看出，在甲申国变之前，及正式降清之后，
张缙彦的人生轨迹都相当清楚可考，唯独甲申、乙酉两年的行迹有些含混
不清，尤其当李自成农民军进入北京之时，身为兵部尚书的张缙彦的行止
和遭遇，更是疑云重重，成为后世非议的焦点，直至今日，张氏"降贼"
说仍是主流观点。当代亦有学者关注张缙彦其人，不过其关注的焦点大多
集中在张氏在东北流放之地所作的诗文，据此探讨他对于东北地区的发展
所做的贡献。② 直接讨论张缙彦是否"降贼"的论文，则主要有黄裳《不
死英雄——关于张缙彦》③ 和罗紫鹏《"张缙彦降贼"考》④ 两篇。黄裳先
生在文章中将张氏斥为阮大铖一流的丑类，其所据以立论的依据，大多便
是本文将要予以辨析的野史记载；并且该文其实无意于学术考据，倒更接
近于散文随笔，颇有"借历史之酒杯，浇自己之块垒"之意。罗紫鹏先生
之文，虽名之为"降贼考"，却只是罗列若干史料，对于张氏究竟是否
"降贼"，并没有给出自己的判断。张缙彦去世后，其同乡殷元福作诗感叹
道："伤心元老死穷边，命世雄裁捧数篇。漫道文山歌正气，口头笑指甲
申年。"⑤ 可见张氏一生之毁誉，实系于此，本文综合各方记载，力求还原
真相。

一　野史中对张缙彦污名化的表现

　　由于张缙彦当时毕竟没有殉国，其后复又降清，在道德上首先已经有
了污点，根据中国历史上一贯的非黑即白的二元史观，各种野史记述中的

① 本文所述张缙彦生平，大体依据《张氏族谱》中所载《司空公行述》，见《小宋佛姓氏志》，新风出版社，2000，第508页。
② 如《张缙彦和他的〈宁古塔山水记〉》（《学习与探索》1984年第5期）、张克《略谈清初宁古塔流放文人张缙彦》（张克等著：《东北古代文史论集》，黑龙江教育出版社，1989）、寒冰《第一位游记宁古塔山水的豫州人》[《郑州工学院学报（社会科学版）》1994年第1期]、王诗瑶《张缙彦流放宁古塔期间作品的文化价值及特点》（《大庆师范学院学报》2015年第1期）等。
③ 《读书》1984年第12期。
④ 《语文知识》2011年第3期。
⑤ 赵元纂修《（乾隆）新乡县志》卷22《艺文中》，《中国方志丛书·华北地方·第四七二号》，台北：成文出版社，1976，第809页。

张缙彦便显得越发卑污不堪。当然，所有添油加醋的描述都是基于一个最基本的判断，那就是张缙彦的"降贼"。总结起来，野史中对于张缙彦的污名化，主要体现为如下两种说法。

第一种说法，张缙彦不但"降贼"，而且是主动开门"迎贼"。

《怀陵流寇始终录》载：

> （崇祯十七年三月）十九日丁未，阴云四合，城外烟焰障天。宣武门守门太监王相尧领内丁千人，开门迎贼，伪将刘宗敏整军入，军容甚肃。张缙彦守正阳门，朱纯臣守朝阳门，一时俱开，二臣迎门拜贼。①

《明季北略》载：

> 太监曹化淳同兵部尚书张缙彦开彰义门迎贼。一云：张缙彦坐正阳门，朱纯臣守齐化门，一时俱开，二臣迎门拜降。②

可以看出，《北略》所谓"一云"，当是来自《怀陵流寇始终录》的记载。《弘光实录钞》在记述当时殉国的吴麟征的事迹时，顺带提到了张缙彦：

> 吴麟征，号磊斋，海盐人。……崇祯十六年，转刑科都给事中。明年三月初七日，升太常少卿。十五日，守西直门。十七日夜，本兵张缙彦遣二卒欲出，麟征诘之，语塞而去。③

此处所记，在城破前二日，看似含蓄，实则诛心更甚。《豫变纪略》载：

> 豫人虽不能平贼，然自张缙彦而外，亦庶几可无愧矣。闯贼犯阙

---

① 戴笠、吴殳：《怀陵流寇始终录》卷17，续修四库全书本，第218页。
② 计六奇：《明季北略》卷20，中华书局，1984，第455页。
③ 黄宗羲：《弘光实录钞》卷2，于浩辑《明清史料丛书八种》第7册，北京图书馆出版社，2005，第51页。

时殉难者众矣，特书二刘何？（笔者按：该书前述刘理顺、刘岱二人殉国，俱为河南人。）书纪豫变也，事必关于豫则书。……按，京师陷，二刘殉国，豫之荣也，书之诚足以为劝。然亦有足以为辱、足以为戒者，亦不可讳而不书也，如大司马张缙彦开彰义门牵羊肉袒迎贼者，固昭昭然在人耳目，不可讳，亦不能讳，然亦何必讳乎！①

竟而言至"牵羊肉袒"，张缙彦的小丑形象愈加"丰满"。描述张缙彦"迎贼"最为生动同时也最易为读者所采信的，是《怀陵流寇始终录》中的另一段记载：

> 京官凡有公事，必长班传单，以一纸列姓衔，单到，写"知"字。兵部提塘官杭州卫某，是日遇一所识长班急行，扣其故，于袖出所传单，乃中官及文武大臣公约明日开门迎贼也，皆有"知"字，首名，中官则曹化淳，大臣则张缙彦。②

文下有双行小字注云："此事万斯同新（原文如此，当是"亲"字之讹）见卫某所说。"至此，张缙彦"开门迎贼"之事，似乎是板上钉钉、确凿无疑了。

笔者以为，此说纯属无稽之谈，完全站不住脚。最关键的证据就在于，张缙彦当时未曾守门，并且无权"开门"。未曾守门不难理解，张氏身为兵部尚书，值大敌当前，统筹全局才是他的本分，没有必要也不应该专守一门。至于无权开门，又是何故呢？崇祯帝朱由检生性多疑，随着国势的衰败，对于文武诸臣越来越缺乏信任，至亡国前达于极点。相对而言，同有明一代的其他许多皇帝一样，崇祯帝更加愿意相信内臣的忠心，在城破国亡之前数日，"命司礼太监王承恩提督内外京城……便宜行事"③，因此当时的守城之权实际是掌握在宦官手中。关于此事，所有史料众口一词，绝无异议。

---

① 郑廉：《豫变纪略》卷7，浙江古籍出版社，1984，第175页。
② 《怀陵流寇始终录》卷17，续修四库全书本，第136页。
③ 徐鼒：《小腆纪年附考》卷3，第88页。

《怀陵流寇始终录》载：

> 内官守城，百官不得上，西直门最当贼冲，吴麟徵请塞之，内官不听。[1]

又载：

> 都御史李邦华奏言："新御史周亮工、朱朗鑅、刘令尹皆尝著效城守，宜令登城。"二（原文如此，当为"三"字之讹）臣因至前门，欲登城，中贵拒之。[2]

《小腆纪年附考》载：

> 因命内官乘城，括中外库金犒军。内官自以为有劳，益负气，谩骂文臣曰："若等平时窃富贵，今事急，而苦吾辈用力。"有文臣职分守者，上城视守具，亦赤棒格之曰："尔何知！"[3]

《明季北略》载：

> 守门皆内官为政，卿贰勋戚不得上，莫有料理者。[4]

又载：

> 昧爽，开西直门纳避难者，内官坐城上，以令箭下，门立启，无敢诘问。[5]

---

[1] 《怀陵流寇始终录》卷17，续修四库全书本，第134页。
[2] 《怀陵流寇始终录》卷17，续修四库全书本，第139页。
[3] 徐鼒：《小腆纪年附考》卷4，第92页。
[4] 《明季北略》卷20，第450页。
[5] 《明季北略》卷20，第451页。

《甲申传信录》载：

> 十七日，贼队掩至，炮声轰震不绝，勋戚卿贰府部诸臣，求一登
> 城望敌不可得。①

《山书》载兵部疏文云：

> 贼势汹涌，如此危急，臣等累次至城闉，欲觇城上守御情形，辄
> 为监视阻抑。②

此处"监视"是守城内监的专称，该书本条上文即有"监视曹化淳、王德化等"之语；又称此为"兵部疏"，张缙彦作为兵部尚书，则当列名具题。查张氏文集中有《绳贼上城纪事》一篇，所记正与《山书》相符：

> 臣缙彦于三月十五日一本《为绳贼上城甚骇听闻乞立赐查究事》："臣接京营巡城御史王章手札，内云'王、曹诸监视昨夜将贼杜勋等暗用绳系上城，不知何故，人心汹汹，变在旦夕'等语，臣闻之心碎发竖。贼势汹涌，如此危急，臣累次至城闉，欲觇城上守御情形，辄为监视阻抑，已经面奏。今突绳贼渠上城，不知曾否奏知，恐有奸宄，人心汹汹，变起非常，乞立赐推问，以杜隐奸，宗社幸甚。"奏上，即刻召对，同阁臣陈演、魏藻德、范景文等面谕"必有缘故"。上手书，遣兵部尚书张缙彦上城查看。至城，监视王德化止不得上，及验，始开栅栏，已二更矣。缙彦问："杜勋何在？"王、曹两监云："昨晚上来，今早下去，已奏闻得旨，老先生不必再问，复命讫。"又云"尚有秦晋两王在城下，亦欲上城讲话"等语，臣面斥，以为"引贼上城，国有常刑，是谁主张"？因往城头遍看，德胜门一带守卒寥寥，京营尚书王家彦向之垂泣，云："监视将营兵尽夺在他信地上，李襄城尚有一小半，家彦两垛一兵耳。"且闻城下有掘城之声，缙彦

---

① 钱𫛛：《甲申传信录》卷3，《台湾文献丛刊》第264种，第40页。
② 孙承泽：《山书》，浙江古籍出版社，1989，第507页。

急与援兵营监视王承恩讲，伊遄遽调兵，眼见炮伤者数十人。回过，曹、王处城楼饮酒自若也。急下到阁，约阁臣同赴奏处，到宫门传进，内传旨云："知道了，免进见。"十六日清晨事也。①

该文所述可信度较高。可见张缙彦虽然担任兵部尚书的要职，却欲登城一望而不可得，需要崇祯皇帝特批的"手书"方能如愿，为此还要忍受守城宦官的冷言冷语。在这种情形之下，张缙彦纵然想要"开门迎贼"，又如何可能？

至于《怀陵流寇始终录》中所谓"亲见卫某所说"的联名传单之事，更是不值一驳。明末的士大夫固然整体上缺乏气节，至多也不过是城破后贪生降敌，何至于无耻到列衔具名、公约投降？② 降敌之事，极不光彩，是不得已而为之，又有谁会蠢到未曾行动先已签名？张缙彦若是果真列名首位，明明有字据存在，他又怎敢在事后反复声言自己在朝房上吊未死，进而自称"不死英雄"？退一步讲，张缙彦即便列名，尚有职位在他之上、后来又被确认"降贼"的大学士陈演和魏藻德在，他又怎么可能居首？

第二种说法，张缙彦"降贼"后被太监王德化掌掴。

《明季北略》载：

廿一，百官报名者甚众，以拥挤故，被守门长班用棍打逐。早起，承天门不开，露坐以俟，贼卒竞辱之，竟日无食。有云："肚虽饥饿，心甚安乐。"贼初入时，缙绅恐以冠裳贾祸，悉毁其进贤冠。及二十日，见贼报名，伪主笑口顿开，从梨园中觅冠，一冠之费踰三四金。廿一日，各穿本等吉服入朝。陈演、朱纯臣劝进，不得入。近午，王德化自内出，以张缙彦误国，批其颊。③

这段记载，恰可作为野史信口开河、刻意丑化贰臣群体的一个写照，

---

① 张缙彦：《依水园文集》前集卷 2，《清代诗文集汇编》第 13 册，第 92 页。

② 笔者按：此时北京城内官员不能与次年五月公议降清的南京城内众官类比。南京投降之前，弘光帝与马士英先已出逃，又有扬州屠城的震慑，均与甲申年的北京城不可同日而语。况且，南京文武诸臣是在朝堂上公议献城，也非鬼鬼祟祟的传单可比。

③ 《明季北略》卷 20，第 472 页。

如此戏剧化的描写，仅凭直觉和常识即可知其距离史实甚远。《北略》又载：

> 《大事纪》云：廿一日，内监王德化因先帝未殡，痛哭争之。出朝，见兵部尚书张缙彦，青衣待罪于皇极殿前，叱曰："汝辈误国至此，今不急殡先帝，乃复推戴新主耶？"缙彦曰："此与我何干？自有主之者。"德化愤极，呼从者连搋其颊，缙彦掩面垂涕。①

《甲申传信录》载：

> 十九日，闯入，下令各官以二十一日朝见。至日，承天门闭，众皆露坐以待。旁午，太监王德化自中左门入，左右从者十余人，见缙彦，询曰："老先生尚在此耶？明朝江山都是你与魏阁老坏了事！"遂呼从人掌其面而去。缙彦语塞，垂涕而而（疑衍一"而"字）已。寻被执，入赃，刑酷而死。②

这几处记载，除《甲申传信录》误记张缙彦受刑而死之外，时间、地点、情节大体一致。《弘光实录钞》所记则差异较大，不但将王德化记作王承恩，时间和地点亦不相同：

> 王承恩，太监也。贼以芦席覆帝丧于东华门外，承恩见贼，痛哭争之。时本兵张缙彦在侧，承恩骂之曰："汝误国至此，不思速殡大行，而偡身劝进乎？"缙彦曰："何与我事？"承恩连批其颊，以头触之，遇害。③

王承恩是陪同崇祯帝自尽于景山的太监，自然不可能在此处"遇害"。此亦可见野史的史料来源多系耳食，口口相传，难免走样。不过，故事的

---

① 《明季北略》卷22，第626页。
② 《甲申传信录》卷4，第59页。
③ 《弘光实录钞》卷2，第58页。

主干依然清晰，即张缙彦之所作所为，连一向为士林所不齿的宦官都看不过去，怒而殴之，张氏却因心中有愧，只能默默承受。所谓三人成虎，张缙彦受辱于太监之事，是否可以据此而坐实呢？

笔者认为，张缙彦被王德化殴打，应当确有其事，因为张氏本人在事后的回忆文章中也称"降贼内官王德化加困辱矣"①。王德化质问张缙彦的言辞甚至也有可能为真，但是野史作者借此想要传递的信息，即"张缙彦人格之卑污连宦官亦所不齿"的观点，却是刻意的污蔑。最根本的原因在于，王德化本身也是"降贼"的贰臣，甚至很有可能属于迎降之列。② 我们可以想象一下，如此大义凛然的言辞，竟然发生在五十步笑百步甚或是一百步笑五十步的场景之下，就会感觉到其中的荒诞。有趣的是，为了证明张缙彦的卑劣，有些野史甚至不惜对王德化进行人为的拔高。比如张岱的《石匮书后集》记载：

> 王德化，大同人，京师称为二王公，崇祯末为司礼监太监。甲申三月，闯贼入京城，文武百官囚服立午门外，上笺劝进。德化从大内哭出，见百官，愤甚，大骂曰："误国贼！天子何在？汝辈来此何干？"见人即奋拳殴之。都人称快。③

当国变之时，张岱身处江南，该书所记明季史事率多捕风捉影之辞，差谬之处甚多。一个比较明显的例证是，跟从崇祯帝自尽的太监王承恩，该书同卷竟误记为王之俊，其可信度不高由此可见一斑。于是在传闻的渲染之下，王德化摇身一变，成为人人敬重的"二王公"，他所发愤殴击的对象也不止于张缙彦一人，而是"见人即奋拳殴之"，虽然畅快，却不真实。

崇祯十七年二月，崇祯帝派遣内官杜勋等人担任各镇监军，身为兵部尚书的张缙彦疏称："粮饷中断，士马亏折，督抚危担欲卸；若一时添内臣十员，不惟物力不继，抑且事权分掣，反使督抚藉口。"④ 虽然崇祯帝坚

---

① 张缙彦：《河朔杀贼始末小序》，《依水园文集》前集卷2，第97页。
② 《甲申传信录》卷一："太监王德化率内员三百人迎于门外，自成命照旧掌印。"（第13页）
③ 张岱：《石匮书后集》卷61《宦者列传》，中华书局，1969，第341页。
④ 《小腆纪年附考》卷3，第65页。

持己见，没有听从此议，宦官群体却很有可能因为此事而对张缙彦产生恶感。何况，正如前引《縋贼上城纪事》一文所示，张缙彦与王德化等人在叛监杜勋进城一事上又有过节，无疑会进一步激化张缙彦与宦官之间的矛盾。考虑到这一点，所谓掌掴事件的真实情形应当是：王德化随曹化淳投降李自成之后，"照旧掌印"，这一日带领随从得意扬扬地自承天门出来，遇到正在门前等候自报职名的一干文臣，张缙彦即在其中，王氏想起数日前城楼上的过节，有意对张氏加以摧辱，才有了这么一段插曲。从张缙彦的角度而言，一来确实心中有愧，二来对方人多势众，只好在众目睽睽之下吃了这个哑巴亏。

上述两种说法，虽然经不起推敲，却还不失为史料缺乏之际的合理化猜测和艺术化描写。野史中另有一类记载，则完全失去底线，生编硬造出种种谣诼之辞，对所谓"贰臣"及其家人肆行污蔑。具体到张缙彦，《豫变纪略》中的有关记载最为典型，比如：

> （甲申年六月）兴平伯高杰经略中原……驻徐州，而张缙彦来议事。缙彦，河南新乡人，三月十九日以兵部尚书迎贼者也。贼败，缙彦遁归。及福王立，诛从逆诸臣周钟、项煜等，没其家，缙彦徘徊睢、亳间，不敢入江南界。鹿邑土豪黄武举恶之，劫其资，杀其子，虏其女以妻一屠者……①

又如乙酉年正月，高杰诱杀许定国，张缙彦身历其事，该书称：

> 是役也，睢陈道中军李世培率卒夺南门出走，不数里，见众拥二妇行，橐装甚富，怪而问之，曰："张司马家属也。"李窃自喜，以为奇货焉，兴平在则执而报功，兴平不在则附司马，亦为功。乃佯谨卫之以行，至其姻氏王家砦。王以司马故亦事之甚谨，然不知张家砦与司马有宗谊，睢之变，司马已夜走张家砦矣。张，所谓张长腿者也。既而，李有厮养沈，夜提刀踰垣，冒李名而乱司马妇……②

---

① 《豫变纪略》卷7，第186页。
② 《豫变纪略》卷8，第194页。

这类记载已经远远超出合理猜测的范围，倒近乎居心恶毒的诅咒，没有任何史料价值可言，是我们在读史时尤需辨别的糟粕。但是由于整个故事被描述得绘声绘色，读者如果对于张缙彦的家庭缺乏相关的了解，就会无力分辨，难免信以为真。据张缙彦自述，他有一妻二妾，一子二女。妻王氏，早年生二子，皆殇①；妾高氏生二女，妾陈氏生一子②。崇祯十六年底，张缙彦赴京就职，妻妾子女俱未随行。次年春，农民军东征，黄河以北动荡不堪，张缙彦的继母胡氏带领全家北上。由于路途梗阻难行，为保存张缙彦尚在襁褓之中的独子，一家人决计分道而行，王氏继续北上寻夫，其他人则随同胡氏转而南下，"越青济，渡淮泗，抵吴门"③。时值三月，京城戒严，旋即易主，王氏未能与张缙彦会合，幸得友人薛所蕴相助，避乱于涿州冯铨之家。王氏应当另外生有一个女儿，尚未成年，即于此时夭折于涿州。④ 当年八月，张缙彦在家乡起兵后，得知王氏音讯，"遣仆小车间行，驰留都与胡母、幼子相聚"⑤。当甲申年六月，张缙彦正在农民军的追捕之下仓皇逃难，妻子王氏在涿州，妾侍及子女在南京，所谓"鹿邑土豪黄武举"如何可能"杀其子，虏其女"？当乙酉年初，张缙彦本人确实在睢州一带，但是妻妾子女已在南京聚合，且都安好无恙，又何来"厮养沈"某淫乱其妻？郑廉作为张缙彦的河南老乡，又同样生活在明末清初，竟至如此造谣中伤，实在难免含血喷人之讥。

附带说一下张缙彦的个人能力问题。

张缙彦于崇祯四年考中进士，十余年后就被提拔至兵部尚书的高位，一方面固然与崇祯帝喜欢破格用人有关，另一方面也不能否认张氏办事能力的精干。当他释褐之后，初授之官是陕西清涧县知县，两年后调任三原县知县，仍在陕西。众所周知，陕西是明末农民起义初兴之地，各类史书

---

① 张缙彦：《抆泪辞》之二："为君生子两俱殇，箕帚无功自彷徨。"《征音诗集》，《清代诗文集汇编》第 12 册，第 597 页。

② 张缙彦：《亡妻王安人墓志铭》："子一，欲弘，聘睢陈道金事蔡元吉女，陈氏出；女二，长许聘陕西布政司参议郭浣孙男化熙，次女许聘国子监祭酒薛所蕴男颖生，高氏出。"《依水园文集》前集卷 2，第 79 – 80 页。

③ 张缙彦：《胡母太安人墓志铭》，《依水园文集》前集卷 2，第 77 页。

④ 《归怀诗集》中有《涿州悼殇女妻避乱涿州女死妻走黄山亦死》二首，《清代诗文集汇编》第 12 册，第 606 页。

⑤ 张缙彦：《亡妻王安人墓志铭》，《依水园文集》前集卷 2，第 79 页。

中常称之为"流贼窟穴",最是动荡不堪,赴任之官往往视为畏途。张缙彦得到清涧知县的任命之后,竟至"亲友哭泣相送,诀而出门"①,到任后,"缮备御,率甲士,蹶张多所杀获,不以城委寇"②。根据自己在陕西守城的经历,张缙彦撰有《危城纪事》(今不存),曾在弘光朝担任议和使臣的左懋第赞称:"尝读大隐《危城纪事》一书,大隐初至清涧,值贼充斥,将士霞集,杀贼头颅不可胜数。大隐观虚实,上当事者书,授将士略,完孤城,蕲成功。"③ 即便是对张缙彦污名化比较严重的一些野史,也不能不承认张氏的军事才能。《怀陵流寇始终录》论张氏改任兵科都给事中云:"缙彦为清涧令,调繁,皆在贼丛中,无日不攻围,能拒守,城皆不破,在朝言兵事屡中窾,上欲用之,故改官。"④《明季北略》论崇祯十一年张缙彦上疏言兵情贼势云:"抵掌而谈情势,不减伏波聚米图,贼在目中矣。虽末路败名,而其言不可废也。"⑤ 但是,一个比较有趣的现象是,这些史料当中另有一些记载,却在暗示读者,张缙彦因循苟且,尸位素餐,完全谈不上什么能力。《明季北略》载:

> 本兵张缙彦别无布置,但出示沿街摆炮设兵,扎营各胡同口,日置城上悬簾,以待贼至而已。⑥

《烈皇小识》载:

> (崇祯十七年三月十五日)总督王永吉兵败陷贼,贼纵之归,本兵张缙彦为请召对,阁臣疑之,叩缙彦以永吉来意。缙彦初不言,固问之,乃云:"李自成有二策,请上择之:一如汉楚故事,画地为界;一解(甲)归诚以大将军辅政。"阁臣大骇,遂票旨:"王永吉丧师辱

---

① 张缙彦:《亡妻王安人墓志铭》,《依水园文集》前集卷2,第79页。
② 王铎:《明故真定府通判封文林郎兵科都给事中心吾张公暨赠孺人李氏王氏合葬墓表》,《拟山园选集》卷72,《清代诗文集汇编》第7册,第478页。
③ 《(乾隆)新乡县志》卷23,《艺文下》,第822页。
④ 《怀陵流寇始终录》卷12,《续修四库全书》本,第547页。
⑤ 《明季北略》卷14,第240页。
⑥ 《明季北略》卷20,第445页。

国，不准召对。"①

《怀陵流寇始终录》载：

> 贼分兵略通州粮，自沙河至平则门，见土城列守森然，不敢进。叛将张汝行骤马呼曰："事势如此，守亦何为？"守军哗散，贼克土城。张缙彦使候骑侦之，曰："昌平兵争饷，旋已定矣。"②

李自成大军自陕西、山西至直隶，一路高歌猛进，遇到周遇吉这样的强敌也是力战克之，怎会因为一座小小的土城而"不敢进"？再者，一呼之下即告哗散，此可谓"列守森然"乎？野史记载的经不起推敲，又一次体现得淋漓尽致。不过本节探讨的重点不在此处，而在于：张缙彦担任兵部尚书的两个月期间③，其所作所为，能否称得上称职？

笔者以为，张氏在此期间的表现，确实无甚亮点，不过这是由于客观条件的限制，似乎不应因此而指责张氏无能。张缙彦当时所面临的局面是：无兵，无将，无钱，无权。无兵，据当时身在京城的户部主事蒋臣记载：

> 昔壬午御边，犹有一垛五人，今五垛置一人，皆尫瘵老弱，鸠形鹄面，充数而已。盖京兵旧止空籍，凡负贩诸佣及各衙门班役皆是也，临点则募市人充之。癸未大疫，耗者十之六七，缺额不补，而糜饷岁至四百余万。皆近岁所增，考之万历以前无有也。④

无将，崇祯帝于当年年初进封左良玉、刘泽清、黄得功、吴三桂、唐通等人为侯伯，命诸镇率兵勤王，只有唐通带领八千兵马入卫，仅此一镇人马也在大顺军到来之前借机逃遁。无钱，至甲申年崇祯朝的家底已经散

---

① 文秉：《烈皇小识》卷8，第216页。
② 《怀陵流寇始终录》卷17，《续修四库全书》本，第134页。
③ 据《司空公行述》，张缙彦任兵部尚书在崇祯十七年正月初十，《明季北略》则记为正月初四，当以前者为准，至三月十九日城破，实为两个月又十天。
④ 蒋臣：《遁荒纪略》，《无他技堂遗稿》卷15，《四库禁毁书丛刊》本，第628页。

尽，户部大库"无经宿之贮……内帑搜括不及七万"①，崇祯帝一再谕令众臣捐助，却收效甚微。无权，正如上文所述，当时的守城之权实际掌握在内监手中。作为兵部尚书，张缙彦甚至窘迫到无力派出外出打探军情的斥候：

> 及真定叛，缚保督徐标以迎贼，声息已达禁中，外廷尚无一人知者。上召问阁臣，阁臣蔼茫然不知所对，趣召兵部至，上问之，部臣缙彦徐徐对曰："臣未之闻也。"上怒甚，诘责曰："尔部所司何事，尚敢曰不闻也？"缙彦对曰："臣部军机慎密，必据各边镇塘报，方敢入告，若外间传闻之语，其谁敢信？"上怒曰："尔部独无密切侦探乎？"缙彦对曰："欲设侦探，先以高官饵之于前，随以重赏继之于后，乃可得其死力。若重赏，臣部原无经手钱粮；若官爵，则自副帅而下，无有问之者。又安能设侦探也？"上因是不复置问，叹息推案而起。于是司马及戎政始惧，仓卒授兵登陴，莫之应也。②

以"四无"之境，临百万强敌，崇祯末年的国势，绝非人力所能挽回，张缙彦拿到这场接力赛的最后一棒，实属无奈而且不幸，徐鼒责其"不能以一策济变"③，无乃过苛？

二 关于张缙彦"降贼"说的辨析

在对野史中加诸张缙彦头上的种种夸张之辞予以辩驳之后，本文将进一步论证，作为众说之前提的张缙彦"降贼"说，本身就未必靠得住。本节拟从如下三个方面加以辨析：

第一，张缙彦就任兵部尚书之前的形势及其心态。

实际上，张缙彦并不是从兵科都给事中的职位上直接升任兵部尚书的，崇祯十五年，朝廷曾任命张氏为兵部左侍郎，张未赴任。这一史事为绝大多数史料所未载，仅见于张氏好友王铎为其所写的赠序当中：

---

① 《遁荒纪略》，第 630 页。
② 《遁荒纪略》，第 628 页。
③ 《小腆纪年附考》卷 1，第 29 页。

天子践祚之十五年，北兵入寇，东南至淮徐王家营，进趋利守，官不能御，天子旰食，日戒谕诸守臣无能状。兵部尚书慈溪冯公以公沉毅，首推毂焉。天子喜，嘉公平日言中利病，遂陟公兵部左侍郎。①

此时张缙彦在乡守制未满一年，有着足够光明正大的理由拒绝赴任。次年十月，朝廷进一步任命张缙彦为兵部尚书，并且考虑到他"服制未满，诏许朝房视事，候服阙到部"②，连推辞的后路都已封死，张缙彦似已别无选择，但他仍然不愿就任。此后不久，崇祯帝敕谕兵部："寇患方殷，亟资枢臣料理。张缙彦既破格起擢，自当急公趋命，以付特简。且服已禫除，不得借端推诿。著该部差官星催起程，限年内到任。如再稽迟致误，责有所归。"③ 当时的人为父守制二十七个月，张缙彦之父张问仁去世于崇祯十四年十月十三日，本月三十日张缙彦闻丧成服，至崇祯十六年年底，已行禫祭除服，其间或有闰月。既已服阙，更是没有了推辞的理由。对于张缙彦而言，这一任命从表面上看是破格擢任要职，风光无限；但是如果结合崇祯十六年年底整个国家的形势来看，我们就会发现，张氏的赴任，简直与送死无异。

崇祯十六年年底，李自成已占领全陕，准备来年东征，进军北京；张献忠为避李自成的锋芒，自湖广转战入蜀；关外的清廷顺利完成皇太极去世之后的权力交接，虎视眈眈，随时准备入犯；江南虽然大体平静，与北方却已是音讯难通。面对如此形势，张缙彦凭借兵部尚书的身份，想要挽狂澜于既倒，无异于痴人说梦。因此，毫不夸张地说，张缙彦动身赴任之前，早已抱定了必死之心，"出门时已永诀母子昆弟矣"④。进京之后，接触到无兵无将无粮无钱的现实，只会使他的内心更加绝望。敌人攻破都城，大司马理应死国，对于这一点张缙彦自然是心知肚明。不过死亡毕竟是对人最为严酷的考验，并非人人都能顺利通过，张缙彦就属于没有通过

① 王铎：《贺张坦公陟兵部左侍郎序》，《拟山园选集》卷三十二，《清代诗文集汇编》第7册，第44页。
② 《崇祯长编》，第8页。
③ 《崇祯长编》，第31页。
④ 《河朔杀贼始末小序》，《依水园文集》前集卷二，第97页。

的一个。根据张氏本人的记述，他当日在朝房上吊，却被人救起。① 这类自说自话，自然不太适合拿来作为张氏未曾降贼的证据。事实上，这种自尽不成的情节，在当时的士大夫群体中并非个例，户部主事蒋臣自言"殉难弗克"，"盖自戕者数矣"②；吏部员外郎吴孳昌"夜分投缳，誓以必死，不意犬马之身余孽未尽，系绝堕地，死而复苏"③。这三例均是当事人事后的记载，可信度需要打一个折扣，究竟是真心赴死，抑或是与下人之间默契的表演，甚至是其本人无中生有的粉饰，现在已经难以考得其真相。不过就张缙彦这一个案而言，笔者更愿意相信他确有殉国之心，只是意志不够坚定。因为张缙彦从内心深处还是想做一个有所担当的人，如果想要置身事外的话，当身在家乡之时，他完全可以不去理会朝廷的任命。毕竟当时已经处于政令不出都门的情形，崇祯帝檄调的各镇总兵，就完全没有理会所谓的朝命。在家中独子出生尚不满百日的情况下，张缙彦抛妻别子，单身赴任，我们不能不承认，他实在有着殉国的动机与初心。因此，笔者更加倾向于相信张缙彦朝房自经的真实性。退一步讲，即使张缙彦未曾自尽，一个怀有如此壮烈初心的人，也不大可能迅速倒向自身信仰的对立面。张缙彦的这种贪生怕死而又不甘降敌的心态，从他最初与清政权打交道时的表现，可以得到进一步的印证。张缙彦起兵于河朔之后，很快就遭遇到清廷派出招抚山西的清军，这支军队由固山额真叶臣、觉罗巴哈纳、石廷柱等人率领。当年九月，叶臣等人奏称："故明兵部尚书张缙彦，已遣人招至，缙彦自言有死罪，不敢入朝。"④ 同月，河南巡抚罗绣锦奏称："该职看得，张缙彦阴是阳非，捉摩不定，始告职以义集多丁，堪充任用；及至职行文取置标下，以分其势，缙彦旋以招集无几尽解归农复职矣。"⑤ 当年十一月，罗绣锦再奏："故明兵部尚书张缙彦、主事凌馷，不即遵旨来京，拥兵河上，观望游移，人心惊惑。"⑥ 据此可见，张缙彦一方面震慑

---

① 张缙彦：《述变歌》："国亡身亦尽，朝房执硁硁。沉业绵未已，乱我死复生。"句下自注云："城破，入朝房自缢，窗棂折，李桂解救。"《征音诗集》，第588页。

② 《遁荒纪略》，第627页。

③ 《顺治元年内外官署奏疏》，《清代（未刊）上谕奏疏公牍电文汇编》第一册，第13—15页。

④ 《清世祖实录》卷8，顺治元年九月癸巳。

⑤ 张伟仁主编《明清档案》，1—148。

⑥ 《清世祖实录》卷11，顺治元年十一月丁亥。

于清军的威势，不敢撄其锋芒；另一方面又不甘就此降敌，只好虚与委蛇，伺机而动。面对打起"为明帝复仇"幌子的清军，张缙彦尚且不愿投降，何况面对刚刚逼死其主的农民军？

第二，关于"报名朝见"的问题。

有不少人将"报名朝见"视为张缙彦"降贼"的铁证，这其实是一个误解。经过一番考察我们就会发现，所谓"报名朝见"，与屈膝降敌完全不是一个概念。

首先，"报名朝见"是农民军进城后对城内所有官员提出的硬性要求，完全没有商量的余地。李自成于三月十九日入城，命令众官朝见的日期野史中记载不一。《明季北略》记为三月二十一日，《遇变纪略》记为二十三日，《甲申传信录》中则有二十日和二十一日两种说法。但是城内众官所接到的农民军的命令却无歧义，有的称"朝见后愿去者听去，敢有抗违逆令者斩之"①，有的称"愿授职者量才擢用，不愿者听其回籍，有隐匿者邻右同斩"②，还有的称"限三日内文武大小官员俱自出投牒，照旧擢用，隐匿不出者罪"③。总之，所有官员必须朝见，否则严惩。比如工部主事申济芳，是万历朝大学士申时行的后人，"不投谒，为长班所首，被执。贼谓相国之后，必多蓄，而济芳实贫，夹损一足"④。那么，是否可以考虑出城逃遁呢？这种可能性也不存在。据蒋臣记载，农民军进城之后的情形是："已而城中大索，城门昼闭，城头列戍……"⑤ 蒋氏本人就是欲逃亡而未成功的一例，只好"不复有此想"。

其次，农民军发布的有关"报名朝见"的命令，并未将路封死，而是为官员们提供了选择的空间。根据上段所引文字可知，这道命令只是要求众官必须履行朝见的程序，待程序结束后，他们可以自行决定去留。也就是说，当日在承天门外候见的数千名官员，绝非皆愿"降贼"，只不过形格势禁，被迫处于此地罢了。但他们完全没有想到的是，新政权不讲信用，在朝见现场忽然翻脸。除将少部分直接录用者送往吏政府外，"不用

---

① 《甲申传信录》卷4，第50页。
② 《甲申传信录》卷6，第106页。
③ 聋道人：《遇变纪略》，《台湾文献丛刊》第249种，第4页。
④ 《明季北略》卷22，第589－590页。
⑤ 《遁荒纪略》，第627页。

者，每名着二兵弓刀押出，飞奔至伪国公刘府营房内。达旦，囚服齐集唱名，又分散。戈、李二将军严刑拷讯，追赃充饷，多者数万，少者数千"①。这就是李自成政权入京后最为不得人心的一项政策，令无数官员闻之色变乃至命丧当场的"追赃助饷"。根据事件的整个进程来看，所谓"报名朝见"，极有可能是农民军政权蓄意为之的"引蛇出洞"。

综上可知，当京城易主之初，城内官员除自杀殉节之外，便只有按要求"报名朝见"这一条路可走。何况农民军给出承诺，一旦履行过这道手续，下一步的道路即可自由选择。笔者相信，在当时的情形之下，有相当一批官员对于新生的农民军政权怀有消极抵抗的思想，只要跨过"报名朝见"这道坎，他们就会离开京城，或者避世隐居，或者图谋复国，就如他们在农民军从北京败逃之后所做的那样。张缙彦无疑就是这批官员当中的一员。

第三，"报名朝见"之后张缙彦的遭遇和行为。

如前所述，大顺政权突然变卦，并不征求众官自身的意见，而是单方面做出决定，哪些人录用，哪些人不用。这样一来，情况就变得比较复杂，"一时挂入仕籍者，非必愿仕之臣；其不入仕籍者，亦非尽不愿仕之臣也"②。根据前文论证，张缙彦自然属于"不愿仕"之列，但他此后的遭遇却十分奇特，值得仔细探究。

大体而言，当日参与"报名朝见"的官员，一般不外乎四种结局：第一种，直接录用，如熊文举、龚鼎孳、周钟等；第二种，羁押或拷掠后录用，如涂必泓等；③ 第三种，拷掠后释放；第四种，拷掠至死或直接处死，如大学士陈演、魏藻德、成国公朱纯臣等。④ 张缙彦却不属于这四种类型中的任何一类。

从大顺政权的角度而言，张缙彦本应属于直接录用的一类。当时甄别

① 《遇变纪略》，第4页。
② 《甲申传信录》卷5，第67页。
③ 《遇变纪略》第4页："涂公赖熊吏部推引得用，然尚羁营房内二昼夜……其与伪吏部宋企郊、礼政府巩焴稍有因缘者，虽受刑，输银后亦渐次录用。"
④ 《遇变纪略》第7页："至（四月）十二日，李自成以诸将推诿不前，于是点兵十万，亲往关门迎战，留牛相居守。是夜，将大臣陈演、魏藻德、邱瑜及勋戚朱纯臣等六十余名骈斩东华门外。"

录用降官的权力，实际上掌握在大顺丞相牛金星的手中，诸家记述对于这一点均未见异说。综合各种记载来看，牛金星的用人标准大概有两条：第一条，以年貌取人，年轻有为而又仪表堂堂的翰林科道官员往往优先录用，周钟、项煜、龚鼎孳等人均是如此。第二条，以籍贯取人，与牛金星同乡的河南籍官员亦多能得到任用，比如赵颍，"崇祯癸未庶吉士，改伪直指使，以牛金星乡（试）同年，故多所援引"①。经笔者统计，《甲申传信录》中所载予以录用的官员共计约180人，其中明确为河南籍者15人；刑拷者将近百人，除张缙彦外，只有李永茂一人为河南籍。很显然，张缙彦满足第二条标准。他在《述变歌》中写道："彼相前致辞，款曲如蝇声。喋血赚求死，惨楚不可名。"句下自注云："贼遣牛金星说降，骂拒，贼怒加刑。"② 此事应当就发生在"报名朝见"的场合，诗中描述情形也基本可信。张缙彦此时或许还没有认识到事态的严重性，所以他拒绝了牛金星递来的橄榄枝，随之而来的便是屈辱的囚禁和刑罚，"贼于是使权将军张能加刑拷矣，制将军王爱臣施羁绁矣"③。

事情发展至此，尚未显出独特之处，张缙彦的与众不同，主要体现在大顺军败逃之后他所遭受的待遇。四月下旬，李自成带领残兵自山海关败回北京，匆匆登基称帝，随即退往陕西，临行之前，对于仍然在押的故明官员，大都予以释放。张缙彦却不在释放之列，而是以囚徒的身份随军西行。五月八日，大顺军被清军追及，再败于庆都，经真定、井陉退守固关，张缙彦杂乱军中逃脱，出龙泉关。④ 一个可以形成鲜明对比的事实是，大顺政权直接录用的第一类官员均未随行，多数仍然滞留京师。这样看来，张缙彦的遭遇就显得非同寻常。

据此我们可以得出一个推论，那就是张缙彦没有经过严刑追比。要知道，在"追赃助饷"的过程中，被拷打致死或致残者比比皆是，而张缙彦经过一个多月的羁押以后，竟能在乱军中顺利逃脱，可见他并未受到严重的伤害。究其原因，一方面应当出自牛金星的照顾，另一方面则是由于金钱的诱惑。关于前者，笔者并无证据，纯属猜测；关于后者，则有不少史

---

① 《明季北略》卷22，第609页。
② 《征音诗集》，第588页。
③ 《河朔杀贼始末小序》，《依水园文集》前集卷2，第97页。
④ 《龙泉关》诗序云："杂乱军中暗度，时李贼拥众出固关。"《征音诗集》，第587页。

事可以作证。通过"追赃助饷"的名目，我们就能知道，大顺军的主要目的就在于钱财，至于官员是否合作，并未太加重视。张缙彦单身赴任，并无多少财产在京，大顺军之所以未下狠手追逼，很可能是因为，张氏抛出了新乡老家的财产作为诱饵。这就能够解释，为何大顺军在仓皇撤退时还要将张缙彦裹挟同行。因此之故，张缙彦才会将自己出都时的境况称为"贼骑押变产纳饷"①。张缙彦侥幸脱身之后，却在仪封渡口再次被大顺军擒获，这一次大顺军将领仍未将其杀害，而是押着他经延津前往新乡，最根本的原因，仍然在于垂涎于张氏的家产。张缙彦因此得以回到家中，趁机发难，杀敌起兵。②

根据以上三点论证，笔者基本可以断言，张缙彦在城破国亡之际，并没有觍颜"降贼"；其人值得非议之处，仅在于未能舍生取义。顺治初年向清廷投诚的贰臣，大多曾经亲身经历甲申年三四月间的剧变，在这种背景下，无论是对他人的污蔑，还是对自己的粉饰，均非易事，因为随时可能被别人提供的真相戳穿。因此，当冯铨讥刺龚鼎孳曾任"伪职"时，龚氏虽然羞恼，却没有就这一事实进行反驳，而是拿唐代魏征的事例为自己开解。③ 同理，若张缙彦果曾"降贼"，他应当不至于在事后反复强调自己的忠贞。

三 野史中对"贰臣"污名化的原因分析

千古艰难唯一死。在中国历史上朝代更迭的时刻，忠臣与贰臣的区别，往往也就在于一个死字。中国古代的知识分子，虽然也曾标榜"君子不责人以死"，当面对鼎革之际的历史时，最先考量的还是一个死字。当甘心赴死逐渐成为辨别忠贰的最高标准，社会上的主流观点，就会乐于见到忠臣的死亡，同时憎恨贰臣的不死。于是，在文天祥、刘宗周、张煌言等人就义之前，便已有相识或不相识者对他们进行生祭。这些人的心理，在于唯恐文天祥等人晚节不保，从而把自己所做之事当作成人之美。对于贰臣的丑化乃至咒骂，也是出于这种心理。正如钱澄之所言，野史的作

---

① 《庆都道中语友》题下自注，《征音诗集》，第 587 页。
② 张缙彦逃亡和起兵的经过，见《河朔杀贼始末小序》及《征音诗集》中《盘陀驿》《仪封芝蓈口》《述变歌》《歼伪金吾》等诗。
③ 《清世祖实录》卷 20，顺治二年八月丙申。

者,大多是"草茅孤愤之士,见闻肤浅",这类人自居道德高地而去苛责他人的心理尤其严重。

这种苛责心理对于不同类型的群体往往还存在着层次上的差别。大体而言,文官重于武将,外官重于内臣,进士重于举人。文官重于武将的例子,可以将洪承畴与孔有德作一对比。两人虽然同为贰臣,后者并且是主动叛国投敌,在当时和后世所收获的嘲讽与责骂却不及前者的百分之一。外官重于内臣,可以将张缙彦与王德化作一对比。二人是否"降贼"姑置不论,后来的降清却是不容置疑的事实①,结果是前者承受如许恶名,后者却被粉饰成大义凛然的"二王公"。正是因为心理预期的不同,殉国太监王承恩在清初曾一再得到表彰,顺治十年十月,顺治帝遣礼部右侍郎高珩谕祭明末殉难诸臣范景文等十六人,王承恩便是其中之一,并且得到"忠节"的谥号。② 顺治十七年七月,清廷复为王承恩立碑,在顺治帝命大学士李霨为其撰写的碑文当中,更是明确表达了这种心理预期的差异:"至于中官之设,任不踰掖庭之近,职不越侍从之恒,虽云食禄王朝,而士君子所以责望之者,则与外臣有间。"③ 至于进士重于举人,则是基于举人未必为官的考虑。比如大顺政权丞相牛金星,于天启七年河南乡试中举,后世史籍却只责其"从逆",未有称其为贰臣者。无怪乎崇祯十七年初,河南巡按御史苏京投降大顺军,当即遭到鄙视:"进士也,降何容易乎!"④

总之,级别越高,受恩越重,便越有赴死的义务。这样看来,张缙彦作为进士出身的文官,又被破格提拔至高位,一旦不能甘心赴死,就理所当然地成为众矢之的。有着类似遭遇的,还有大学士魏藻德。魏藻德,通州人,崇祯十三年状元,授翰林院修撰,崇祯十六年五月擢为礼部侍郎兼东阁大学士,崇祯十七年成为首辅。魏藻德成进士三年即入阁,与张缙彦同样是破格官,这两人在野史中的卑污形象也是相差无几。比如《甲申传信录》记载:"二十日午刻,(魏藻德)同陈演留闭刘宗敏家小屋中。藻德

---

① 《清世祖实录》卷7,顺治元年八月庚申:"摄政和硕睿亲王赏……内监曹化淳、车应奎、王德化、王之俊等貂褂各一袭。"

② 《清世祖实录》卷78,顺治十年十月戊子。

③ 《清世祖实录》卷138,顺治十七年七月辛巳。

④ 《豫变纪略》卷7,第169页。

自窗隙语人曰：'如欲用我，不拘如何皆可，锁闭此房奈何？'"① 《国榷》所记则更加不堪："及屡拷，吐金银以万计，贼责之曰：'明皇帝信尔廉洁，此金银何来？'藻德不能答，再拷，语旗鼓王某曰：'愿将军救我，我女年十七而美，愿事将军。'王鄙而蹴之，竟榜死。"② 《国榷》一书，在明季史料当中算是叙事比较严谨的一种，面对这类"身负殊恩"却不能守节的官员，尚且不免出于义愤而轻信传闻，其他野史更是等而下之。

四　结语

综上所述，本文探讨的主题是，在某些史料当中，由于对历史人物评价标准的异化，有可能会出现种种夸饰乃至编造的现象。具体到贰臣群体，由于道德评价体系的简单化和绝对化，很多野史作者往往存在着刻意贬低这一群体的倾向，为此不惜伤害史料的真实性和严肃性。张缙彦作为明末清初的一位非常有代表性和争议性的贰臣，就此成为各种流言攻击的焦点。针对这类现象，本文做了一些辨伪的工作，通过尽可能客观有据的分析，力图还原部分历史真相。

（作者单位：安徽省图书馆）

---

① 《甲申传信录》卷4，第55页。
② 谈迁：《国榷》卷101，第6068页。

清初郑氏将领黄廷、周全斌
降清史实考论

赵广军

摘　要： 清初，郑氏集团僻处东南沿海继续抗清，在驱荷征平台湾之际，郑氏军事集团中诸将领因为赴台问题出现离心，黄廷、周全斌作为此时最重要的郑军将领，赴台态度直接影响着其降清等问题。而郑氏各将领之间的矛盾也影响着赴台、降清等，从黄廷、周全斌之间的恩怨可以牵索出诸多矛盾，甚至一些矛盾推动了两人降清。郑氏集团内部矛盾、清廷招降政策、郑氏重要将领的降清成为郑氏军队败退台湾的主要原因。而赴台的经历，则成为降后清廷对之屯田、入旗等区别对待的依据。黄廷、周全斌两个看似独立的降清历史人物和事件，之间却存在着比较密切的历史关联性。

关键词： 郑成功　清代　台湾　黄廷　周全斌

康熙二年（1663），东南沿海郑氏集团的权力核心由郑成功转向郑经的关键时刻，也是郑氏集团分裂、内乱和部将降清的一个高潮①。有学者专门将降清明将、官兵作为一个群体进行研究②，也有对郑成功降清部将的事件进行研究③，

---

① 降清者众的原因，此前论者多归之于郑成功个人，如阮旻锡《海上见闻录》称因郑成功"用法严峻，果于诛杀"，朱希祖《明延平王户官杨英〈从征实录〉序》称郑"滥用权威，人多思叛"。

② 叶高树：《降清明将研究：1618－1683》，台湾师范大学历史研究所，1993；叶其忠：《明郑降清叛清官兵的研究（1646－1683）》，台湾大学历史学研究所，硕士学位论文，1979。

③ 孔立：《郑氏官兵降清事件述论》，《台湾研究集刊》1987年第4期；郑孔韶：《清政府对郑氏集团的招降政策及其影响》，《郑成功与明郑台湾史研究》，台湾出版社，2000。

个案研究主要集中在黄梧①、施琅②等人。在郑氏军事集团中，黄廷、周全斌占有重要的地位，两人之间矛盾颇多，均在康熙三年降清，已有研究集中在其生平、屯垦河南邓州③、周全斌投郑成功考述④等问题上。若对黄、周对待迁眷赴台态度、个人恩怨、降清等史实进行细化研究，不仅可以一窥临界败退台湾时的郑经集团，也可以梳理个案之间内在的关联性，显示出历史的复杂性。

一　黄廷、周全斌与台湾

郑成功、郑经时代，黄廷有多次赴台机会，但因黄廷所持赴台态度问题均未成行。而周全斌却征荷入台、征郑世袭，曾两次赴台。黄、周的赴台立场和经历完全不同，特别是在康熙二、三年间，郑氏内部要不要搬眷过台问题，而致使不愿东渡台湾者背郑投清的大势中，两人对台湾问题持相左态度，决定了此后不同的人生活动轨迹。从同属南方将领的黄、周两人对于东征台湾态度看，似乎不符合以往南将多反对东征（不愿远离漳泉）、北将支持东征的断言⑤，诸将的个人因素可能更重要。

1. 黄廷的赴台立场

黄廷，漳州人，"善战、持重，百战不败"⑥，未依附郑氏之前，"黄廷尝仕隆武为都督副将"⑦，顺治二年，唐王时为郑芝龙属下中标将官⑧。郑芝龙降清，郑成功起兵反清，黄廷在内的"芝龙旧将咸归心焉"⑨，此时黄

---

① 吴玫：《论黄梧降清》，《台湾研究集刊》1987 年第 4 期；毛一波：《黄梧降清给与明郑的影响》，《台南文化》1961 年第 7 卷第 2 期；王政尧：《论黄梧投清及其影响》，《清史研究通讯》1988 年第 2 期。

② 施琅研究较多，专论其投清的有：金成前《施琅、黄梧降清对明郑的影响》，《台湾文献》，1966 年第 17 卷第 3 期；汪敏芬《关于施琅的叛郑投清》，《浙江师范学院学报》1984 年第 1 期；林其泉《施琅投清简析》，《台湾研究》1999 年第 1 期。

③ 张嘉星：《清初河南"闽营"主将黄廷事迹辑考》，《闽台文化交流》2011 年第 3 期。

④ 郑喜夫：《周全斌投诚郑成功年代问题》，《台南文化》1959 年第 6 卷第 4 期。

⑤ 张菼：《郑荷合约签订日期之考订及郑成功复台之战概述》，《台湾文献》1967 年第 18 卷 3 期。

⑥ 刘献廷：《广阳杂记》，台湾文献丛刊第 219 种，台湾大通书局有限公司，1995，第 32 页。黄庭为黄廷之误。

⑦ 川口长孺：《台湾郑氏纪事》卷中，台湾文献丛刊第 5 种，第 40 页。

⑧ 三余氏：《思文大纪》，台湾文献史料丛刊第 111 种，第 7 页。

⑨ 彭孙贻：《靖海志》卷 1，台湾文献丛刊第 35 种。

廷为总兵，成为郑氏抗清活动的得力将领。永历十年（1656），黄廷任前提督，总督陆师，掌忠勇将军印加太保衔，次年诏封永安伯。在郑成功麾下，黄廷一直扮演着三个重要角色：攻城略地的先锋战将[1]；筹备后勤粮草的将军[2]；守卫思明州等抗清基地的爱将。从投郑芝龙，跟随郑成功、郑经，黄廷逐渐成为郑氏集团内重要的军事力量之一[3]，但他反对家眷迁台，并因此与郑氏有隙。

黄廷反对到台湾，在收复台湾和搬迁家眷赴台问题上均如此。永历十五年，郑成功召集诸将，议论驱逐荷兰人谋取台湾时，包括黄廷在内的"诸部群集，以险远为难，谈极日而不决"[4]，仅有通事何斌、协理戎政杨朝栋、马信主张取之。反对者吴豪称："藩主以进取台湾下问，豪闻其水路险恶，炮台坚利，纵有奇谋，亦无所用，不如勿取"。黄廷也说："果如吴豪之言，是以兵与敌也，勿取为便"。郑成功斥之以"常见"[5]。诸将"但持南北固守为对"[6]。郑成功决心平台，包括黄廷在内诸将俱不敢违，然颇有难色，众议不决。李率泰曾向清廷奏称，探得郑成功征台诸将中，"第二起有右武卫周全斌、伪提督黄廷等"[7]，但黄廷此次实未赴台。

郑成功使之留守厦门，"以忠振伯洪旭、前提督黄廷居守思明州，户官郑泰居守金门所，自率文武官、亲军、武卫前进"[8]。顺治十八年（1661）正月，郑成功收复台湾的军事部署中，黄廷与洪旭等佐助郑经守厦门，调度各岛，而率领马信、周全斌等数十镇东征，黄廷与洪旭一起共

---

① 永历十年吴六奇攻打黄廷占领的碣石城时，"复仰射城上，其渠黄廷中二矢堕城，遁入舟"，见《满汉名臣传》，黑龙江人民出版社，1991，第4510页。倪在田：《续明纪事本末》卷7，《闽海遗兵·十三年二月》记："舟师多毁，廷中二矢"。足见其亲临战争前线冲锋陷阵之实。

② 史料记载，郑成功多次遣黄廷赴潮州、云霄、漳浦、海阳、澄海、永定、揭阳等地征饷。

③ 张嘉星：《清初河南"闽营"主将黄廷事迹辑考》，《闽台文化交流》2011年第3期。

④ 黄宗羲：《赐姓始末》"郑成功传"，台湾文献丛刊第25种。

⑤ 连横：《台湾通史》卷1，《开辟纪》，台湾文献丛刊第128种；江日升：《台湾外记》卷5记载：黄廷曰："台湾地方闻甚广阔，实未曾到，不知情形。如吴豪所陈红毛炮火，果有其名。况船只又无别路可达，若必由炮台前而进，此所谓以兵与敌也"。

⑥ 江日升：《台湾外记》卷5，台湾文献丛刊第60种。

⑦ 《李率泰题为报郑成功率众进兵台湾情形事本》，陈支平主编《台湾文献汇刊》第1辑7册，九州出版社、厦门大学出版社，2004，第196、221页。

⑧ 夏琳：《海纪辑要》卷1，《辛丑十五年》，台湾文献丛刊第22种。

领四万军队防守厦门，而此时"郑成功以厦门为本巢，根深蒂固，已有年已"①。郑成功顺利驱逐荷兰殖民者，取得台湾。但是留守思明州诸将却屡屡违背郑成功的命令，阻挠移居大陆官兵眷属，黄廷即被称为"动摇分子"②。他反对赴台，视台湾为畏途。

杨英《先王实录》载："议遣前提督黄廷、户官郑泰督率援剿前镇仁武镇往平台湾"，这是最早的议复台湾的记载，但是两镇均为留守兵力，"将领亦难免有畏难情绪，以后即暂置勿论"③。顺治十八年五月郑成功就从台湾派回七十二支空船，"载运各镇大小头目及兵丁眷属，邀于五月初五日带至台湾安置"，欲往台湾屯田④，七月"当初跟随伪国姓赴台湾之伪官兵眷属，业已迁至台湾。第二起赴台湾之伪官兵眷属，亦乘船欲往台湾，因闻台湾情势不妙，展未前去"⑤。郑成功谋复台湾的目的之一就是"平克台湾，以为根本之地，安顿将领家眷，然后东征西讨，无内顾之忧，并可生聚教训也"。因此永历十三年十二月郑成功"议遣前提督黄廷、户官郑泰督率援剿前镇（戴捷）、仁武镇（康邦彦）往平台湾，安顿将领官兵家眷"⑥。但是永历十四年二月二十六日又遣黄廷南下广东揭阳取粮。在南下取粮途中，清军达素会同粤浙直三省水师攻思明州，黄廷又被调派屯扎防守。

康熙元年正月，在台湾的郑成功"严谕搬眷，郑泰、洪旭、黄廷等皆不欲行，于是不发一船至台湾。而差船来调监纪洪初辟等十人，分管番社；皆留住不往，岛上信息隔绝"⑦。厦门诸将对赴台的立场所产生的后果是拒命离心："据此，则厦门诸将态度，虽无斩（郑）经之事，已成拒命之形；适经事发生，则诸将更加畏惧，兵拒之计遂决"⑧，即便是没有发生郑经通陈氏乳媪生男事，黄廷等所据的厦门也会在赴台问题上反对郑成

① 《李率泰题为报郑成功率众进兵台湾情形事本》，《台湾文献汇刊》第 1 辑 7 册，第 198 页。
② 郭澎：《从殖民主义斗争史方面评价郑成功》，《厦门大学学报》1962 年第 1 期。
③ 陈碧笙：《郑成功三次战略大转移》，《台湾研究集刊》1987 年第 4 期，第 13 页。
④ 《梁清标等题为报郑成功进兵台湾情形事本》，《台湾文献汇刊》第 1 辑 7 册，第 221、222 页。
⑤ 《梁清标题为郑军在台湾厦门等地活动情形事本》，《台湾文献汇刊》第 1 辑 7 册，第 269 页。
⑥ 杨英：《从征实录》，第 134 页。
⑦ 阮旻锡：《海上见闻录》卷 2，《康熙元年》，台湾文献丛刊第 24 种。
⑧ 康熙敕编《清代官书记明台湾郑氏亡事》，《康熙十八年二月甲戌（初九日）》，台湾文献丛刊第 174 种。

功。郑成功遣黄廷搬眷的命令并未落实，黄廷并未东渡台湾。

在郑成功攻取台湾之后，清廷在浙、闽、粤等省沿海地区实行迁界。康熙元年二月，郑成功又檄洪旭、黄廷同兄泰等，陆续载诸眷口过台，并"驰令各处，收沿海之残民移我东土，开辟草莱，相助耕种"①。但是各岛搬眷，俱迁延不前："初辟台湾时，将士多不愿行，即行矣，仍有'生入玉门'之意，故不肯迁移家眷，甚至留守之郑泰、洪旭等据思明、金门而抗令，封锁船舰，截留监纪"②。甚至，郑经与陈氏生男事为郑成功知，郑成功密谕征讨陈霸还师的周全斌回厦门执郑经，"黄廷劝世子出，不意执之，使黄昌摄其军。成功闻诸将拒命，愤甚，遣洪有鼎驰谕全斌。有鼎至铜山，闻全斌被执，不敢前"③。厦、台郑氏因台事等而出现裂痕。周、黄之间也出现矛盾。同时洪旭、黄廷等人不肯奉令箭杀董夫人及郑经，而杀杨都事，并且"讹传周全斌奉密谕欲杀诸将十余人，于是人人自危。洪旭等使周全斌船回厦门港，即执而拘之；黄昌劝郑泰杀之，全斌求救于董夫人。洪旭亦依回，乃得免"④。对周全斌下手，是因为黄廷"屡其有受成功密谕为变"，所以对郑经说："先下手为强，全斌不可纵。"⑤

郑成功死后，黄廷等人在厦门立郑经为嗣，称世子，发表即位，实然分裂。黄廷是郑氏分裂的主要谋划者之一，甚至已有意投清，不愿赴台有一定的推动力："因担心部队到台湾水土不服，黄廷率部并家属三万多人往云霄降清"⑥。在铜山既失的大势下，黄廷的降清最主要的因素是他及其部将惧怕赴台，而其一生对赴台的立场及经历，也是降后清廷对之内地屯田等处理的考量。

2. 周全斌两次赴台

与黄廷惧于赴台不同，周全斌曾经"两次过台"⑦。顺治七年八月郑成功南下勤王时周全斌已是郑军后镇中军翼将⑧。之后"潮人黄海如、周全

---

① 江日升撰、刘文泰等点校《台湾外志》，齐鲁书社，2004，第176页。
② 杨英：《从征实录》，台湾文献丛刊第120种，第192页。
③ 沈云：《台湾郑氏始末》卷5，台湾文献丛刊第15种。
④ 阮旻锡：《海上见闻录》卷2，《康熙元年》，台湾文献丛刊第24种。
⑤ 江日升撰，刘文泰等点校《台湾外志》，第179页。
⑥ 张嘉星：《清初河南"闽营"主将黄廷事迹辑考》，《闽台文化交流》2011年第3期。
⑦ 江日升撰，刘文泰等点校《台湾外志》，第200页。
⑧ 郑喜夫《周全斌投归郑成功年代问题》判断周全斌归郑当在顺治六年九月之前。

斌导成功入潮,败清兵"①。又记顺治九年正月初二,郑成功督师至海澄,清将郝文兴迎降,城中有同安人周全斌投谒,向郑成功献三策,其中就有最后的退路之策(下策):固守包括台湾在内的各岛,于是被授房宿镇②。历授援剿后镇辖下中军翼将③、房宿镇、左先锋镇、侍卫左镇、武卫右镇、后冲锋镇、戎旗右镇④,逐渐成为郑成功麾下勇将,并成为护卫郑成功亲军右武卫的统领,其勇锐在郑氏部将中最著。郑成功北征攻占瓜州时,"右武卫统领周全斌直破其阵,身中五矢,气弥锐,斩云龙"⑤。郑成功征台前的顺治十七年七月、十七年十一月至十八年二月,右武卫周全斌率舟师北上、南下粤海取粮,积极支持征台。所部戎旗兵军威甚盛:在郑成功赴台前的巡兵中:"周全斌统辖戎旗兵七千,皆衣金龙甲,军威甚盛"⑥,当时的戎旗镇正是属黄廷管辖之下。顺治十八年(1661)正月郑成功安排黄廷守卫厦门,二月二十二放洋,"自率弟袭及马信、周全斌、萧拱宸、黄昭等数十镇东征"⑦。此次,周全斌所统辖戎旗兵七千人,皆衣金龙甲,军威甚盛。这是周全斌第一次入台,甚至施琅向清廷报称攻打台湾时,"周全斌受伤,但未致命",投诚的毛成彬报称赤坎城战中"周全斌双腿中炮"⑧,在台湾的周全斌因与吐番交战失利"伪右武卫镇周全斌被国姓降

---

① 川口长孺:《台湾割据志》,第32页,台湾文献丛刊第1种;川口长孺:《台湾郑氏纪事》卷上,第26页,台湾文献丛刊第5种;杨陆荣:《三藩纪事本末》卷21,《郑功成之乱》等均记为"潮人",误。周全斌实为福建同安县浯州屿(金门别称)浦边人,见江日升《台湾外记》卷3。卢若腾:《重建太武寺碑记》《募建太武寺庙疏》也记为"浯产"。

② 沈云:《台湾郑氏始末》卷2;徐鼒:《小腆纪年附考》卷18。江日升《台湾外记》记为上下两策,也记"固守各岛"。郑希祖《延平王户官杨英从征实录序》论称郑成功弃全斌上策而专取下策。本文认为,从三策看周全斌非但勇,且有大局战略观。

③ 郑喜夫:《周全斌投归郑成功年代问题》。事实上,周全斌授房宿镇之前曾授援剿后镇辖下中军翼将。

④ 吕荣芳:《郑成功在厦门根据地的军政建设》,《福建文博》1982年第1期,第3~6页"郑成功陆军各镇名称"。

⑤ 川口长孺:《台湾割据志》,台湾文献丛刊第1种,第49页。

⑥ 阮旻锡:《海上见闻录》卷2,《顺治十八年》,台湾文献丛刊第24种。

⑦ 沈云:《台湾郑氏始末》卷4,《自顺治十五年迄顺治十八年》,台湾文献丛刊第15种。李率泰奏称,探到先期"带有伪总兵周全斌等十三镇一万二千六百余人",《李率泰题为报郑成功率众进兵台湾情形事本》,《台湾文献汇刊》第1辑7册,第196页。

⑧ 《李率泰题为报郑成功率众进兵台湾情形事本》,《台湾文献汇刊》第1辑7册,第197、198页。

级，仍准照旧管事"①。

四月，郑成功围困台湾城。周全斌从右翼攻击。攻占台湾城后，郑成功谕令建都并命"文武各官及总镇大小将领家眷暂住于此"，设立衙门，各镇及大小将领官兵派拨汛地，择地盖房。作为郑成功的亲军首领，周全斌及所领的1800名②武卫右军士驻安平城外的大目降民社，而此时郑成功所部总兵力为2500余人。顺治十八年十二月，郑成功令周全斌总督承天府南北路③，掌理台湾诸军的军事大权。但是屯垦各地的兵丁"初至，水土不服，疫疠大作，病者十之七八，死者甚多"④。荷兰人也记载，由于地方病、饥饿以及其他困难，郑成功带来的士兵约有半数死亡⑤。周全斌第一次受命从台湾回到大陆，则是郑成功令征南澳陈豹之时。

康熙元年六月，荷兰人与清军合作攻台湾，郑经集议众人商议退敌策时，周全斌对赴台态度积极，称"红毛在台湾，当时先藩（指郑成功）施德不杀，放彼归国。今投耿藩，借兵报仇，亦是伤弓之鸟。斌愿领烦船前往破之"，在众将如洪旭眼中，"当此劲敌，非斌不可"，但此次未赴台湾而保金厦⑥。

自始至终，黄廷不愿赴台，这是各种史料记载其降清的主要原因，而黄廷的不愿赴台，则也影响了共同担负殿后事宜时，由于误认为黄廷率部赴台而不愿与之同处的周全斌。周全斌考虑到与黄廷等人的矛盾，也不赴台而降清，这也是各类史料记载的周全斌降清的主要原因。

二　清廷招降及黄廷、周全斌降清

从郑成功到郑克塽的31年间，郑氏与清廷的议和活动有16次之多，这与清廷的主动招降及郑氏内部调整密切相关⑦。郑成功死后，郑经、郑

---

① 《梁清标题为郑军在台湾厦门等地活动情形事本》，《台湾文献汇刊》第1辑7册，第269页。
② 厦门大学郑成功历史调查研究组编《郑成功收复台湾史料选编》，福建人民出版社，1982，第257页。
③ 沈云：《台湾郑氏始末》卷4，《自顺治十五年迄顺治十八年》，台湾文献丛刊第15种。
④ 阮旻锡：《海上见闻录》卷2，台湾文献丛刊第24种。
⑤ 《郑成功收复台湾史料选编》，第292页。
⑥ 江日升撰，刘文泰等点校《台湾外志》，第192页。
⑦ 吴正龙：《郑成功与清政府间的谈判》，文津出版社，2000，附录一：《郑成功与清政府谈判一览表》。

世袭叔侄争权内乱、诸将之间的矛盾迭起：继承权的斗争、搬眷过台问题、部将间矛盾等。东南战事中郑军力量的消长、清廷的招抚、黄廷的投清、清廷对降卒的处置等军政，深刻地影响着黄廷、周全斌等郑氏旧将，降清的异动事件较多。当时洪旭对郑经说："金厦新破，人心不一，铜山必难保守。况王、院差官仆仆前来，非为招抚，实窥探以散心。今各镇纷纷离叛，日报无宁晷，当速过台湾"①。清方探得的郑氏情况也是"海上人心摇动，纷纷离散，行动不一"②，故将招降之意遍行散布，倪在田《续明纪事本末》称："时成功新亡，复有袭、泰之役，郑氏将佐多生心"，而此时"黄廷、周全斌忽不协"而先后降。清廷的招降政策，加速了诸将之间、诸将与郑氏之间的矛盾等，成为黄廷、周全斌降清的考虑因素。

1. 清廷的招降政策

早在顺治十七年，清廷就拟有《招抚郑成功部下建功来归诏》，诏称："各率所属伪官兵丁投诚，亦从优叙录，不吝高爵重赏"③。在实际操作中，清廷对郑氏十分优待："有自海上降者，辄优以封爵"④。康熙元年二月"己亥。遣郎中岳诺惠等六员，分往浙江、福建、广东三省、安辑投诚官民"⑤。派往福建安辑投诚事务的是户部郎中贲岱、兵部郎中金世德："遣户部郎中贲岱、兵部郎中金世德入闽，安插投诚各官。时既迁界，遣满汉兵部、户部郎中各一员，安插海上投诚官员"⑥。同时，康熙元年二月乙亥又规定："以后推升官员时，不论缺之多寡，将福建、广东、云南投诚官，分用一半。见任俸满年久，并候缺等官，分用一半。俟用完日，将各省投诚官，及应升应补各官，仍照旧例，分项均用"⑦。清廷的招降政策效果很好：康熙元年十二月癸丑，"靖南王耿继茂疏报，自顺治十八年九月起至康熙元年七月，陆续招抚伪将军、都督、总兵、并副、参、游、守、千、把总等官，共二百九十员，兵共四千三百三十四名，家口共四百六

---

① 江日升：《台湾外记》卷6，台湾文献丛刊第60种。
② 《李率泰提为郑泰等派员议降事本》，《台湾文献汇刊》第1辑7册，第396页。
③ 中国科学院编辑《明清史料》丁编第三本，国家图书馆出版社，2008，第515页。
④ 《清史稿》卷261，《列传四十八·黄梧》。
⑤ 《清圣祖实录》卷6，康熙元年二月己亥。
⑥ 夏琳：《闽海纪要》卷上，《壬寅、康熙元年》，台湾文献丛刊第11种。
⑦ 《清圣祖实录》卷6，康熙元年二月乙亥。

十七名。请敕部酌议各官给与衔俸，兵丁入伍支粮"①。管理福建安辑投诚事务的贲岱奏称：自康熙元年至三年止，合计投诚文武官三千九百八十五员、食粮兵四万九百六十二名、归农官弁兵民六万四千二百三十名口、眷属人役六万三千余名口、大小船九百余只②。招降效果良好，郑军"归诚者日众"。

在清廷招降的影响下，郑经采用"阳奉阴违"策略，以郑泰、洪旭、黄廷等三个侯爵的名义，向靖南王耿继茂、闽浙总督李率泰表示"倾心归命"。于是郑泰、黄廷等将历年所得的清方印信、公侯爵印和明朝敕令等交还清廷，伪为受抚之势。三人受郑经缓兵之计，行文咨请靖南王耿继茂、总督李率泰伪降，自称"钦命提督水陆军务、少师兼太子太保永安侯黄"（此时署衔为"侯"，显系夸大虚报），又称建议清廷行招抚之策，建议在台湾及其周边岛屿进行分拨安插，并伪造印信、军民器械册等："所有文武官员、兵马船只，未及详细备造；谨开陈总数先缴。除现在管事印信未缴外，先缴敕三道、现在伯爵银印二颗、原封公爵银印一颗、原封侯爵银印一颗、原封伯爵银印二颗、原取州县铜印一十五颗，仍端差挂印都督杨来嘉赴关待命，以彰归命之诚"，并向耿继茂、李率泰呈上《文武官员兵民船只册》一本③。李率泰、靖南王耿继茂等向康熙帝奏疏要清廷"不靳高爵厚禄，破格赏锡，慰其来归之念，用安反侧之心"，在疏中也称黄廷为永安侯④。但是此次伪降在郑经平定台湾的郑世袭之后，借口"人众登岸，安插难周"，拒绝履行和谈条件，终止和谈。可见郑氏集团诸将一直以来都在担心登岸与安插问题。

此时，类似黄廷过高属衔的事情很多。甚至招降中"上下相蒙，真伪莫别"，于是清廷规定："武职率众降者，照原衔议（原文为谨）叙；只身降者，降三级；文官亦降二级补授。又有武改文之例：都督改副使，副使

---

① 《清圣祖实录》卷7，康熙元年十二月癸丑。

② 《台湾通纪》，录自福建通志：《福建通纪》卷12，《圣祖康熙三年》，大通书局，1968。

③ 《郑氏关系文书》，《郑泰、洪旭、黄廷咨靖南王耿继茂总督李率泰文》，台湾文献丛刊第69种，第1-3页。

④ 江日升：《台湾外记》卷6，《康熙癸卯年至康熙甲寅年共十二年》，台湾文献丛刊第60种；《耿继茂题为伪侯欲归情形本》、《李率泰题为急报伪侯来降近况本》，《台湾文献汇刊》第1辑7册，第434、435页。

改佥事，参、游改同知。或目不识丁，谬膺监司；力无缚鸡，滥受总兵。斯时，幸功名者多借此为快捷方式"①。福建泉州府南安县儒学投诚生员黄元龙密陈《清假贼以降真贼奏》中称："朝廷设官分职，至慎至重。若开恩抚绥、授职鼓励，原以解散真正贼官；非欲招徕假伪贼官，而轻亵名器也。今投诚伪镇，庶几近之；而投诚文伪官，百无一真。中有一、二，不过七品伪参军品衔耳"②。虚高署衔是当时郑军降清时的普遍现象，即便若《东华录》也称黄廷为伪侯：在清军拔铜山时，"降伪侯黄廷"③ 等兵民三万余口。

不愿离开家乡冒险迁台是郑军降清的一个原因。顺治十八年三月郑成功驻扎在料科罗侯顺风的时候，士兵中就"多以过洋为难，思逃者多"④。南安县生员黄元龙也称："伪镇大伙既来，岂有不恋乡土而甘处于不毛之地耶？"⑤ 郑军铜山守将郭义、蔡禄投清即是由于"惮行"台湾：郑成功攻占台湾后，"招漳、泉、惠、潮四府民，辟草莱，兴屯聚，令诸将移家实之。水土恶，皆惮行，又以令严不敢请，铜山守将郭义、蔡禄入漳州降"⑥。厦门、金门失陷后，郑经也针对队伍中害怕涉洋的情况提出不勉强东迁："遣心腹护孥属先行，且谕众文武：其不愿东迁者听"⑦。尚可喜奏称退守铜山的郑经、周全斌等各思归诚，建议清廷以招抚为主，清廷专门委派吴六奇相机料理，专门对周全斌、黄廷等进行纳降。

2. 周全斌、黄廷之降清

在清廷的纳降系统中，对拥有军权的周全斌和黄廷都比较关注。在招

① 夏琳：《闽海纪要》卷上，《壬寅、康熙元年》，台湾文献丛刊第 11 种，第 31 页。
② 《郑氏关系文书》，《南安县生员黄元龙密奏》，台湾文献丛刊第 69 种。
③ 蒋良骐撰，鲍思陶、西原点校《东华录》卷 9，"康熙三年五月"，齐鲁书社，2005，第 132 页；冯培：《忠襄公李率泰传》，钱仪吉编《碑传集》卷 5，道光刻本；沈云撰写、沈垚注：《台湾郑氏始末》卷 5，民国吴兴丛书本等，均记为永安侯。但是在黄梧的传记中却记载为伪伯，是黄梧令谍者招降黄廷的，见翁方纲《复初斋外集》，文卷第二"黄忠恪公传"，民国嘉业堂丛书本，而文献又记为李率泰"布间谍广招徕"黄廷而降，见（乾隆）《福建通志》卷 29 "名宦一"，页 63《李率泰》，文渊阁四库全书本。
④ 杨英：《从征实录》，台湾文献史料丛刊第 32 种，第 185 页。
⑤ 《郑氏关系文书》，《南安县生员黄元龙密奏》，台湾文献丛刊第 69 种。
⑥ 《清史稿》卷 224，《列传十一·郑成功》。
⑦ 沈云：《台湾郑氏始末》卷 5，《自康熙元年迄康熙十五年》，台湾文献丛刊第 15 种。

降系统中，专责招抚周全斌、黄廷大权的饶平总兵官吴六奇①在厦金失陷后先后写了《招周黄洪三镇书》《招周提督书》②等数通书信，将周、黄作为争取的两个重要人物。在周全斌有意投清时，钦差总督广东等地军务兼理粮饷的卢崇峻向清廷题报："周全斌乃贼中最为凶悍者，此贼纳降，至关重大。"③郑成功死后，为清廷摸底的郑经的文武官员册底中"伪镇姓名开列"第一个就是"伪水师提督、永安伯黄廷（投诚）"④。周全斌此时是五军戎务左都督，黄廷是前提督，两人都是郑经最重要的军事将领，郑经率有的四十总兵，全部由周全斌统辖⑤。黄廷原为前提督，郑经嗣位后，裁撤统辖数镇的提督并扩充亲军系统兵镇，更移陆师提督兵为镇所辖，改任黄廷为水师提督，辖水师五军，黄廷是唯一的提督，兵镇的调整对黄廷、周全斌的地位升降有较大影响。黄廷降清后，提督系统裁撤。此时的周全斌以五军戎务都督兼管黄廷的水师前军⑥。康熙二年七月，原本驻守铜山的黄廷返回厦门，"因与周全斌彼此猜疑，黄廷、洪旭之兵驻中左前门外旗卫，周全斌之兵驻后门外旗卫，互有图谋之心"，"其灭亡之兆由此可见"，加之清廷密文招抚，施离间计：福建总督密书周全斌（周以咨文示郑经，此时郑经与周全斌驻一起）、黄梧密咨黄廷、洪旭（两人未将密文示郑经，郑经知道后猜疑两人有反叛之心），以至于周全斌与黄廷、洪旭"双方持械互方对峙"，最终，七月初八黄廷离开思明州防守海门，后又驰援广东铜山⑦。除了离间，清方多认为内部变乱也可瓦解郑军："初郑经变乱，其党羽多有猜嫌，似有可乘之机"，疑忌益深，旋有戕害郑泰之

---

① 《清圣祖实录》卷11，康熙三年二月丁未。
② 见乾隆《丰顺县志》卷8，第21、23页。
③ 《卢崇峻题报周全斌自南澳逃逸事本》，厦门大学台湾研究所、中国第一历史档案馆编辑部：《清代台湾档案史料丛刊：康熙统一台湾档案史料选辑》，福建人民出版社，1983，第28页。
④ 《郑氏关系文书》，《钦命管理福建安辑投诚事务户部郎中贲岱等题本》，台湾文献丛刊第69种。
⑤ 《明安达礼等题复海澄公黄梧密陈进攻厦门机宜事本》，《台湾文献汇刊》第1辑7册，第506页。
⑥ 石万寿：《论郑功成北伐以后的兵镇》，《台湾文献》第24卷4期。
⑦ 《耿继茂题为各路所报厦门情形事本》，《台湾文献汇刊》第1辑7册，第528、529页。

事，"余党难免于贰心，多年负固之贼，眼见渐次瓦解"①。八月，原水师五军仅剩周全斌兼管的前军一军，黄廷水师提督名实不符，留守厦门时领兵数千而已。而郑经时代，亲军则逐渐壮大，郑经赴台征郑世袭时，周全斌为五军都督，所领即为亲军。

原本长期在厦门经营的黄廷，却在康熙二年二月二十八日调赴铜山防守，三月初八率船达铜山，初十接管铜山，而"厦门讯地，统归周全斌管辖"，其右护镇驻在外教场，与黄廷的剿左镇互相声援，洪旭驻守南关，三人各据要地。从厦门调防铜山也可见周势上升黄势下降之事实，甚至出现郑经从台湾抵返厦门时带兵四千余人，郑军中盛传"郑锦（经）与郑泰、黄廷、洪旭三人不相和睦"，"黄廷、洪旭等人皆存有归顺（清廷）之心，惟因伊等及部下官弁之妻孥家属等，皆被郑锦留住厦门城内，作为人质，故不得前来投顺"，黄廷与郑经之间也存矛盾，而两人矛盾中，周全斌与郑经占一处，黄廷家属在厦门城内，约束黄廷不能降清，而"周全斌把守所有河口要道"，严防厦门城内出入。因此清军判断此时"今贼内互相猜疑，心怀芥蒂，貌合神离"②。黄廷家属在康熙元年八月初郑经颁发告示限令厦门民户移往他处躲避时才离厦赴金门，当时黄廷伏兵金门、浯州。而在康熙元年七月，在郑氏内乱之际，诸镇多有降清之意，钦差总督福建等处地方军务的李率泰与靖南王则派人赴漳州与之接洽面议，七月十日黄廷、洪旭派中军都督吴萌、杨来嘉赴漳州会晤。对此次会晤，李率泰称"听其所言，不明事理之辞甚多"，靖南王将清廷典制解释与两人。黄廷、洪旭又差游击姚万来到漳州议降，称投诚事大，需差贤能官员到彼处，方能交出敕书、印信归降。于是李率泰、贾岱、金世德商议，派靖南王属都司王惟明、李率泰属都司李振华、副将林忠前往厦门商议。八月二十五日，三人返回漳州，称黄廷等官员一时尚未剃发，等奉旨后剃发，敕印也未呈交，黄廷、洪旭等先缴出了敕书，并开列了文武众官总额厚达一本。随后黄廷差挂印都督杨来嘉将印送缴漳州，并具咨投诚。该册中所开水陆官兵四十一万二千五百名，大小战船五千余号，海上军民人口达三百

---

① 《明安达礼等题为复陈进兵机宜并请急拨协饷事本》，《台湾文献汇刊》第 1 辑 8 册，第 31 页。

② 《明安达礼等密题厦门防御及米石来源等事本》，《康熙统一台湾档案史料选辑》，第 5、6、11 页。

余万。该册与印、敕文送北京，康熙因其未剃发对此表示怀疑①。

康熙二年十月清军攻占厦门、金门，郑经退守铜山，已"势穷宵遁"，此时黄廷、洪旭与郑经栖身铜山，一边多次差人乞降，一边负隅顽抗，反复无常，周全斌则一直驻守南澳②。康熙三年三月初郑经返台湾。特别是林顺归降清军，在退至铜山的郑军中引起震动，郑军五军都督周全斌受其影响投清。周全斌乃郑军中一员猛将，随郑成功征战多年，屡建功勋，却因受郑经之猜疑而被囚禁，后虽替郑经领军平定内乱立下大功，但郑泰之死却让他心存余悸。闻知林顺降清不禁心动，却思忖曾逼死马得功，恐福建清军难容自己，便借口为铜山郑军押运粮草，暗携家属，率部离开铜山，周全斌离开铜山时，黄廷"仍栖身铜山"并多次差人求降，但反复无常，仍负隅恃固③。三月十四日清军攻取铜山。周全斌赴南澳纳降时，南澳的城池房屋已全被拆毁，夷为废墟，无所凭恃，周全斌从铜山到海山向清军将军王国光麾下投诚。钦差总督广东等地军务兼理粮饷的卢崇峻准备前往南澳招降，周全斌却到闽省差人与靖南王议降。二月初一卢崇峻亲赴惠州处理周全斌纳降，七日夜船抵惠州，但是周全斌早往福建与靖南王议降，可见二月之前周全斌就已与王国光联系投诚事宜。

周全斌降清的原因很多：如诸军乏粮④，周欲袭洪旭并其船不成又遇风船飘⑤，子质与李率泰⑥，与黄廷、洪旭"有宿嫌，恐过台为其所嫉"⑦，吴六奇二子质于周处的保证⑧，等等。除却一些客观原因之外，众多史料中记载最多的是周全斌与黄廷、洪旭之间的"宿嫌"，甚至记载这是周全斌降清的唯一原因。考量到黄周之间的矛盾事实，这种记载呈现出比较强

---

① 《李率泰题为郑泰等派员议降事本》，厦门大学台湾研究所、中国第一历史档案馆编辑部：《郑成功档案史料选辑》，第447、448页。
② 《卢崇峻题筹办进征南澳情形事本》，《台湾文献汇刊》第1辑7册，第431页。
③ 《李率泰题报进兵铜山日期等事本》，《康熙统一台湾档案史料选辑》，第28页。
④ 阮旻锡：《海上见闻录》卷2，《康熙三年》，台湾文献丛刊第24种。
⑤ 夏琳：《闽海纪要》卷上，《甲辰、三年》，台湾文献丛刊第11种。
⑥ 康熙三年"三月甲子（初二日），周全斌质其子于李率泰而自率将士数万从镇海卫纳降。"见沈云《台湾郑氏始末》卷5，《自康熙元年迄康熙十五年》，台湾文献丛刊第15种；民国《诏安县志》，卷5，《大事》，页6，1942年铅印本。
⑦ 江日升撰，刘文泰等点校《台湾外志》，第195页；徐鼐：《小腆纪年》卷20，《附考》，中华书局，1957年。
⑧ 乾隆《丰顺县志》卷8，第23页，《招周提督书》。

的主观性判断，一如史料记载黄廷降清的主要原因是不愿赴台一样。

黄廷投清最重要的原因之一是其本人及部下不愿意到台湾。吴六奇似乎也看破此因，在招降书中称"麾下之意尚犹迟疑，未能自决者，或以舟师不忍遽离闽土"①。厦门、金门失陷后，黄廷在铜山接到黄梧密书劝降，黄廷"虞台新辟荒陬，水土不服，亦于是日从漳浦云霄投诚"②。"洪旭以二十舟候黄廷同行，而廷部下将士多不愿行，遂率众投诚"③。康熙八年，李率泰总结黄廷等人投降清廷的原因，是惮波涛、恋家乡，郑经也称这些叛将"不过惮波涛、恋乡土，为偷安计耳。"④。康熙三年三月郑经放弃铜山回台湾，黄廷也降清。"经既归东都，洪旭以二十船邀廷同行。廷所部兵众多不欲往，欲令其子而辉与婿吴朝宰率众投诚，而己挈眷与旭同行。适黄梧遣官招安，黄廷遂降"⑤，清廷于康熙三年六月庚戌日诏授黄廷为慕义伯⑥。此时也是清廷招降大势最炽的时候："是时，方隆招抚之命，凡投诚部职，量与监司"⑦。黄廷降清的客观原因是铜山为一孤岛，退守的郑军已势穷粮绝，清军又集中兵力围剿。

3. 黄、周矛盾

康熙元年三月，周全斌奉郑成功令"以铜山、思明州兵取南澳"⑧征陈豹，说明周全斌从台回两岛时，并没有带领大队人马⑨。周全斌被举为厦门正屏镇、协剿镇等四总兵总管，又总管八总兵之战船数百只⑩。却被黄廷、洪旭等人"讹传周全斌奉密谕欲杀诸将十余人，于是人人自危。旭使全斌回厦门港，即执而拘之，黄昌劝郑泰遂杀之；全斌求救于董氏，洪

---

① 乾隆《丰顺县志》卷8，页21，《招周黄洪三镇书》。
② 江日升撰，刘文泰等点校《台湾外志》，第195页。
③ 阮旻锡：《海上见闻录》卷2，《康熙三年》，台湾文献丛刊第24种。
④ 《台湾郑氏纪事》卷中，台湾文献丛刊第5种。
⑤ 夏琳：《闽海纪要》卷上，《甲辰三年》，台湾文献丛刊第11种。
⑥ 王先谦撰《东华录》，《康熙三年六月庚戌》，光绪十年长沙王氏刊本。
⑦ 夏琳：《闽海纪要》卷上，《甲辰三年》，台湾文献丛刊第11种。
⑧ 《台湾通纪》，录自《福建通纪》卷12，《圣祖康熙·元年》。缉拿洪旭、黄昌的伪传情况也见之于清方李率泰向清廷的奏报中，可见当时传播之广。
⑨ 此时周全斌统管八总兵之战船，多是厦门、金门等沿海之地并不直属周全斌的驻军，见《台湾文献汇刊》第1辑7册，第332页。
⑩ 《李率泰题报郑成功派周全斌等回厦门侦探事本》，《台湾文献汇刊》第1辑7册，2004，第332页。

旭亦依违，乃得免"①。也有文献记载"会全斌征陈霸还，黄廷劝世子出不意执之"②。黄廷执周全斌并主张杀之，这是两人矛盾之始。而此后黄、周之间在厦门出现势力的消长则是潜因。郑成功死后，周全斌依郑经，康熙元年六月，郑经以周全斌为五军都督，"帅师往台"征讨驻台的郑世袭，这是周全斌第二次赴台湾，是替郑经夺取王位，十月十五日到达台湾。此次周全斌再次巡台湾南北路：康熙元年十一月"（郑）经与全斌巡南北路"③。周全斌逐渐成为郑经可依持的军事力量。

黄与周之间的关系经历这样一个过程：由黄统周合作抗清，到因赴台问题郑成功令周全斌赴厦门，被黄廷唆使郑经执拿而出现矛盾，再到郑经信任周全斌，而大大提升周的军事地位，造成黄、周之间更多的矛盾，甚至使周投清。黄廷加入郑氏早于周全斌，最初在郑氏集团中的地位高于周全斌，最初两人之间并无隶属关系，直到永历十四年五月初一日，郑成功拨前提督黄廷督周全斌所领右武卫，甚至以后周全斌所领的戎旗镇也属黄廷管辖的诸镇之一。在多次抗清战斗中，黄、周两人配合得还是比较成功的。特别是顺治十七年，在清军攻厦门、金门前的海门、同安战中，郑成功"自率周全斌、黄廷等次海门"④，"前提督黄廷、右武卫周全斌统蒙冲二十，载火物而帷之，伏后闲发"。此战中，黄、周所统的蒙冲火药发挥了很大作用："黄廷等纵火于鼓浪屿后，夹攻赖塔，风起潮涌，烟焰漫天。马信督神弩军围梧，全斌复以竹罂洋炮横击之，梧兵尽覆。索洪、赖塔皆弃军逃窜，北军奔殪，焚溺死者以亿万计，水为不流"⑤。此战两人合作带来的效果是"自是终成功世，无敢言覆岛者"⑥。

郑成功收复台湾后，跟随赴台的周全斌被委为总督承天府南北路，军事地位上升。特别是康熙二年正月十一，郑经率周全斌等回思明州，黄廷

---

① 《台湾通纪》，录自《福建通纪》卷12，《圣祖康熙·元年》。
② 沈云：《台湾郑氏始末》卷5，《自康熙元年迄康熙十五年》，台湾文献丛刊第15种。
③ 沈云：《台湾郑氏始末》卷5，《自康熙元年迄康熙十五年》，台湾文献丛刊第15种。
④ 《闽海纪略》，《庚子、永历十四年》，台湾文献丛刊第23种；而《福建通纪》卷11，记为"水师提督黄廷、周全斌等在海门迎敌"。
⑤ 沈云：《台湾郑氏始末》卷4，台湾文献丛刊第15种。
⑥ 福建通志局：《福建通纪》卷11。

奉郑经之命正在守厦门，此时周全斌的军事地位已远高于黄廷，掌握了重要的军事权力，周全斌此后一直跟随着郑经①。两人降清时，在郑军中的地位和声望相近。黄廷降时统兵 32400 人，周全斌领兵数万而降，是郑氏诸将中带领兵士投降最多者（仅次于翁求多），可证此时两人的重要性。黄廷降清时为水师提督、永安伯，周全斌降清时为督理五军戎务兼管前军事总兵官左都督。

周、黄矛盾出现拐点，主因是黄廷等镇，因入台与郑成功意见相左，而拒绝服从郑成功的命令②。而周全斌与黄廷之间的矛盾，主要由黄廷引起："适周全斌征陈豹回归，黄廷虑其有受成功密谕为变。启经：'先下手为强，全斌不可纵！'经然之。全斌入见，执交援剿左镇黄昌监守。"③ 黄廷在周全斌来厦门之前就已"讹传周全斌奉密谕欲杀诸将十余人，于是人人自危。洪旭等候周全斌船回厦门港，即执而拘之。黄廷劝郑泰杀全斌，全斌求救于董夫人，洪旭亦依违，乃得免"④。康熙二年十月，金门、厦门欲破，黄、周因战略问题也有争议："黄廷议欲再守数日，全斌以为船多损坏，不可"⑤。各类史料中多记载两将投清之前的矛盾，可见在当时两人的矛盾已经公开化。

早在康熙元年周全斌奉郑成功之命到南澳击陈豹时，由于郑成功授予周的锦囊，刺激了黄廷与周全斌、郑成功的矛盾，致使周全斌回到中左就被黄廷等扭禁，将其兵马撤与援剿右营管辖，郑成功的锦囊也被搜出，内称"欲斩援剿左黄昌（廷）及其家眷载去发配土番"⑥。事实上，周全斌降清更多的是与黄廷、洪旭的矛盾因素："初，全斌奉檄与黄廷殿，而与洪旭有宿嫌，迟疑不往，遂降清。廷亦受黄梧之诱"⑦。《福建通志》记载

① 周全斌与郑经的关系可参阅金成前《甘辉、周全斌、刘国轩与明郑三世》，《台湾文献》，1965 年第 16 卷 4 期，第 133 – 143 页。
② 康熙元年七月"丙寅，靖南王耿继茂疏报，海逆郑成功，因其子郑锦为各伪镇所拥立，统兵抗拒。郑成功不胜忿怒，骤发颠狂。于五月初八日，咬指身死"，见《清圣祖实录》卷 6，康熙元年七月丙寅。
③ 江日升：《台湾外记》卷 5，《顺治庚子年至康熙壬寅年共三年》，台湾文献丛刊第 60 种。
④ 彭孙贻：《靖海志》卷 3，台湾文献丛刊第 35 种。
⑤ 福建通志局：《福建通纪》卷 12，《圣祖康熙二年》。
⑥ 《李率泰题为密报郑氏内乱事本》，《康熙统一台湾档案史料选辑》，第 1 页。
⑦ 连横：《台湾通史》卷 1，《开辟纪》，台湾文献丛刊第 128 种。

"周全斌以与黄廷不协，与翁求多先后降清"①。

　　厦门守卫战中，李率泰对铜山的郑经部队，采取差人到铜山宣布朝廷德意招抚，并四处招降。在清廷分化政策的影响下，郑军各镇纷纷投诚，洪旭劝郑经速过台湾，郑经从之。三月初二日，郑经驰令周全斌、黄廷二人断后。郑经与洪旭等初六夜放洋，初十日郑经率领大队过台湾，但是周全斌深虑与黄廷的矛盾"恐过台为其所嫉，遂遣心腹将沈吉送其子周智与率泰为质，泰许封伯爵。吉复命，斌统众从漳浦镇海卫投诚。黄廷在铜山接黄梧差陈克竣密书，虞台湾新辟荒陬，水土不服，亦于是日从漳浦云霄投诚。耿继茂、李率泰合疏题请，封周全斌承恩伯、黄廷慕恩伯。"② 这里指出周全斌降清原因是与黄廷的矛盾，也指出黄廷降清是由于惧怕迁台。

三　分省屯田与入京归旗：投诚后黄、周之归宿

　　清廷对投诚郑氏旧部的措施，多是投诚后拨散，其中外省安插和入京归旗是比较重要的方式。康熙七年正月初十，康熙谕旨否决了施琅渡海进剿台湾之策，着施琅、周全斌入京，黄廷分省屯田，四月部文到闽，次第催拨各投诚官兵分省开垦，自此黄周两人远离闽海，命运分途③。几乎同时投清的两人，清廷封爵却有区别：周全斌康熙三年四月封承恩伯为二等伯，五月二十二日授二等伯食三等伯俸，六月十九日黄廷封慕义伯，但是未议等爵④。

　　清廷在与郑氏的作战中多将投诚的郑军驱之前线，特别是在征台上。康熙三年十一月，清廷允施琅统投诚官黄廷、周全斌等进攻澎湖⑤。但是兵部尚书梁清标奏称：可以施琅为元帅，周全斌辅之，"陈辉、郑缵绪、黄廷此等侯伯，若与之同往，难于统驭，故请择一二总兵官督兵前往"⑥，

---

① 《福建通志列传选》卷1，录自《福建列传》卷31，《郑成功》。
② 江日升：《台湾外记》卷6，《康熙癸卯年至康熙甲寅年共十二年》，台湾文献丛刊第60种。
③ 康熙三年施琅进征台湾时周全斌被委为副，黄廷未见被任何种职务，清廷在征台问题上对两人已区别对待，见施伟青：《施琅年谱考略》，岳麓书社，1998，第161页。
④ 朱彭寿：《旧典备徵》卷2，《笔记小说大观》33编第5册，广陵古籍刻印社，1983，第30、31页。
⑤ 江日升撰，刘文泰等点校：《台湾外志》，第197页。
⑥ 《梁清标等题为酌派施琅攻取台湾事本》，《台湾文献汇刊》第1辑8册，第91页。

仍旧担心两人之隙，因此对于征台，黄廷并未身与，而是备官兵、船只进剿。康熙四年三月二十六、三月二十九、四月十七征台中，黄廷虽未参加，但其标下都督陈昇随林顺出征①。康熙四年十一月水师提督施琅"统诸"投诚之后的黄廷、周全斌等进攻澎湖，因船漏未能行。康熙五年四月施琅调诸投诚官黄廷、周全斌等出洋征台，遇风而散。康熙七年正月初十日，奉旨："渡海进剿台湾逆贼，关系重大，不便遥定。着施琅作速来京，面行奏明所见，以便定夺。并召郑鸿骏、郑缵绪、周全斌、何义等入京，分陈辉、黄廷、杨富、陈蟒、杨来嘉等于各省屯田"②。征台事缓之后，对于降卒的处理则分发各省屯田："征琅入京师。撤降兵分屯诸省，严戒守界，不复以台湾为意"③。

1. 外省安插：屯垦政策与黄廷屯垦邓州

清初由于战事的频繁，各地良田撂荒很多。顺治十年以后许多官吏上奏筹各省兴屯④，屯垦的开展标志着顺治中期垦务的推进⑤，当时"舍屯田而外别无良策"⑥，特别是军屯作用更是巨大。康熙六年，对投诚官兵专门规定"江南、浙江、江西、山东、山西、河南六省分驻投诚官兵，每员名给荒田五十亩。自拨给日为始，预支俸饷以备牛种；次年停支俸饷，三年后照民例起科。其福建投诚官兵，本省无荒田，令分驻有荒田省分屯垦"⑦。

清廷对黄廷所部屯垦河南各地的处置，主要是不信任。福建出现驻兵冗员、闲投是一个现实，因此清廷兵部裁汰诸省兵额，福建多出兵员移驻河南等地。康熙"七年，兵部议裁汰诸行省兵额，（黄）梧标下额定官三十员、兵一千二百人，余移驻河南"⑧。施琅在奏疏中屡称黄廷及其所部为

---

① 《耿继茂题为密报进攻台湾舟师被风事本》，《康熙统一台湾档案史料选辑》，第 55 页。
② 江日升：《台湾外记》卷 6，《康熙癸卯年至康熙甲寅年共十二年》，台湾文献丛刊第 60 种。
③ 《清史稿》卷 224，《列传十一·郑成功》。
④ 彭雨新编《清代土地开垦史资料汇编》，武汉大学出版社，1992，第 43 – 73、115 – 117 页。
⑤ 彭雨新：《清代土地开垦史》，农业出版社，1990，第 16 页。
⑥ 刘余谟：《垦荒兴屯疏》，贺长龄、魏源撰：《皇朝经世文编》卷 34，《户政九》，中华书局，1992，第 843 – 844 页。
⑦ 《清圣祖实录》卷 23，康熙六月八月己卯。
⑧ 《清史稿》卷 261，《列传四十八·黄梧子芳度、从子芳世、芳泰》。

"投诚闲旷官兵"，随后清廷命黄廷所部各地屯垦。而攻占台湾之后，清政府要迁移投诚各官于畿辅、山东、山西、河南诸省，施琅却在康熙二十三年专门上《移动不如安静疏》劝说康熙帝不要移驻，称："见从前投诚各官之移驻各省，现在存留，寥寥无几，不过冒费金钱、重烦百姓耳"①。一方面，福建地方对于驻扎该地投诚郑军的担心。黄廷、周全斌等投清后，所部军队一直驻扎福建沿海。康熙五年丙午（1666）春正月丁未（二十六日），福建总督李率泰卒，李的遗奏称：福建地方"惟是将众兵繁，若撤之太骤，不无惊惶；太迟，又恐贻患。目下当安反侧之心，日久务防难制之势"②。但是，清廷对待投诚后的周全斌和黄廷是有区别的，对周则注重其领兵之勇，对于黄却不甚重视，可以领军内地军屯。康熙四年兵部议叙康熙二年进取金门厦门、康熙三年攻克铜山等处捷功的时候，并没有提及黄廷投诚之功劳③，康熙六年四月清廷又一次"叙克厦门、铜山诸岛功"的时候，表彰四十六人中也没有黄廷④。包括黄廷在内的投诚郑氏官兵在福建骚扰地方，也是清廷将之分散各地屯垦的原因之一：康熙七年五月兵部题称："近见福建督抚疏奏投诚各官，骚扰地方，勒索百姓，种种不法。福建如此，他省可知。"⑤

另外，清廷也对黄廷的投诚不尽信，甚至私下进行调查。康熙二年五月，李率泰上疏称对黄廷等人的投诚有戒心："洪旭、黄廷等或厦门、或铜山，未必即能齐心，一同登岸"⑥，清廷对于黄廷等官兵的投诚检验标准是上岸遵制薙发，验明之后，原来住在厦门、金门的照旧暂住，候旨安插。后人推断"时清廷恐其兵重，聚而生变，因命疏散屯垦"⑦。康熙五年谕令福建总督张朝璘查明"慕义伯黄廷等属下各随员有无舍弃妻孥投诚者"，并议奏如何留调，张朝璘查得黄廷帐下数员将官家口仍在台湾，但

---

① 施琅：《靖海纪事》卷下，《移不如安静疏》，台湾文献丛刊第 13 种。
② 《东华录选辑》"康熙五年"，台湾文献丛刊第 262 种。
③ 《清圣祖实录》卷 16，康熙四年八月辛未。
④ 《清圣祖实录》卷 21，康熙六年四月甲寅。
⑤ 《清圣祖实录》卷 26，康熙七年五月戊戌朔。
⑥ 江日升撰，刘文泰等点校《台湾外志》，第 190 页。
⑦ （民国）《重修邓县志》卷 20，《兵事·兵事志二·闽营》，民国三十一年，邓州市档案馆藏抄本。

是此前清廷已经命周全斌仍留福建，因此未更调①，摸底调查显示康熙帝对降将的怀疑，张的奏疏中将官家口多在台湾明显刺激了康熙帝。

康熙六年"部议分拨海上投诚官兵移驻外省，召周全斌入京归旗。其标下官兵及别镇兵各给行粮，分驻各省屯垦荒田，给以牛种，免其六年租税。其将领或督垦、或拨各衙门效用，文官赴部候补"②。康熙七年四月部文到闽，"次第催拨各投诚官兵，分配外省开垦"③。对于各地屯田的郑氏官兵，清廷仍在防备之中："投诚各官兵移驻各省，设兵防界"④。康熙六年，周全斌及其他郑氏降臣"皆召入京，归旗"⑤。康熙六年在招周全斌入京归旗的同时，部议将海上投诚官兵移往外省屯垦荒田。甚至是武装押送黄廷及周全斌部下投诚官兵赴河南等地。康熙五十六年黄廷终老于屯垦地邓州，终年九十七岁。

2. 入京归旗：周全斌入旗

清廷对郑氏降将的安置中，入京归旗是一种方式，多入汉军世职大臣序列，隶属八旗都统管辖。周全斌的入京归旗，从另外一个侧面也显示出清廷对周全斌赴台经历的担忧，褫夺拥兵权、赋闲其职的用意比较明显。

周全斌的赴台经历，为清廷所提防。康熙四年正月，靖南王耿继茂、总督李率泰奏请：因为台湾未平定，应将周全斌、黄廷留闽，"在海上练兵，待北方大治后，再行安置"，因此康熙帝下旨，停止调周全斌驻河南，留原地待用⑥。周全斌被授为副靖海将军⑦，辅助施琅征台，康熙四年三月二十六、二十九，四月十六三次征台，均无果而还⑧。征台虽败，但周全斌态度积极，康熙五年五月，曾上疏征台二计、防口三计，主张应速剿灭

---

① 《石图等题复张朝璘为安置周全斌等投诚官员事本》，《台湾文献汇刊》第 1 辑 8 册，第 308 页。
② 阮旻锡：《海上见闻录》卷 2，《康熙六年》，台湾文献丛刊第 24 种。
③ 江日升撰，刘文泰等点校《台湾外志》卷 14。
④ 夏琳：《闽海纪要》卷上，《（康熙）四年》，台湾文献丛刊第 11 种。
⑤ 阮旻锡：《海上见闻录》卷 2，台湾文献丛刊第 24 种。
⑥ 《噶褚哈等题为议复酌情录用降将周全斌等事本》，《台湾文献汇刊》第 1 辑 8 册，第 325 页。
⑦ 《清史稿》卷 224，《郑成功》。
⑧ 四月十七日出征中，周全斌的兵船飘散至镇海至陆鳌一带港湾，在其所率一百六十只船中，"其或桅樯断折，或船尾破伤，或南或北飞散者，不计其数"，船只瞬息飘散无遗，"船只仅三剩一"，见《耿继茂题为密报进攻台湾舟师被风事本》，《康熙统一台湾档案史料选辑》，第 53、54 页。

台湾郑氏，表达图报之心、效力之意①。而康熙帝则令张朝璘在调查投诚各将家属是否在台湾，张奏称"周全斌属员妻孥仍在台湾者甚多"，而此前清廷已将周全斌官兵先迁往河南，"既钦命将此二员（另为左都督杨富迁山西）皆仍留福建，似毋庸复议留调"②，实则褫夺了其带标下官兵的权力。张的密奏与施琅征台失败促使康熙帝调整对周全斌的处置。施琅征台失败，遭清廷猜疑，被调京师授为内大臣，隶汉军镶黄旗。康熙六年六月初一，兵部尚书噶褚哈奏请酌用降将，担心周全斌投诚后仍用于近海，或"致意外窥视我等之虚实缓急。再，归降众兵聚集一隅，扰民生灾，将无宁日"，闽省堪扰，建议于内地酌情使用，"伊等离巢穴愈远，向化之心愈坚"③，部议结果是兵移住外省屯田，将招入京师归旗，周全斌标下属员340余人分屯河南各府垦荒④，周全斌调入京师归旗。新降之初，康熙三年四月，清廷兵部议叙"周全斌授为三等伯"⑤，字"承恩"⑥。

周全斌赴京时，所带四十六个兵丁"俱披了甲"，入周府为奴，报部吃钱粮⑦，随同周全斌来京未披甲的旧兵丁，周全斌多遣回原籍（被诬为假递逃牌）。周全斌的"披甲人""披甲奴"二十三人，多次赴兵、户部屡告其与河南、湖广旧部通信、私差兵丁驻扎福建，甚至密书台湾接应郑经来海上造反。依据之一就是"郑经、周全斌驻扎台湾开垦议事，全斌假意投诚，取回福建海澄县地方，郑经信任，与全斌在铜山所内，当天拔剑立誓结盟，两边欲有负心，死在万剑之下，准全斌统兵官至三年二月内投诚"。将郑经开垦台湾与周全斌铜山降清两事同提，企图诬陷周全斌。作为旗下人，他们与周全斌间由原来的兵将关系（郑氏特有的兵为将有方式）转变为主仆关系，在周全斌家壮丁册内披甲，或者从周全斌家分出，

① 《杰书等题为议复周全斌条陈攻取台湾澎湖事本》，《台湾文献汇刊》第1辑8册，第261-265页。
② 《石图等题复张朝璘为安置周全斌等投诚官员事本》，《台湾文献汇刊》第1辑8册，第308页。
③ 《噶褚哈等题为议复酌情录用降将周全斌等事本》，《台湾文献汇刊》第1辑8册，第324页。
④ （光绪）《宜阳县志》卷5，《赋税》，页2。
⑤ 《清圣祖实录》卷12，康熙三年四月癸丑。
⑥ 彭孙贻：《靖海志》卷3，台湾文献丛刊第35种。
⑦ 《郑氏史料三编》，台湾文献史料丛刊第175种，第120页。

在佐领披甲。该案牵涉直隶、河南、四川、湖广，各省督抚大面积提审周全斌在该地的旧部，颇费周折。清廷最后调查认定属诬告，严惩了家丁。

但在案件审理过程中，康熙九年十二月十九日，周全斌病故①，康熙十年二月，赐谥号恪顺，祭葬加祭二次②。康熙十二年四月，吏部又因周全斌纳降之功，询问清廷作何承袭，康熙帝准予承袭一次，子周公仁袭伯爵，孙周唱岐因伯爵袭完，降袭三等阿达哈哈番，世居北京鼓楼西街。从周全斌入旗居京的个人经历来看，降清入京的郑氏旧部仍纠缠于台湾郑氏的阴影中。

余　论

清初，踞东南沿海的郑氏集团，围绕着台湾，进行过驱荷、夺权等大规模出征。在清廷军事重压、政治招降的诱引下，集团内郑氏与部将、部将之间出现矛盾分化，在赴台、夺嗣等问题上出现裂隙，最终成为各个将领降清的内在原因。郑经时代最重要的将领黄廷、周全斌对迁台态度迥异：黄廷不愿涉台是其降清的内在推动力③；而周全斌却两次赴台征战，降清是因为惧怕无法处理与洪旭、黄廷的矛盾④。两人之间的矛盾，对郑氏官兵降清，产生一定作用⑤，两人遭遇不同，却都以台湾问题改变命运。

对降清诸将的关注，求同之外更应"显异"：因郑成功"用法严峻，果于诛杀"，致"人心惶惶，诸将解体"，这并不能解释郑成功亡后诸将降清的大潮。郑成功时代，郑氏降清诸将个案间尚无明显的关联性。但郑经时代，诸将个案间的交叉就比较直接，关联性也较多，而个体、个案在降清的大潮中呈现出复杂性。从周全斌降清个案看，部将间的矛盾是郑氏集团部将降清的一个容易被忽视的原因。作为郑氏集团亲军将领及骁将，周全斌降清是在形势和个人自我意识的冲击下促成的⑥。黄廷降清也有"势

① 《郑氏史料三编》，台湾文献史料丛刊第 175 种，第 131 页。
② 《清文献通考》卷 254，《封建考》，清文渊阁四库全书本。
③ 大批郑军降清的共同因素之一就是部将对台湾新辟水土的畏惧，个案显示多具有"个别因素"。见叶其忠《明郑降清判清官兵的研究（1646 - 1683）》，花木兰文化出版社，2011，第 27 - 28 页。
④ 叶其忠：《明郑降清判清官兵的研究（1646 - 1683）》，该书将两人分为两类个案进行简析。
⑤ 孔立：《郑氏官兵降清事件述论》，《台湾研究集刊》1987 年第 4 期。
⑥ 叶其忠：《明郑降叛清官兵的研究（1646 - 1683）》，2011，第 37 页。

蘖而降"的因素，但更多的是惧怕台湾新辟，不愿赴台，在受命郑经殿后铜山时，在降清和赴台的抉择中降清①。

黄、周降清个案，显示出明郑将领降清态度复杂，个人因素及矛盾的关联性各不相同。从降清的后果和评价看，在郑氏降清诸将群体中，黄廷和周全斌较有典型意义，虽在清廷政治道德评判上，不具备入官方"贰臣传"的资格②，但其降清史实，可能比评价更具学术意义和价值，尤其是在群体研究不能解释个案，而个案又无法说明关联性的时候。

（作者单位：河南大学）

---

① 张菼：《郑经、郑克爽纪事》，台湾银行经济研究所，1966，第29页。
② 但是作者主张这些郑氏诸将应相当于"贰臣"。见叶高树《降清明将研究：1618－1683》，台湾师范大学历史研究所，1993，第3－4页。

踞地为质与保全边圉

——杨岳斌抗法护台策略述评

罗　中

摘　要： 台湾海峡是中法战争第二阶段的主要作战地，杨岳斌是这一战场的主要指挥者。他组建乾军，远征万里，夜渡海峡，潜入台湾主持军务。针对法国"踞地为质"的侵略行动，他提出了"保全边圉"的应对五策，为筹防台湾、抗击法军入侵而殚精竭虑。台湾防卫的成功，迫使法国最终签订了和约，使中法战争成为近代中国一次没有赔款的中外战争。杨岳斌不顾家难，勇赴国难，以忠君爱国的实际行动为时人做出了表率。这正是值得后人追思与学习的精神之所在。

关键词： 中法战争　踞地为质　乾军远征　护台策略

中法战争是清王朝继两次鸦片战争以后，与列强之间进行的第三次大规模战争，也是中法之间的第二次战争。这次战争对近代中国产生了极大的影响，它不仅中断了中国与越南传统的宗藩关系，使越南沦为法国的殖民地，中国的西南门户也由此洞开。同时还使战火蔓延至中国富庶的东南沿海，进一步加深了清王朝的边疆危机，对清朝的内政产生了深刻的影响。

台湾海峡是中法战争第二阶段的主要作战地。时任"钦差帮办福建军务"的杨岳斌，是这一战场的主要指挥者之一。他针对法国"踞地为质"的侵略野心，提出了"保全边圉"的应对五策，同时不顾六十多岁的高龄，长途跋涉，亲率乾军突破法军海上封锁，夜渡潜入台湾，全面主持台湾军务，为筹防台湾殚精竭虑，立下了汗马功劳，深受朝廷赞赏。但因其是在台海之战后半段才进入台湾筹划防守，战后亦淡泊名利，告老还乡，五年后病逝乡里。故而在中法战争历史中，至今没有对杨岳斌形成全面系统的研究，这与他在中法战争中的作用及近代历史上的地位是极不相称的。本文试以杨岳斌抗法护台策略为主要线条，力图还原杨岳斌在抗法护台中的作用与功绩，以引起学术界对杨岳斌的关注。

一　法军侵越：中法战争的起因

中法战争也称为"法清战争"，是指 1883 年 12 月（光绪九年十一月）至 1885 年 4 月（光绪十一年二月），因法国侵占越南并进而入侵中国台湾海峡而引起的一次战争。战争的第一阶段在越南北部，第二阶段扩大到中国的东南沿海。

自第二次鸦片战争开始，法国就以武力逐渐侵占越南南部（史称南圻），越南南方六省沦为法国殖民地。其后，法国又转向对越南北部（史称北圻）的侵略，并企图由此打开进入中国云南的通道。在此期间，虽然清王朝在越南驻有大量军队，但仅有不属于清军体系的地方武装刘永福的黑旗军，受雇于越南阮氏王朝，一度协助越南抵抗法军侵略外，清王朝与法国之间并没有爆发直接冲突。1881 年 8 月，在法国的武力进攻和威胁下，越南被迫签订了《顺化条约》，法国取得了对越南的"保护权"，实现了对越南的殖民统治。

《顺化条约》签订后，法国为了清除清王朝在越南的势力，无理要求清军从越南撤走。鉴于清王朝与越南的特殊关系，以及法国侵占越南后会给清王朝造成政治与经济上的严重损害。以左宗棠、曾纪泽、张之洞等为代表的主战派，力促朝廷采取抗法方针，拒不接受法国的无理要求。法国见讹诈没有得逞，决定以武力清除驻越清军。1883 年 12 月 14 日，法军向驻守于越南山西（今河内西北地区）的清军发起进攻，清军被迫进行抵抗。法军依靠优势的装备，仅仅两天的战斗，即占领了山西，山西之战标志着中法战争的正式开始。

1884 年，法军进一步扩大战争，连续对清军驻越营地发起进攻。3 月 12 日占领北宁，3 月 19 日攻陷太原，4 月 12 日占领兴化。清军驻扎之地的先后沦陷，军事上的节节败退，使清廷朝野震动，导致了被称为"甲申易枢"的军机处全面改组，恭亲王奕䜣被黜退，改由礼亲王世铎执掌，李鸿章受命与法国和谈。5 月 11 日，李鸿章与法国代表福禄诺在天津签订了《中法会议简明条约》（即《李福协定》）。条约规定：清王朝同意法国与越南之间签订的"所有已定与未定各条约",并一概不加过问,即承认法国对越南的保护权;清王朝应"将所驻北圻各防营即行调回边界",越南边界由法国"保全助护";清王朝同意两国边界开放通商,并约明将来与法国议定有关的商约税则时,应使"于法国商务极为有利";还规定了条约签订后三个月内,双方再派代表会谈详细条款。李鸿章对于该条约内容,既没有肯定同意,也没有明确反对,亦未上报清朝廷。5月17日,福禄诺交给李鸿章一份协定节略,通告清王朝,法国已派巴德诺为全权公使来华会谈详细条款,并单方面规定了法军在越南北部全境,分期接防清军原驻地的日期。

1884年6月23日,法军突然开进越南谅山附近的北黎(清朝称为观音桥)地区,要求清军立即退回中国境内,由法军"接防"。清军因没有接到撤军命令,要求法军暂缓开进。但法军却恃强行动,炮击清军阵地并开枪打死清军代表。清军被迫还击,法军死伤近百人,清军伤亡更为严重,史称这次事件为"北黎冲突"或"观音桥事变"。法国以事变为由,照会清政府,要求驻越清军全部撤退,赔偿法国军费2.5亿法郎(约合3800万两白银)。并威胁说,法军将占领中国一两个港口作为赔款的抵押。

为尽快解决争端,清政府派两江总督曾国荃于7月下旬在上海与巴德诺谈判,但谈判未有结果。其实,法国在谈判之前就已决定诉诸武力,早于1884年6月26日,将它驻扎在清王朝和越南境内的舰队合编成远东舰队,任命孤拔为司令,利士比为副司令,准备将战火引入清朝境内。令人惊奇的历史巧合是,就在这同一天,清廷也任命刘铭传以巡抚衔督办台湾军务。法国远东舰队的成立与清王朝对台湾防务的加强,似乎是寓意着台海之战的不可避免。历史的发展也确实如此,在刘铭传任职入台督办军务仅半月,孤拔就开始对基隆的武力进攻。

孤拔是侵越法军攻占越南国都顺化的统帅,曾胁迫越南政府签订了亡国的《顺化条约》,是一个热衷于以战争手段扩大法国侵略利益的人。他任远东舰队司令后,狂妄声称,"对中国交涉获得解决的惟一手段乃是明确的宣战……北方直隶方面的旅顺、芝罘及威海卫,江苏方面的吴淞及福建方面的福州,在适当的时候,均将由他分遣舰队予以攻击"①。远东舰队

---

① 〔法〕嘉图著《法军侵台始末》,黎烈文译,台湾银行经济研究室,1960,第12页。

的组成，意味着法国"踞地为质"的军事行动开始实施。

二　踞地为质：法国对台湾海峡的入侵

"踞地为质"是法国策划已久的侵华策略之一，即以武力夺取清王朝境内数个军事要地或港口城市，作为谈判桌上的筹码。这既可以对清王朝施加压力，迫其就范，促使越南问题的尽快解决，获取赔款。还能为法军在清王朝本土找到数个立足点，以利于法国侵略势力进一步扩张。

为配合法国的外交政策，受法国政府影响的报纸，大量刊发了引导性的舆论文章，要求法军武装占领清朝的台湾、琼州（海南岛）、舟山三岛或其中之一，以求越南问题尽快解决。巴黎《勒当新报》刊载了《法国占据中国土地以为质当》一文，公开宣称："法在东京（指越南北圻）欲靖地方，而中国在彼构兵，是与法国之措置互相抵牾矣……倘再构兵，则法国惟有取地为质。"该文还详细列出了可供"为质"的地点：

> 东京左近有琼州一岛，隶属广东，距陆地二十洋里，计方三万六千二百里，居民二百三十万口。此地多矿而茂树深林，颇有所取之利。惟烟瘴毒厉，客民不服水土，是其病也……有台湾一岛，与福建对峙，其地大于琼州，计方三万八千八百里。土产富饶，花木秀丽，西人谓之"弗尔木斯"，译曰美岛也。现有电线一道以达陆地，而各口商业，素称兴盛云……此外，有舟山各岛，屹立于扬子江口外，英人曾据其地以为攻击江宁之地步。此处多鱼，居民以百万计，定海者，乃其总汇也。岛民强悍，与官抗衡，官甚惮之……凡此数岛，皆西国易据之地。苟有与华开战者，不必攻中国陆路地方，亦不必碍于各国通商，不过据此数岛，抽其赋税以为抵制，则可坐索偿款矣。①

当时，中国同文馆翻译的外国电讯消息报道说："西历1883年12月29日，有电线自伦敦来云，法京巴黎新闻纸内，议者催逼法军占据琼州、台湾、舟山三岛，以为将来赔补军需之用。"② 香港的《字林西报》在对外

---

① 台湾银行经济研究室：《法军侵台档》，台湾文献馆，1964，第22页。
② 《法军侵台档》，第13页。

国报刊文章转载时，也综述了巴黎各报类似的言论。① 茹费理内阁在比较这些地点之后，认为台湾是清朝东南沿海的门户与屏障，战略地位较之琼州、舟山更为重要。从经济角度来看，该岛地域最大，物产丰富，夺取后可获得更大的物质利益。从军事行动来看，台湾距离大陆较琼州、舟山更远，一旦战争爆发，法国海军可以封锁台湾海峡，阻止清朝军队渡海增援。乐观地认为"台湾似乎是最容易获得的保证品……这是我们使用两千兵员可以持久占领的唯一据点，而这些据点以后会成为对中国的交换物"。②

与法国报刊极力煽动"踞地为质"的同时，法国先后派出全副武装的军舰闯入台湾海峡，在福州、厦门、基隆等港口随意出入、炫耀武力、肆意停泊，其中最短的停留 5 天，最长的达 40 余天。自 1884 年 1 月到 4 月间，擅自闯入清军军港的法舰就达 8 次之多。它们或卸去舰炮炮衣，公然对准港口，进行登陆作战演习。或派遣水兵上岸挑衅，无理取闹。刘铭传紧急上奏朝廷："其时基隆已泊敌船数艘，台之安平、旗后各口，均有法船游弋窥伺。陆营兵单，水师无船，枪械未齐，海口未塞，军情万分紧急。"③ 4 月 13 日，法舰"窝尔达"号从香港驶抵基隆港内，派遣水兵登岸，三名法军试图进入炮台并测绘要塞地图，这一行为当然受到中国军队阻拦。法舰舰长竟然照会基隆港的清朝官员，声称不让法军进入炮台"必有相仇之意"，要求清朝官府立即赔礼谢罪并供应煤炭 60 吨，否则就"立即开炮，且将开放阖船洋枪"④，横蛮无理之极。显然，法舰的种种挑衅，是为发动侵略战争而寻找生战事端。此事件发生后仅四日，指挥此次具体行动的舰队副司令利士比，于 4 月 17 日在致法国海军部长裴龙的信函中报告：占领基隆并不困难，因为那里只有几个装备不良的炮兵连守卫，其中仅有一个连拥有 5 门克虏伯大炮。他计划经常派军舰到基隆港补充给养，为日后的占领作准备。这充分暴露了法舰进入基隆港是为刺探军情的蓄意所为。

7 月 1 日，法国驻华公使巴德诺取道香港前往上海，他在发给法国外

---

① 《法军侵台档》，第 15 页。

② 《法军侵台始末》，第 17—18 页。

③ 台湾中华书局编辑部：《台湾先贤集·刘壮肃公奏议》，台湾中华书局，1971，第 72 页。

④ 台湾银行经济研究室编《法国侵台档补编》，台湾大通书局，1984，第 15 页。

交部的电报中说："我们驻广州和驻福州的外交人员已指出，（中国）正在备战。这里的人深信，要取得胜利，我们必须采取掌握抵押品的办法，占领中国港口。"① 7 月 2 日，利士比在给巴德诺的信中，狂妄地提出了武力夺取旅顺、威海卫作为"抵押品"，这是法国军界首次明确提出在中国北部"踞地为质"的主张。法国驻越南顺化公使更主张把占领地扩大到烟台和登州，声称"如欲使北京朝廷立即妥协，就应向中国北部进攻"②。7 月 6 日，巴德诺请求法国召回驻北京使馆代办谢满禄，并向中国发出最后通牒，要求清政府承认《李福协定》，撤出驻扎越南北圻的部队，赔偿 2.5 亿法郎的违约费，交出福州等地的兵工厂和港口作为赔偿保证，并派全权代表到上海签订正式条约。声称，如 3 天内得不到圆满答复，法国就将以武力占地作为抵押品。7 月 9 日，"最后通牒"首先递送给了中国驻德、法公使李凤苞。12 日，谢满禄将"最后通牒"正式递交清政府，要求中国答复的期限最初为一个星期，其后又延至 7 月 31 日。

1884 年 7 月 9 日，法国总理茹费理宣称，清政府对法国的赔偿要求必须给予满意的答复，否则"将有必要直接地获取担保与应得的赔偿"。7 月 13 日，裴龙致电法国远东舰队司令孤拔："遣派你所有可调用的船只到福州和基隆去。我们的用意是要拿住这两个埠口作质，如果我们最后通牒被拒绝的话。"③ 其后，法舰进逼台湾，开进了福州和基隆。在基隆外围，他们部署了 3 艘军舰，舰上有兵员 588 人，开始了"意在踞以为质"④ 策略的实质性实施。这一侵略行径，使中法战争由越南转移至中国东南沿海，法军将战火直接引入了中国的本土。

基隆位于台湾北部，旧称"鸡笼"，1875 年，钦差大臣沈葆桢奏请建立台北府时，提议设厅于此，并改"鸡笼"为"基隆"，称为"基隆厅"，而使此名沿用至今。基隆是台湾北端的一个良港，向北敞开着的基隆湾，是往来商船必停之地。该地的煤炭藏量也极为丰富，煤层埋藏极浅，几乎与地面平齐，有些地方只需将薄薄的表层扒开，便可采挖煤炭。来自各地

---

① 法国外交部档案：《政治通信·中国》卷 65，第 15 页。
② 中国史学会主编《中国近代史资料丛刊·中法战争》第 7 册，中华书局，1995，第 281 页。
③ 《中国近代史资料丛刊·中法战争》第 7 册，第 225 页。
④ 《清德宗实录》卷 188，光绪十年（1884）甲申六月甲午。

的船只大多要在基隆分装货物，补充燃料、食品、淡水等。当时基隆城内居民多达万余人，东洋、南洋各国及国内的厦门、香港等地的商行，大多在此建有货储仓库，商业十分繁荣。因其战略地位十分重要，历来为兵家必争之地，有"全台防务，台南以澎湖为锁钥，台北以基隆为咽喉"① 之说。基隆西部不远就是沪尾（即今台湾淡水港）。在台湾的战略防御体系中，沪尾与基隆一道，被视为台北的门户，具有重要而突出的地位。督办台湾军务刘铭传认为："军装粮饷，尽在府城……倘根本一失，前军不战自溃，必至全局瓦解，莫可挽回"②，沪尾的商业也十分发达。基隆和沪尾成为法国"踞地为质"的首选目标。

8月2日，法国以照会清政府的最后通牒期限已过为由，裴龙命令孤拔："破坏基隆港湾的防御设备，并占领市街及被推测为市街附近的煤矿。"③ 法国首战进攻基隆的战略目的是十分明确的：一是踞地为质，以此胁迫清政府承认法国吞并越南合法化；二是为控制基隆的煤矿和关税，获取经济利益；三是为了夺取战略要地，使法军在军事对抗中及控制海路航道上居于有利地位。

8月5日上午，法舰开炮轰击基隆，仅仅一个小时，基隆炮台前壁护体被击毁，弹药库也中炮起火。沿海炮台实际上也失去了战防能力，清军被迫撤出阵地。法国海军陆战队200余人在炮火掩护下登陆，占领了基隆炮台和附近高地。

战斗打响时，督办台湾军务刘铭传正在从淡水赶往基隆途中，得知法军进攻基隆后，他很清楚在海边因有法舰支援，清军难以与法军争锋，"非诱之陆战，不足以折彼凶锋"④。只有凭借山地之利，避开法舰炮击，以陆军对登陆法军作战，才是以己之长抑敌之短。遂令海滨坚守各营移至后山以避敌炮，只留福宁镇总兵曹志忠一营，隔着小山近海驻守。法军在舰炮掩护下登陆后，清军在刘铭传的指挥下，记名提督章高元、苏得胜率队进击法军左翼；游击邓长安率队绕道攻击法军右翼；总兵曹志忠、王三星率队正面出击。以三面合围之势进攻法军，迫使法军无法进城只能退守

① 《台湾先贤集·刘壮肃公奏议》，第2页。
② 《台湾先贤集·刘壮肃公奏议》，第175页。
③ 《中国近代史资料丛刊·中法战争》第7册，第237页
④ 《台湾先贤集·刘壮肃公奏议》，第170页。

炮台。刘铭传在《敌陷基隆炮台我军复破敌营获胜折》里奏道："我军一鼓登山，当破敌营，夺获洋枪数十杆，帐房十余架，并获其二矗，斩首一级。探报法兵伤亡百余人。逐北至船边始返。我军伤亡才数人。"① 这里上报的战果虽有夸大之处。但清军陆战的胜利，在一定程度上抵消了法国击毁基隆炮台的胜利，使之变成了法军再也不敢轻易离舰出击的战例。更重要的是，制约了法国远东舰队进一步的登陆作战行动，从而在一定程度上改变了中法外交谈判的形势，对于挫败法国踞地为质、勒索赔款的阴谋，增强清王朝的抗法信心、决心和勇气，无疑有着重大的意义和影响。

孤拔远东舰队攻毁基隆炮台之后，法国俨然以战胜者自居。8月9日（光绪十年六月十九），法国驻华公使巴德诺给清王朝南洋大臣曾国荃，发出转交总理各国事务衙门的照会，照会首先以攻毁基隆炮台为威胁："本国水师提督孤拔，已奉命取守台北所属基隆口岸炮台作为质押，现已均被取守。"紧接其后，提出了清朝政府必须遵照法国所开列条件，即立即在越南撤兵、赔礼道歉，答允赔偿军费8000万法郎，分十年支付，等支付清楚之后方可将质押地交还中国。公然宣称"法人已取基隆，中国应立即依法人所欲，如不依允，任凭中国开战"。"本大臣奉命告此项银数，丝毫不得两为争论。"② 茹费理在法议会中回答质询时，更为狂妄："夺中国之地不为启衅，因中国与各国不同，惟先夺其地，乃可与商议。"③ 当时担任中国海关总税务司的英国人赫德和美国驻华公使杨约翰等人，受巴德诺之托，也以调停者身份传达法国态度："在中国未满足法方条件以前，绝不停止台湾海岸的军事行动。""中国予以台湾地方，将基隆相连煤矿予之，十年期限后卖于本国。或允予以海南地方。如不照办，本国无论费若干兵饷，总要兵至北京，彼时再告以中国如何办法。"④ 这些言行充分显示出了法国对实施"踞地为质"必胜的狂妄。其军事行动是十分明确的，就是要占领台湾海峡周边一地或数地为质押，用以在谈判桌上迫清王朝让步，实现将越南完全沦为其殖民地的目的。

为了进一步巩固与扩大法军海上优势，切断大陆与台湾联系，法国决

① 《台湾先贤集·刘壮肃公奏议》，第170页。
② 《法军侵台档补编》，第40–41页。
③ 《法军侵台档》，第176页。
④ 《法军侵台档》，第142页。

定重点打击清朝的南洋舰队。8 月 23 日，先期驶入福州的法国军舰突然开炮，向清朝水师船舰猛烈攻击，南洋福建舰队的 20 余艘舰船顷刻间被击沉击伤，官兵殉难者近 800 人之多，清王朝苦心经营的南洋海军几乎全军覆灭。法舰又炮轰福州船政局马尾船厂，将其击毁，并对马尾至海口间的岸防炮台设施大肆破坏。南洋福建舰队及马尾军港的严重损毁，使大陆的援台运输与军力护卫受到破坏，台湾的防卫面临更严峻的考验。

但是，法国一系列的侵略战争并没有迫使清廷屈从于法国的武力而接受赔款和约，光绪帝于 1884 年 8 月 26 日（光绪十年七月初六），毅然发布一道上谕：

> 越南为我大清封贡之国，二百余年载在典册，中外咸知。法人狡焉思逞，肆其鲸吞。先据南圻各省，旋又进据河内等处，戕其民人，利其土地，夺其赋税。越南君臣，暗懦苟安，私与立约，并未奏闻。法固无理，越亦与有罪焉。是以姑予包涵，不加诘问。光绪八年冬闲。法使宝海在天津与李鸿章议约三条，正饬总理各国事务衙门会商妥筹，法又撤使翻议。我存宽大，彼益骄贪。越之山西、北宁等省，为我军驻扎之地。清查越匪，保护属藩，与法国绝不相涉。本年二月闲，法兵竟来扑犯防营。当经降旨宣示，正拟派兵进取，力为镇抚。忽据该国总兵福禄诺先向中国议和。其时该国因埃及之事，岌岌可危。中国明知其势处迫蹙，本可峻词拒绝，而仍示以大度，许其行成。特命李鸿章与议简明条约五款，互相画押。谅山保胜等军，应照议于定约三月后调回。叠经谕饬各该防军扼扎原处，不准轻动生衅。带兵各官，奉令维谨。乃该国不遵定约，忽于闰五月初二等日，以巡边为名，在谅山地方，直攻防营，先行开炮轰击。我军始与接仗，互有杀伤。法人违背条约，无端开衅，伤我官兵。本应以干戈从事，因念定约和好二十余年，亦不必因此尽弃前盟。仍准总理各国事务衙门与在京法使往返照会，情喻理晓，至再至三。闰五月二十四日，复明降谕旨，照约撤兵，昭示大信，所以保全和局者，实已仁至义尽。如果法人稍顾邦交，自当翻然改悔。乃竟始终固执，致启兵端，横索无名兵费，恣意要求，辄于六月十五日占踞台北基隆山炮台。经刘铭传迎剿获胜，立即击退。本月初三日，何璟等甫接法领事照会开战，而

法兵已在马尾先期攻击，伤坏兵商各船，轰毁船厂。虽经官军焚毁法船二只，击坏雷船一只，并阵毙法国官兵，尚未大加惩创。该国专行不顾，反覆无常，先启兵端。若再曲予含容，何以伸公论而顺人心。用特揭其无理情节，布告天下，俾晓然于法人有意废约，衅自彼开。各路统兵大臣，暨各该督抚，整军经武，备御有年。沿海各口，如有法国兵轮驶入，著即督率防军，合力攻击悉数驱除。其陆路各军，有应行进兵之处，亦即迅速前进。刘永福虽抱忠怀，而越南昧于知人，未加拔擢。该员本系中国之人，即可收为我用，著以提督记名简放，并赏戴花翎，统率所部，出奇制胜，将法人侵占越南各城，迅图恢复。凡我将士，奋勇立功者，破格施恩，并特颁内帑奖赏。退缩贻误者，立即军前正法。朝廷于此事审慎权衡，总因动众兴师，难免震惊百姓，故不轻于一发。此次法人背约失信，众怒难平，不得已而用兵。各省团练，众志成城，定能同仇敌忾。并著各该督抚督率战守，共建殊勋，同膺楙赏。此事系法人渝盟肇衅，至此外通商各国，与中国订约已久，毫无嫌隙，断不可因法人之事，有伤和好。著沿海各督抚，严饬地方官及各营统领，将各国商民一律保护。即法国官商教民，有愿留内地安分守业者，亦当一律保卫。倘有干预军事等情，一经查出，即照公例惩治。各该督抚即晓谕军民人等知悉，倘有借端滋扰情事，则是故违诏旨，妄生事端。我忠义兵民，必不出此。此等匪徒，即着严拿正法，毋稍宽贷。用示朝廷保全大局至意，将此通谕知之。①

该道上谕全面历数了中法战争的起因、经过及法国先启兵端、背约失信、衅自彼开的种种罪恶行径，并令"各路统兵大臣、暨各该督抚，整军经武，备御有年。沿海各口，如有法国兵轮驶入，著即督率防军，合力攻击悉数驱除。其陆路各军，有应行进兵之处，亦即迅速前进"。实际上这是清王朝对法国侵略者的宣战书。

清王朝的强硬回应出乎法国的意料，他们寻求当时的美国公使杨约翰出面调解，希望中国与法国赔款议和，但遭奕劻毫不妥协地回答："赔偿

---

① 《清德宗实录》光绪十年七月戊申。

是不能的，铁路用法国工匠也是不能的，海岛租地也是不能的。除此三端，若另有平允的法子，或可商量。"① 慈禧更是下旨"嗣后如再有赔偿之说进者，交刑部治罪"②。清廷皇室的态度顺应了广大群众反法侵略的意愿，振奋了全国人心，大大鼓舞了抗法军民的斗志。当时主战派将领左宗棠、彭玉麟等，利用人心所向，分别在福建、广东办理渔团和团练，积极加强沿海防务，"使其不为敌用，消除内讧，并达到抵御外侮的目的"③。杨岳斌担任长江巡阅使多年，奉命绘制过长江江防全图，深知海防的重要，他多次上疏，反复强调和建议清廷"沿海各直省督抚，遴选公正绅董，举行团练，预备不虞"④。

鉴于清南洋舰队遭重创后，清廷并没因此而屈服，法国决定再次扩大侵略战争。1884 年 10 月 1 日早晨 6 时，法舰又一次进攻基隆，先是炮击狮球岭清军炮台。随后，法国登陆部队在舰炮掩护下，向仙洞山海岸发起登陆冲击。上午 9 时，法军占领了仙洞山，以山顶为据点，与海上舰队配合，以更为猛烈的炮火轰击清军阵地。正当基隆战事激烈之际，同日上午 9 时半，利士比率领 3 艘战舰驶抵沪尾，与早已停泊于此处的法军舰"蝮蛇"号会合，并给停泊在沪尾港内的英船发出"将于明日 10 点开火"的信号。沪尾守将李彤恩等人，在得知法舰将于次日进攻的消息后，两度飞书基隆告急。经过审慎的思虑和艰难的抉择，刘铭传权衡再三，决定撤离基隆，全力驰援沪尾。基隆被法军占领后，无异于打开通向台北的大门，"苏澳口门平坦，傥法人窜越基隆岭后，梗我中路，分舰北袭，则宜兰一带，处处堪虞，台北不堪设想"⑤。基隆城亦遭受了严重破坏："周围不出五里，所有乡镇民房并基隆厅衙署多被焚拆，所余无几，田地亦皆荒芜。"⑥ 基隆撤军给中法战争带来了消极影响，致使清廷在陆路大捷情况下，不敢将战争进行下去，其重要原因是法国占据了基隆。

基隆虽被法军占领，但防守沪尾的清军在总兵孙开华的率领下，浴血

---

① 《中国近代史料丛刊·中法战争》第 5 册，第 543 页。
② 《中国近代史料丛刊·中法战争》第 6 册，第 43 页。
③ 左宗棠：《左文襄公全集》卷 63。
④ 《杨勇悫公（厚庵）遗集》，第 18 辑，台北：文海出版社，1968，第 1740 页。
⑤ 《清德宗实录》光绪十一年正月戊申。
⑥ 邵循正、聂崇岐等编《中法战争》（六），上海人民出版社，2000，第 497 页。

奋战，大获全胜，挫败了法国舰队的强行登陆行动，粉碎了法军占领沪尾的计划，史称"沪尾大捷"（或称"淡水大捷"）。战后的法军军官很悲观地认为："这次的失败，使全舰队的人为之丧气……对于这不祥的一天的悲惨印象，又加上了惨重的损失，大家的谈话总不能脱开这么令人伤痛的话题。"①

法军在沪尾惨败之后，为了报复并由此而给清王朝施加更大的压力，孤拔宣布使用海军力量封锁台湾海峡，对台湾岛北起苏沃、南至鹅銮鼻，包括东北、北部、西海岸至南端共 339 海里的沿岸实行全面封锁。其后又将封锁范围扩大为自沿岸向外延伸 5 海里的洋面。决定从 10 月 23 日凌晨起，对台湾岛所有口岸，断绝各项来往。孤拔认为封锁台湾海峡后，台湾清军既得不到大陆的兵力军械支援，也得不到清廷的指令和外界消息，孤岛抗战的局势很可能无法坚持，不得不向法国屈辱求降。次年 2 月 26 日，法军又进一步加强封销，宣布禁运米谷，派舰在长江口、甬江口巡视，拦截检查过往船只，不许米谷从长江运往北方，借此对清政府施加更大的压力。

禁海初始，法国舰队就截击 5 艘往援台湾的南洋水师军舰，在浙江石浦击沉"驭远""澄庆"两舰，并追击其余 3 艘军舰（"南琛"号、"南瑞"号、"开济"号）至杭州湾口，与镇海炮台开火对射。镇海保卫战以击沉法军舢板船两艘、击伤法军舰和击伤数名法国官兵而告结束。孤拔想消灭南洋三舰、破坏炮台、占领镇海的计划失败。镇海之战对于清军来说只是一场防御战，虽只是阻止了法军闯入镇海，但其意义在于拖住了法国的有限兵力，保住了中方的 3 艘军舰，使法军不敢再轻易进攻东南沿海重要港防炮台。其后，法舰在台湾海峡内加强封锁，"日事游巡，逢船搜劫，见人击杀"②。当时许多从事正常商业运输的中国民船，也"被法船轰毁，焚烧殆尽，人尽死亡"③。此举导致了两岸交通运输往来严重受阻，军需一时难以接济，通信也被截断，朝廷意图及岛外情况难以明了，给台湾岛上坚持抗法侵略的清军确实增添了不少困难。

① 《中国近代史料丛刊·中法战争》第 3 册，第 572 页。
② 《台湾先贤集·刘壮肃公奏议》，第 185 页。
③ 《法军侵台档》，第 348 页。

但法军的封锁禁海，不可能彻底断绝海峡两岸的运输补给，也难以真正割断清朝廷与台湾岛地方军政的联系。出于对侵略者的义愤及生计所需，闽台沿海船民纷纷组织起来进行"偷运"。英国《泰晤士报》报道说：禁海之后，"中国兵丁、军械，皆由小艇运来，所谓贸易，亦由小艇私做"①。同时，法军对台湾海峡的封锁，对其他外国商船的正常经营也造成了严重的影响，这些外国船主不仅不愿意受法国宣布的《禁海令》约束，反而利用禁海之机，以代运各种军事人员和物资赴台为诱，乘机向清王朝索求高额运价。外国船只的介入，导致了孤拔的禁海措施难以彻底实行。法国军官嘉图曾经写道："台湾海峡幅员的狭小，使得中立国船舶容易实行它们偷运的旅行。一种真正的走私业不久便在大陆各港组织起来。受着中国政府提供的巨额报酬的鼓励，正在寻觅货运的亚洲沿岸的各国汽船，相率愿供中国政府派遣，改变为大胆的侵犯封锁的船舶。它们趁着风雨之夜，瞒过我们的舰艇的监视，把它们所载的兵员、武器和军需品投在台湾沿岸的僻地。"②租用外国船舶，成为海峡两岸运输兵员物资的重要途径。其后的杨岳斌率乾军援台，也是利用了这些外国船只，才得以辗转迂回进入台湾。

为了更有效地控制台湾海峡，位于大陆与台湾之间、扼海峡咽喉之处的澎湖列岛成为了法军又一个夺取目标。1885 年 1 月 28 日（光绪十年十二月十三），法国海军部致密电于孤拔："政府决定占领澎湖群岛"③。3 月14 日，法国政府命令孤拔，停止增援基隆战事，转而攻占澎湖。3 月 29日，孤拔率领远东舰队 8 艘战舰进攻澎湖妈宫城（今称马公），这在当时和现在都是澎湖列岛的中心。虽然清军在澎湖有四角仔、金龟山、蛇头山等多个炮台，但在法国远东舰队中重达 5900 吨的最大铁甲舰"巴雅号"、重达 4645 吨的第二大铁甲舰"凯旋号"以及"杜沙弗"、"德斯丹"等巡洋舰的轰击下，澎湖各炮台火力完全被法舰压制。双方对轰仅持续两天，至 3 月 31 日，澎湖四角仔等外围炮台被完全摧毁，法军顺利登陆澎湖。陆路由副将周善初等分兵据守的苑登岛等处，虽清军士兵前仆后继，顽强反

---

① 英《泰晤士报》1884 年 12 月 29 日。

② 《法军侵台始末》，第 39－40 页。

③ 《法军侵台始末》，第 115 页。

击。但在法军炮火的轰击下伤亡惨重，也相继失守，澎湖彻底沦陷。在此之前，杨岳斌早已建议清廷加强澎湖的防御力量，以阻法军侵占，但是"清廷竟毫无部署，使澎湖仅3天时间就被法军占领"①。澎湖的失守使其继基隆之后，成为法军在台湾的又一个"质地"。由于澎湖地扼台湾海峡要冲，是福建援台物资的必经之地，它的丢失，无疑给大陆支援台湾造成更大困难，给清王朝的战略部署造成极大的破坏。4月11日，英轮"平安"号载着杨岳斌700余名乾军在台湾琅峤洋面被截获，就是从澎湖驶出的法舰所为。

澎湖战役是中法战争中台湾海峡中诸多战事的最后一战，此战由法军在海上发起攻击，战斗共历时3天，清军共死伤约800人，最后以法军攻占澎湖列岛而告结束。澎湖的陷落对中法战争的最终结局起到了很大的影响作用。

三 远征万里：杨岳斌率乾军抗法援台

中法战争爆发后，清廷就想重新启用杨岳斌。光绪九年十二月初四（1884年1月2日）下谕："现在海防紧要，前陕甘总督杨岳斌，夙娴兵事，前因养亲回籍。际兹时事多艰，自当以国事为重，力图报称。着潘鼎新传知杨岳斌，即行驰赴福建，会同何璟等，将海防事宜认真筹办，并将起程日期迅速奏闻，以慰厪系。将此由六百里谕令知之，钦此。"② 但是，杨岳斌自"同治五年在陕甘总督任内，呈请终养回籍……光绪元年蒙恩简派巡阅长江水师差使……五年复请终养，求恩开去长江水师差使，奉旨允准，先后在籍十余年"③。在其回乡养老期间，家中灾难连连发生。光绪十年正月十二（1884年2月8日），杨岳斌在所上的《沥陈未能赴闽会办海防折》中，陈述了难以离家上任的困境：

> 唯是岳斌于光绪五年夏，渥蒙圣慈俯准终养父母。是年五月，弟故。八月，父亡。六、七两年中，弟与父营葬始毕。而老母以八旬余

---

① 刘子明：《中法战争始末》，江西人民出版社，1988，第86页。
② 《杨岳斌集》，第440页。
③ 《杨岳斌集》，第496页。

积弱之身，频年迭遭事故，号泣哀痛，目几失明，体日消瘦，竟至沈痾。至今销磨床褥。有时尚能识人，有时呼之不应。若饮食之饥渴，衣被之厚薄，睡卧之久暂，皆置若罔知，需人照料。今春曾晕厥一次，逾时始甦。从此更觉气息奄奄，现虽幸得延秋及冬，而天气严寒，日夜徨傍，常恐事生不测。昨闻岳斌禀知有赴闽之信，言笑不能成声。老母素明大义，倘衰病稍可支持，断不容乞身居养。即岳斌亦决不昧心负国，甘为名教罪人。岳斌以征战余生，得依一时为一时，得事一日为一日，实有不忍偶离左右者。至于以无才多病之人前往，终不免贻误军机犹后也。唯有将现在实难遵旨赴闽情形，披沥直陈，恳请据情转奏等因准此。臣缘事关紧要，接函后立即恭折据情代奏，伏乞皇太后、皇上圣鉴训示。①

由于中法战争此时正在越南进行，对清王朝本土尚未构成直接威胁，杨岳斌因其母年老病危"实难遵旨赴闽"的请求得以批准，上谕曰："知道了，着该署抚传知杨岳斌，俟伊母病体稍愈，即遵前旨驰赴闽省会办海防事宜。钦此。"②

光绪十年七月（1884 年 8 月）初，法军攻打基隆，战局紧张，朝廷再次谕湖广总督卞宝第："战局已开，军情万紧。杨岳斌深谙兵机，当移孝作忠，力图报称。着传知剋日成军，出膺重任。"③ 杨岳斌接旨后，即上《遵旨出师折》：

现在专人将省窝眷口，令即迅回乾州，侍奉病母，便募勇起程，非敢稍延。刻下边衅既开，事难逆料，奉旨饬令募勇，剋日成军，自应赶紧开招，惟人少则不敷防剿，募多则粮饷难济。一军至少亦须万人，操练精熟，方可言战。若未练即行，与无勇同。防剿各处，援应他方，非厚集勇军不可。查乾、凤、永三厅，民素强悍，而朴实耐劳，易于就范。拟在此间招勇十营，不敷之数，到省再为添募……一

---

① 《杨岳斌集》，第 440 页。
② 《杨岳斌集》，第 441 页。
③ 《杨岳斌集》，第 444 页。

俟就理，即行开差。至枪炮等件，到省时再请给发。①

　　在忠孝难以两全的困局之时，本已解职归乡养老的杨岳斌，面对日益迫切的外敌入侵，他决定弃小家为国家，舍家孝尽国忠。其母亦深明大义，一再对杨岳斌交代："我虽病卧衰惫，犹可磨折支持。时局已艰，暂勿以我为念。"② 多次令杨岳斌速行，不许其依依左右。正因为八旬老母的支持，使杨岳斌安心再披战甲，以60多岁高龄毅然接任，勇赴国难。表明了他强烈的民族观念和忠君爱国思想。其后，朝廷催其速赴前线的谕旨不断。

　　八月十五，清廷颁上谕："杨岳斌拟即遵旨募勇教练，忠勇可嘉。湖南募就六营，着即交该前督统率，认真训练，迅往江南帮办军务，与曾国荃随时会商，妥筹战守。"③

　　八月二十一，清廷又颁上谕："法兵现占基隆，台北府城万紧，着派杨岳斌帮办左宗棠军务，即带湖南现有八营，迅赴福建，驻扎漳、泉一带，联络士绅土勇，设计渡台，速图逐法之策。"④

　　面对朝廷的紧急征调和法军侵略的不断扩大，杨岳斌深知备战的重要性。在接到征调谕旨之后，他即在家乡乾州（今湖南吉首市）、凤凰、永绥（今湖南花垣县）等地招募兵勇，组建乾军。"在乾、凤、永三厅招募正勇十一营及卫队亲兵三百名，齐集辰州，听候点验"。同时"委员驰赴常德、洪江等处赶办军米等项"⑤。"饬派各员弁，在乾州及辰、永、沅等处开招小口粮，以及调派文武随员各二十员，赶紧分途，催领饷项，支应银钱，购造枪礮（pāo）、子药、刀矛、叉牌，制办旗帜、帐房、号衣、炉锅与锄锹、斧镢，一切应需薪水夫马"⑥。这是杨岳斌根据自己多年的征战经验，尤其是在任陕甘总督时，因兵力和粮饷的不足，导致平息地方叛乱时，征调军队的哗变和自己最终的引咎辞职。"如臣同治四年，过甘肃时，

---

① 《杨岳斌集》，第444页。
② 《杨岳斌集》，第475页。
③ 《清德宗实录》光绪十年八月乙酉。
④ 《清德宗实录》光绪十年八月壬辰。
⑤ 《杨岳斌集》，第446页。
⑥ 《杨岳斌集》，第462页。

仅带五千人。合该省当日现有兵勇，亦仅数十营。而遍地回氛，东驰西突，实难分布。兼以饷糈奇绌，办理尤为棘手，军事因无起色。日夜忧惕，病遂加重，虽经陈请开缺调理，至今心犹引咎。今日之事，较前更难"①。杨岳斌认为法军侵华势力更胜地方叛乱，只有充足的兵饷及兵力，才能战胜法国，这在一定程度上表明了他抗击法军必胜的信心。

但也应指出的是，由于杨岳斌对于法国当时在普法战争之后，国内面临的军事及经济压力困难不甚了解。对当时法国所处的国内和国际状况，都不允许法国发动一场大规模的以中国为直接目标的侵略战争分析不够。对事实上法国政府没有进行全国战争动员，在中法战争中实际动用的兵力和军费都十分有限，根本无意发动一场针对清王朝全面战争的基本状况把握不准。没能清楚分析当时侵华法军的真正实力，过高地估计了中法战争的长期性和残酷性，使其将过多的精力和时间用在了兵员招募、军械购买与粮饷筹集方面，导致了乾军的迟迟不能开行，以及在行军途中因军费原因多次滞行，以致几乎错过了战事。

八月，法军攻破基隆炮台，随后又摧毁了清廷马尾船政局，东南海防紧急。九月，杨岳斌即上《遵募成军起程并恳添营数折》："伏查海疆紧急，法夷攻破基隆炮台，复将马尾船政局暨兵轮等项焚毁击坏。正在凶焰方张，旋即扬去，蓄谋叵测。必将更调大队前来，水陆攻突。刻下占据基隆，势益猖獗。若非厚集兵力，实属无以应敌"②。为防止"非集厚兵力，实属无以应敌"的情况发生，杨岳斌决定"由乾赴辰，点验已募各军，迅即下省，再派员分路招募。务凑成三十营之数，驰赴闽疆"③。

九月十七（11月4日），杨岳斌率所募乾军自乾州出发，"所有招募正勇十二营及卫队亲兵三百名，经臣前派各营哨员弁等认真挑选，汇造清册前来，按名点验，均属年富力强，堪资训练。除饬该营哨员弁分起拔队前进，复严饬沿途约束，所有经过地方，毋许滋扰，并不准稍有逗遛"④。十九日抵达辰州（今沅陵县）后，为便于调动军队及行军旅途中与各省联络，杨岳斌启用了"钦差帮办福建军务前陕甘总督行营之关防"大印。军

---

① 《杨岳斌集》，第 447 页。
② 《杨岳斌集》，第 447 页。
③ 《杨岳斌集》，第 447 页。
④ 《杨岳斌集》，第 448 页。

至辰州后，连日阴雨绵绵，大队人马行军迟缓，杨岳斌决定于二十四日率卫队先行赴省。

十月初三（11月20日），杨岳斌抵长沙后，即与湖南巡抚庞际云会商有关军饷之事，但军饷迟迟难以落实，而大队人马已于本月初七陆续抵达省城。无奈之下，杨岳斌于十月十二上《恭报行抵长沙筹画军需折》，请求朝廷协调解决：

> 臣自奉旨招军，经湖南署抚臣庞际云解交银五万两，除发给各营口粮、购置旗帜、号衣、帐房、器械等件外，刻已铢两无余。军火既未周全，行饷更无着落。前请饬下湖北、江西两省拨解臣营行饷各六万两，迅解交臣，尚未奉到谕旨。目今臣军已抵省垣，行饷急切不到，则臣军咫步难移。台湾望救甚殷，若俟两省奉旨之后凑解交臣，恐为日过多，追不及待。①

但因战事频繁，清廷的军费已捉襟见肘难以支撑，各省应调银两更不易到位。不得已之下，朝廷只能减少征调人员，以缓解军费不足的压力，于十八日回复曰："杨岳斌着即于湖南现有八营及募就十一营内挑选精锐，并成十营，刻日统带启行，不得再请添募。该前督老于军事，岂尚不知兵贵精不贵多之义耶。所有湖南应给饷需，着庞际云迅筹拨给，毋稍贻误。另片奏由湘达闽，道远天寒，勇夫行粮，请饬湖北、江西两省各筹拨银六万两，迅解给放等语。着卞宝第、彭祖贤、刘瑞芬筹给应用。将此由六百里谕知杨岳斌、卞宝第、彭祖贤并传谕庞际云、刘瑞芬知之。"并再次催促其加快行程，"杨岳斌现已行抵何处，并着曾国荃电知该前督，速由汉口乘轮赴沪，带营援台，毋稍迟延"②。接到谕旨后，杨岳斌随即将湖南现有八营移交给省抚庞际云，仅留乾军十二营及亲兵卫队。

军队人数裁减近半，但军饷问题并没有完全解决，"臣于十六日申刻，据湖南署抚臣庞际云拨交银三万两。并前据拨交银三千两，陆续接收，即传齐各营官，于十七日赶急散放，俾得略为添制寒衣，限于五日内料理一

① 《杨岳斌集》，第450页。
② 《杨岳斌集》，第451页。

切，分作四起，逐日开队，由陆路前进。臣尤恐湖北、江西两省，虽经奉旨饬拨给臣行饷，或亦筹解须时，军行在途，一日无饷，则忧饥乏，不得不宽为筹备。随向钱店押贷得银五千两，以补散放之不足。前据由湖南拨借军火，兹查所存既无几，且多为弃置无用之物，不便携带，业经委员在江南各处购办"①。湖南所应拨的军饷五万银两，仅得 33000 两。鄂、赣两省各应筹拨的 60000 银两，则不见分毫。原拟在湖南应配置的军火，也多为不便携带的"弃置无用之物"。在如此艰难的情况下，乾军居然只能无奈的靠借贷来筹措军费，于十月二十二日由长沙出发，向湖北继续前行。

十月二十八日（12 月 15 日），乾军行抵湖北省城，此时由长江入海抵闽的水道已被法舰封锁，前谕"速由汉口乘轮赴沪"的旨意显然无法执行。二十九日，杨岳斌上《抵鄂筹饷拟由江西入闽折》："本应俟各营到齐，取道江西，直达福建。惟前奉谕旨，饬由汉搭轮赴沪，带营援闽，臣又未敢径指江西。因查闽海封禁，叠据厦门来人金称，凡兵勇渡台者，普改装商服，附搭英轮，仍被法夷盘诘，中道折回。臣如整队乘轮，沪上洋人定通电信法人，自必邀截。一经相过，止则即形怯懦，进则虑有疏虞。侥幸以行，多损少益。前次大学士臣左宗棠、闽浙总督臣杨昌浚及续调之恪靖四营，皆由江西陆路赴闽。此海道难行之明证也。"并请求"准由江西赴闽，臣当督队由陆路起行，取道南昌、建昌，至福建光泽县，直达福州省城。与大学士臣左宗棠、将军臣穆图善、总督臣杨昌浚晤商后，恪遵前次谕旨，驻扎漳、泉一带，相机援剿，以期仰慰宸厪"②。同时，继续筹措军费，但仍难全额得到，"十月十八日，江西抚臣刘瑞芬、署布政使王嵩龄，力顾大局，于无可设法之中，先措银二万两，直运湖北"。"十一月初二日，臣在湖北，抚臣彭祖贤尽力通筹，即于措拨六万两数内，解交长沙平银四万两，尚有二万两，商许随后搭解，尚未见到"。"十一月十八日，臣在江西，又据解交库平银四万两"③。各省应拨付的军费均没有足额到位。虽然军费迟迟难以到位，但并未使乾军停止不前。十一月初二，在湖北军饷仅到四万两，还有二万两缺额的情况下，杨岳斌毅然催兵前行，

---

① 《杨岳斌集》，第 454 页。
② 《杨岳斌集》，第 459－460 页。
③ 《杨岳斌集》，第 465 页。

向金陵（南京）进军。

十一月初八，乾军陆行至芜湖，接到江宁局电报："奉旨令杨岳斌毋庸来宁"①。"叠谕杨岳斌调度南洋五船援台，着即由江西迅速赴闽，查照吴鸿源于惠安县属之崇武、獭窟等澳渡台之路，相机赴台援剿，毋庸再赴金陵"②。杨岳斌遵旨即刻率军从芜湖折返湖口，"以陆路绕行千余里，足力疲乏，加以山川风雪，实难昼夜兼程"③。费尽千辛万苦，于十七日到达江西省城。

十一月二十四日，杨岳斌为尽快赶赴前线，在提督王仁和、副将石朝珩各自率领的三个营还未赶到的情况下，"一面飞饬王仁和等，无论风霜雨雪，务须星夜趱程。一面将应发饷银交臣军营务处主事杨秀实，分起将各营点验发足一月，随领随行，挨次前进。并严饬恪遵纪律，无犯秋毫"④。同时决定自己先期"率卫队亲兵，由江西起旱，倍道星驰。十二月十四日（1885年1月29日），杨岳斌行抵福州。连日与钦差大臣、大学士臣左宗棠，将军臣穆图善，总督臣杨昌濬，署抚臣张兆栋，商明臣军应需月饷及防剿诸密要……至马尾会晤船政大臣臣张佩纶，办领车炮、田鸡炮、抬炮等件"⑤。其余大队人马则是"饬令营务处分统营哨各官，督率勇丁。取道建昌、邵武，径赴漳、泉一带，择要驻扎。"⑥

十二月十九日，杨岳斌赶赴泉州，"与福建水师提督臣彭楚汉，确探商办援台一切机宜"⑦。杨岳斌提出，只宜智取，不能冒失，并深入海防，微服私访。此时，朝廷催杨岳斌尽快渡海援台的上谕也接踵而至。

> 台北虽经添兵，而攻复基隆，必须援军四集，方易奏功。杨岳斌、程文炳两军，即着左宗棠等，饬已到者先行渡台。其余陆续继进，不准逗遛。⑧

① 《杨岳斌集》，第463页。
② 《清德宗实录》卷197，光绪十年十一月丁未。
③ 《杨岳斌集》，第463页。
④ 《杨岳斌集》，第464页。
⑤ 《杨岳斌集》，第463页。
⑥ 《杨岳斌集》，第463页。
⑦ 《杨岳斌集》，第464页。
⑧ 《清德宗实录》卷200，光绪十年十二月甲午。

杨岳斌一军，着全行赴台，不准分留六营在省。该前督已到泉
州，所统各营，随到随渡，不得以察看营基为词，转涉濡缓。①

然而，原调拨由杨岳斌使用的南洋五艘船只，当由吴安康率领五船出
发南下去接应杨岳斌乾军时，被法军侦察得知，孤拔立即派 7 舰北上截击，
"寻觅南洋五艘"②。在浙江三门湾海面与南洋五船相遇，结果南洋五船中
有两艘被击沉，三舰避入镇海，无法继续南下，渡海一时受阻。为了不受
大队人马渡海的拖延，尽快赶至台湾，筹措防守反攻，杨岳斌决定轻装夜
渡海峡，先期潜入台湾。

光绪十一年正月十八日（1885 年 3 月 4 日），杨岳斌带领卫队亲兵一
百余名，及长子杨正仪、知县夏敬仪、千总王光庭、外委姚兴廉、廪生许
孝虞、文章周敬德、军功董卿云等，均扮作渔人，雇佣"长胜"轮，由泉
州秀涂口乘晚出发，夜渡前往台湾。但船行二百余里，突遇大雾风浪，长
胜轮船小难行，只好返回金门山，再换"平安"轮前行。此时因法国军舰
对台湾海峡的严密封锁，"海禁正严，防务万紧，法人以十余号兵轮，沿
台湾全岛日夜窥伺逡巡，枪炮声远近相闻，往来商艇民船被炮弹击沉者甚
多，海道阻塞，久已不通"③，任何船只均无法正常横渡进入台湾西岸港
口。平安轮只能避开澎湖岛，先行南下迂回，经台湾岛最南端的鹅銮鼻，
再沿台湾东海岸北上，历时三天三夜，终于二十一日（3 月 7 日）到达台
湾东海岸的埤南厅（今埤南县）。在埤南稍作休息，杨岳斌于二十四日率
队启程，穿过高山土著民族生活区，经恒春（今屏东县恒春镇）、凤山
（今凤山市），于二月初三（3 月 19 日）抵台湾府。其间，杨岳斌"沿途
接见文武官绅，访察地利民情"④，"周历海口，市民欢跃"⑤，极大地鼓舞
了台湾人民抗击法军的信心。朝廷即电令："杨岳斌着即迅赴台北，会同
各军，克复基隆，并催所部分起速渡。法窥基、沪、苏澳、安平、旗后，

---

① 《清德宗实录》卷 201，光绪十一年正月癸卯。
② 《清德宗实录》卷 201，光绪十一年正月癸卯。
③ 《杨岳斌集》，第 483 页。
④ 《杨岳斌集》，第 483 页。
⑤ 《杨勇悫公（厚庵）遗集》，第 102 页。

着刘铭传、孙开华会同杨岳斌，派兵分段防守，勿稍疏虞，程文炳仍著速行渡台，以厚兵力。"①

杨岳斌身先士卒夜渡成功后，乾军"参将刘淑臣、把总潘寿昌、千总周开勋等率领卫队亲兵二百人，副将裴德成管带南字中营五百人，以及帮办营务处知府衔湖北候补同知刘珍，举人易宣翰，前甘肃知县张廷庆，已革举人罗瀛美，文随员龚运午、龚炳湘、郑恩隆、郑维清、程桂村、易寿祺、张济万、梁国鼎、罗培钧、李成蹊、黄国瑞、汪荣、李涛、杨炳南等，武随员刘天云、周添顺、杨珍稳、杨占魁、刘为美等。或运解饷项，或督解军装，分路偷渡，于二月未开海停战以前，由布袋嘴、番挖、鹿港、梧栖各海口到台"②。

但夜渡并非每次均能成功，充满着危险。"华安"轮载着兵勇炮械出行，不幸被法舰拦截，押赴至闽口。由于此船采取了明租暗买的方式，出卖人系英国人格兰，出租人是英国人麦伦，注册签字皆系麦伦，船上挂的也是英旗。船只被截后，由麦伦出面请英领事交涉，才得以放回。③"威利"轮运送江阴营至浙江洋面时，得知前往沪尾途中有法舰截击，只好折返，将士兵军械运回。清王朝海关巡逻船"飞虏"号也于安平港外为法船所执。④ 当清军避开法舰的阻拦，绕道从台湾东海岸的潜入登陆成功后，法军更是加强了对这一带的封锁，"近日，寇又搜扰后山埤南、花莲港、成广澳一带，即台南前后附近之小琉球、红头屿、火烧屿各小澳，我军势难分守之处。亦有法船停逼民居，并声言派兵窃据，无非欲阻截海运，大肆狙谋"⑤。

法舰对台湾东海岸封锁的加强，给后续潜入台湾的杨岳斌乾军造成了极大的损失。"二月二十四日，分统左军原品休致提督王仁和，已革升用提督记名总兵周文翔，记名总兵方国淮，各挑三哨，由平安轮船潜渡，驶至恒春洋面，被法人截击，一时投水自尽及被枪炮击死者一百余名，饷银均为掳空。"二月二十六日（4月11日），法国海军在台湾琅峤洋面截获了

---

① 《清德宗实录》卷202，光绪十一年正月丁卯。
② 《杨岳斌集》，第483页。
③ 顾廷龙、叶亚廉主编《李鸿章全集》（1），上海人民出版社，1985，第168页。
④ 中国近代经济史资料丛刊编辑委员会：《中国海关与中法战争》，中华书局，1983，第226页。
⑤ 《杨岳斌集》，第469页。

"平安"号轮船，船上所载援台的杨岳斌部 700 余名乾军官兵全部被俘。一次被俘人员如此之多，实属自 1840 年第一次鸦片战争以来所未有的，因而此事引起了清廷朝野的高度关注。三月二十二日（5 月 6 日），杨岳斌电奏总理衙门，要求"照会驻京法公使，转饬澎湖法带兵官，按照公法，将人船交出之处，出自酌夺施行"①。台湾道刘璈派人乔装打扮以侦察"平安"轮被俘后的详情。钦差大臣督办福建军务左宗棠，更是对法方将"平安"轮被俘官兵"一半载往西贡，一半载往基隆做工"② 的做法表示了极大的愤怒与不安。李鸿章也于中《法和约》画押前，专门照会法国公使巴德诺，要求"将前次拿获平安轮船之官兵全数释回，其携往西贡者，即交便船载回澎湖，由闽浙督臣派员往澎湖领取"③。

四 保全边围：杨岳斌抗法护台策略

中法战争爆发后，身居湘西乾州的杨岳斌忧国之忧，深思熟虑抗法护台策略，在乾军开拔前线即将离开湖南之际，杨岳斌于十月二十一日，即向清廷上《恭报长沙起程日期并据管见折》④，全面论述了抗击法军侵略的整体部署，提出了"保全边围"的策略：

> 一、宜精练制兵。以分扼险要也。查额设马、步、守各兵。拱卫皇图。首以京师为重，护守根本，整饬宜先。自余除云、贵、陕、甘、四川、山西、广西各有边防，河南仅城防万余名外，直隶应有制兵四万一千余名，广东四万七千余名，福建六万二千余名，浙江三万八千余名，江苏四万七千余名。安徽八千余名，江西一万二千余名。湖北二万一千余名，湖南二万六千余名，山东二万二千余名，棋布星罗，武备周密。原经奏减，为数尚多。国家厚养二百余年，固将蓄其锐于承平无事之时，收其用于运会艰艰之日，乃自军兴以来，辄即招募勇丁，分布天下。而绿营之设，直若虚悬，徒存马、步、守兵之名，竟不能得战胜攻取之实，坐糜国帑。臣甚惜之。夫率土不乏材

---

① 沈云龙：《近代中国史料丛刊续编》第 74 辑，台北：文海出版社，第 493 页。
② 《近代中国史料丛刊续编》，第 494 页。
③ 《近代中国史料丛刊续编》，第 452 页。
④ 《杨岳斌集》，第 455－457 页。

能，即兵勇何分强懦。特以任其窳惰，则规制全荒，简练得宜，则军心自振。拟请饬下各直省督抚、提镇，迅速调所辖官兵数成，克期操练，在各本省有海防、江防地方，择要驻扎，以收实用，以专责成。其如何变通营制之处，由各省督抚臣奏明办理，仍酌定换防年分，更迭调遣，俾得均甘苦，而习行阵。一当防务告警，即可用此，以为堵剿、为游击、为声援、为钞追、为埋伏、为计诱、为夹攻，神而明之，存乎其人。必足以捍卫生民，慑御强寇，而不至专资募勇，自竭饷源。目今求可守、可战之策，或在乎此。

一、宜团练沿海民兵。以分资卫助也。法夷内犯以来，海防固臻备密，然海口歧出，究属防不胜防。徵调客兵，往往缓不济急。而居民良莠不一，其安分自守者，惊惶避逃，甚有束手待毙之势。不肯之徒，反或受彼胁诱，阴为间谍，贻患实深。拟请饬下沿海各直省督抚，遴选公正绅董，举行团练，预备不虞。居民各有身家，亟资保护，一遭杀掠，无复瓦全。得通晓事体者为之开导劝谕，因其乡里，分为段落。令殷实之户，量力措资，挑选壮丁，逐加训练。虽稍费钱文，适以保护桑梓，而修我矛戟，并不远离关河，保全边圉，计无逾此。夫团练之法，行之腹地，居民意存趋避，心力或有不齐，海疆则正当进退维谷之交。为急切自全之举，成效必有可得而纪者。况以自卫，而即申公义，在居民必能跃踊奋兴，团练既行，其于官军，尤大有裨益。既足以资堵御，亦足以壮声援。敌忾同仇，可收指臂。且团练乡兵，无饷源不继之虞，无水土不习之患，人心稳固。即可绝外夷之耳目侦探，而断其接济往来。清内奸而御外侮。揆诸事势，似宜亟为举办。

一、宜预筹屯粮，以充济军旅也。足兵之道，先求足食。查东南各省，素号膏腴，所产米麦、杂粮，一省丰收，可供数省之食。且江河淮海，舟运易通，似宜择明地势，於江河海口相离在二、三百里内外而舟车可达者，多建仓廒，宽为采办，必期确实存储。以补该府厅州例有仓米之不足，意在专供军食之急需。或再仿朱子社仓之法，劝民捐办，仍听其择廉明殷富者经管蓄储，既足团练有资，有司竭力奉行。民间无不乐效。如遇战争持久，购运无从，即可指困给士。傥使年岁奇荒，减赈交迫，犹能发廪活人。至云、贵、陕、甘，荒芜不少，平时民食辄须仰给邻封。夫天生兆民，必使一方有一方之生计。若力行开垦。则各致丰盈，邻封不至疲於接济。数岁以後，悉与升科，本省所入既多，并不专资协饷。尤可留东南各省之有余，以供他用。是又与屯粮相辅而行者也。

一、宜重防陆地也。咸丰十年，直隶筹办海防，臣僧格林沁守大沽炮台，奏明海面不可与争，诚为深识远到。此次法夷构衅，恃其船坚炮利，横恣海中，一至马尾，遂毁我铁甲轮船数艘，虽因防范未周，亦由船炮与之同而坚利不足与之较也。查外国铁甲轮船，其厚者至一尺六寸，薄者八寸，须八百磅之炮乃能洞达中坚。其施放炮位，测量准的，扭拨灵便，往往命中。我国所造铁甲轮船，薄者八分，厚者仅止一寸六分，二百磅之炮，即能洞达。虽亦有数艘坚船，不足以资调遣，施放炮位，亦未能操命中之权。由此观之，中国长技不与之同，而与争驶于洪涛巨浪之中，良非易易。臣请更以陆路为自守之策，饬沿海、沿江各省，精求地利，于坚修炮台、测量炮位之外，深围濠，掘内坑，伏地雷，复于附近上下左右别设扼险大营，以防开花炮之轰攻、陆师之掩袭。其严防将士，平日熟操扛炮、抬枪准的及远，精练马队牌手趋避更灵，以与陆地野战，当可出奇制胜也。

一、宜量移机汽局也。法夷攻击马尾，毁我船政、机汽各局，使国家数十年惨淡经营、费帑千万，一旦化为乌有。近日各军援闽，反当取给邻省。其险贼阴谋，莫此为甚。然亡羊补牢，未为迟也。马尾迫近海口，故骤为所毁，不及周防。查上海各处机汽局，制造颇精，各路军营，仰给在此。然地近海口，不得不为前车之鉴，备预周详。查江西鄱阳湖，山环水阔而强，山特广大，伏处水中，可开制造大厂。应请将上海各局，改设其地，仍以饶州水师营护之。鄱阳湖口宽不逾里，湖内周围以数百里计，江西土地丰饶，所产木植、硝磺、煤炭、铜铁、铅锡不少，欲由闽、粤、苏、杭、川、楚、云、贵办运，亦不为难。造成军火，运至东南各省应用，水陆均行，内地绝少疏失，诚为妥善。虽移置一切，更须经费，然开局则所用不赀，量移当所需无几。只求利用，何惜微劳。况置之海口，而时有戒心，何若置之内地。而较为稳妥。似亦今日事势所不容缓也。

这一奏折向清廷提出一系列可行的反侵略措施，受到朝廷的高度重视："览奏尚为切要，除业经办理各节外，其余留备采择"①。充分反映了杨岳斌认真备战，力主抵抗，积极筹划战守，反对妥协投降的立场，表明他是一个具有爱国情怀的主战抵抗派。

进入台湾之后，杨岳斌积极"筹布台南防务，捐饷百万，集团勇万余人。遍阅安平、海口各炮台，排日操演，严为之备。驰抵淡水之五堵、六堵，与巡抚刘铭传所部诸军进薄基隆，互相犄角，法夷久不得逞"②。他依据台湾山形地势及兵力、军械的现实，对台湾的防务作了应对性建议和及时性调整，以更适应抗法护台的需要。原来台湾防务是由台湾道刘璈主持部署的，他在总结和完善前人筹防的基础上，主要实施的是分路防御方案：澎湖一线为前路，驻军 3000 名。台南、恒春一线为南路，驻兵 5000 名。彰化、嘉义一线为中路，驻兵 3000 名。台北、新竹、宜兰一线为北路，驻兵 4000 名。东海岸后山一线为后路，驻兵 1500 名。各路均派得力官员统领，另还备有数千名机动兵力驻扎台南，以供各路支援。这五路防御看似全面，但实际上是以道衙驻地台南为中心，作为全台防务的根本和重点。南、中、后三路及机动兵力共约万余人，实为拱卫台南而设。而对于后来法军实际攻打的基隆、沪尾、澎湖等地的防务，并未认真筹措，从而成为日后法军攻占这些要地的原因。

当刘铭传任职巡抚衔督办台湾军务后，抵台时也发现了这一问题，认为"台南平阳无险，万难守御，台北失台南亡"③。而台湾清军的布防是"南北缓急悬殊，轻重尤须妥置"④。他在发出的第一份奏折中奏道："查全台防军共四十营，台北只存署福建陆路提督孙开华所部三营、曹志忠所部六营而止，台南现无大患，多至三十一营"⑤。但刘铭传与刘璈因派系矛盾而政见不和，防务难以及时调整。

杨岳斌在详细调查了台湾地理形势的基础上，正确分析了台湾当时的军事全局，全面厘清了清军的战略防御部署，并相应采取了一系列军事方

---

① 《清德宗实录》卷 197，光绪十年十一月癸卯。
② 《杨岳斌集》，第 22 页。
③ 《中国近代史资料丛刊·中法战争》第 6 册，第 188 页。
④ 《中国近代史资料丛刊·中法战争》第 3 册，第 142 页。
⑤ 《台湾先贤集·刘壮肃公奏议》卷 3。

针及行动，及时"筹布各海口战守事宜"①。他将台湾划分为几个防区，调兵遣将分守南北各要地，并招募民团、征集民工，加紧修建台湾沿岸炮台和防御工事。光绪十一年二月十二日，杨岳斌上《恭报抵台筹办情形折》，认为"查台湾一岛，悬隔重洋，南北袤延一千余里，周广约近三千，滨海口之府厅县，随地可以登岸，沿岸可以窥城，非止基隆、沪尾、安平、旗后四通商口岸已也，洵属防不胜防。而城外最平衍，无险可扼。重以积储粮饷军火器械，关系全台根本者，莫如台湾府。距安平口仅十里，倘来犯者船停口外，炮击城中，岌岌终日，地势使然"。他以极高的军事才能和了然于胸的应战本领，洞察了"彼寇固利在速攻，以求坚守之地。我师必利在坚守，再图速攻之机"的敌我战术。在与各督抚充分进行会商后，对台湾部署的南、北、中、前、后的五路防守，进行了一系列的整合。"奏定五路官兵分统联防，各专责成，其所以一事权明赏罚者，端倪具在"。②积极进行抗法护台全面的军事布置，主要表现在以下几个方面。

第一，针对台湾外围澎湖的防守布置，杨岳斌认为，澎湖位于台湾海峡之中，是大陆联系台湾的战略要地，是抗法保台的关键之处。"欲筹守全台，必先扼重澎湖前路，至台北北路、彰化中路则又在台南根本重地。查澎湖辅车全台，犄角厦门，尤为闽洋关键。原派该署副将周善初带营扼守，深恐孤注兵单，水陆无从援应，设有疏失，闽台更危，必得一威重大员镇守其地，再加深沟固垒，宽备军械粮饷，永壮闽洋声势，恃作台南北声援"。并提出派员增兵的建议："湖北提督臣程文炳，久历戎行，威望夙著，屡奉旨催渡台，该提臣一片血诚，急如星火，以臣愚妄之见，应请旨饬令提臣程文炳统率部营，暂先渡扎澎湖，督同该协厅严密布置，一面相机策应全台，有裨大局匪浅。"③ 同时指出，澎湖防守仅依周善初一副将之将领，一协之军力绝对不够，奏请朝廷令湖北提督程文炳统率所部，渡海进驻澎湖，协同周善初严密布防。杨岳斌对于澎湖防守的见解，充分显示了他对战略要地的敏锐观察及料敌如神的军事才能。其后法军对澎湖的侵占证明了杨岳斌对敌情预判的准确。但当时的一些主战派官员并没有认识

---

① 《杨岳斌集》，第 488 页。
② 《杨岳斌集》，第 467 – 468 页。
③ 《杨岳斌集》，第 468 页。

到澎湖对于台湾防守的重要性，如左宗棠等奏，"澎湖荒瘠海岛，难资守御"①。对于"请添兵轮数号，与澎湖陆师相辅而行，固为全策"的建议束之高阁。清廷亦没有对澎湖防守加以重视，从而对兵力及时进行布署调整，最终导致后来澎湖的失陷。

正是杨岳斌的先期奏折的预见，在澎湖失陷后，朝廷对有关官员追究问责之时，"副将周善初、通判郑膺杰均著革职发往黑龙江效力赎罪。通判梁岳英、都司郑渔、守备冯楚燊均著革职，发往军台效力赎罪。同知关镇岳、副将陈得胜、守备梁璟夫，均著交部议处。杨昌浚、刘铭传均有地方之责。惟刘铭传困守台北，鞭长莫及，自应稍予区别。杨昌浚著交部严加议处。刘铭传著交部议处。左宗棠、穆图善办理该省军务，未能援应，均著交部察议"②，其处分上至总督、巡抚，下至都司、守备，概莫能免。但杨岳斌于澎湖失陷之后，自请予以议处："臣恭膺简命，帮办福建军务，愧衰朽之顽躯，襄军旅之重寄。所有慎固封守，皆属职分当为，乃以海禁綦严，防军未渡，虽筹思之已及，究备御有未周。致令孤岛澎湖，顿遭蹂躏，自请议处，咎无可辞"③。却被朝廷"著加恩宽免"，表明了清廷对杨岳斌先期预见性建议的肯定。

第二，台湾北部是法军直接进攻之地，基隆、淡水更是台北城的两大门户，其中之一如被攻陷，台北城就将不保。从台海战争开始以来，中法军队围绕基隆、淡水展开了数次争夺战。杨岳斌抵台后先是在台南部署防务，光绪十一年初，基隆、淡水战事吃紧，杨岳斌即于二月十八日起程北进，抵达淡水后，与巡抚刘铭传共商破法之策。对于已被法军部分占领的北路战场，杨岳斌认为"北路之暖暖街、月眉山、大水窟地方，正月十八、十九、二十、二十一等日，法寇以新添重兵，分路猛攻。我军力与拒战，亦因病伤过多，枪炮不敌，退守五堵、六堵。经抚臣刘铭传亲督扎定，仍即整军进攻。沪尾虽同时戒严，提臣孙开华防守，均为周密"的军事部署并无不妥。但鉴于法军咄咄逼人的进攻气势，为争取军力的优势和战场的主动，杨岳斌一再要求"防援诸军需用军火饷械及内地所协济者，

---

① 《清德宗实录》卷204，光绪十一年二月己丑。
② 《杨岳斌集》，第484页。
③ 《杨岳斌集》，第484页。

台南已购办大小轮船，并于水陆各要区添设转运，分别妥速解办"①。

同时，杨岳斌还亲赴前线，直至沪尾海口，"会同署福建陆路提督臣孙开华，周看炮台营垒长墙，并筹商防务"。然后又马不停蹄紧急赶往"距基隆十余里之六堵大营，与福建巡抚臣刘铭传往反筹商一切防务，又连日往看各营所扎地势，修筑营垒长墙深壕"。每到一处，杨岳斌即勉励"各营将士同甘共苦，竭力守御，勤加操练，增高墙垒，深浚沟壕，以期有备无患"②。他要求各炮台要塞"具知营垒扼要，海口堵塞，两岸复筑长墙，开挖深沟拦截"③。在加强防御的基础之上，杨岳斌还不断派出探马，对法军的基本情况进行侦察，了解到"基隆法人日在马鞍隔、大水窟、九弓坑、大岭头等处修筑墙垒，增安大炮，添架帐房。澎湖法人，亦在妈宫协厅各署修砌地基，欲盖洋房，并添有马队、陆兵……且海面法船梭巡搜查，严如往昔，商船仍未敢行，文报依旧难通"④。对敌我双方情况的充分了解，有利于战场上的主动，"倘一旦事生不测，免致为彼所乘，有误戎机"⑤，得以保证"彼寇固利在速攻，以求坚守之地，我师必利在坚守，再图速攻之机"战略战术的贯彻执行。

第三，杨岳斌十分重视台湾中部地区的军力部署，认为"彰化中路系兴、泉渡台接济要津，尤为台南北之枢纽。抚臣刘铭传、提臣孙开华会委前贵州布政使沈应奎总办粮台，前浙江温州镇总兵吴鸿源驻办防务，筹布均有条理"。鉴于清廷要求从中路调兵协防南路的要求，杨岳斌虽明确表示了困难之处，但亦尽力给予了一定的支持，"所需加兵替防台南，于万难抽调之中，已派拨礼、信、义、虎等营次第前往扼守"⑥。显示出了杨岳斌对全台防守相互协助的大局观。为有效地加强中路防守，杨岳斌对中路与南路的结合部极为关注，一到嘉义县，不仅"派副将裘德成带南字中营由大道按站速发"，还亲自"率卫队绕赴海岸察看嘉义县属之布袋嘴、猴树港、笨港、新港、五条港，彰化县属之番挖鹿港、水裹港、梧栖港，新

---

① 《杨岳斌集》，第 468 页。
② 《杨岳斌集》，第 474 页。
③ 《杨岳斌集》，第 471 页。
④ 《杨岳斌集》，第 475 页。
⑤ 《杨岳斌集》，第 475 页。
⑥ 《杨岳斌集》，第 468 页。

竹县属之大安吞、霄后垅、中港、旧港，借知地利形势，以免临事茫无筹布"①。及时进行中路军事布局，严防法军突破中部防线南下。

第四，台湾南部是杨岳斌入台的最初登岸之处，对其地理及军情，杨岳斌了解得较为透彻。虽然台南远离中法两军交战的北部战场，但有法国军舰不时骚扰，杨岳斌仍深忧其患："惟是台南地面辽阔，自去冬至今春，更形吃紧，如安平、国使港、旗后、大沙湾、东港、枋蔡、琅峤、鹅銮鼻及布袋嘴各口，无日不有法兵轮，或一二号至四五号不等，往来游弋。每以巨炮向岸轰击，时图窥窜，遂致随处皆有兵临城下之危。虽经刘璈暨分统高登玉、方春发、张福胜、张兆连等扼要严防，支持甚力。近日，寇又搜扰后山埤南、花莲港、成广澳一带，即台南前后附近之小琉球、红头屿、火烧屿各小澳。我军势难分守之处，亦有法船停逼民居，并声言派兵窃据，无非欲阻截海运，大肆狙谋，均为眉睫之患"②。为了尽快解决这"眉睫之患"，杨岳斌会同台湾道员刘璈等，"切筹防守事宜，一面催候臣部，以重资觅船，相机整散暗渡。仰托朝廷威福，如迅得稳渡及半，随时训练，先率前进，遇何路有紧，即往何路救援，断不敢坐失机宜，亦不敢轻躁偾事，致负高厚生成"③。督促在台南各重要港口增添转运轮船，积极筹集军火和兵力，加速大陆增援部队尽快东渡集结。杨岳斌一系列军事措施的贯彻实行，使台南防务得以加强，成为抗法护台的重要增援基地。

第五，澎湖被占领之后，法军气势更焰。"缘澎湖失守，法更倡狂，日增多船驶至安平各口，意图进扑"。法国军舰不断南下，驶入各重要港口挑衅，"台南所在戒严，人心惊惶殊甚"。面对战局的突变和法舰骚扰，杨岳斌深忧"南至鹅銮鼻，北至台北新竹县海口，约长六七百里之遥，随处可以登岸，防不胜防"。他丝毫不敢懈怠，"与刘璈日往湾里社、四鲲身、曾文溪、鹿耳门、四草湖、安平等处详察要路，筹遏敌踪"。并全面调整军力部署，在各战略要地及重要港口"豫派防营"，"在安平口一带炮台，外则增厚长墙，内复添修隔堆，并嘱护台各营将弁严防毋懈。旗后等处，亦经刘璈加营协守，以备不虞"④。"与台南文武官绅遇险设防，闻警

① 《杨岳斌集》，第471页。
② 《杨岳斌集》，第468—469页。
③ 《杨岳斌集》，第469页。
④ 《杨岳斌集》，第470页。

驰应，或添办团练，或加修墙濠，或多派洋枪、洋炮教习"①，使法军不敢轻举妄动，有效地防止了法军在台湾本岛的陆路南侵或海路登陆。

除了在防线加固、兵力调整等军事方面进行积极部署外，作为钦差帮办福建军务的杨岳斌，为了团结一切抗击法军侵略的力量，消除湘、淮、粤派系的不同政见，他在抵台后还能与其他派系人物合舟共济，而不是互相抵牾。就军政关系而言，原来就存在着台湾道道员、湘军将领刘璈与当时台湾镇总兵、粤籍将领吴光亮之间"镇道不和，势同水火"的矛盾，即所谓的湘系、粤系之争。刘璈指责驻台军队"不知纪律，只知要钱"，"勇借官势，生事扰民。嫖赌洋烟，是其惯习。忽勇忽盗，查办綦难"②，并奏参吴光亮，将其挤走。刘传铭上任后，率其淮军旧部来台，刘璈又采取不合作态度，原来就存在已久的湘、淮两系相互倾轧的矛盾，在台湾地区又发展起来。1884 年 10 月 31 日，左春坊左庶子锡钧曾上奏曰："将帅不和，兵家大忌。现在统兵大臣，各分门户。左宗棠与李鸿章不和，刘铭传与李鸿章相善。刘璈与左宗棠相善，则刘铭传与刘璈亦不和，台湾将帅若此"③。刘铭传抵台之初，湘军占绝大多数，他"以亲军过单，志在固守待救"④。可是后来增援的军队又多是湘军，"将帅愈集，事权愈歧"⑤，刘铭传更加难以支持。以至于在 1885 年 3 月 25 日，他电传李鸿章："目前内掣重于外患，传实无法支持。杨宫保（岳斌）已抵台南，请旨饬杨接办，彼无内掣之忧，上下一气，或可勉支危局。"⑥ 可见当时台湾军政内部的不团结，这大大影响了抗法斗争。而杨岳斌虽为湘军将领，但作为钦差帮办福建军务，其身份是代表朝廷。他在到达台北后，能与其他派系人物关系相处融洽，对他们的军事部署予以充分理解和肯定。认为"刘铭传布置有方，分统营官哨勇，皆属辛苦出力"⑦，并且积极地参与协防。由于杨岳斌对台湾地理环境以及民事军情，都不是很熟悉，所以虚心与"抚臣刘铭

① 《杨岳斌集》，第 488 页。
② 刘璈《致左宗棠密禀》，光绪十年二月二十日。
③ 《中法战争资料》第六册，台北：文海出版社，1967，第 46 页。
④ 《中法战争资料》第六册，第 117 页。
⑤ 《中法战争资料》第六册，第 47 页。
⑥ 李鸿章：《李文忠公全集》卷 5。
⑦ 《杨勇悫公（厚庵）遗集》，第 1823 页。

传、提臣孙开华，遇事妥商，和衷共济"①，筹商一切防务，共讨破法之策。与之相比，刘铭传在处理各级关系的过程中却不及杨岳斌。他与左宗棠、孙开华、刘璈一直不和②，积怨过多，限制了他的指挥作战，一定程度上影响了抗法战事。

在追究处理基隆失守之责时，更体现了杨岳斌不以派系划线而以大局为重的胸怀。清军的撤退使法军轻易占领了基隆，法国侵略者日思夜想的"踞地为质"计划得以实现。而刘铭传撤军失地则随之成为舆论的焦点，"朝士以为怯，论者前后数十疏，诏旨切责，有谤书盈筐之语"③。当他从基隆"退至板加地方，该地人民怒而围之，捉爵帅（刘铭传）发，由轿中拽出肆殴，且诟之为汉奸、为儒夫"④。在战后追究事由时，左宗棠与刘铭传关于失守之责、失守原因的争论越闹越大，派系斗争更趋激烈。刘铭传对撤军辩护为：

> 十二日（9月30日），复有八船突至，并前泊共十一船，兵势益盛。十三日（10月1日）黎明，敌兵千人自口外西山登岸。恪靖营营官毕长和各带百余人接战，往复冲荡，血战两时，敌复自山颠抄击，章高元、陈永隆等退出山口，血战抵持，直至酉刻。敌更猛扑我军，复经陈永隆等击退，阵斩一首。我勇伤亡逾百……正当全力相持之际，忽报沪尾敌船五艘，直犯口门。沪台新造，尚未完工，仅能安炮三尊，保护沈船塞口。敌炮如雨，孙开华、刘朝祜饬张邦才等用炮还攻。炮台新雍泥沙，不能坚固，被炮击毁，阵亡炮勇十余人，张邦才负伤亦重，飞书告急基隆。臣以基隆万分危迫，沪尾又被急攻，基隆无兵可分。沪尾又当基隆后路，离府城只三十里，仅恃一线之口，商船声息稍通。军装粮饷，尽在府城，沪口除沈船外，台脆兵单，万无足恃。倘根本一失，前军不战自溃，必至全局瓦解，莫可挽回。不得不先其所急，移师后路，藉保府城。⑤

---

① 《杨勇悫公（厚庵）遗集》，第1810页。
② 廖宗麟：《中法战争史》，天津古籍出版社，2002，第346页。
③ 《台湾先贤集·刘壮肃公奏议》卷3，《书先壮肃公守台事》。
④ 《中国近代史资料丛刊·中法战争》6册，第192页。
⑤ 《台湾先贤集·刘壮肃公奏议》卷3《法船并犯台北基沪俱危移保后路折见》。

左宗棠则在《详察台湾情形妥筹赴援》一折中奏道："八月十三日，基隆之战，官军已获胜仗，因刘铭传营务处李彤恩驻兵沪尾，以孙开华诸军为不能战，三次飞书告急，坚称沪尾兵单将弱，万不可靠。刘铭传为其所动，遽拔大队往援，基隆遂不可复问。李彤恩不审敌情，虚词摇惑，拟请即行革职，递解回籍，不准逗留台湾"①。左宗棠此折以奏劾李彤恩为名，实则也暗含奏讦刘铭传不审敌情。

为了彻查法军占领基隆的准确事实，二月七日，清廷谕杨岳斌："前据左宗棠奏参知府李彤恩不审敌情，虚词摇惑，以致基隆不守，当降旨将该员革职，交杨岳斌查办。"② 要求他"秉公研究"，"务得确情，奏明严行惩办"。③ 当时杨岳斌正处于左、刘两人交恶的夹缝中间，虽然他属于湘系官吏，从乡党利益的角度出发，他应该迎合左宗棠的奏议，以处理李彤恩为由，追究刘铭传的失职。而刘铭传确实也存在指挥失误之处，基隆战斗是在八月十三日（10月1日）打响的，沪尾开战则是在八月十四日（10月2日）。但刘铭传决定基隆撤军是在10月1日的晚上，这时沪尾的战斗还没有开始，怎么会判定沪尾一定会开打或者开打一定会遭败绩呢。因而刘铭传决定基隆撤军，并不是如他奏折中所说的，是由于沪尾已经不守这样的客观现实，而是基于沪尾恐将不守的主观推断。同时，基隆之战也不存在左宗棠所奏的"八月十三日，基隆之战，官军已获胜仗"的事实。

面临湘、淮两系代表人物的相互攻讦，杨岳斌公平的处理了这一案件。在他所上的《遵旨确查据实复陈折》中，根据客观事实上奏道："伏查原参李彤恩一案，光绪十年八月十三日，李彤恩以当前敌营务处差使，驻防沪尾。是日，法人攻基隆甚急，另驶五船赴泊沪尾洋面，声言十四日开仗。李彤恩不审敌情，据尔两次飞书告急。抚臣刘铭传，当函知提臣孙开华与李彤恩，请坚忍为一二日之守。尔时，本无退基隆意。是夜戌刻，李彤恩飞书又至，遂致刘铭传拔队往援。李彤恩第知沪尾兵单，而不知孙开华诸将领之足恃。第知台北为重，而不知基隆一失，难以速收，未免贻误戎机。然其三次飞书告急，实由平日未闻军旅，临事即仓皇失措，似与

① 《杨岳斌集》，第473页。
② 《杨岳斌集》，第473页。
③ 《清德宗实录》卷203，光绪十一年二月丁丑。

捏造虚词，意图摇惑者有别。应请准照原拟，将知府李彤恩革职回籍，不准逗留台湾。逭其余罪，出自天恩"①。以"本无退基隆意"为刘铭传开脱。以"李彤恩不审敌情……实由平日未闻军旅，临事即仓皇失措，似与捏造虚词，意图摇惑者有别"的原因，建议仍按原拟将李彤恩革职回籍，既没加重其惩处，也没涉及到他人。对于"基隆系李彤恩得银数十万卖与洋人之说"②，杨岳斌经过多方调查后，实事求是作出结论："因李彤恩在沪尾办通商有年，中外交涉之事多，往来之人杂，又恰值基隆难守，台北已危，沪尾吃紧，遂不免商民疑谤"③。其处理既没胡捏乱奏，也没有避重就轻，尽量持平公允。体现了他不因派系不同而落井下石，秉公执法的精神。

杨岳斌深知军心的重要性，对其部下爱护有加。在基隆六堵前敌大营视察时，深忧营地设施过简，易至士兵身体受损："基隆地方，周围不过三十里，日日风雨，烟瘴毒疠，水土恶劣，不独异于内地，亦与全台各口不同。各将士致身行间不畏死于兵戎，惟恐殁于烟瘴"④。"惟自八月以后，直至开年四月止，日夕皆雨，少有晴时。以故湿气太甚，沟港皆水，碍难行动，不独一切战事甚不方便，营勇亦多受病。外来之人，未能过惯，水土不服，亡者甚多。"甚至表示"臣惟有与抚臣刘铭传并扎前敌，日与各营将士同甘共苦，竭力守御，勤加操练，增高墙垒，深浚沟壕，以期有备无患。倘一旦事生不测，免致为彼所乘，有误戎机。"⑤

运送乾军的平安轮被法军截击之后，杨岳斌一直关心部属的下落，在他的一再过问追究之下，这一事件成为中法和谈善后的一个重要内容。四月二十七日（6月9日），中法条约议定画押后，清廷随即电谕李鸿章："迅速派委员前赴澎湖，会商法兵官，约定日期，将掳去弁勇王仁和等七百余人妥为收回。其中如有被敌伤害者，必须与之理论。至由西贡载回者，酌给船费，均由该督妥办。"⑥

---

① 《杨岳斌集》，第480页。
② 《杨岳斌集》，第480页。
③ 《杨岳斌集》，第480页。
④ 《杨岳斌集》，第478页。
⑤ 《杨岳斌集》，第475页。
⑥ 邵循正、聂崇岐等编《中法战争》（六），上海人民出版社，2000，第483页。

　　五月初七（6月19日），巴德诺致函李鸿章，提出要将在台湾及澎湖地区拿获的22名商民送回妈宫安置，等李鸿章派人到澎湖后与"平安"轮船官兵一并交还。① 第二天，巴德诺将利士比发给自己的电报转发致李鸿章，利士比称："妈宫地方，现有前获中国兵士四百余名；俟中国委员到澎湖时，即交收回。另有前送至西贡者二百五十名，本提督前接贵大臣电咨后，业经电咨南圻总督将该华兵二百五十名迅速送回澎湖，迄今不日即可全到矣。再，基隆又有前获中国兵丁约计一百人，俟我法兵已撤后，立即释放。"② 很明显，法方已决定释放所有台湾保卫战中被俘的华人。法军在五月初九（6月21日）全部撤离基隆时，也如约释放了100余名华兵，由记名提督苏得胜等人当面点收。

　　李鸿章随即请旨派候补中书科中书罗臻禄、津海关副税务司马士前往澎湖负责接收事宜，并得到朝廷允准③。五月十八日（6月30日），罗臻禄、马士与福建水师提督彭楚汉，以及杨岳斌派出的接收人员赶赴澎湖妈宫，经过双方的点验交接，于次日清晨六点，用船将"平安轮船所载弁兵王仁和、周文翔、方国清等二百五十名，又弁兵汤贤等四百六十二名，又台湾、澎湖商民九十名"，一共803名兵民运往厦门④。针对上谕中强调的"平安"轮事件中，乾军官兵有无伤者的问题，罗臻禄在给李鸿章的电文中特别指出："所有乾营官王仁和、周文翔、方国清及各哨官、文案、字识并无一人短少。"⑤

　　《中法新约》签订后，朝廷即下谕旨："着责成杨岳斌、刘铭传、孙开华，"将全台应办事宜，实力布置，如有疏懈，惟该前督等是问"⑥。法军撤离基隆的当天，杨岳斌即赶至基隆，他"安抚百姓，察看法营布置"，派兵接防基隆，着手筹办防务善后事宜。⑦ 并亲临现场，时时督促法军的撤出。"基隆法营自三月初即搬运辎重上船。本月初六日，法提督李士卑

---

①　沈云龙主编《近代中国史料丛刊续编》第74辑，台北：文海出版社，第475页。

②　《近代中国史料丛刊续编》第74辑，第473页。

③　《近代中国史料丛刊续编》第74辑，第476页。

④　《中法战争》（六），第512页。

⑤　《中法战争》（六），第501页。

⑥　《清德宗实录》卷207，光绪十一年五月丁未。

⑦　《中法战争》（六），第494页。

斯（即利士比）专差送信至提督苏得胜所扎港仔口营，约请苏得胜亲到基隆，面交被掳华人。臣等当令苏得胜、总兵刘天云于初八日同赴基隆。李士卑斯暨各头目皆殷勤款待，列队迎送数里，各船皆升中国龙旗，并言臣岳斌密调渡台官兵多名，至澎湖一并交还。当将被掳船户百余名放交苏得胜等带回，即于初九日，将各营法兵全调下船，开往澎湖。据云二十日内即由澎湖退回安南。所有台北防务一律解严。"①

虽然和约签订，法国也遵约撤军，但杨岳斌仍清醒地认识到："现虽和议已成，终不能必法人不历久渝盟，即不能必他国不借事启衅"②。仍应加强全台防务，因此奏请"筹办台湾防务，澎湖、基隆、沪尾三海口，均须长泊快兵船一只。修造炮台，运办各料，须装货船二只。请饬南北洋分拨快船三只，福建船政速拨装货船二只，到台备用"③。以防法军"借事启衅"，使基隆等地重蹈覆辙。

杨岳斌认为人才的奖养与将士的褒奖应是台湾善后的重要举措，"值此台岛孤危，国帑支绌，更宜倍加撙节。同在烟瘴海隅，共矢天良，然既迫于时，又限于地，实有不能不借多才以求微功，免至因小失大"④。从而提出："夫国事固需有才以共济时艰，尤必本诸心以实事求是。盖人心者，军政之张弛，吏治之修废，世道之升降所由出者也。臣赋性愚直，受知深厚。值此水旱频仍，干戈未靖之时，自当举乎日所深信才识优长，心术正大者据实详陈，以备圣明采择任用"⑤。在他所举荐的 17 名文武人员中，既有水师也有陆军，涉及甘肃、福建、山西、浙江、山东、江苏等省，其中有"或随征多年，或共事一方"的老部下老同事，但更有"或久慕令望，或远闻美政"的不曾共事不曾谋面之人。显示出杨岳斌不以籍贯、派系为重，"因材器使之"识人用人的广泛性。⑥

对于渡海护台人员，杨岳斌上折为之请功："基隆法兵全退，台北解

---

① 《杨岳斌集》，第 477 页。
② 《杨岳斌集》，第 489 页。
③ 《清德宗实录》卷 208，光绪十一年五月甲子。
④ 《杨岳斌集》，第 488 页。
⑤ 《杨岳斌集》，第 489 页。
⑥ 《杨岳斌集》，第 488 – 491 页。

严，请奖历次战守尤为出力之将弁官绅，恳恩奖励"①。甚至渡海被截而未能参加抗法战斗的人员，杨岳文也认为："渡台被截各文武员弁兵勇，虽未与法人接仗，立功台岛，而其不惜身命，奋勇渡台，实与陆路冲入重围，河工冒抢大险无异，其报国之心，皆出于至诚至苦"②，恳请"照异常劳绩保奖之"。关心将士殷殷之心，莫过于此。

但对于自己的功劳，杨岳斌则认为功在朝廷，并谦让于他人的支持与配合："自上年六月基隆开仗以来，孤岛被困将及一载。当封口之后，兵饷、炮械一无可恃，危迫情形朝不保暮。仰蒙皇太后、皇上宵旰忧劳，广施方略，饬各省设法救援，颁内帑以励战士，诏书所至，闻者感泣。臣等借以激励将士，一德一心，相持九阅月，得支危局"③。"伏思臣此次领军，实赖各省督抚臣忠荩一心，不分畛域，驰拨军械，协助饷需，借壮声威，俾无顾虑。臣渡台日，经前大学士臣左宗棠、将军臣穆图善、督臣杨昌浚、抚臣刘铭传等预筹经费，得资迅渡"。"前福建布政使沈保靖，在藩司任有年，综覆筹画，不遗馀力。故于闽省军务吃紧之时，库存巨款，尚能源源接济，不形匮乏……臣到台后，未渡各营，深资接济。"④

杨岳斌不仅不居功自傲，在朝廷论功行赏之际，他却更深思战后重建的不易，于光绪十一年五月初六、六月初五，接连上《台防解严请撤乾军并乞终养折》《全台安谧请撤乾军并乞终养折》："现在法人请和，昨由北洋大臣臣李鸿章电告法约已画押竣事。臣思闽省借款发饷，已属支绌异常"⑤，"当兹台岛孤危，国帑奇绌，时艰无补，殊切隐忧。故台事解严，臣即先请撤军归养，庶节糜饷而遂乌私，仰蒙天恩俯予允准"⑥，毅然请辞告老还乡。为了表明自己的决心，杨岳斌先自行撤销"钦差帮办福建军务"关防，并奏请"所有全台安谧，请裁撤微臣所部乾军十二营、卫队三百名以节闽省借款糜费，并沥陈老母病危，吁恳天恩，准开帮办差使，赏

---

① 《杨岳斌集》，第 476 - 477 页。
② 《杨岳斌集》，第 483 页。
③ 《杨岳斌集》，第 477 页。
④ 《杨岳斌集》，第 493 页。
⑤ 《杨岳斌集》，第 476 页。
⑥ 《杨岳斌集》，第 496 页。

假回籍终养"①。六月二十三日，奉上谕"杨岳斌著准其回籍养亲，即将所部各营妥为遣撤，俟撤竣后，再行起程"②。

光绪十一年六月二十六日（7月27日），杨岳斌在台北会商福建抚臣刘铭传，"将所有营中带台枪械，及北洋大臣臣李鸿章、两广督臣张之洞助给毛瑟枪一千杆，子药五十万，前船政大臣臣张佩纶助给小克虏伯炮十八尊，药弹车轮六百五十三箱，均缴台北军械所验收"。并乘"经刘铭传雇定威时麦商轮送臣及文武随员、卫队亲兵加派万年清船载后军副左营，均于七月初三日（8月12日），到泉州秀涂登岸"。抵泉州后，杨岳斌"连日檄令臣部各营，先将枪械等件，除过河、涉海遗失及操演炸坏外，尽数缴存泉州府库，候台提拔"③。"前撤营勇，经两江督臣曾国荃会商长江水师提臣李成谋，饬派南洋兵轮及由厦加雇商轮，分起装载赴汉……八月初旬陆续到鄂"④。七月二十二日（9月1日），杨岳斌前往厦门，"清理乾军渡台并撤送汉口各事。应将前准兵部尚书臣彭玉麟存厦助给臣来福枪七百杆，铜帽火五十万颗，会商提臣彭楚汉委令候选同知彭锷解送台湾备用"⑤。八月十日（9月18日），杨岳斌"驰抵福州，算结饷项"，将"遣撤事竣，结楚饷项，缴清军械，回籍养亲起程日期各缘由"⑥，上报朝廷。光绪十二年四月二十日（5月23日），杨岳斌上《遵照新章造册报销折》，"将经手用过饷银十八万四千八百两造具细数清册，送部核销"⑦。至此，杨岳斌抗法护台任务彻底完成。同年，"紫光阁图像录其长江战功最著者数事"⑧。以示对其褒奖。

光绪十六年六月二十七日（1890年8月12日），杨岳斌因病逝于乾州。八月二十八日（10月11日），奉上谕："前任陕甘总督杨岳斌，忠勇性成，勋劳卓著。咸丰初年，随同前大学士曾国藩剿办发逆，创立师船，由湖北、江西、安徽直薄江宁，肃清江面数千里，厥功甚伟。同治三年，

---

① 《杨岳斌集》，第482页。
② 《杨岳斌集》，第485页。
③ 《杨岳斌集》，第485页。
④ 《杨岳斌集》，第493页。
⑤ 《杨岳斌集》，第486页。
⑥ 《杨岳斌集》，第493页。
⑦ 《杨岳斌集》，第495－496页。
⑧ 《杨岳斌集》，第17页。

克复江宁省城，蒙穆宗毅皇帝眷念勋勤，赏给一等轻车都尉，并赏加太子少保衔，复由福建提督简授陕甘总督。嗣因亲老，准其同籍终养。朕御极后，命巡阅长江水师。上年服阕后，奏准在籍养病，方冀调理就痊，长资倚畀。兹闻溘逝，轸惜殊深。杨岳斌着追赠太子太保，照总督例赐恤；任内一切处分，悉予开复；应得恤典，该衙门察例具奏；加恩予谥勇悫，并于立功省分建立专祠。其生平战功事迹，宣付史馆立传"①。对杨岳斌一生作了总结并予以肯定。

杨岳斌作为晚清杰出的军事人才，被誉为"志识高出寻常，为水师将才最"②。他为人正直，胸怀坦荡，为官廉洁，办事认真，不贪钱财，不恋权位，这在当时腐朽的官场中及动荡的时局下，是较为难得的。杨岳斌戎马一生于清末危局之中，作为湘军重要将领，他几乎参与了平定太平天国的全过程，战功卓著。其后官至陕甘总督，又在西北平息回民起义，为维护清王朝的统治极尽犬马之劳，故后人对其评价褒贬不一。然而，杨岳斌人生最辉煌之处，是在外敌入侵之时，以退休之身，不顾家愁，勇赴国难，为抗法护台竭尽全力。他在人生的最后一段时光，以忠君爱国的实际行动为时人树立了榜样，这正是值得后世追思与学习的精神之所在。

（作者单位：吉首大学）

---

① 《杨岳斌集》，第 17 页。
② 《杨勇悫公（厚庵）遗集》，第 22 页。

读史札记

张广泗与岳钟琪之恩怨始末

邹　翀

张广泗与岳钟琪同是雍正朝及乾隆朝初期的重臣，二人之间的恩怨也是清朝历史中的一个重要事件。但是这一问题却未见有论及者。笔者认为，作为清史中有影响的两位人物，二人之间的恩怨及背后所隐藏的原因是研究雍正朝及乾隆朝初期历史的重要内容，有必要加以探讨。

一　张广泗与岳钟琪结怨

张广泗与岳钟琪结怨始于雍正八年（1730）清廷征准噶尔之战时。岳钟琪时任宁远大将军，张广泗为副将军。但此时岳钟琪正处于风口浪尖之上。

岳钟琪于康熙五十年（1711））由捐纳起家，任游击。康熙五十八年，准噶尔侵扰西藏，岳钟琪奉旨入藏，初步展现了自己在军事方面的才能，六十年，班师回朝后，以功授左都督，随后任四川提督。在此之后，岳钟琪屡立战功，征郭罗克，平罗卜藏丹津之役，征青海，康熙六十一年授参赞大臣，雍正二年（1724）授三等公，六月兼甘肃提督，三年二月兼甘肃巡抚，七月授川陕总督，坐镇西北。但自雍正五年曾静案起，民间一直传任有谣言岳钟琪以川陕兵欲谋反。这一事件，使得清世宗对岳钟琪有了极大的戒心和猜疑。所以岳钟琪急需一份功劳来证明自己对清廷的忠心与作用，并消除清世宗对其之疑虑。但事与愿违，在雍正八年准噶尔台吉噶尔丹策零侵犯喀尔喀部落，岳钟琪被封西路宁远大将军。但因其决策的失误及轻敌，十月时发生了盗驼马案。驼马被盗一案，让清世宗倍感耻辱与愤怒。九年二月，朱批军机处，奏报事宜十六条中，甚至有"岳钟琪所奏，朕详细披览，竟无一可采"①　的评价。六月，又因遣兵赴吐鲁番运送粮米，

---

① 《清实录世宗实录》卷103，雍正九年二月癸丑。

没有上报，导致噶尔丹策零劫粮，再次被圣旨训斥。于木垒一战获胜，却让贼人逃遁，更让世宗的不满加深。这时，大学士鄂尔泰等弹劾岳钟琪，身为大将军"智不能料敌于平时，勇不能歼敌于临事，玩忽纵贼，应议处"①，导致岳钟琪被削公爵到少保，降世爵为三等侯。其后，最致命的是其副手副将军张广泗参岳钟琪调度乖方各款，及在征战准噶尔的多方决策失误。

张广泗，汉军镶红旗人，由监生捐纳知府。雍正四年，受云贵总督鄂尔泰之赏识，调黎平府知府，五年擢贵州按察使，六年升任贵州巡抚。因剿抚逆苗有功，深受清世宗信任。当准噶尔侵扰喀尔喀时，岳钟琪率领大军赶赴西路，张广泗被授予为副将军，与岳钟琪兵分两路，抵达木垒。张广泗提出了一系列有关军队在木垒的部署及作战计划。同时参奏岳钟琪："一闻贼信，不论虚实，辄停粮车……数万兵何以托命？钟琪罔恤士卒，号令不明，镇将时加呵斥，参、游以下日事鞭棰，平时议论风生，或闻小警，张皇失措，性复刚愎，不喜人言。题奏事件，奉到谕旨，数月不宣，临时突然传示，令人莫测诚伪。诸事怪僻，难以悉数。臣虽力图规正，无奈置若罔闻。军务重大，不敢代为徇隐。伏祈皇上乾断。"② 此次参奏导致岳钟琪被革职。

雍正十二年十月，谕曰："岳钟琪受朕深恩，重加任用，……乃伊秉性粗疏，办事忽忽且赏罚不公，号令不一，不恤士卒，不纳善言，傲慢不恭，刚愎自用，以致防御追击，屡失机宜，士气不振；而陈奏者又皆虚假诈伪，为怙过饰非之计，误国负恩，罪难悉数。着革职，交兵部拘禁候议。"③ 初拟将岳钟琪斩决，后改为斩监候。岳钟琪与张广泗之恩怨就此结下。

二 张广泗、岳钟琪金川了结恩怨

雍正十三年五月，准噶尔乞和，张广泗被调回西安，后升任湖广总督。八月调赴贵州为经略。十二月又授云贵总督兼管巡抚事，经略西南，

① 《清实录世宗实录》卷117，雍正十年四月乙巳。
② 《清实录世宗实录》卷122，雍正十年六月壬戌。
③ 《清实录世宗实录》卷124，雍正十年十月乙卯。

可谓位高权重。观岳钟琪，自雍正十二年收监后，直到乾隆二年（1737），高宗上谕："岳钟琪贻误军机，罪无可宥，皇考念其曾经效力，是以未将伊正法。朕体圣心，不忍令久系囹圄，着释放，令其自愧。"① 岳钟琪这才逃过一劫。从乾隆二年起，岳钟琪一直隐居于成都百花潭。

乾隆十一年三月，金川土司莎罗奔肆横不法，侵犯内地，川省军政大员剿办不力，高宗调云贵总督张广泗为川陕总督，主持征剿事宜，并指示："此番进剿一应机宜，专听张广泗调度，申明军律，指授方略，筹划粮饷，迅速进兵。"② 十二年四月，张广泗抵达四川，清廷调兵二万余，杂谷、小金川等土司望风投诚。张广泗奏请添兵，计划一鼓作气将大金川剿灭，一劳永逸解决金川问题。高宗允其请，并增兵添饷，在已经调拨饷银六十万两的基础上，再拨银六十万两协济。此时，张广泗兵强粮足，自信满满，奏称："征剿大金川，现已悉心筹画，分路进攻，捣其巢穴。附近诸酋输诚纳款，则诸事业有就绪，酋首不日可以殄灭。"③ 但是，现实却并不像张广泗所说的那样发展。张广泗分兵两路，剿抚巴旺、孙克宗等处后，兵行受阻。高宗很不满意，谕曰："自汝等定期会剿之奏至，朕日夜望捷音之来，迟至如今，也不过小小之破碉克寨，何足慰朕耶……且攻碉获胜情形，总与班滚之事无异。"之后再谕曰："朕所虑者，将来金酋，又似班滚之生死不明，则劳师动众，讫无成功，必有身受其咎者。"同时高宗还重申："总之，此次用兵，非小小克捷、惩创于目前所可了事，必须统计金川番情，大为筹办，实足以慑服诸蛮，为一劳永逸之策，方不至事久复有蠢动。"④ 然而，面对大金川恶劣的气候、复杂的环境、坚固的碉楼和众志成城的抵抗，清军进剿仍难以有所收获。而之前早前已投诚清廷的戎布寨土目恩错，复行叛归大金川土司，并带领金川兵攻占官兵防守松懈的运粮要道扎果山梁，在张广泗的严督之下，官兵用了几个月的时间才将扎果山梁及戎布寨重新占据。之后，又发生更为严重的事件。随泰宁协副将张兴欲直取大金川土司老巢刮耳崖官寨的游击陈礼，驻扎于马帮山梁之右边山梁，遭到金川土兵攻击，包括张兴、陈礼在内的五六百名官兵被

---

① 《清实录高宗实录》卷41，乾隆二年四月乙亥。
② 《清高宗实录》卷287，乾隆十二年三月戊申。
③ 《清高宗实录》卷293，乾隆十二年六月丙子。
④ 《清高宗实录》卷297，乾隆十二年八月辛巳。

杀，仅有三百余名生还。之后，金川兵乘势进攻清军多处，清军损兵折将，进攻大金川计划基本无望。在这之后，张广泗自请交部严加议处。谕曰："偏裨失律，主将咎无可辞。但果能全局取胜，中间稍有挫衄，尚在可原。"① 当时没有将张广泗立即交部，而且遣户部尚书班第作为钦差，前往四川调度粮运，并按张广泗的要求增兵添饷。同时给张广泗定下了取胜时间："去冬不能进取，尚可诿于兵力未足。今张广泗所请调兵铸炮，随奏随准，抽拨调取，增兵多至万余，军威不为不壮。春间即应鼓勇克捷，若迟至五六月，尚不能乘机奋迅，刻期取胜，将使士卒沮气，贻笑群蛮，当作何究竟耶？"② 然而此时的张广泗方寸已乱，难寻克敌制胜之法。乾隆十三年三月，班弟奏报军情："适贼酋遣人议降，张广泗欲藉此羁縻，各营将弁，未喻其意，以为贼可就抚，防御更疏，致贼伺隙出攻，转多惶惧。及张兴事败，众兵愈馁，张广泗益加愤懑，将阖营将弁一概谩骂鄙薄，至不能堪。"③ 为了鼓舞张广泗，高宗上谕："川陕总督张广泗，久靖边疆，今又领兵进剿大金川，运筹统帅，勤劳懋著，着晋加太子太保。"班弟还向高宗建议，"增兵不如选将"。他认为，现在军营提、镇各员均非其选，而岳钟琪"夙娴军旅，父子世为四川提督，久办土番之事，向为番众信服，即绿旗将弁，也多伊旧属……办蜀番，实属驾轻就熟"。④ 建议授予其提督或总兵，"统领一面，或令独当一面"。高宗知道岳钟琪与张广泗不和，对此有所顾虑："此见亦可。但不知张广泗与彼和否？若二人不和，恐又于事无益。"最后，因前方久攻不下决心启用岳钟琪，上谕："曾传旨班第、张广泗，令伊等酌量，如果应用，将岳钟琪调至军营，以总兵衔委用。今班第、张广泗，已遵旨调赴大金川军前，岳钟琪着加恩赏给提督衔，以统领听候调遣。"⑤ 从那时起，张广泗与岳钟琪之间争斗又重启了。

张广泗首先攻击岳钟琪，在接到上谕启用岳钟琪后，奏称："岳钟琪，虽将门之子，不免纨绔之习，喜独断自用，错误不肯悛改，闻贼警则茫无所措，色厉内荏，言大才疏，然久在戎行，遇事风生，颇有见解，以为大

① 《清高宗实录》卷 307，乾隆十三年正月丁未。
② 《清高宗实录》卷 307，乾隆十三年正月丁未。
③ 《清高宗实录》卷 311，乾隆十三年三月癸丑。
④ 《清高宗实录》卷 313，乾隆十三年二月甲申。
⑤ 《清高宗实录》卷 313，乾隆十三年四月乙亥。

将军，则难胜任，若用为提镇，尚属武员中不可多得者。且闻为大金川所信服，诚如训谕，人地相宜。遵旨将伊调赴军营，令前赴党坝军营统领，兼管绰斯甲一路。"① 但班弟却对岳钟琪大加赞赏："岳钟琪于四月二十日到营，询以军中应办事宜，据云……种种筹议，颇中肯綮。已于四月二十三日，前赴党坝总统。" 同时还特别建议 "特遣重臣，识见在张广泗之上者前往料理" 高宗遂发上谕："此番驻师日久，兵气不扬，将士懈怠。现在各省调拨官兵云集川省，张广泗一人未能独任，且自张兴覆没以后，益加愤懑，其抚驭将弁亦未能恩威并著。若令班第协同参赞，其力量、识见、物望均不能胜此重任，张广泗亦未必倾心信服。看来此事，惟大学士讷亲前往经略，相机调度，控制全师，其威略足以慑服张广泗，而军中将士亦必振刷归向，上下一心，从前疲玩之习可以焕然改观，成克期进取之效。"② 遣大学士公讷亲 "给与经略大臣印信，驰驿前往，经略四川军务"③。

在高宗的一再催促下，张广泗拟定好分兵进攻之计划，并奏报："各路进攻，俱有克获。查进攻之路，惟腊岭最要。现惟木岗一城，与中峰大战碉一座未克。如能攻夺此二处，则可俯诸碉直取刮耳崖。"④ 之后，讷亲抵达前线，"纳自恃其才，蔑视广泗，甫至军，限三日克刮耳崖，将士有谏者，动以军法从事，三军震惧"⑤。随后下令进攻腊岭。这一仗清军遭到重创，讷亲再 "不敢自出一令，每临战时，避于帐房中，遥为指示"。因见金川战碉难以攻克，获胜无期，称 "就现在情形，今秋能否告竣，尚难预定"，提出 "筑碉共险之策"。对纳亲提出的这一荒唐之策，高宗大为不满，故而告诫纳亲 "众人之谋皆其谋，众人之力皆其力"。同时也指责张广泗推诿，谕令张广泗 "当竭诚协力，经画机宜。不可因大学士在营，稍有推让之心，或存彼此之见"⑥。这使得张广泗等一众前线将领一段时间内 "未发一谋，未出一策"，各人皆袖手旁观。张广泗的推诿让纳亲大为不

① 《清高宗实录》卷313，乾隆十三年四月癸未。
② 《清高宗实录》卷315，乾隆十三年四月甲子。
③ 《清高宗实录》卷312，乾隆十三年四月戊寅。
④ 《清高宗实录》卷317，乾隆十三年六月己巳。
⑤ （清）昭梿：《啸亭杂录》卷1，《杀纳亲》。
⑥ 《清高宗实录》卷318，乾隆十三年七月乙未。

满，上奏指责张广泗："臣查阅各路禀报，多顿兵不进。商之督臣，欲并兵合力。督臣以为地势番情，必当如此分布。其实兵虽四万有奇，分路太多，势微力弱，督臣未免存回护之见，至其好恶不公，人心不服，……至贼酋本非劲敌，路险亦非难至，所以不能速灭者，盖图终必先谋始，纪山于始事时，并未将粮运豫立成算，匆卒出师，仓忙转饷，以致多用帑项。张广泗未能严督攻剿，……是则失于筹算，昧于地形，顿兵老师，诚难辞咎。臣奉合经略，理应参奏。但若此，则臣与督臣势难共事。即抚臣经理粮运，吏民相安，亦难更易生手，惟有和衷共济，早靖蛮氛。"① 这使得高宗对张广泗、纳亲等前线统帅颇为不满。在这关键时候，岳钟琪也开始了对张广泗的报复。

乾隆十三年八月，岳钟琪奏："党坝为逆酋门户……营兵名为万余，除守营、放卡、伤病、及分防粮台塘站，实止七千有余……汉兵实不满一千。臣虽攻夺水泉、营卡，插入贼地，总患兵单。咨请督臣增兵三千，督臣复称：'分派已定，无兵可拨。土兵怯懦，在在皆然。'……况督臣既知土兵怯懦，理应奏闻，增调汉兵，裁减土兵，以收实效。而缄默不言，臣所未解也。"之后又奏："征剿逆酋，年余未克，虽地险碉坚，亦由派调汉土官兵，未能慎选于始，以致迟误……至小金川土兵，尚属勇往。督臣乃令土司泽旺之弟良尔吉领兵。良尔吉从前勾结莎罗奔袭取小金川，生擒其兄泽旺，泽旺之妻阿扣，乃莎罗奔之侄女，素通良尔吉，莎罗奔即以阿扣配良尔吉为夫妇，并将小金川土司印信交良尔吉掌管，土民甚为不服。"② 这两折总结起来就是指责张广泗"玩兵养寇"。对于岳钟琪的指责，高宗批示："伊所指陈诸事尚属近理。"于讷亲之言相合，但为了不引起不必要的麻烦，强调不宜声张，令讷亲迅速查实。

之后的发展更是将张广泗进一步推入深渊。闰七月，进攻康八达，在进攻色尔力一线右山梁双碉时受阻，此时"忽闻贼番数十人应援，我兵三千余众拥挤奔回，多有损伤"。几十个金川土兵将三千余名清军打得落荒而逃。高宗闻之惊怒："即不能一以当十，亦何至以三千之众，不能敌贼番数十人，而至闻声远遁，自相蹂躏，此事实出情理之外，闻之殊为骇

---

① 《清高宗实录》卷321，乾隆十三年闰七月又奏。
② 《清高宗实录》卷322，乾隆十三年八月庚寅。

听……又以堆卡不密，致令脱逃。种种疏懈，不知纪律何在。"① 这一战充分暴露了清军统帅指挥无方，将弁畏缩不前，士兵畏敌如虎，纪律涣散、战斗力差，遇敌即溃。之后的进攻更是畏首畏尾，还再次向清廷请求增兵，对此，高宗怒曰："岂有如此弹丸之地，四万之众尚不敷调遣之理！将增几何而后可耶？"② 自此，高宗对张广泗和纳亲彻底失去了耐心与信心。十三年九月，上谕："张广泗既久未成功，复因讷亲至彼，诸事推诿。而讷亲在军数月，近因朕旨督饬，虽小有克捷，总未能远抒胜算，是以迟延至今，功尚未竣。其前后奏到情形，非面陈不能洞悉，讷亲、张广泗俱着驰驿来京，面议机宜。川陕总督印务，着傅尔丹暂行护理，所有进讨事宜，会同岳钟琪相机调度，以副委任。"③ 随后又谕："张广泗自受任金川以来，措置乖方，赏罚不当，喜怒任性，诿过偏裨，致人人解体。又复观望推诿，老师坐困，糜饷不赀。且信用贼党良尔吉、王秋，泄露机密，曲法庇护，玩兵养寇，贻误军机，法所不囿。著革职，拿交刑部治罪，令侍卫富成押解来京。"④ 之后岳钟琪奏："每打一碉一寨，大者官兵带伤不下数百名，小者不下百数十名，现今带伤官兵，每百名中竟有数十。且有身带四五处伤不等者。"⑤ 指责张广泗行军之中虚糜粮饷、迁就苟安等种种不当之处。十一月，经略大学士傅恒奏告，指责张广泗袒护良尔吉、阿扣、王秋等，并"勾通王秋、肆行不法"称"现在小金川虽已投顺，尚不无首鼠两端，皆缘张广泗蔽护奸恶，无以服番众之心"⑥。十二月，高宗发上谕定张广泗与纳亲之罪："金川用兵以来，张广泗贻误于前，讷亲贻误于后。两人之罪状虽一，而其处心积虑各有不同。至于自逞其私，罔恤国事，则实皆小人之尤矣。……张广泗乃刚愎之小人，讷亲乃阴柔之小人，自当偾事一至于此矣！讷亲身膺重寄，退缩无能，早为张广泗所窥。任举败后，遂至一筹莫展。且恐固原兵丁生事，曲加重赏，转嘱张广泗弹压，而于张广泗之挟诈误公，又不据实陈奏，意欲留以为卸过之地。伊两人互相推

---

① 《清高宗实录》卷 323，乾隆十三年八月庚子。
② 《清高宗实录》卷 324，乾隆十三年九月己未。
③ 《清高宗实录》卷 324，乾隆十三年九月辛酉。
④ 《清高宗实录》卷 325，乾隆十三年九月庚戌。
⑤ 《清高宗实录》卷 325，乾隆十三年九月庚午。
⑥ 《清高宗实录》卷 328，乾隆十三年十一月戊午。

诿，其过恶之刚柔异，而其心则皆不可问也。夫讷亲、张广泗在大臣中，皆练达政事之员，使不遇此等重务，均可拥高爵而历亨衔，优游终老，何至败露若此？可见人臣居心，惟当一秉至诚，使能公忠体国，自邀休佑，如其怀私自为，虽以讷亲之小心谨密，张广泗之熟娴军旅，而方寸一坏，天夺其魄，虽欲倖面而不能，岂不大可畏哉？讷亲、张广泗固不幸而遇此事，而朕因此而益见知人之难，则金川之事，未尝非上天昭示之深仁也。朕临御十三年，思与大小臣公共臻惇大之治，而水懦易玩，亦朕所深戒。岂肯曲法纵容，为姑息之主耶？伊等当此军国重务，而深负朕恩，实非意料所及。今特明正其罪，以彰国宪，乃朕赏罚无私，大公至正之道。"① 乾隆十三年十二月，高宗亲至瀛台提审张广泗随后谕："张广泗巧诈推诿，专欲陷害讷亲，以图经略之任，而不复顾国家军旅重务，有心贻误。经朕亲鞫，洞见肺肝。伊犹希觊复用，朕反覆穷诘，始供吐不讳，岂非天夺其魄，是以不容掩饰也。今两人罪状显著如此，朕即欲曲为保全，实出无策。讷亲现交舒赫德会同经略大学士傅恒、及尚书达勒当阿审拟。张广泗现据军机大臣会同刑部、按律拟斩立决。"② 提审五日后将其斩杀。岳钟琪与张广泗的恩怨最终以张广泗被斩画上了句号。

张广泗与岳钟琪，二人都是朝廷的重臣，不论在地方治理还是对外征战中，都为清廷立下了不小的功劳，都在关键时期受到对方的打击，但结局却让人唏嘘，一个身首异处，一个大难不死，且能再度辉煌。岳钟琪因第一次金川战役战功卓著，特别是代清廷深入大金川土司官寨接受莎罗奔的投降而声名大振，"历练戎行，信孚蛮部，深入贼巢，胆勇雄决，奋往任事，克副委任"，特命授兵部尚书衔，封三等公；十月陛见，命紫禁城骑马，免西征应赔银七十万两，赐号"威信"，制诗一首赐之："佩剑归来蘡铄翁，番巢单骑志何雄！功成淮蔡无愁李，翼奋渑池不独冯。早建奇勋能鼓勇，重颁上爵特褒忠。西南保障资猷略，首席敷陈每日中。③

张广泗与岳钟琪从最初征准噶尔结怨，岳钟琪被拟斩监候，到最后张广泗金川失利被斩，究其背后的原因，其实并不简单。张广泗与岳钟琪之

① 《清史列传》卷22，中华书局，2005，王钟翰点校本，第1647页。
② 《清高宗实录》卷330，十三年十二月辛卯。
③ 《清史列传》卷17，中华书局，2005，王钟翰点校本，第1257–1258页。

间的恩怨不涉及朝廷内部的党争，其间的恩怨主要是因为二人的身份地位所导致的。在雍正时期，张广泗作为岳钟琪的副手，岳钟琪的倒下使得张广泗能直接获得较大的利益。到了乾隆年间征金川时，岳钟琪成为了张广泗的副手，张广泗的倒下同样能带给岳钟琪足够的利益，同时还能够报复之前张广泗参奏岳钟琪的私仇。除了二人身份地位的因素之外，两次事件的背景同样也是有重要作用的，岳钟琪被参时，正好是曾静案的影响导致岳钟琪急于证明自己的忠诚与能力，到了征金川时，长期征战的不利也使得张广泗急于证明自己的能力。至于二人结局的不同，还涉及其他方面的问题，如皇帝的态度及处理问题时对全局的考虑等。但本文不再做进一步的分析。

（作者单位：吉林师范大学）

雍正朝广西革除土司考

韦江胜

雍正朝的改土归流是历次改土归流中革除土司最多的一次。据李世愉先生的统计，雍正朝共革除土司220家。其中，云南17家，贵州15家，广西10家，四川69家，湖广109家。[①] 可以看到，广西革除土司是最少的，相比之于湖广，经雍正朝的改土归流，"湖广无土司"[②]，甚至可以说，雍正朝的改土归流对广西土司的冲击是极其有限的。

这其中的主要原因，在于清政府推行改土归流时，根据各省的不同情况采取了不同的方针和策略。改土归流实际上是国家对西南少数民族地区治理的一种特殊方式，即通过改土官为流官，达到对这一地区控制的目的。雍正朝"改土"的重点是打击不法土司，而广西土司多为文职的土知州，而且绝大多数听从于清政府的号令，表现得比较"恭顺"，因而没有被列入打击对象，因此被保留了下来。

但这并不表明雍正朝的改土归流对广西的土司冲击不大。因为改土归流的最终目的是加强对西南地区的控制。就此而言，在广西还是表现得非常明显的。一是将一些土司的部分领地削去，划归流官管辖，实际上是对土司权力的削弱和限制。如雍正七年（1729），将广西庆远府属东兰土州内六哨地割出，新设东兰州，与东兰土州并存；将永定长官司原辖清潭、南乡二里，忻城土县原辖功德、窑灰二里划归宜山县理苗县丞专辖。[③] 二是在土州县内增设流官，以牵制土司，达到"流土并治"的目的，如雍正四年，庆远府南丹土州设流官州同，那地土州设流官州

---

① 李世愉：《清代土司制度论考》，中国社会科学出版社，1998，第59页。
② 《清经世文编》卷86《蛮防上·湖南苗防录叙》。
③ 乾隆《庆远府志》卷1《沿革》。

判，① 镇安府都康土州设流官吏目；六年，向武土州设流官州判。② 同时将一些土州县原设流官品秩低者改设，以使土流相适，足以约束土司。如雍正四年，太平府、庆远府、思恩府属的九个土州原设之流官吏目，分别改设为州同和州判。③ 三是开辟"苗疆"，如雍正五年设泗城理苗同知，④ 七年设百色理苗同知（后称百色厅）⑤，八年至九年，征伐太平府属宁明州之邓横案等。

由此可以看出，雍正朝的改土归流在广西还是下了一番功夫的。无非革除土司数目不多而已。就李世愉先生统计的革除10家土司而言，其情况并不相同。其中多数是以罪革除者，亦有因嗣绝被废者，有革除原职而降授土职者，有革职后又恢复者。实际上被革除的土司不到10家。下面做一具体分析。

庆远府所属。

永顺长官司：雍正三年，永顺长官司长官邓朝宸因"串党杀亲叔邓启慧等，参革，发遣江南安庆府，胞弟朝辅顶袭"⑥。这里，只是将不法土司革职，安插于外省，但永顺长官司并未废，其长官由邓朝宸之弟顶袭。

东兰土知州：雍正七年，东兰州土知州"韦朝辅与族人韦国耀讦控，改设流知州，管辖内六哨"。原东兰土州改为"东兰土分州"，韦朝辅"降土知州为土州同，驻扎凤山，管辖外六哨"⑦。这里，只是将原土知州韦朝辅降为土州同，同时削去部分领地，韦朝辅仍为土司。

太平府所属。

龙州土知州：雍正三年，龙州土知州赵殿炌因贪婪残暴被革职，安插安庆府，土州遂废。析其地为上龙、下龙二巡检司，择赵姓近支任土巡检。⑧ 五年，设龙州通判，隶太平府。⑨ 这里，龙州土知州赵殿炌连同土州

---

① 乾隆《庆远府志》卷6《秩官》。
② 光绪《镇安府志》卷4《秩官》。
③ 《清世宗实录》卷50，雍正四年十一月辛亥。
④ 《清世宗实录》卷54，雍正五年三月壬辰。
⑤ 光绪《大清会典事例》卷26《吏部·各省知府等官》。
⑥ 乾隆《庆远府志》卷6《土官》。
⑦ 乾隆《庆远府志》卷1《沿革》。
⑧ 《清世宗实录》卷31，雍正三年四月甲戌；雍正《太平府志·沿革》。
⑨ 《清世宗实录》卷54，雍正五年三月壬辰。

一起被废除，但在该地区仍保留两个土巡检，只是领地大大削减了。

下龙土巡检：雍正七年，下龙巡检司土巡检赵墉因"贪劣不法，改流归太平府龙州通判。后改龙州同知"①。这里，下龙土巡检赵墉被革除，连同领地一并归流，实际是龙州土州改流之深入。

恩城土知州：雍正十一年，恩城州土知州赵康祚以谋杀其叔赵配垣被革职，因无人承袭，其地改流归崇善县管辖。② 这里，土知州赵康祚以罪革除，其土州亦废。

镇安府所属。

归顺土知州：雍正八年，归顺州土知州岑佐祚以"骄纵乖戾，不守官箴"，被革职。③ 后以无应袭之人，雍正十年将归顺土州改设流官知州。④ 这里，土知州岑佐祚？以罪革除，其土州亦废。

下雷州土知州：雍正八年，下雷州土知州许乾毓"以事革职。十年开复。乾隆十三年，乾毓卒，传子庆长"⑤。这里，下雷州土知州许乾毓之革职，实际只是一时之处罚，因为两年后又恢复了土职，且土州亦存。

奉议土知州：奉议州土知州黄氏，久世绝，先设流官州判，存土州之名，隶思恩府。雍正十年废土州，设流官，改隶镇安府。⑥ 这里，并不存在革除土司，只是因为原土知州黄氏久世绝，故而改归流。实际上，所废者只是无人承袭、有名无实的"土知州"之职。同时亦废土州之名。

泗城府。

泗城府土知府：雍正五年，泗城府土知府岑映宸因"横征滥派"，已"众叛亲离"，故被革职，连同家口一并安插浙江，遂将土府改流府，隶右江道。⑦ 这里，土知府岑映宸以罪革除，安插外省，原土府亦废。这是雍正朝在广西革除土司中最有影响的一个。

思明府。

---

① 嘉庆《广西通志》卷60《土司二》。

② 《清世宗实录》卷134，雍正十一年八月丁丑；嘉庆《广西通志》卷60《土司二》。

③ 嘉庆《广西通志》卷60《土司二》；光绪《归顺直隶州志》卷1《沿革》。

④ 《清世宗实录》卷115，雍正十年二月庚寅。

⑤ 光绪《归顺直隶州志》卷1《土司世系》。

⑥ 嘉庆《广西通志》卷3《沿革·镇安府》；卷60《土司二》。

⑦ 《朱批谕旨》第25册，雍正五年六月二十七日鄂尔泰奏；《清世宗实录》卷60，雍正五年八月癸卯。

思明府土知府：雍正十年，思明府土知府黄观珠因懦弱无能，不能管理地方，被革职，其地亦改流。① 这里，黄观珠属于被革职的土司。

根据以上分析，上述 10 例之中，被革除的土司有：永顺长官司长官、龙州土知州、下龙司土巡检、恩城州土知州、归顺州土知州、泗城府土知府、思明府土知府，共 7 家。其余 3 家，一个属于被降职，即东兰州土知州，降为土州同，同时领地亦削减；一个属于嗣绝而除去土知州名号，即奉议州土知州；一个属于革职后又复职者，即下雷州土知州。综上，我们认为，雍正朝在广西革除的土司应该是 7 家。即使算上因嗣绝而有名无实的奉议州土知州，也是 8 家。而革职后又恢复，以及降职的土司是不能列入革职土司行列的。尽管对他们的处理也是改流的重要内容之一，但毕竟未将土司革除、安插。这也正是广西改流的一个特点。

对于雍正朝广西革职土司之考证，并非要否定雍正朝改流之成果，只是说明，雍正朝的改土归流的一个根本出发点是根据各省土司的不同情况，采取了不同的治理方式。这也是在研究雍正朝改土归流时应该注意的一个问题。

（作者单位：广西来宾市博物馆）

---

① 《朱批谕旨》第 46 册，雍正十年九月初三日高其倬奏；《清史稿》卷 516《广西土司·太平府》。

征稿启事

　　《清史论丛》创刊于 1979 年，由中国社会科学院历史研究所清史研究室主办，是国内清史界历史最为悠久的学术刊物。数十年来，虽历经风雨，海内外学术界一直以各种方式对敝刊给予支持，使我们葆有办好《清史论丛》的热情和动力。因改版需要，《清史论丛》现向海内外同仁征集文稿，凡专题研究、文献研究、读史札记、书评、综述等类撰述均欢迎投稿。来稿将经匿名评审，刊出后会致送稿酬。

　　征稿要求：

　　1. 请提供打印文本和电子文本，且自留底稿。

　　2. 稿件请附内容摘要（200 字以内）、关键词及英文标题，注释格式参照《历史研究》和《中国史研究》。

　　3. 稿件请附作者简历及联系方式。

　　4. 打印文本请寄至：北京建国门内大街 5 号、中国社会科学院历史研究所清史研究室《清史论丛》编辑部，邮编：100732。电子文本请发至 qshlc@ sina. cn。

《清史论丛》编辑部

图书在版编目（CIP）数据

清史论丛. 二零一七年. 第二辑 / 中国社会科学院
历史研究所清史研究室编. —— 北京：社会科学文献出版
社，2017.12
ISBN 978 - 7 - 5201 - 1658 - 9

Ⅰ. ①清…　Ⅱ. ①中…　Ⅲ. ①中国历史 – 清代 – 文集
Ⅳ. ①K249.07 – 53

中国版本图书馆 CIP 数据核字（2017）第 260787 号

清史论丛（二〇一七年第二辑）

编　　者 / 中国社会科学院历史研究所清史研究室

出 版 人 / 谢寿光
项目统筹 / 宋月华　张倩郢
责任编辑 / 张倩郢

出　　版 / 社会科学文献出版社·人文分社（010）59367215
　　　　　地址：北京市北三环中路甲 29 号院华龙大厦　邮编：100029
　　　　　网址：www. ssap. com. cn
发　　行 / 市场营销中心（010）59367081　59367018
印　　装 / 三河市东方印刷有限公司

规　　格 / 开　本：787mm × 1092mm　1/16
　　　　　印　张：21.25　字　数：343 千字
版　　次 / 2017 年 12 月第 1 版　2017 年 12 月第 1 次印刷
书　　号 / ISBN 978 - 7 - 5201 - 1658 - 9
定　　价 / 69.00 元